中国近代思想家文库

◎

贺麟卷

高全喜 编

中国人民大学出版社
·北京·

《中国近代思想家文库》编纂委员会名单

贺麟像

1926年，贺麟毕业于清华

总　序

对于近代的理解，虽不见得所有人都是一致的，但总的说来，对于近代这个词所涵的基本意义，人们还是有共识的。一个国家、一个民族走入近代，就意味着以工业化为主导的经济取代了以地主经济、领主经济或自然经济为主导的中世纪的经济形态，也还意味着，它不再是孤立的或是封闭与半封闭的，而是以某种形式加入到世界总的发展进程。尤其重要的是，它以某种形式的民主制度取代君主专制或其他不同形式的专制制度。中国是个幅员广大、人口众多、历史悠久的多民族国家，由于长期历史发展是自成一体的，与外界的交往比较有限，其生产方式的代谢迟缓了一些。如果说，世界的近代是从 17 世纪开始的，那么中国的近代则是从 19 世纪中期才开始的。现在国内学界比较一致的认识，是把 1840 年到 1949 年视为中国的近代。

中国的近代起始的标志是 1840 年的鸦片战争。原来相对封闭的国门被拥有近代种种优势的英帝国以军舰、大炮再加上种种卑鄙的欺诈打开了。从此，中国不情愿地加入到世界秩序中，沦为半殖民地。原来独立的大一统的中央集权的君主专制国家，如今独立已经极大地被限制，大一统也逐渐残缺不全，中央集权因列强的侵夺也不完全名实相符了。后来因太平天国运动，地方军政势力崛起，形成内轻外重的形势，也使中央集权被弱化。经历第二次鸦片战争、中法战争、甲午战争、八国联军入侵的战争以及辛亥革命后的多次内外战争，直至日本全面侵略中国的战争，致使中国的经济、政治、教育、文化，都无法顺利走上近代发展的轨道。古今之间，新旧之间，中外之间，混杂、矛盾、冲突。总之，鸦片战争后的中国，既未能成为近代国家，更不能维持原有的统治秩序。而外患内忧咄咄逼人，人们都有某种程度“国将不国”的忧虑。

“天下兴亡，匹夫有责”，读书明理的士大夫，或今所谓知识分子，尤为敏感，在空前的危机与挑战面前，皆思有所献替。于是发生种种救亡图存的思想与主张。有的从所能见及的西方国家发展的经验中借鉴某些东西，形成自己的改革方案；有的从历史回忆中拾取某些智慧，形成某种民族复兴的设想；有的则力图把西方的和中国所固有的一些东西加以调和或结合，形成某种救亡图强的主张。这些方案、设想、主张，从世界上“最先进的”，到“最落后的”，几乎样样都有。就提出这些方案、设想、主张者的初衷而言，绝大多数都含着几分救国的意愿。其先进与落后，是否可行，能否成功，尽可充分讨论，但可不必过为诛心之论。显而易见，既然救国的问题最为紧迫，人们所心营目注者自然是种种与救国的方案直接相关的思想学说，而作为产生这些学说的更基础性的理论，及其他各种知识、思想，则关注者少。

围绕着救国、强国的大议题，知识精英们参考世界上种种思想学说，加以研究、选择，认为其中比较适用的思想学说，拿来向国人宣传，并赢得一部分人的认可。于是互相推引，互相激励，更加发挥，演而成潮。在近代中国，曾经得到比较广泛的传播的思想学说，或者够得上思潮的，主要有以下几种：

（一）进化论。近代西方思想较早被引介到中国，而又发生绝大影响的，要属进化论。中国人逐渐相信，进化是宇宙之铁则，不进化就必遭淘汰。以此思想警醒国人，颇曾有助于振作民族精神。但随后不久，社会达尔文主义伴随而来，不免发生一些负面的影响。人们对进化的了解，也存在某些片面性，有时把进化理解为一条简单的直线。辩证法思想帮助人们形成内容更丰富和更加符合实际的发展观念，减少或避免片面性的进化观念的某些负面影响。

（二）民族主义。中国古代的民族主义思想，其核心是“非我族类，其心必异”，所以最重“华夷之辨”。鸦片战争前后一段时期，中国人的民族思想，大体仍是如此。后来渐渐认识到“今之夷狄，非古之夷狄”，“西人治国有法度，不得以古旧之夷狄视之”。但当时中国正遭受西方列强的侵略和掠夺，追求民族独立是民族主义之第一义。20世纪初，中国知识精英开始有了“中华民族”的概念。于是，渐渐形成以建立近代民族国家为核心的近代民族主义。结束清朝君主专制，创立中华民国，是这一思想的初步实现。第一次世界大战爆发，中国加入“协约国”，第一次以主动的姿态参与世界事务，接着俄国十月革命爆发，这两件事对近代中国的发展历程造成绝大影响。同时也将中国人的民族主义提升到一个新的层次，即与国际主义（或世界主义）发生紧密联系。也可以说，中国人更加自觉地用世界的眼光来观察中国的问题。新生的中国共产党和改组后的国民党都是如此。民族主义成为中国的知识精英用来应对近代中国所面临的种种危机和种种挑战的一个重要的思想武器。

（三）社会主义。社会主义作为一种模糊的理想是早在古代就有的，而且不论东方和西方都曾有过。但作为近代思潮，它是于19世纪在批判近代资本主义的基础上产生的。起初仍带有空想的性质，直到马克思和恩格斯才创立起科学社会主义。20世纪初期，社会主义开始传入中国。当时的传播者不太了解科学社会主义与以往的社会主义学说的本质区别。有一部分人，明显地受到无政府主义的强烈影响，更远离科学社会主义。直到五四新文化运动兴起之后，中国人始较严格地引介、宣传科学社会主义。但有一段时间，无政府主义仍是一股很大的思想潮流。中国共产党的成立，从思想上说，是战胜无政府主义的结果。中国共产党把在中国实现社会主义乃至共产主义作为自己的奋斗目标。此后，社会主义者，多次同各种非科学社会主义思想的信仰者进行论争并不断克服种种非科学社会主义思想的影响。

（四）自由主义。自由主义也是从清末就被介绍到中国来，只是信从者一直寥寥。直到五四新文化运动兴起，具有欧美教育背景的知识精英的数量渐渐多起来，自由主义始渐渐形成一股思想潮流。自由主义强调个性解放、意志自由和自己承担责任，在政治上反对一切专制主义。在中国的社会条件下，自由主义缺乏社会基础。在政治激烈动荡的时候，自由主义者很难凝聚成一股有组织的力量；在稍稍平和的时候，他们往往更多沉浸在自己的专业中。所以，在中国近代史上，自由主义不曾有，也不可能有大的作为。

（五）激进主义与保守主义。处于转型期的社会，旧的东西尚未完全退出舞台，新的东西也还未能巩固地树立起来，新旧冲突往往要持续很长的时间，有时甚至达到很激烈的程度。凡助推新东西成长的，人们便视为进步的；凡帮助旧东西排斥新东西的，人们便视为保守的。其实，与保守主义对应的，应是进步主义；与顽固主义相对的则应是激进主义。不过在通常话语环境中人们不太严格加以区分。中国历史悠久，特别是君主专制制度持续两千余年，旧东西积累异常丰富，社会转型极其不易。而世界的发展却进步甚速。中国的一部分精英分子往往特别急切地想改造中国社会，总想找出最厉害的手段，选一条最捷近的路，以最快的速度实现全盘改造。这类思想、主张及其采取的行动，皆属激进主义。在中共党史上，它表现为“左”倾或极左的机会主义。从极端的激进主义到极端的顽固主义，中间有着各种程度的进步与保守的流派。社会的稳定，或社会和平改革的成功，都依赖有一个实力雄厚的中间力量。但因种种原因，中国社会的中间力量一直未能成长到足够的程度。进步主义与保守主义，以及激进主义与顽固主义，不断进行斗争，而实际所获进步不大。

（六）革命与和平改革。中国近代史上，革命运动与和平改革运动交替进行，有时又是平行发展。两者的宗旨都是为改变原有的君主专制制度而代之以某种形式的近代民主制度。有很长一个时期，有两种错误的观念，一是把革命理解为仅仅是指以暴力取得政权的行动，二是与此相关联，把暴力革命与和平改革对立起来，认为革命是推动历史进步的，而改革是维护旧有统治秩序的。这两种论调既无理论根据，也不合历史实际。凡是有助于改变君主专制制度的探索，无论暴力的或和平的改革都是应予肯定的。

中国近代揭幕之时，西方列强正在疯狂地侵略与掠夺殖民地和半殖民地，中国是它们互相争夺的最后一块、也是最大的资源地。而这时的中国，沿袭了两千年的君主专制制度已到了奄奄一息的末日，统治当局腐朽无能，对外不足以御侮，对内不足以言治，其统治的合法性和统治的能力均招致怀疑。革命运动与改革的呼声，以及自发的民变接连不断。国家、民族的命运真的到了千钧一发之际，危机极端紧迫。先觉分子救国之心切，每遇稍具新意义的思想学说便急不可待地学习引介。于是西方思想学说纷纷涌进中国，各阶层、各领域，凡能读书读报者，受其影响，各依其家庭、职业、教育之不同背景而选择自以为不错的一种，接受之，信仰之，传播之。于是西方几百年里相继风行的思想学说，在短时期内纷纷涌进中国。在清末最后的十几年里是这样，五四时期在较高的水准上重复出现这种情况。

这种情况直接造成两个重要的历史现象：一个是中国社会的实际代谢过程（亦即社会转型过程）相对迟缓，而思想的代谢过程却来得格外神速。另一个是在西方原是差不多三百年的历史中渐次出现的各种思想学说，集中在几年或十几年的时间里狂泻而来，人们不及深入研究、审慎抉择，便匆忙引介、传播，引介者、传播者、听闻者，都难免有些消化不良。其实，这种情况在清末，在五四时期，都已有人觉察。我们现在指出这些问题并非苛求前人，而是要引为教训。

同时我们也看到，中国近代思想无比的多样性与复杂性呈现出绚丽多彩的姿态，各种思想持续不断地展开论争，这又构成中国近代思想史的一个突出特点。有些论争为我们留下了非常丰富的思想资料，如兴洋务与反洋务之争，变法与反变法之争，革命与改良之争，共和与立宪之争，东西文化之争，文言与白话之争，新旧伦理之争，科学与人生观之争，中国社会性质的论争，社会史的论争，人权与约法之争，全盘西化与本位文化之争，民主与独裁之争，等等。这些争论都不同程度地关联着一直影响甚至困扰着中国人的几个核心问题，即所谓中西问题、古今问题与心物关系问题。

中国近代思想的光谱虽比较齐全，但各种思想的存在状态及其影响力是很不平衡的。有些思想信从者多，言论著作亦多，且略成系统；有些可能只有很少的人做过介绍或略加研究；有的还可能因种种原因，只存在私人载记中，当时未及面世。然这些思想，其中有很多并不因时间久远而失去其价值。因为就总的情况说，我们还没有完成社会的近代转型，所以先贤们对某些问题的思考，在今天对我们仍有参考借鉴的价值。我们编辑这套《中国近代思想家文库》，希望尽可能全面地、系统地整理出近代中国思想家的思想成果，一则借以保存这份珍贵遗产，再则为研究思想史提供方便，三则为有心于中国思想文化建设者提供参考借鉴的便利。

考虑到中国近代思想的上述诸特点，我们编辑本《文库》时，对于思想家不取太严格的界定，凡在某一学科、某一领域，有其独立思考、提出特别见解和主张者，都尽量收入。虽然其中有些主张与表述有时代和个人的局限，但为反映近代思想发展的轨迹，以供今人参考，我们亦保留其原貌。所以本《文库》实为“中国近代思想集成”。

本《文库》入选的思想家，主要是活跃在1840年至1949年之间的思想人物。但中共领袖人物，因有较为丰富的研究著述，本《文库》则未收入。

编辑如此规模的《文库》，对象范围的确定，材料的搜集，版本的比勘，体例的斟酌，在在皆非易事。限于我们的水平，容有瑕隙，敬请方家指正。

《中国近代思想家文库》编纂委员会

目　录

第二编

第三编

导言——百年回头看贺麟

去年贺麟先生诞辰 110 周年纪念，恰巧中国人民大学出版社策划出版一套收录有一百多人的《中国近代思想家文库》，其中的《贺麟卷》，他们找到我，希望由我来予以编辑。作为贺先生的学生，我当然义不容辞，而且这也是一个重新研读贺先生著述以及缅怀师生情谊的机会。大致用半年时间，我按照出版社的有关体例要求，并依据我对于贺麟思想要义的理解，编辑了这部《贺麟卷》。现一册在手，我掩卷思之，眼帘不禁浮现出贺先生慈祥宽厚的目光，那是一种“仁者”的形象。

我在《新京报》的长篇访谈中，曾经以“两个贺麟”为题，扼要地谈了我对于自己的博士导师贺麟先生的认识。现在《贺麟卷》要写一个导读，我将延续上述访谈的思路，把贺麟先生放在百年中国的语境中予以观照，我觉得要理解近现代中国的学术思想性人物，离不开他们处身其中的社会，尤其是百年巨变的中国社会。其实，这一想法与这套丛书的构思如合符节，例如这套丛书要求只收录作者 1949 年前的原版著述，且按照年代顺序排列，就体现着思想人物与历史语境相互融贯的编辑意图。

大家都知道，百年中国经历着古今中西之变，1949 年以来，我们非但没有很好地延续中国思想文化传统的历史文脉，反而不断陷于决裂传统的革命激进主义社会改造和政治运动之深渊。现在的年轻人面对思想学术文化时，尤其在历史传承这一层面，或缺很多。虽然近年来，读书界有一个所谓的“民国热”，但各种媒体仍然流连于表面热闹，甚至带有很多想象的成分。很多人对民国时期的一些学者耳熟能详，对其生平简历的一些八卦津津乐道，但都是浮于表层的认知。若要真正进入厚重的历史思想文化的内在文理之中，则需要一个缓慢深入的了解过程。

都说一个时代有一个时代的问题意识，今天我们藉着《贺麟卷》的出版来谈论他的学术思想。作为他的学生，亲炙他的教诲，我不禁自问：贺麟对于我们今天意味着什么？贺麟先生是卓越的黑格尔研究家，是现代新儒学的代表人物之一，是中西会通的典范，是学者，是导师，等等。但这些对于我们来说，或许都是外在的。我们更愿意透过这些，洞悉一个思想家的心灵，考辨思想家们是如何面对他的时代的。每每念及此，我不由得感慨万端。历史有时是诡秘的，黑格尔说，命运时常捉弄人，只有超越历史的时间之限，才会发现个人与时代无法摆脱的关联。对此，台湾学者黄克武在新近撰写的《贺麟的选择：一代知识分子的困境》纪念文章中有发人深思的讨论。

从近现代思想史的视角来看，民国前后可谓是一个孕育思想学术的大好时代，内有古今之变，外有中西激荡，大时代提供大问题。常言国家不幸诗家幸，学术思想在一定程度上也是如此。贺麟前后的那一代学人，早年受蒙于传统，后大多留洋西方（包括日本），置身在中西文化的交会之地，而后又在从民国到抗战的动荡中发展自己的学术。这一切，使得他们拥有多元的知识体系与开阔的学术视野，并将自己的学术思想与国家存亡、民族复兴、社会建设这些大问题结合在一起。总的来说，处于这个大时代中的学人，大致前后五十年，他们拥有难得的内外造化，相当一部分人成就于此，彪炳学林，比如康有为、梁启超、王国维、严复、胡适、冯友兰，等等，他们形成了自己的思想体系，有经典著作面世，甚至有人还达到了所谓功、德、言之三立。不过，细致一点分析，这个学术思想谱系，又大致分为不同时期的三个学术群体。第一个群体的代表人物是康梁，其思想成熟于民国时期，抗战前其实已然完成其历史使命。第二个群体的代表人物是胡适、冯友兰，其思想成熟于抗战时期，1949 年前已然完成各自思想体系的构建。第三个群体则是于民国初期受教育，发轫于抗战时期，若 1949 年后有一个正常、自由与稳定的社会环境，或许会产生更加丰富、宏阔的学术思想体系，贺麟先生就属于第三个群体。

贺麟先生的新儒学，在抗战时期已经初步孕成，他基本打通了德国的古典哲学与中国的儒学思想，甚至有所融会与开展，前景十分广阔。但 1949 年新中国成立之后，中国学术进入另外一个思想轨道，贺麟等几乎所有旧时代的学者都被迫接受思想改造，此后一波又一波的思想路线斗争冲击着他们，心灵所受的伤害远比肉体更为残酷，这不能不在相当程度上窒息了他们的思想。1949 年，天玄地黄，我们看到，有一小部分人到了港台或海外，他们中有些人天分资质及其思想厚度并不高于留在国内的众多学者，但现今我们回顾历史时，却使人有霄壤之叹。牟宗三、唐君毅是比贺麟晚半辈的学人，他们著作等身，义理完备，当然声名及其影响似乎远高于贺麟。

在中国近现代思想史的脉络中谈论贺麟，我愿意用“两个贺麟”来概述之。当今学术界对贺麟研究不多，一般是统而观之，所谓中西会通之总结，大多浮于表面。我所谓的两个贺麟，其分界时间即是 1949 年。其实，在研究梳理那一代学人的思想变迁以及精神状况时，这样的分界命题不仅可用于贺先生，亦可用于很多人文社会科学领域的学者。概括而言，他们的学术思想在抗战时期蔚然有成，孕育了强大的学术潜力，但历经曲折，道学绝绪，最终难尽全功。他们中个别人在改革开放后又回到前一个自我，接续起彼时的原创性思想，最有代表性的是社会学家费孝通。但绝大多数人则是再也回不去了，还有一些人根本就没有活出那个斯文扫地的苦难岁月。

作为贺麟先生的学生，想到先生一辈子的学术事业，感慨总是难免的，如果没有现代中国的政治之变，他的思想成就又会是何种面貌？故而走进贺麟的学术人生，我不得不明确地意识到，这里有两个贺麟，前一个是身处中西思想会通之际，拥有宏阔的学术视野并怀抱独创性的思想家，后一个则是黑格尔的研究专家和翻译家。

贺麟生于四川传统乡村的士绅家庭，少年时代，勤学刻苦，后进入清华预备班，对儒学、西学皆很感兴趣。他与张荫麟、陈铨被视为吴宓门下三大弟子，之后留学美国，受鲁一士新黑格尔主义的影响，他喜欢黑格尔，喜欢斯宾诺莎，故而又去德国留学，随后回国即服膺于抗战时期的文化建国思潮。1931 年甫归即写了一本小书，叫作《德国三大哲人葛德、黑格尔、费希德的爱国主义》（原书名叫《德国三大伟人处国难时之态度》）。贺麟对拿破仑入侵德国前后的那批哲人诗者多系同感，以其处境与中国当时相仿佛，他们在国破家亡之际，努力重建德国精神，贺麟将之引为自己的时代使命，且希望抗战亦能激发中国人的民族精神。

重要的是，贺麟把民族精神追溯到了中国的宋明理学，在他的《文化与人生》、《近代唯心论简释》、《五十年来的中国哲学》三本书中，基本理顺并阐述了他心目中的中国民族精神，诸如先天下之忧而忧，为万世开太平，或天下兴亡匹夫有责，礼教诗教之化育，等等。他尤其强调精神的主体性，希望抗战能把古今中国一脉相承的民族精神激发起来。他所谓的唯心主义，不是认识论意义上的唯心唯物，而是精神意志上的，是心灵信仰上的，他认为德国古典哲学，歌德、黑格尔、费希特等思想中的精华，也正是如此。贺麟把德国唯心论与中国儒家思想结合起来，在强调人的主体性继而发扬民族精神的过程中，找到了它们在精神上的同一性，隐然形成了中国现代新儒学中的“新心学”一脉。

新儒学是民国以来关于儒家思想新开展的总体看法，其实有不同的内在学理。冯友兰做的是新理学，他在抗战期间写了《新理学》、《新事论》、《新世训》、《新原人》、《新原道》、《新知言》六部书，构成了一个完整的“新理学”哲学思想体系，总称为“贞元六书”，他所强调的是格物致知的儒家理学传统。贺麟与此不同，强调的是心学这个谱系，关注的是陆王心学一脉的思想理路，在“智的直觉”中开启天地与社会之理。其实早在抗战期间，贺麟就隐然有了一个有别于冯友兰现代新儒家的新心学理念，遗憾的是，他还未来得及把这些思考付诸体系性著述，毕竟，贺先生的年龄及资历，比冯友兰要晚半辈。若假以时日，贺麟是能够创造出一个中国新心学的思想流派，足以与冯友兰一派的新理学相抗衡。即便如此，贺麟先生的几篇重要论文，如《儒家思想的新开展》、《五伦观念的新检讨》、《王安石的哲学思想》等，被学界认为是现代新儒家的代表作，直到今天我们研究现代新儒家，都是绕不过去的。正如贺麟先生的一个学生张书城在《汇通集》中所言：“在中西哲学的比较研究中，他兼收并蓄，择善而从，想建树一种具有时代特色、中国特色的理想唯心主义。但是正当这一体系‘筹建’的高潮时刻，新中国成立了，他的唯心主义体系成了永久性的‘未完成体’。”

我们知道，学术思想体系的形成，有一个很缓慢的孕育过程，必须涵容广阔的社会内容。现代新儒学与宋明理学虽有不同，但面临的任务却是相似的，宋明理学当时要消化的是佛学义理，试图把孔孟直至韩愈的儒学道统与佛学结合起来，建立理学。而民国以来，中国传统儒家面临的新任务则是消化吸收西学体用，尤其是西方的古典哲学，藉此建立自己的新儒学。

我们看到，冯友兰接纳的是美国的实用主义、分析哲学，所以他构建了一个新理学，而贺麟接纳的是新黑格尔主义、德国古典哲学，相对而言，思想的厚度和思想的丰富性，比冯友兰所做的要求更高，任务更巨。贺麟虽然尚未构建出一套自己的"新心学"体系，但毕竟已有学术气象，且初具规模。假如1949年之后社会政治稳定，法制昌明，贺麟或许可以慢慢孕育生成自己的"新心学"思想体系。但事实是1949年之后，中国社会、政治、经济、思想发生了巨大转变，他面临的不再是继续在自己的学术道路上前行，而是接受思想改造，要重新学习马克思主义。这样，贺麟就进入到他的另一种人生，也就是我所谓的第二个贺麟。

置身度外去看历史，有时你会觉得别有一番意味。由于中国的官方意识形态是唯物主义，贺麟的唯心哲学自然无法发扬光大，但不幸中的万幸是，官方承认德国古典哲学是马克思主义哲学的来源之一，故而，黑格尔哲学是被允许翻译与研究的。所以第二个贺麟，就不再是那个会通中西发展新心学的贺麟，而是一个以学者身份进行黑格尔翻译与研究的贺麟了。在这样的情况下，贺麟辛勤介绍德国古典哲学，无论在翻译上，还是在研究上，都达到了其所处条件下所能达到的最高成就，要知道那是一个万马齐喑的时代环境。应该指出，中国现代哲学中的一些重要名词、概念、范畴，比如有无、对立、统一、差异、扬弃，等等，都是从贺麟翻译的黑格尔哲学中提炼出来，并成为哲学爱好者们所共享的专业术语。贺麟的翻译，其实就是一个现代学术建设的基本工程。翻译讲究信、达、雅，贺麟翻译的《小逻辑》，洗练、简洁，是西学翻译的经典性作品，可以说，他把从前的哲学研究转化为对翻译的痴迷，虽然他的新儒学发凡已断，但他的学术之志寄托在翻译之中，就像沈从文不写小说而去研究古代服饰，吴恩裕离开政治学专治《红楼梦》，这一代学人的心路历程，后来者只有穿越百年的孤独才能体察。

在纪念贺麟的文章里，我们能发现大家对贺麟的印象基本都是谦虚严谨、笃厚朴实，断非趋炎附势、曲学阿世之辈。也正是如此，人们对贺麟的一些言行就难以理解，比如公开赞同唯物论，批评唯心论，激烈批判胡适的思想方法，批判梁漱溟的直觉主义，以及晚年入党，被称是"历经坎坷找到光明的归宿"。依据现今人的想法，思想高明者似乎当固守气节，以义命自持，对权力保持明确的距离。如何看待贺麟先生的那些事呢？德国哲学家中，恩格斯就评价说，歌德与贝多芬相比，黑格尔与费希特相比，前者都有一个庸人的辫子。有个故事说的是歌德与贝多芬在街上聊谈，恰巧一位王公经过，歌德主动让路，还向王公离去的背影鞠躬，贝多芬就不以为然。还有席勒，相比之与歌德，他是非常执着地批评王权专制的。但是，这些并不能证明歌德就比席勒差劲，黑格尔就不如费希特高尚。从某种意义上说，贺麟肯定不是中国近现代思想史中超凡绝俗的魅力型学者，他对于世俗权力，没有表现出明显的抗拒，或许留有歌德、黑格尔式的小辫子吧。但是，作为思想立场，贺麟并不糊涂，他在《文化与人生》(1946 年) 一书谈论学术的文章中，就认为学术必须独立，决不能成为政治的依附物，需鞠躬尽瘁，死而后已，以维护学术的独立、自由与尊严，学术是一个自主的王国。

这样一来，对于贺麟而言，在服从已然存在的政权之道，与他自己表述的学术独立之间，就难免有两难的困境。对此，我觉得还是要百年回头看贺麟。应该承认，无论是中国的传统儒家，还是德国的古典哲学家，对政权基本上都是趋于认同的，贺麟浸濡其中，难免不受影响，他确实是缺乏对于强权的抗拒意识。在《五十年来的中国哲学》一书中，他不仅写了孙中山的三民主义，还写了蒋介石的力行哲学。他曾在国民党的中央政治学校当教导长，赞同蒋介石当时鼓吹的新生活运动。蒋介石接见过他三次，毛泽东接见过他一次。贺麟先生对于政权的态度，其实是很传统、很古典的。对此，我曾很有疑惑，后来随着岁月流逝，我大体想通了，黑格尔有句名言，存在的就是合理的。对此可以有正反两个方面的理解。任何一个政权能够执掌天下，必然有其内在的道理，人们可以不赞同其说辞，但时代精神毕竟曾经流连于此，至于合理的就一定会存在，则是另外一个逻辑了，时代精神已经离它而去，那它就要重新更化。我想贺麟认同的与其说是政权的事功，不如说是其背后的天命。但天命不是固定不变的，天命流转，精神不辍，这就是历史的命运，谁也逃不过。

至于具体说到他对胡适思想的批判，我认为，一方面有政治环境的因素，当时的情况显然是人人必须表态才能过关；另一方面也还是有学理层面的考量。胡适倡导的美国实用主义哲学，与德国古典哲学的精神理路是存在差异的。各种思想的竞争在百年中国的近现代思想史中一直赓续不断，在思想层面上，他们当然有相互争鸣的可能性，只不过在大陆争鸣歧变为批判，我想这并非贺麟的初衷。在为人、为学上，贺麟都称得上中国传统的道德君子，宽厚温情、儒雅中庸，特殊时代加于人间的痛苦，他也都一一承受，从未转嫁于他人。他对于学术独立的向往，体现着贺麟终其一生对思想自由的认信，但学术是学术的，政治是政治的。他基本上是书斋式学者，希望以小我融入外部的大社会，实际上则是被外部的大社会裹挟而行。

百年回首看贺麟的学术思想事业，我总的认识是，他早年会通中西，首创现代儒家的新心学之义理，虽然蔚然有成，但终未开出博大精深之体系。继而后半生均致力于翻译和研究黑格尔，虽然另辟蹊径，开启了新中国黑格尔哲学研究之滥觞，但毕竟西学研究不是中国学术思想之根本。就中国思想自家的视野来看，早年的贺麟新心学具有原创性，其地位远高于后来的贺麟之黑格尔研究。具体而言，主要有如下三个方面：

第一，贺麟是民国以降中国学术界关于黑格尔翻译与研究领域中最重要的学者，时人对贺麟的认识是与黑格尔密切相关的。确实如此，贺麟翻译的黑格尔《小逻辑》，可谓现代哲学的思想启蒙，具有极大的读者群，深刻影响了几代中国人的哲学意识。经过贺麟翻译的众多哲学术语，成为中国社会有关哲学讨论与思考的“通用粮票”。有研究者说，近现代中国翻译史中，只有《小逻辑》堪与严复翻译的《天演论》相媲美。

第二，贺麟一辈子崇尚唯心论，这一点即便在思想改造之时，也没有泯灭。他所理解的唯心论，是理想的唯心论，是关于心灵与精神的哲学。他在德国古典哲学那里，在斯宾诺莎的人格中，在德意志民族精神的风范里，在中国孔孟之道的开展中，在程朱、陆王的理心之学中，在传统中国的礼教和诗教上面，发现与体认了这个理想的唯心论。所以，德国古典哲学与中国新儒学，在他那里并不隔膜，而是统一的，是宇宙之大我，是精神之表现。故而，他特别欣赏黑格尔在《精神现象学》结尾引用的席勒《友谊颂》的那句名诗：“从这个精神王国的圣餐杯里，他的无限性给他翻涌出泡沫。”

第三，贺麟创建了基于新心学理路的新儒学。我认为，就现代中国的学术思想之前景来看，贺麟先生的思想发凡不但没有完结，而是正在历史的孕育之中，就此来看，贺麟可谓远见卓识，因为，21 世纪之中国，在政治变革完成之后，我们的传统文明能够贡献于人类的，乃是中国文化之伟大的心灵。这个秉有三千年之历史的古老民族，其新生的标志，不是普世制度之构建，而是融入普世价值的新理学，尤其是新心学。这一点，早在半个世纪之前，贺麟前后的那一辈学者就业已揭示出来。

根据中国人民大学出版社的体例要求，这部《贺麟卷》重点收录了贺麟1949年之前的重要论述。根据我对于贺麟思想的理解，并参考其他编者的同类编著，我除了与博士生杨洪斌一起查阅了这些著述最早刊发的版本予以一一对勘之外，还将文章分为三编。第一编主要收录贺麟有关中国儒家思想的论述，其中尤其关注体现贺麟开启新心学一脉的诸篇文章。第二编则是收录贺麟1949年前关于西洋哲学，尤其是关于黑格尔哲学的论述，从中我们可以看到，贺麟的儒家思想发凡是熔铸于西方理想唯心论的思想语境之中的。上述两编，虽然有所谓中西学之别，但对于贺麟思想而言，它们并非互不关联，而是精神相契的，在此，我赞同贺麟先生的另一位学生张祥龙所言："当贺先生讲'注重心与理一，心负荷真理，真理［直］觉于心'时，其中就充满了宋明理学与西洋哲学主流见地的相互感应和振荡。看不到直觉在这里边的作用，就会将这话或当作宋明儒之常谈，或当作唯心论之旧见，而失其沟通中西、连结古典与当代的要害和新意。贺先生一生致思风格，全系于此。"第三编，虽然体量不大，大多是贺麟早年就读清华时有关论述翻译要旨的小文，但这种会通中西之学的体认，在中国近现代思想家中，却是兹事体大，贺麟沿袭了近代中国学术的传统，通观他一生的著译，不啻为中国学界的严复"传人"。

在浊世滔滔的当今中国，延续被中断的思想文脉，需要返璞归真，树立正道。对前辈学者最好的尊重，就是认真阅读他们的作品，要认识、理解他们的历史时代，将他们放在整个中国近现代学术思想的发展史中加以理解。"仁者乐山，智者乐水。"我认为，在"两个贺麟"的背后，一定有某种精神的力量透彻其间。检视今天，我们的时代诉求新声，重新觅得贺麟先生念兹在兹的"时代精神"，这或许是对他的最好纪念。

2013年10月20日

于北京西山寓所

第一编

新道德的动向*
(1938年)

自从中国文化与西洋文化有了密切的接触以来，自从新文化运动对于传统的道德观念和礼教的权威加以大胆的猛烈的攻击以来，至少使我们有了一种新认识，就是认识道德是变动的。姑不论道德变动的结果是好是坏，即单就这变动的本身而论，我们可以知道，道德不是死的，而是活的；不是沉滞着，而是进展着；不是因循偷惰，率由旧章，而是冲突挣扎，日新不息的：这总算是一个好现象。

在这新旧道德的整个的冲突挣扎中，在这全民族道德生活的伟大的变动过程里，我们试从势理上去看今后真道德或新道德所须循的途径，所须取的方向。我说“从势理上去看”，因为我不愿意只凭主观的意见或幻想，去抽出个人对于新道德应如此或应如彼的希望或理想；我乃欲从事实和理论去指出今后道德“势所必至”，“理有固然”的动向。

概括的讲来，道德变动的方向，大约是由孤立狭隘，而趋于广博深厚；由枯燥迂拘，违反人性，而趋于发展人性，活泼有生趣。由因袭传统，束缚个性，而趋于自由解放，发展个性；由洁身自好的消极的独善，而趋于积极的社会化平民化的共善。

那过去抱狭隘的道德观念的人，太把道德当作孤立自足了，他们认为道德与知识是冲突的，知识进步，道德反而退步。他们认为道德与艺术是冲突的，欣赏自然，寄意文艺，都是玩物丧志。他们认为道德与经济是冲突的，经济繁荣的都市就是罪恶的渊薮，士愈穷困，则道德愈高尚。此外道德与法律，道德与宗教，举莫不是冲突的。中国重德治，故反对法治，中国有礼教，故反对宗教。简言之：只要有了道德，则其他

---

* 本文原发表于《新动向》1938年第1卷第1期，后收入《文化与人生》（商务印书馆，1947年）。

文化部门皆在排斥反对之列。这种道德一尊的看法，推其极则将认为道德本位的文化，根本与西洋整个文化，与西洋近代的物质文明，与希腊的科学的求知精神，与希伯来的宗教精神，与罗马的法治精神，皆是根本不相容的。道德观念如果狭隘到这种地步，当然不打自倒，不虫自腐，只有走上“穷则变”的路子了。而这变动的方向，显然只能往博大深厚之途：即是从学术知识中去求开明的道德，从艺术陶养中去求具体美化的道德，从经济富裕的物质建设中去求征服自然，利用厚生的道德，从法治中去为德治建立健全的组织和机构，从道德中去为法治培植人格的精神的基础，从宗教的精诚信仰去充实道德实践的勇气与力量，从道德的知人工夫进而为宗教阶段的知天工夫，由道德的“希贤”进而为宗教的“希天”。如是庶道德不惟不排斥其他各文化部门，而自陷于孤立单薄，且可分工互助，各得其所，取精用宏，充实自身。而西洋文化的介绍与接受，亦足以促进道德的进步。

旧道德之所以偏于枯燥迂拘，违反人性，一则因为道德尚未经艺术的美化，亦即礼教未经诗教的陶镕，亦可谓为道德未能契合孔子所谓“兴于诗，游于艺，成于乐”的理想。不从感情上去培养熏陶，不从性灵上去顺适启迪，而只知执着人我界限的分别，苛责以森严的道德律令，冷酷的是非判断。再则因为道德未得两性调剂，旧道德家往往视女子为畏途。他一生的道德修养，好像可以败坏于女子的一笑，女子对于男子的道德生活，不惟不能有所促进裨益，反成为一种累赘或障碍。两性的接触，男女的恋爱，所可产生的种种德性，种种美化的生活，均与道德生活不生关系。生人的本性真情，横遭板起面孔的道德家压抑和摧残，像这样迂拘枯燥的道德，那会有活泼的生趣？不感生的乐趣，自不知死的光荣。无意趣以乐生，自无勇气以赴死。今后新道德的趋势，首须确证女子不是败坏道德，摧残人格，倾人城倾人国的妖魔，而是道德的鼓舞者，品格强弱的试金石，卫国卫民的新力量，新时代的男子对于女子在道德生活上的地位，必须有一种新认识，新时代的女性亦应该自觉其促进道德生活的伟大使命。

至于旧道德之因袭传统，束缚个人处，则由于古人权威的盲从，典章制度的僵化，和风俗习惯的强制有以使然。“世法拘人虱处裈”，诗人们早已沉痛言之。“打破周孔权，解开仁义结，礼法本防奸，岂为吾曹设？”就是代表对于道德的束缚性极端的反动的态度。在西洋则专制守旧的教会束缚性最大，在中国则礼教核心的家庭制度束缚性最大。但近年以来，家庭制度似日渐解体，旧礼教的束缚似已减轻，青年男女自由发展个性之机会亦似日渐增多。但扶得东来西又倒，彼谈自由解放之新道德者，似又多走向狂放与自私的狭义的个人主义的途径。狂放则只求自己一时情欲之放任与满足，而置他人的苦乐于不顾。自私则只知争自己的权利，甚或夺他人的权利。只知肆无忌惮，反抗外界的权威，而无理性的法则以厉行内心的节制。其抹杀他人的个性，剥夺他人的自由，较之风俗习惯，传统礼教的权威，实只有过之而无不及。当此旧道德已毁，新道德未立，东偏西倒，青黄不接的过渡时代，愚弱者每受两重压迫，在家庭则受旧礼教的束缚，在社会则受野心家的侵剥。狡黠者则双方取巧，时而假旧礼教的权威以压迫他人，时而假新道德的美名以自遂己私。总之，解除礼俗的束缚，争取个人的自由，发展个性，扩充人格，实为今后新道德所必取的途径。但欲达此目的，必须基于积渐的学术文化的水准提高，理性规范的有效率，精神生活的充实，内心修养的深笃，则具有道德的敏感（一如艺术家之具有锐敏的美感一样），以内求心之所安的人自当逐渐增多。不然，则无异在道德生活上去轻躁助长；自由解放等美名，适足以助恶遂私罢了。试看西洋反抗传统礼俗的权威，争取思想信仰的自由的人物，如苏格拉底，如布鲁诺，如斯宾诺莎等，莫有不是道德出于学问，人格基于理性。

旧道德还有一个缺点，就是太偏于消极的独善，而忽视了积极的求共善。太偏于个人的潜修，而缺乏团体生活的共鸣。只知注重从伦常的酬酢，亲友的应接，去求道德的实践，而不知到民间去切实服务，投入大运动，参加大团体，忘怀于共同生活之中，销融于民族生命之内，而自可产生一种充实美满的道德生活，养成一种勇往无私的伟大人格。认识了除共善外无独善，实证了平民，劳苦群众，颠连无告者之了解与亲近，同情与服务；觉悟了为团体的牺牲，对国家的忠爱，就是磨炼品格，培养德性的要道；循社会化，平民化的方向迈进，就是新道德所必取的趋向。道家的“往山林去”的清高的隐士生活，似乎只是体弱多病和年老气衰的人退休的办法。儒家的“往朝廷去”，执掌政权，得志行道，以实行“达则兼善天下”的理想，又似觉稍嫌襟怀太狭窄，功名之念太重了。至于不得志行道，退而回到家乡耕读自娱的“穷则独善其身”的生活，又似乎太近于“各人自扫门前雪”的消极态度了。惟有耶墨那种“到民间去”服务的宗教精神，倒是比较最富于积极的道德性、穷达的一致性和当下的实践性。要确实见得置身贫民窟，工厂，农村中去服务，比安处所谓高人山林的幽居，更富于可歌可泣的诗意，比出入阔老们的朱门大厦，更可顾盼自雄；要确见得扶助救治肮脏的褴褛的痛苦呻吟的贫民，远比那玩花赏月，吟诗酌酒，更来得清高风雅，远比那与军政要人周旋，与外国贵宾应接，更来得尊荣华贵。简言之：要确见得穷而在野，可以比作官显达更能作服务社会兼善天下的工作，则道德生活庶可渐渐走上近代的社会化，平民化的路向。而且“穷则独善其身”之说，即应用在孔子个人的生活上，亦并不恰当，孔子平居穷困时，即以“老安少怀”为志。道不行，不得志于政治，则退而删诗书，定礼乐，教授门徒，无论就动机言，就结果言，他的行为都是排斥独善，实行兼善的。

综观我上面虽分为四点指出新道德的动向，其实要以第一点为纲领，亦即表示道德的总趋向，其余三点可以认作第一点含义的发挥与补充。譬如第二点论道德之由枯燥迂拘而趋于活泼有生趣，即所以阐明“从艺术中去求具体美化的道德”。第三点之论反抗传统礼俗的权威而趋于自由解放，但又不要陷于狂放自私，而提出学术的陶养，理性的规范，以植自由解放的基础，实即“从学术知识中去求开明的道德”之旨的注脚。第四点所指出之趋于社会化，平民化，实即暗示道德之趋于积极救世，势必兼采耶稣墨翟的宗教精神的意思。换言之：欲求道德内容的具体充实，广博深厚，新道德如果不仅其时间上的新道德，而须本质上的真道德，则必须采取学术化，艺术化，宗教化的途径（所以须如此的理论，非此处所能详）。就中三者，尤以学术化为最主要。盖宗教而无学术，则陷于迷信与狂热，艺术而无学术，则流于奢侈逸乐低级兴趣，故学术实为推动宗教艺术道德之主力。以真理指导德行，以学术培养品格，实为今后新道德亦即任何真道德所必循的康庄大道。

又我在篇首虽曾说道德是变动的，细审全文意旨，当不难明了，所谓道德变动，并不是说道德无标准，行为无轨范，乃指由不完全的低级道德进展到较高级的道德的过程而言。譬如由本能冲动的道德，进而为外界权威的道德；由外界权威的道德，进而为良心直觉的道德；由良心直觉的道德，进而为社会福利的道德；由社会福利的道德，进而为学术艺术宗教的学养所陶镕出来的道德，亦称为学养的道德。由本能的道德到学养的道德，中间经过许多变化进展，就是我所谓道德变动。故此种具有逻辑意味的循理性或理想的变动，亦可谓为道德自身的发展或实现的历程。就此较高较后的阶段而言，则前者低者为旧，后者高者为新。

及至道德进展至最高点，或道德的本质充分实现时，亦可叫做“止于至善”时，则这最高的道德称为新道德可，称为真道德亦可。故片面的认道德是天经地义，一成不变，根本否认道德的新旧的说法，固难于成立，而片面的认道德为时间上无穷的盲目的自然变化，无标准，无归宿，甚或误以时间的先后或新旧来决定道德价值的高下，此说不惟不能给道德生活的指针，且亦不足以解释道德生活的事实。所以我们所谓新道德与新文化运动时期所提倡的新道德是大不相同的。那时所谓新道德是反孔的，而本篇所指出的新道德的动向，不惟不反孔，而乃是重新提出并且从本质上发挥孔孟的道德理想。而且一般所谓新道德，只是时间意义的新，以今为新，古为旧，或地域意义的新，以西洋道德为新，中国道德为旧。因此新道德未必即是真道德，或比较更符合真道德标准的道德。而我所谓新道德的新，乃是含有逻辑意义的新。后一较高阶段的道德较前一较低阶段的道德为新。因此新道德即是真道德，或比较更符合真道德标准的道德。

与友人辩宋儒太极说之转变*
(1938 年)

寄来《宋儒太极说之转变》一文，我已细读过。我想周朱之太极说容或有不同处，但必不是甲与非甲的不同，而乃有似源与流，根本与枝干的不同。治宋儒从周子到朱子一段思想，一如治西洋哲学史研究从苏格拉底到亚里士多德、从康德到黑格尔的思想，贵能看出一脉相承的发展过程。不然，便是整个的失败。徒就平面或字面去指出他们的对立，实无济于事。朱子之太极说实出于周子，而周子之说亦实有足以启发朱子处。周子措辞较合理、较简单，朱子发挥得较透澈、较明确。若谓周子的太极纯是物理的气而绝非理，朱子的太极则纯是形上之理，朱子强以己意傅会在周说上，反使周说晦而难解，是则不唯厚诬朱子，且亦恐不能说明从周到朱之线索矣。

兄以为周子之太极既是气，则谓气有动静，生阴生阳，本自圆通。今朱子释太极为理，谓理有动静，则滞碍而不能自圆。是朱子愈解愈坏，陷入困难。但须知，安知周朱太极或理有动静之说，不是有似亚里士多德"不动之推动者"之动静乎？亚氏之神，就其为不动（unmoved）言，静也；就其为推动者（mover）言，动也。今谓朱子不可以动静言理或太极，则亚氏又何能以动静言神或纯范型乎？盖理之动静与气或物之动静不同。（周子《通书》亦说明此点。）物之动静，在时空中是机械的（mechanical），动不自止，静不自动。理或太极之动静是循目的、依理则的（teleological）。动而无动，静而无静，其实乃显与隐、实现与不实现之意。如"大道之行"或"道之不行"，非谓道能走路，在时空中动静，乃是指道之显与隐、实现与不实现耳。故兄以太极

---

* 本文原发表于《新动向》1938 年第 1 卷第 4 期，后收入《近代唯心论简释》（独立出版社，1944 年）。

有动静证太极是气，亦未必可以成立。至兄对朱子"太极者本然之妙，动静者所乘之机"二语的批评，似亦有误会处。"贤不动，慧不动"，诚然。但贤慧之质之表现于人，有高下，有显隐。真理固是不动，但真理之表现于不同的哲学系统内，有高下，有显隐。所谓气之载理，理之乘机，如是而已。如月之光明乃月之本然之妙也，月之有圆缺显晦，月之照山川原野，不照溪谷深林，是其所乘之机也。月虽有圆缺晦明，时照此，时照彼，而月光本然之妙用，并不因而有缺陷也。又如仁之表现于尧舜，仁之动也；仁之不见于桀纣，仁之静也。而仁本然之妙，则"不为尧存，不为桀亡"者也。

至周子所谓神，具有宇宙论上特殊意义，所谓"神妙万物"、"鬼归也，神往也"，是也，似不可认为与太极无关，而另释之为"宇宙精神"。宇宙精神（Weltgeist），据我所知，乃黑格尔的名词，兄既认周子之太极是物理的气，则他的神论又如何会如此唯心，如此近代呢？如谓周子之神有似斯多噶派或布鲁诺（Bruno）所谓"宇宙灵魂"（world-soul：anima mundi）倒比较切当。因斯多噶及布鲁诺皆泛神论者。大程所谓"气外无神，神外无气，清者神，浊者非神乎"之说，尤与布鲁诺"物质神圣"（divinity of matter）的说法有近似处。但照这样讲来，则神是内在的主宰宇宙，推动宇宙而不劳累，而无意志人格的理或道。故曰："动而无动，静而无静。"故神乃太极之另一种说法或看法。换言之，就太极之为宇宙之内蕴因（immanent cause of the world）言，为神，不得以太极之外，别有所谓神也。斯多噶、布鲁诺式的泛神论，上与希腊初期自然哲学家之"物活论"，下与黑格尔精神现象学或历史哲学中之世界精神，均不相侔也。

至《通书·理性命章》之"一"及"中"，陆象山认为均指太极言，朱子则仅谓"一"指太极，而认"中"指刚柔适中之性，不指太极。殊不知中和之性，亦就太极之赋予人者而言。总之，朱陆争辩虽多，而认"一"指太极，则相同。今恐难以己意更作他解。又《理性命章》共十三句，刻朱注本《通书》不在身边，无从参考。但朱与陆书曾明言"首二句言理，次三句言性，次八句言命"，不知兄何所据而言"朱子已言'周子此章，其首四句言性，次八句言命'甚是"，竟将十三句注成十二句，误引朱子而误赞许之乎？且理一分殊，气、物体可分，故多，理不可分，故一。一即理，理一即指太极，至为明显。今既曰一，而一又指性命之理，并指洪蒙之气，又何得谓一不指太极？今又何得谓为性命之本源的太极而非理乎？如谓释一为理，乃朱子之主观解释或偏见，则应据尊意释一为气。如是则一、太极、气，三位一体。但宋儒只有阴阳二气之说，未闻有“太极一气”之说，只有“理一”，未闻有“气一”也。且“天命之谓性”，乃中国儒家关于性命之传统见解，照兄之说，太极一气，如何能为性命之源乎？

兄谓以太极为理，宋儒中始于李延平。就字面考证，此说或甚是。因我未细检典籍，一时寻不出反证。太极是理之说，如果始于李延平，则延平在理学史上之地位将一高千丈，至少应与二程同等，不会仅居于程与朱间之介绍传递地位，但确认理为太极之说，则至迟也起于伊川。（按程子《易传序》已明言“太极者道也”是太极是道或理之说，至迟也起于程子，更无疑义。）伊川虽很少明用“太极”二字，但彼所谓理，实处于绝对无上之太极地位，实无可疑。理之为一，一理之散于万殊复归于一，伊川《中庸序》说得最为明白。将理与气明白相提并论，似亦始于伊川。（但未必即系二元。）大约周子与大程皆认宇宙为理气合一的有机体，是泛神的神秘主义的宇宙观，而非希腊的物理学。他们并未明言太极是理、是气，或是理气之合一，其浑全处在此，其神秘乏形式处亦在此。但阴阳是气，乃确定无疑。今较阴阳更根本，而为阴阳之所自出，绝对无限的太极，当不仅是气，其有以异于气、高于气、先于气，亦无可致疑。故若释周子之太极为理气合一的整个有机的宇宙，当无大误。但在此理气合一的泛神的充塞体（continuum）中，理为神，妙万物，气为物，则不通。理不可见，气有迹。理形而上，气形而下。理先气从，理主气从，则进而认理为太极，认太极为理，乃极自然的趋势。且阴阳之气乃太极所生造（生造乃内在的循目的的动而无动的生造），太极乃生造阴阳五行万物者。太极为“造物”（natura naturans，能动的自然），阴阳五行乃“物造”（natura naturats，被动的自然）。物造是形而下、是气，造物是形而上、非气，亦可断言。且周子之提出无极，其作用本在提高或确说太极之形而上的地位，勿使太极下同于一物也，故释太极为理，是否究全契合周子本意，虽不可知，但要使周说更明晰、更贯彻哲学理论，求进一步发展周说，其不违反周子本意，其有补于周说之了解与发挥，当亦无可致疑。今谓朱说茫昧谬误，反使周说难解，欲离朱子而直解周子，或以西洋之“粗糙之物理学”附会周子，有如去干求根、绝流寻源，不惟不足了解周子，恐亦不足了解程朱也。且朱子去周子仅百余年，学脉相承，遗风不断，生平潜心研究周子，真诚敬仰周子，热烈倡导周学。今不从朱以解周，而远从千余年前、数万里外，去强拉与周子毫不相干之希腊自然哲学家言，以解释周子，谓能发现周子之真面目，其谁信乎？且七八年前，当我作《朱子黑格尔太极说比较》一文时，我即指出朱子之太极有两义：（一）太极指总天地万物之理言，（二）太极指心与理一之全体或灵明境界言。所谓心与理一之全，亦即理气合一之全。（但心既与理为一，则心即理，理即心，心已非普通形下之气，理已非抽象静止之理矣。——此点甚难，以后将为文论之。）认理气合一为太极，较之纯认理为太极，似更与周子原旨接近。于此更足见朱子忠于周子，忠于真理，而无丝毫成见。反足证兄之攻击朱子，非偏见即成见也。且周子《通书》及《太极图说》，目的在为道德修养奠理论基础，为希贤希圣希天指形上门径。既非物理学（physics），亦非狭义的"后物理学"（meta-physics），而是一种"后道德学"（meta-ethics），或一种先天修养学。与毫无道德意味之希腊物理思想，岂可同日而语哉？

张南轩与吕伯恭书曰："濂溪自得处诚浑全。元晦持其说句句而论，字字而解，未免流于牵强，亦非濂溪本意也。"似颇足为兄说张目。殊不知南轩本倾向神秘主义，其不欲朱子将周子神秘浑全之说，加以理性方式，系统发挥，亦属当然。且南轩亦并不以释太极为理为根本错误，有失周子本意，且亦并不承认朱子之太极说与周子之太极说系根本对立，两不相容。朱子之失周子本意处，最多亦不过有如费希特之发挥康德学说，反为康德所不满而已。故南轩之周朱异同论，与兄之周朱异同论——认周说为粗糙之物理学、朱说为形而上学，认周持混沌洪蒙之气的本体观、朱持太极为理的本体观——实大不相同也。南轩似将周子的著作，当作浑朴的古诗去欣赏。原诗纵有含蓄费解处，但自有其浑全纯真之美，今逐字逐句加以解释，即使不失本意，亦不免有失含蓄意趣，呆板而乏味也。而兄之从物理学观点，以解释周子，同样使周说失掉含蓄意趣，呆板而乏味，当仍不免为南轩所指斥也。

抗战建国与学术建国*（1938年）

中国多年来内政外交的病根，就在缺乏一个可以集中力量，统一人心，指定趋向，可以实施有效，使全国国民皆可热烈参加工作的国策。而中国国民党临时全国代表大会，却正式公布了这样伟大的中心国策。这国策就是“抗战建国”。抗战建国就是中华民国当今集中力量，统一人心，指定趋向的中心国策或国是。这国策不是空言，不是理想。它是已经在实施着，而且已经实施得有效可验。在这伟大的国策指导之下，全国国民已经热烈奋发地参与着，或正在准备参与着。这个国策从远看可以说是积民国成立以来二三十年的经验与教训，从近看可以说是积卢沟桥事变以来几个月艰苦支持，死中求活、败中求胜的经验与教训而逐渐形成的至当无疑的国策。

中国过去许多年皆执迷于“武力建国”的政策之下，历届政府当局皆欲以武力来执行建国大业。但武力建国实即“内战建国”。内战建国实无异于内战亡国。自淞沪抗战以及喜峰口、南口抗战之后，我们徘徊于“一面交涉，一面抵抗”的政策之下。但交涉无要领，抵抗无决心，无全盘计划。在这焦灼烦闷的期间，举国上下渐有了新觉悟。几年来，确立了自力更生的国防建设，经济建设，统一团结的和平建国的政策。有了自立［力］更生、和平建国的准备，有了长期抗战的决心，有了举国一致的爱国热情，有了长期与敌军周旋的阵地战、游击战、运动战的经验，我们才迈步踏上了抗战建国的大路。亦即一面抗战，一面建国，或一面建国，一面抗战，“抗战胜利之日，即建国大业完成之日，亦即中国自由平等之日”（临时全代会宣言）的大路。

---

* 本文原发表于《云南日报》1938年5月，后收入《文化与人生》（商务印书馆，1947年）。

我说抗战建国是条大路，因为世界历史昭示我们，对外抗战，实为任何一个内部分裂的国家要建立成为自由、独立、统一的近代国家，任何被压迫的民族，要打倒异族的侵凌、发皇光大、复兴起来，所必经的途径。在古代纪元前五世纪时，希腊民族的奋起，战胜了破坏人类文化的侵略者波斯帝国，建立了文物学艺光明灿烂的新希腊。在近代，十九世纪初年，散漫的普鲁士各邦，被拿破仑军队侵占，即在几年之后的解放战争里，终于摧毁了拿破仑的霸国，奠定了统一的近代德意志的基础。至于十八世纪末，华盛顿领导的美国独立战争，十九世纪中，意大利三杰之反抗法国的压迫，统一地理名词的意大利的建国运动，无一不是因为对外抗战的胜利而建立起独立自由的近代国家。而当十八世纪初年，俄国大彼得领导之下，在二十一年的长期北欧大战里，一面对当时的霸国瑞典抗战，一面实行内部经济、军事、政治、教育各方面的改革与建设，终于永远推翻了岛国瑞典在大陆上的霸权，而建立起新俄罗斯帝国，尤足以资我们抗战建国推翻岛国日本称霸东亚大陆的借鉴。这些抗战建国的先例，足以证明我国之不得不走上抗战建国的大道，乃是历史的必然的命运。是的，抗战建国是我们当前的国策，是历史的命运，也是民族复兴的契机。

在这伟大的，中国全部历史上开新纪元的抗战建国运动中，我更愿进一解，贡献一点学术建国的意见。

真正讲来，以军备薄弱的中国，对军力雄厚、世界第一等强国的日本抗战，若果中国能获最后胜利的话，那必因除以军事的抗战、经济的抗战，有以制胜外，又能于精神的抗战、道德的抗战、文化学术的抗战各方面，我们都有以胜过日本的地方。或必须我们主持军事，运用经济，有了深厚伟大的精神力量，足以胜过日本的地方。就道德抗战言，日本已是整个失败，已成了正义人道的公敌，国际公法的罪犯。就精神抗战言，日本的军心、士气、民意均不振奋。武士道的精神已不复存。日俄战争时之内外一致，同仇敌忾，更不可见。就文化学术言，除了崇奉武力及与武力有关之科学技术外，我们看不出日本文化的创进与发扬。日本学术界对人民生活，国家政策并不居领导地位。日本侵略行为只暴露出日本人模仿西洋文明之流弊与不消化。以文化学术在世界上列于第三等国家的日本，政治军事一跃而居一等强国之列。先天不足，本末倒置，实为日本的根本危机。盖学术文化的一等国，政治军事虽偶遭挫折，终必复兴。譬如德国在欧战后，政治军力，虽一落千丈，但学术文化仍居一等国地位，故终将复兴为第一等强国。因学术文化，所以培植精神自由的基础。一个精神自由的民族，军事政治方面必不会久居人下，而学术文化居二三等国地位，政治军备却为一等强国的国家，有如无源之水，无本之木。若不急从文化学术方面作固本浚源工夫，以期对于人类文化，世界和平，有所贡献，终将自取覆亡，此乃势理之必然。历史上以武力横行一时而学术文化缺乏根基的民族，终至一蹶不复振的例证甚多。

老实说，中国百年来之受异族侵陵［凌］，国势不振，根本原因还由于学术文化不如人。而中国之所以复兴建国的展望，亦因中华民族是有文化敏感，学术陶养的民族，以数千年深厚的文化基础，与外来文化接触，反可引起新生机，逐渐繁荣滋长。近数十年来，虚心努力，学习西洋新学术，接受西洋近代化的结果，我们整个民族已再生了，觉悟了，有精神自由的要求了，已决非任何机械的武力、外来的统治所能屈服了。所以我们现在的抗战建国运动，乃是有深厚的精神背景，普遍的学术文化基础的抗战建国运动，不是义和团式不学无术的抗战，不是袁世凯式的不学无术的建国。由此看来，我们抗战之真正最后胜利，必是文化学术的胜利。我们真正完成的建国，必是建筑在对于新文化、新学术各方面各部门的研究、把握、创造、发展、应用上。换言之，必应是学术的建国。必是要在世界文化学术上取得一等国的地位，我们在政治上建立一自由平等独立的一等国的企图，才算是有坚实永久的基础。

我愿意提出“学治”或“学术治国”的观念以代替迷信的武力，军权高于一切的“力治”主义。盖“知识即权力”乃英哲培根的名言。故出于学术上的真理与知识的“学治”，即是最真实有效的力治。但须知我们此次抗战建国，并不是武力建国。我们虽提倡军事第一、胜利第一、军令统一和一切建设以抗战为中心，但我们并不崇拜武力，乃正是要摧毁那迷信武力的日阀的迷梦。我们是为正义人道而战，为自由平等而战，为生存独立而战。我们的武力是建筑在全体同胞的精神力、义愤力和积年来培养的文化学术之上的。我们反抗的对象，是日阀的私欲冲动力、机械技术力和数十万被驱作战的日军的神符和千人针的迷信力。中国对日抗战的最后胜利，将是“学治”战胜“力治”的有力保证。

我愿意提出“学治”来代替申韩式的急功好利、富国强兵的法治。申韩式的法治实即厉行严刑峻罚，剥削人民的苛政，乃是贯彻力治或武力征服的工具。日阀之总动员法案，以及其他强迫人民税捐，驱逐人民上前线马死的苛虐法令，就是此种残民以逞的旧式法治。真正的法治必系基于学术。希腊的法典多出于大哲之手。罗马法最称完善，因受当时盛行崇奉理性之斯多噶派哲学之影响。近代民治国家之法令，大都建筑在“人民自己立法，自己遵守”的根本原则上，以为人民谋幸福，保权利。换言之，近代国家法令之所以有效，乃因出于人民理智所赞许，感情所爱护，意志所愿服从，而非出于独裁者个人意志的强制。故中国对日抗战之能否成功，就看我们是否能建立一学术基础，民治本位的新法治国家，以抵抗那残民以逞，以法律作武力的工具的旧法治国家。

我愿提出“学治”以补充德治主义。德治是中国几千年来的基本政治观念。司马光全部《资治通鉴》所指示的历史哲学，或普遍的足以资政治上借鉴的教训，可以用“有德者兴，失德者亡”八字括之。最近，孙中山先生所提出来以与帝国主义的霸道对立的王道，也就是近代化的德治主义。但须知苏格拉底所昭示的“道德即知识”之说，乃是在西洋思想史上使道德与学术携手并进的指针。中山先生知难行易之说，其实亦包含有学术上之知识较困难，道德上的实行较容易的意思。故道德基于学术，真道德出于真学术。道德必赖学术去培养，行为必须以真理为指导。所以德治必须以学治为基础。德治与学治之相辅关系，有似中山先生所分别之权与能之相辅关系。德治者有权，学治者有能。德治如刘玄德之宽仁大度，学治如诸葛孔明之足智多谋。离开学治而讲德治，纵不闹宋襄公战败于泓的笑话，也难免霍子孟不无学术的刚愎。日本军阀也在谈德治谈王道，在伪满境内他们也提倡读经尊孔，侵略我国土、蹂躏我人民的兽军，他们也自称为推行仁政维持东亚和平的皇军。我们要以真理与学术作基础的真德治，来打倒日阀的诡辩无耻的冒牌的假德治。永远使他们不敢亵渎我国孔孟相传下来的德治、王道、仁政等名词的尊严。

学术是建国的铁筋水泥，任何开明的政治必是基于学术的政治。一个民族的复兴，即是那一民族学术文化的复兴。一个国家的建国，本质上必是一个创进的学术文化的建国。抗战不忘学术，庶不仅是五分钟热血的抗战，而是理智支持情感，学术锻炼意志的长期抗战。学术不忘抗战，庶不致是死气沉沉的学术，而是担负民族使命，建立自由国家，洋溢着精神力量的学术。“要以战斗的精神求学，要以求学的兴会作战”（蒋先生语）。我们民族生活的各方面，国家建设的各部门，都要厉行学术化（此处所谓学术，即德文的威生夏福，Wissenschaft，本义为知识的创造，亦即理智的活动、精神的努力、文化的陶养之意。通常将此字译为“科学”，但此字一方面实较一般所谓科学含义稍广，一方面又较一般所谓科学含义更深）。说具体一点，要力求逻辑的条理化，数学的严密化，实验科学工程学的操作化。任何一件事业，即使开一小工艺，作一小营生，办一小学校，也要力求有逻辑思考的活动，数学方法的计算，工程实验的建设，以促成之，发挥之，提高之。使全国各界男女生活，一方面都带有几分书生气味，亦即崇尚真理尊重学术的爱智气味；另一方面又都具有斗士精神，为民族的独立自由而斗争的精神。这可以说是抗战建国，也可以说是学术建国。

法治与德治*
(1938 年)

法律之于政治，犹如文法之于语文，理则之于思想。不合理则或不合逻辑的思想，只是主观的意见感觉，不成其为系统条理的思想。没有文法的语文，决不能正确传达思想，宣泄情意，即不成其为传久行远的语言文字。没有法律的政治，即是乱政，无治，无有组织，不能团结，未上轨道的政治。

就法律与道德的关系而论，良心或内心制裁是防止作恶的第一道防线，清议、礼教或社会制裁是防止作恶的第二道防线，刑罚或法律的制裁是防止作恶的第三道防线。这三种制裁虽只是消极地防止作恶，亦所以积极的鼓励向善。这三种制裁虽有内外群己精粗之不同，但于维系人群道德生活均各有其特殊功能，不可或缺一。若缺少任何一种制裁，其他二种均会连带受损害。

许多误解自由的意义，幻想着归真返朴，无怀氏、葛天氏的乌托邦的思想家，认为法律是桎梏人性，侵剥自由的枷锁。他们以为法令愈多，则狡黠作伪，犯法干禁的人，亦必随之愈多。他们这类思想，推其极势非至于主张取消任何法律而归于无政府，而归于原始人类的本能生活不可。殊不知从正当的文化发展的眼光看来，法律乃正是发展人性，保障公民自由的一种具体机构，且是维持公共生活和社会秩序的客观规律。公民犯法，只要政府能执法以绳，并无损法律的真价，亦无妨社会秩序。而且对于这被法律制裁的公民，也是一种训练，一种教育。如执法者不以道德自揆，法官舞文枉法，立法者作奸遂私，虽足以动摇法律施行的效准，但亦正所以摧残政府的命脉。因为乱法枉法的政府，即是

* 本文原发表于 1938 年，后收入《文化与人生》（商务印书馆，1947 年）。1988 年商务印书馆再版时，题目改为《法治的类型》。

无政府，其乱亡可立待。故真正稳定的政权，必永远在能厉行严明的法令的执政者手里。（盖人民争权作乱，相残相食，无法律以统治之，固不成其为政治。）有法律而立法者或执法者枉法乱纪，则此种假法治亦即等于无法律无政府，亦不成其为政治。故真正的法治，必以法律的客观性与有效性为根本条件。所谓客观性，指法律之为维持公众秩序和公平之客观准则而言。所谓有效性，指立法者与执法者之以人格为法律之后盾，认真施行法律，爱护法律，尊重法律，使有效准而言。二者缺一，不得谓为法治。故法治的本质，不惟与人治（立法者、执法者）不冲突，而且必以人治为先决条件。法治的界说，即包含人治在内。离开人力的治理，则法律无法推动，所谓“徒法不足以自行”。故世人误认人治与法治为根本对立，以为法家重法治，儒家重人治，实不知法治的真性质的说法。

因建立或推动法治的人或人格之不同，而法治遂亦有不同的类型：其人多才智而乏器识，重功利而蔑德教，则其所推行的法治，便是申韩式的法治。其人以德量为本，以法律为用，一切法令设施，目的在求道德的实现，谋人民的福利，则此种法治便可称为诸葛式的法治。法令之颁行，不出于执政者在上之强制，而出于人民在下之自愿的要求。法律之推动力基于智识程度相当高，公民教育相当普及的人民，或人民的代表，即近代民主式的法治。今试分别申论之：

一、申韩式的法治，亦即基于功利的法治。此一类型的法治的特点为厉行铁的纪律，坚强组织，夺取政权，扩充领土，急近功，贪速利，以人民为实现功利政策的工具；以法律为贯彻武力征服或强权统治的手段；以奖赏为引诱人图功的甘饵；以刑罚为压迫人就范的利器。“有功虽疏贱必赏，有过虽近爱必诛”，就是“人君制臣之二柄”（见《韩非子》）。此类型的法治的长处，在于赏罚信实，纪律严明，把握着任何法律所不可缺少之要素。其根本弱点在于只知以武力、强权、功利为目的，以纵横权术为手段，来施行强制的法律。不本于人情，不基于理性，不根于道德、礼乐、文化、学术之正常。（法家的人甚至鼓励父杀其子，兄杀其弟，以立威信而图功名。）又如商鞅之徙木立信等武断的事，均同时犯了不近人情，不合理性，不重道德的弊病。徒恃威迫利诱以作执行法令的严酷手段。此种法治有时虽可收富强的速效，但上养成专制的霸主，中养成残忍的酷吏，下养成敢怒不敢言的顺民，或激起揭竿而起的革命。

二、诸葛式的法治，或基于道德的法治。史称诸葛武侯治蜀以严。所谓“严”并不是苛虐残酷的意思，乃含有严立法度、整饬纪纲的意思。父教子以严，上治下以严，严即表示执法令者对于遵法令者有一种亲属的关切，故欲施以严格的教育与训练。治之严正所以表示爱之切。又如诸葛之挥泪斩马谡，并料理马之后事一事看来，足见他对行军的法令，朋友的情谊，双方顾全，而与残酷不近人情的申韩式的法治迥不相同。至于诸葛〈亮〉《出师表》中有几句名语：“陟罚臧否，不宜异同。若有作奸犯科，及为忠善者，宜付有司，论其刑赏，以昭平明之治。不宜偏私，使内外异法也。”尤其是代表道德的法治最精要的宣言。一方面信赏罚，严纪律，兼有申韩之长；一方面要去偏私，以求达到公平开明的政治。其有为国为民的忠忱，而无急功好利的野心。陈寿称：“诸葛亮之相国也，抚百姓，示仪轨。约官职，从权利。开诚心，布公道。尽忠益时者，虽仇必赏。犯法怠慢者，虽亲必罚。服罪输情者，虽重必释。游词巧饰者，虽轻必戮。善无微而不赏，恶无纤而不贬。刑政虽峻而无怨，以其用心平而劝戒明也。”这可很道出了诸葛式法治的特点，充满了儒者的仁德，与申韩之术，根本不同，绝不可混为一谈。至于他宁静淡泊，“苟全性命于乱世，不求闻达于诸侯”的风度，更与那以才智干时君而猎取功名富贵的名法之士根本殊科。宋儒称诸葛孔明有儒者气象，观此益信。近世西洋政治思想家有倡仁惠的干涉或开明的专制之说者，其意亦在以人民公意或共善为准，去干涉甚至或强制人民的行为，目的在加速社会进步，“强迫人民自由”。他们指出“人民公意”与“人民全体的意志”之不同。所谓全体意志，乃全体人民意见之杂凑体，重量不重质，往往意见浮嚣，矛盾错误，拘近折，无远图。而人民公意则就意志之质言，而不就量言，乃为人民真幸福打算应当如此之理想意志。亦即人民的真正意志，出于先知先觉的大政治家的远见与卓识，而非出于全体人民之意见。我认为这种强迫人民自由的法治，亦应属于诸葛式的法治一类型。此类型的法治亦可称为道德的法治。其实行须具下列二条件：〈第〉一，人民知识程度尚低，不能实行普遍民治。〈第〉二，政府贤明，有德高望重、识远谋深的政治领袖，以执行教育、训练、组织民众之责。

三、近代民主式的法治，亦即基于学术的法治。此类型的法治之产生，可以说是由于文化学术的提高，政治教育的普及，自由思想的发达，人民个性的伸展，亦可以说是前一类型诸葛式的法治之自上而下，教导民德，启迪民智之应有的发展和必然的产物。而此一类型的法治，乃是自下而上，以“人民自己立法，自己遵守”为原则。政府非教育人民的导师，而是执行人民意志的公仆。人民既是政府训练出来的健全公民，故政府亦自愿限制其权限，归还政权给人民。政府既是人民公共选出来的代理者，人民相信政府，亦自愿赋与政府充分权力，俾内政外交许多兴革的事业，可以有效率的进行无阻。在此类型的法治之下，一件重要法案的成立，都是经过学者专家的精密研究，然后提出于人民代议机关，质问解释，反复辩争，正式通过后方可有效。有时一件旧法令的取消，或新法令的建立，每每经过在野的政治家或改革家多年的奔走呼号、国内舆论的鼓吹响应和许多公民的一再联名请愿，甚或流血斗争，方告成功。像这种审慎的经过学术的研讨，道德的奋斗，方艰难缔造而成的法律，乃是人民的自由和权利所托命的契约，公共幸福的神圣保障。得之难，失之自不易。像这样的法律，人民当然自愿竭尽忠诚以服从之，牺牲一切以爱护之。因为服从法律即是尊重自己的自由，爱护法律即是维持自己的权利。

对于三种类型的法治有了明晰的观念，尚有须得切戒者二事：第一，每一类型的法治各自成一整套，为政者须切戒将各类型错乱混杂。第二，由申韩式的基于功利的法治，进展为诸葛式的基于道德的法治，再由道德的法治进展为基于学术的民主式的法治，乃法治之发展必然的阶段，理则上下不容许颠倒。所以为政者切戒开倒车或倒行逆施。譬如王安石以学问文章及政治家风范论，皆可比拟诸葛，但他推行新法的手段和他图近功速效的迫切，却又杂采申韩之术。所以王安石变法的失败，就可为将第一第二类型的法治夹杂错乱的鉴戒。又如日本明治维新，本因采取第二类型的法治，开明专制，卓著成效。但日本却始终未走上第三类型的民主式的法治的路。而近年来军阀专政，摧残仅有一线的民主式的法治，反而倒退到申韩式的法治，厉行严刑峻罚，剥削人民的苛政，以求贯彻武力的征服。像日本以及其他法西斯国家这种违反法治进展的自然程序，向后开倒车的措施，终将归于失败。自在切戒之列。

根据上面关于法治类型的讨论，我们还可以破除一般人认儒家重德治反对法治的错误观念。由孔子之“刑罚不中，则民无所措手足”，由孟子之慨叹乎“上无道揆，下无法守”和“徒善不足以为政，徒法不足以自行”的话看来，则显见得孔孟并不一味抹杀法治，不过认为法治须推本于道德礼乐和正名工夫罢了。宋儒如周濂溪以善断刑狱，以去就与枉法者力争著称。而朱子论政尤重法纪，力主对当时之宽纵无统纪，须“矫之以严正”，谓“政事须有纲纪文章，关防禁约，截然而不可犯”，又说“为政必须有规矩，使奸民猾吏不得行其私”。由此愈见真正的儒家，不惟不反对法治，甚且提倡法治，提倡诸葛一类型的法治。换言之，儒家与申韩的冲突，不是单纯的德治与法治的冲突，而是基于道德礼乐的法治与功利权术的法治的冲突。亦可说是较高一类型的法治，与较低级的另一类型的法治的冲突。我们以后必须确切认识，必基于道德学术的法治，才是人类文化中正统的真正的法治。那基于权术功利一类型的法治，只是法治未上轨道时一个抽象的阶段，绝不能代表法治的本质，概括法治的全体。

对于法治的性质和类型，既已明了，则现时中国对法治所应取的途径，可不烦言而决。第一，训政时期应该施行诸葛式的法治，政府应当负起教育，训练，组织人民的责任，强迫人民自由。如是，庶第二到了宪政时期，我们即可达到基于学术的近代民主式的法治。人人皆应切实了悉诸葛式的基于道德的法治，与申韩式的法治，或法西斯的独裁，有截然不同的界限。人民不可因政府之权力集中，而误会政府为法西斯化，独裁化，而妄加反抗。政府亦应自觉其促进人民自由，实现宪政，达到近代民主式的法治的神圣使命，不可滥用职权，不必模仿法西斯的独裁。总之，无论政府与人民，都要认识国家法纪的庄严与神圣，不仅个人自由权利之所系，而且是国家民族的治乱安危之所托，应当用最大的努力与决心去建立国家的法纪。如是，庶中国多年来在民权主义下，在灌输西洋民治思想的努力下所培养的一点法治根苗，自有发荣滋长之望，而我们伟大的抗战建国事业，亦可有坚实不拔的基础。

文化的体与用*
(1940年)

许多人对于哲学发生兴趣，大概都是由于他们平日喜欢用思想去观察文化或批评文化。当一种异族文化初输入一个地方时，最易引起当地人士观察和批评此种外来文化的敏感。当一个旅行家游历了不同的国家，观察了不同的民族，他对于各国和各民族的风土人情、生活习惯、历史文物等，必少不了有一些感想或批评。有人说文学的本质在批评人生，而真正有意义有价值的生活就是文化的生活。所以即说文学的本质在于批评文化亦无不可。文学家可以说必然是文化批评家，如法国的福禄泰尔、卢梭，德国的莱新、黑尔德、歌德、席勒，英国的卡莱尔、安诺德、辜律己等，都是文化批评家。他们一方面对于政治社会有实际影响，一方面也启发了后来不少的纯粹系统的哲学家。批评文化可以说是思想界最亲切，最有兴趣，对于个人和社会，对于物质生活和精神生活最有实际影响和效果的工作。因为文化批评一方面要指导实际生活，一方面又要多少根据一些哲学理论。所以文化批评乃是使哲学与人生接近的一道桥梁。有许多没有专门研究过哲学的人，因为批评文化而不知不觉地涉历到哲学的领域，也有许多纯粹专门的哲学家，因为批评文化，而使得他们的思想与一般人发生关系。

本文的主旨就在提供一些批评文化的概括原则。因为我深感觉得自从西洋文化与中国文化接触以来，差不多每一个能用思想的中国人，都曾有意无意间在那里多少作一些批评文化的工作。然而我们的文化批评似乎大都陷于无指针，无准则，乏亲切兴味，既少实际效果，亦难于引导到深彻的哲学领域。而由批评文化所提出的几种较流行的口号如“中

---

* 本文原发表于《今日评论》1940年第3卷第16期，后收入《文化与人生》（商务印书馆，1947年）。

学为体，西学为用”，“中国本位文化”，“全盘西化”等，似乎多基于以实用为目的的武断，而缺乏逻辑批评的工夫。所以我希望对于文化的体和用加以批评的研讨，或许可以指出批评文化的新方向，引起对付西洋文化的新态度。

“体用”二字乃是意义欠明晰而且有点玄学意味的名词。兹试先将常识意义的体用与哲学意义的体用分别予以说明。常识上所谓体与用大都是主与辅的意思。譬如“中学为体，西学为用”之常识意义，即是以中学为主，西学为辅的意思。反之，假如一个西方学者之研究中国学问，他亦未尝不可抱“西学为体，中学为用”的主张。其实中国留学生之治西学者，亦大都以西学为主，中学为辅，亦即可谓为以“西学为体，中学为用”，完全与张之洞所指的路径相反。依此意义，则专学文科的人，可以说以“文科为体，理科为用”，反之，学理科的人，亦可持“理科为体，文科为用”之说。现今大学于学生选习科系，多有主科辅科之规定。我们亦可以说大学生选习科系，莫不以主科为体，辅科为用。一个人专治主科，而不兼习他科以辅之，是谓约而不博，有体无用。一个人博习多科，而无精约的主科，是谓有用无体。从这些例子可以见得常识中所谓体用是相对的，是以个人的需要为准而方便抉择的，是无逻辑的必然性的。但试再以“中学为体，西学为用”作例。如果中学指天人性命之学，指精神文明，而西学则指声光电化船坚炮利之学，指物质文明而言，则天人性命之形而上学，理论上应必然的为声光电化等形而下之学之体，而物质文明理论上亦应必然的为精神文明之用。如是则“中学为体，西学为用”不仅为常识的应一时之需要之方便说法，而成为有必然性的有哲学意义的说法了。

至于哲学意义的体用须分两层来说。一为绝对的体用观。体指形而上之本体或本质（essence），用指形而下之现象（appearance）。体为形而上之理则，用为形而下之事物。体一用多。用有动静变化，体则超动静变化，此意义的体用约相当于柏拉图的范型世界与现象世界的分别，亦可称为柏拉图式的体用观。一为相对性或等级性的体用观。将许多不同等级的事物，以价值为准，依逻辑次序排列成宝塔式的层次（hierarchy）。最上层为真实无妄之纯体或纯范型，最下层为其可能性可塑性之纯用或纯物质。中间各层则较上层以较下层为用，较下层以较上层为体。譬如，就大理石与雕像言，则雕像为大理石之体，大理石为雕像之用，但就雕像与美的型式言，则具体的雕像为形而下之用，形而上的美的纯型式为体。又如就身与心的关系言，则身为心之用，心为身之体。就心与理的关系言，则心为理之用，理为心之体。依此种看法，则体与用的关系为范型（form）与材料（matter）的关系。由最低级的用，材料，到最高级的体，本体或纯范型，中间有一依序发展的层级的过程。这种看法可称为亚理士多德的体用观。这种体用观一方面包括柏拉图式的体用说，认纯理念或纯范型为体，认现象界之个体事物为用。一方面又要以纯范型作为判别现象界个体事物价值的标准，而将现象界事物排列成层级而指出其体用关系。譬如在中国哲学上，朱子持理气合一之说，认理为体气为用，则近于此处所谓绝对的体用观，而周子则无极而太极，太极而阴阳，阴阳而五行，五行而万物。似以无极为太极之体，太极为无极之用。太极为阴阳之体，阴阳为太极之用。阴阳为五行之体，五行为阴阳之用。五行为万物之体，万物为五行之用。似分为五个层次的相对的体用观。但若从绝对的体用观来看，则无极、太极皆系指形而上之理言，为体，而阴阳五行万物皆系指形而下之气言，为用。如是则哲学上两种体用观的异同所在，想甚明了。简言之，绝对的柏拉图式的体用观以本体与观象言体用。而相对的，亚理士多德的体用观，除以本体现象言体用外，又以本体界的纯范型作标准，去分别现象界个体事物间之体用关系。以事物表现纯范型之多或寡，距离纯范型之近或远，而辨别其为体或用。

哲学上所谓体用关系，与科学上所谓因果关系，根本不同，绝不可混为一谈。科学上的因，都同是形而下的事物无价值的等级或层次之别，而哲学上的体属形而上，用属形而下，体在价值上高于用。譬如就心为身之体、身为心之用而言，我们不能说在科学上心为身的原因、身是心灵活动的结果。因为身体运动的原因，须于物理学生理学求之。我们只能说，心是身之所以为身之理。身体的活动所代表的意义、价值、目的等，均须从心灵的内容去求解释。

知道了体用的意义，请进而考察什么是文化之体。

朱子说："道之显者谓之文。"古哲所谓文，大都是指我们现时所谓文化。孔子说："文王既殁，文不在兹乎？"意思就是说文王既殁，文化不就寄托在我这里吗？此外孔子所谓"天之将丧斯文"或"未丧斯文"的文，都是指文化或民族文化而言。又如孔子被奉为"文宣王"，韩愈、朱熹被谥为韩文公、朱文公，也就是尊崇他们为文化的寄托者、负荷者，或西人所谓 kulturträger 的意思。所谓"道之显者谓之文"应当解释为文化是道的显现，换言之，道是文化之体，文化是道之用。所谓“道”是宇宙人生的真理，万事万物的准则，亦即指真美善永恒价值而言。儒家常说“文以载道”，其实不仅“文艺”以载道，应说“文化”以载道。因为全部文化都可以说是道之显现。并且不仅文化以载道，我们还可进一步说“万物皆载道”，“自然亦载道”。因为“道在稊米”，即可说稊米亦载道。“凡物莫不有理”，即可说凡物莫不载道。英国诗人丁尼生有一首名诗，大意谓园里一朵小花，若能加以彻底了解，便可以理会到什么是天与人的关系。这就是说，小花亦所以载道，由小花的理会亦可以见道，知天。

我们虽承认自然万物，小至稊米花草，皆是道的显现，但我们却不能说，自然事物都是文化。文化与自然虽皆所以载道，但文化是文化，自然是自然，两者间确有重大区别。要解答这层困难，我们似乎不得不补充修正朱子的说法，而这样解释：“道之凭藉人类的精神活动而显现者谓之文化。”反之，“道之未透过人类精神的活动，而自然地隐晦地（implicitly）昧觉地（unconsciously）显现者谓之自然”。换言之，文化乃道之自觉的显现，自然乃道之昧觉的显现。同是一个道，其表现于万物有深浅高下多少自觉与否之不同，因而发生文化与自然的区别。

讨论文化的体与用到了这里，我们便得着四个概念：（一）道的观念，文化之体。（二）文化的观念，道之自觉的显现。（三）自然的观念，道之昧觉的显现。（四）精神的观念，道之显现或实现为文化之凭藉，亦即文化之所以为文化所必依据的精神条件，亦即是划分文化与自然的分水界。这四种观念若用现代价值哲学的名词加以解释，则（一）道即相当于价值理念；（二）精神约相当于价值体验，或精神生活；（三）文化即相当于价值物；（四）自然即是与价值对立的一个观念。若从柏拉图式的绝对的体用观说来，则道或价值理念是体，而精神生活、文化、自然，皆道之显现，皆道之用。若从亚理士多德式的相对的体用观说来，则精神生活、文化与自然，皆道之等差的表现。低级者为较高级者之用或材料，较高级者为较低级者之体或范型。如是，则自然为文化之用，文化为自然之体。文化为精神之用，精神为文化之体。精神为道之用，道为精神之体。

这四个不同的观念中，最重要但是又最困难、最古怪的，当推精神一观念。精神也实在是意义纷歧而欠清楚的名词。但在此处我们可以简单地说，精神是心灵与真理的契合。换言之，精神就是指道或理之活动于内心而言。也可以说，精神就是为真理所鼓舞着的心（spirit is mind inspired by truth)。在这个意义下，精神也就是提高了，升华了洋溢着意义与价值的生命。精神亦即指真理之诚于中形于外，著于生活文教，蔚为潮流风气而言。简言之，精神是具体化、实力化、社会化的真理。若从体用的观点来说，精神是以道为体而以自然和文化为用的意识活动。根据这个说法，则精神在文化哲学中，便取得主要、主动、主宰的地位。自然也不过是精神活动或实现的材料，所谓文化就是经过人类精神陶铸过的自然。所谓理或道也不过是蕴藏在人类内心深处的法则。将此内蕴的隐晦的法则或道理，发扬光大，提出于意识的前面，成为自觉的具体的真理，就是精神的活动。假使道或理不透过精神的活动，便不能实现或显现成为文化，而只是潜伏的，缥缈的，有体而无用的道或理罢了。这样看来，自然只是纯用或纯材料而非体。道或理只是纯体或纯范型而非用，都只是抽象的概念，惟有精神才是体用合一，亦体亦用的真实。道只是本体，而精神乃是主体。文化乃是精神的产物，精神才是文化真正的体。精神才是真正的神明之舍，精神才是具众理而应万事的主体。就个人言，个人一切的言行和学术文化的创造，就是个人精神的显现。就时代言，一个时代的文化就是那个时代的时代精神的显现。就民族言，一个民族的文化就是那个民族的民族精神的显现。整个世界的文化就是绝对精神逐渐实现或显现其自身的历程。

在上面这一大段里，我因为想尽力绍述一些黑格尔的思想，意思也许稍嫌晦涩费解。其实总结起来，意思亦甚为简单。就是广义讲来，文化（包括自然在内）是道的显现。但严格讲来，文化只能说是精神的显现，也可以说，文化是道凭藉人类的精神活动而显现出来的价值物，而非自然物。换言之，文化之体不仅是道，亦不仅是心，而乃是心与道的契合，意识与真理打成一片的精神。

因精神中所含蕴的道或价值理念有真美善的不同，故由精神所显现出来的文化亦有不同的部门。因不同部门文化之表现精神价值有等差之不同，遂产生相对性文化的体用观。譬如真理是一精神价值，哲学与科学皆同是真理之显现。但哲学追求价值的真理，科学追求自然的真理。哲学阐发关于宇宙人生之全体的真理，科学研究部分的真理。哲学寻求形而上的理则方面的真理，科学寻求形而下的事物方面的真理。因此虽就绝对的体用观说来，科学与哲学皆同是精神之用，精神兼为科学与哲学之体，但就相对的体用观说来，我们不能不说哲学为科学之体，科学为哲学之用。又宗教与道德皆同为善的价值之表现。但宗教所追求者为神圣之善，道德所追求者为人本之善，宗教以调整人与天的关系为目的，道德以调整人与人的关系为目的。在此意义下，我们不能不说，宗教为道德之体，道德为宗教之用。又如艺术与技术都同是代表美的价值的文化。但艺术是超实用的美的价值，而技术代表实用的美的价值。艺术是美的精神生活的直接产物，而技术只是实用智慧的产物。故只能说，艺术是技术之体，技术是艺术之用。至于政治法律实业经济军事等，距真美善之纯精神价值更远，乃科学道德技术之用，以科学道德技术为体，而直接以自然物质为用。

对于各文化部门之体用相对性略有所了悉，请更提出规定各文化部门之三原则，以供观察文化批评文化之参考。（一）为体用不可分离。盖体用必然合一，而不可分。凡用必包含其体，凡体必包含其用，无用即无体，无体即无用。没有无用之体，亦没有无体之用。如谓宋儒有体无用，近代西洋文明有用无体的说法，皆是不知体用合一关系的不通之论。譬如就宋儒之以理学为体言，亦有其对自然、人生、社会、历史种种事业之观察研究以作之基。换言之，宋儒有其理学之体，亦自有其科学之用。又如宋儒虽重人事方面的道德修养，但亦自有其由希贤希圣进而希天之宗教识度，及至诚感神的宗教精神以为之体。至于宋儒之理学及其道德观念，对于中国社会、政治、民族生活影响之重大深长（影响之好坏姑不具论），乃显而易见者，更不能谓为有体无用。至于近代西洋物质文明之有其深厚的精神基础，稍识西方文化者类能言之，亦不能谓为有用无体。所以无论事实上，理论上，体用都是不可分离的。（二）为体用不可颠倒的原则。体是本质，用是表现。体是规范，用是材料。不能以用为体，不能以体为用。譬如宗教哲学艺术等在西洋文化中为体，决不会因为介绍到中国来便成为中国文化之用。而科学技术等在西洋文化中老是居于用的地位，亦决不会因为受中国实用主义者之推尊，便会居于体的地位。所谓冠履不同位，各部门文化皆截然有其应有之逻辑地位，决不能因一时实用，个人之好恶，而可以任意颠倒的。持体用颠倒说，认形而下之用为本体，认形而上之体为虚幻，便陷于唯物论。持体用分离说，认为有离用而独立存在之体，有离体而独立存在之用，便陷于孤立的武断论。第三个原则，为各部门文化皆有其有机统一性。因为各部门的文化皆同是一个道或精神的表现，故彼此间有其共通性。一部门文化每每可以反映其他各部门的文化，反映整个的民族精神，集各种文化之大成。这个原则是应用有机的宇宙观的说法以讨论文化。因为据近代有机的宇宙观的说法，每一事物都是全宇宙的缩影，是一个反映全宇宙的小宇宙。甚至可以说。每一事变都是集宇宙过去一切事变的大成。自然事物既然可以说是一个有机统一体，则持此说以表明文化事物为一有机统一体，当然更平正而无偏弊。譬如，试以西洋现代的基督教而论（不管旧教或新教），在不知有机统一说的人，必以为基督教根本是反科学的，反平民化社会的，反无产阶级革命的，反物质文明的。其实我胆敢说一句，中世纪的基督教，是中古文化的中心，近代基督教是整个近代西洋文化的缩影与反映。可以说西洋近代精神的一切特点，基督教中皆应有尽有。反之，西洋近代精神的一切特点，近代科学研究中亦莫不应有尽有。因为西洋近代的科学与近代的宗教，皆不过是从不同的方面以表现此同一之西洋近代精神罢了。

根据上面的一些理论和原则来讨论我们对西洋文化应取的态度的问题，我们可得下列三个指针。

第一，研究，介绍，采取任何部门的西洋文化，须得其体用之全，须见其集大成之处。必定对于一部门文化能见其全体，能得其整体，才算得对那种文化有深刻彻底的了解。此条实针对中国人研究西洋学问的根本缺点而发。因为过去国人之研究西洋学术，总是偏于求用而不求体，注重表面，忽视本质，只知留情形下事物，而不知寄意于形上的理则。或则只知分而不知全，提倡此便反对彼。老是狭隘自封，而不能体用兼赅，使各部门的文化皆各得其分，并进发展。假使以这种偏［褊］狭的实用的态度去研究科学，便难免不陷于下列两个缺点。一因治科学缺乏哲学的见解和哲学的批评，故科学的根基欠坚实深厚，支离琐屑，而乏独创的学派，贯通的系统。一因西洋科学家每承中古修道院僧侣之遗风，多有超世俗形骸的精神寄托与宗教修养，认研究科学之目的亦在于见道知天，非徒以有实用价值之技术见长。此种高洁的纯科学探求的境界，自非求用而不求体者所可领略。

我所谓治西学须见其体用之全，须得其整套，但这并不是主张全盘西化。因为说须对于所研究的那一部门的学术文化，得其体用之全，或得其整套，即是须深刻彻底理解该一部门学术文化之另一说法。有了深刻彻底的了解后，不唯不致被动的受西化影响，奴隶式的模仿，而且可以自觉地吸收，采用，融化，批评，创造。这样既算不得西化，更不能说是全盘西化。譬如，就政治制度而论，彼持全盘西化之说者，似应将西洋的法西斯蒂主义，民治主义，共产主义等全盘搬到中国来，一一照样模仿扮演。但我仅主张对于各种理论之体与用，之全套，之源源本本，加以深刻彻底了解，而自己批评地创立适合民族生活时代需要之政治方案。此种方案乃基于对西洋文化之透彻把握，民族精神之创进发扬，似不能谓为西化，更不能谓为全盘西化。且持数量的全盘西化之说，事实上理论上似均有困难。要想把西洋文化中一切的一切全盘都移植到中国来，要想将中国文化一切的一切都加以西洋化，事实上也不可能，恐怕也不必需。而且假如全盘西化后，中国民族失掉其民族精神，文化上中国沦为异族文化之奴仆，这当非提倡全盘西化者之本意。但假如中国人有选择与创造的能力，与西洋文化接触后，中国文化愈益发展，民族精神愈益发扬，这不能算是西洋化中国，只能说是中国化外来的一切文化。譬如，吸收外界食物而营养身体，只能说人消化食物，不能说食物变化人。又譬如宋明的理学，虽是与佛教接触很深很久的产物，但不能说是“佛化”的中国哲学，只能说是“化佛”的中国哲学。所谓“化佛”，即是将外来的佛教，吸收融化，超越扬弃的意思。所以我根本反对被动的“西化”，而赞成主动的“化西”，所谓“化西”，即是自动地自觉地吸收融化，超越扬弃西洋现在已有的文化。但须知这种“化西”的工作，是建筑在深刻彻底了解西洋各部门文化的整套的体用之全上面。固然，我承认中国一切学术文化工作，都应该科学化，受科学的洗礼。但全盘科学化不得谓为全盘西化。一则科学乃人类的公产，二则科学仅是西洋文化之一部分。

第二，根据文化上体用合一的原则，便显见得“中学为体，西学为用”的说法之不可通。因中学西学各自成一整套，各自有其体用，不可生吞活剥，割裂零售。且因体用不可倒置。西学之体搬到中国来决不会变成用，中学之用，亦决不能作西学之体。而且即在精神文明为体，物质文明为用的前提下，或道学为体器学为用的前提下（因在张之洞时，有认中学为道学，西学为器学之说），中体西用之说，亦讲不通。盖中学并非纯道学，纯精神文明，西学亦非纯器学，纯物质文明。西洋的科学或器学，自有西洋的形而上学或道学以为之体。西洋的物质文明亦自有西洋的精神文明以为之体。而中国的旧道德、旧思想、旧哲学，决不能为西洋近代科学及物质文明之体，亦不能以近代科学及物质文明为用。当中国有独立自得的新科学时，亦会有独立自得的新哲学以为之体。中国的新物质文明须中国人自力去建设创造。而作这新物质文明之体的新精神文明，亦须中国人自力去平行地建设创造。这叫做以体充实体，以用补助用。使体用合一发展，使体用平行并进。除此以外，似没有别的捷路可走。此外以新酒旧瓶、旧酒新瓶之喻来谈调合中西文化的说法，亦是不甚切当易滋误会的比喻。因为各部门的文化都是一有机统一体，有如土壤、气候之于植物，密切相关，决不似酒与酒瓶那样机械的凑合。

第三，根据精神（聚众理而应万事的自主的心）为文化之体的原则，我愿意提出以精神或理性为体，而以古今中外的文化为用的说法。以自由自主的精神或理性为主体，去吸收融化，超出扬弃那外来的文化和已往的文化。尽量取精用宏，含英咀华，不仅要承受中国文化的遗产，且须承受西洋文化的遗产，使之内在化，变成自己的活动的产业。特别对于西洋文化，不要视之为外来的异族的文化，而须视之为发挥自己的精神，扩充自己的理性的材料。那入主出奴的东西文化优劣论已成过去。因为那持中国文化优于西洋文化的人，每有拒绝西洋文化以满足自己的夸大狂的趋势。那持西洋文化优于中国文化的人，也大都是有提倡西学、厉行西化的偏激作用的人。我们不必去算这些谁优谁劣的无意识的滥账。我们只需虚怀接受两方的遗产，以充实我们精神的食粮，而深彻地去理会其体用之全，以成就自己有体有用之学。那附会比拟的中西文化异同论，现在亦已成为过去了。若比较中西文化的异同，目的在使生“悟解”，但结果恐会引起“误解”。因为文化乃道，精神之显现。可以说是形而下的价值物。形下事物间的关系，可以说是“毕同毕异”，而无有绝对的异同。若执着文化间之异同，认为绝对，则陷于武断。所以应该直接探求有普遍性、永恒性之理则，勿庸斤斤于文化事物之异同。

因此我们无法赞成“中国本位文化”的说法。因为文化乃人类的公产，为人人所取之不尽、用之不竭的宝藏，不能以狭义的国家作本位，应该以道，以精神，或〈以〉理性作本位。换言之，应该以文化之体作为文化的本位。不管时间之或古或今，不管地域之或中或西，只要一种文化能够启发我们的性灵，扩充我们的人格，发扬民族精神，就是我们所需要的文化。我们不需狭义的西洋文化，亦不要狭义的中国文化。我们需要文化的自身。我们需要真实无妄有体有用的活文化真文化。譬如，你写一篇科学论文，我不理会你这是中国科学抑是西洋科学，我只去考察你这篇论文是否满足任何真实的典型的科学所应具备的条件。所以我们真正需要的乃是有体有用的典型文化，能够载道显真，能够明心见性，使我们与永恒的精神价值愈益接近的文化。凡在文化领域里努力的人，他的工作和使命，应不是全盘接受西化，亦不在残缺地保守固有文化，应该力求直接贡献于人类文化，也就是直接贡献于文化本身。

五伦观念的新检讨*
（1940年）

无形中支配我们生活的重大力量有二：一为过去的传统的观念，一为现在的流行的或时髦的观念。一个人要想保持行为的独立与自主，不作传统观念的奴隶，不作流行观念的牺牲品，他必须具有批评的，反省的宗主力，能够对这些传统观念及流行观念加以新检讨，新估价。同时如要把握住传统观念中的精华，而作民族文化的负荷者；理解流行观念的真义，而作时代精神的代表，也须能够对传统观念及流行观念加以重新检讨，重新估价。有许多人表面上好像很新，满口的新名词、新口号，时而要推翻这样，打倒那样，试细考其实际行为，有时反作传统观念的奴隶而不自觉。这就是因为他们对于传统的旧观念与流行的新观念皆未曾加以批评的考察，反省的检讨，重新的估价。结果，只看见他们在那里浮躁叫嚣，打不倒坏的旧观念，亦不能建设起来好的新的观念，既不能保持旧有文化的精华，又不能认识新时代的真精神。

五伦的观念是几千年来支配了我们中国人的道德生活的最有力量的传统观念之一。它是我们礼教的核心，它是维系中华民族的群体的纲纪。我们要从检讨这旧的传统观念里，去发现最新的近代精神。从旧的里面去发现新的，这就叫做推陈出新。必定要旧中之新，有历史有渊源的新，才是真正的新。那种表面上五花八门，欺世骇俗，竞奇斗异的新，只是一时的时髦，并不是真正的新。

我们要分析五伦观念的本质，寻出其本身具有的意义，而指出其本质上的优点与缺点。我们不采取历史考证的方法，恐怕失之琐而不得其要，我们也不用主观武断的办法，故意将五伦观念从纵的方面去解释，

* 本文原发表于《战国策》1940年第3期，后收入《文化与人生》（商务印书馆，1947年）。

以便不费力气，便可加以推翻抹杀。

我们批评五伦观念时，第一乃是只根据其本质，加以批评，而不从表面或枝节处立论。我们不说五伦观念是吃人的礼教。因为吃人的东西多着呢！自由平等等观念何尝不吃人？许多宗教上的信仰，政治上的主义或学说，何尝不吃人？第二，我们不从实用的观点去批评五伦之说，不把中国之衰亡不进步归罪于五伦观念，因而反对之；亦不把民族之兴盛之发展，归功于五伦观念，因而赞成之。因为有用无用，为功为罪，在两千多年的历史上，乃是一笔糊涂账，算也算不清楚，纵然算得清楚，也无甚意义。第三，不能谓实现五伦之观念之方法不好，而谓五伦观念本身不好，不能谓实行五伦观念之许多礼节仪文须改变，而谓五伦观念本身须改变。这就是不能因噎废食，因末流之弊而废弃本源的意思。第四，不能以经济状况生产方式的变迁，作为推翻五伦说的根据。因为即在产业革命，近代工业化的社会里，臣更忠，子更孝，妻更贞，理论上、事实上都是很可能的。换言之，我并不是说，五伦观念不许批评，我乃是说，要批评须从本质着手。表面的枝节的批评，实在搔不着痒处。既不能推翻五伦观念，又无补于五伦观念之修正与发挥。

从本质上加以考察，五伦观念实包含有下列四层要义。综贯这四层意义来看，便可对于五伦观念有个明晰的根本的了解，缺少其中任何一义，对于五伦的了解都不能算得完全。

（一）五伦是五个人伦或五种人与人间的关系的意思。这就是说，中国的五伦观念特别注重人，和人与人的关系。若用天人物三界来说，五伦说特别注重人，而不注重天（神）与物（自然），特别注重人与人的关系，而不十分注重人与神及人与自然的关系。注重神，产生宗教。注重物理的自然，产生科学。注重审美的自然，产生艺术。注重人与人与人的关系便产生道德。换言之，在种种价值中，五伦说特别注重道德价值，而不甚注重宗教、艺术、科学的价值。希腊精神注重自然，物理的与审美的自然皆注重，故希腊是科学艺术的发祥地。希伯来精神注重神，亦即注重宗教价值。中国的儒家注重人伦，形成偏重道德生活的礼教，故与希腊精神和希伯来精神皆有不同之处。这样看来，如果我们要介绍西洋文化，要提倡科学精神和希伯来精神，就须得反对这注重人伦道德的五伦观念了。其实也不尽然。因为西洋自文艺复兴以后，才有人或新人的发现。十七世纪和十八世纪内，人本主义盛行。足见他们也还是注重人和人与人的关系，我们又何必放弃自己传统的重人伦的观念呢。不过西洋近代“人”的观念，乃是从大自然里去打个滚的“人”(人不过是自然的一部分)，乃是经过几百年严格的宗教陶冶的“人”。而中国的人伦的观念，亦何尝未受过老庄思想的自然化，佛家思想的宗教化。所以依我们看来，我们仍不妨循着注重人伦和道德价值的方向迈进，但不要忽略了宗教价值、科学价值，而偏重狭义的道德价值，不要忽略了天（神）与物（自然）而偏重狭义的人。认真依照着“欲知人不可以不知天”(《中庸》) 和“欲修身不可以不格物”(《大学》) 的教训，便可以充实发挥五伦说中注重人伦的一层意思了。

（二）五伦又是五常的意思。五伦观念认为人伦乃是常道，人与人间这五种关系，乃是人生正常永久的关系（按：五常有两个意义，一指仁义礼智信之五常德，一指君臣父子夫妇兄弟朋友之五常伦，此处系取第二种意义)。换言之，以五伦观念为中心的礼教，认为这种人与人的关系是人所不能逃避，不应逃避的关系，而且规定出种种道德信条教人积极去履践去调整这种关系，使人“彝伦攸叙”，而不许人消极的无故规避。这就是说人不应规避政治的责任，放弃君臣一伦；不应脱离社会，不尽对朋友的义务；不应抛弃家庭，不尽父子兄弟夫妇应尽之道。(自然，儒家也有其理论基础，如人性皆善，故与人发生关系，或保持正常永久的关系有益无害，人生的目的在于修齐治平，脱离人与人的关系，即不能达到修齐治平的目的等说法。）总而言之，五伦说反对人脱离家庭、社会、国家的生活，反对人出世。“杨氏为我，是无君也”，因为有离开社会、国家而作孤立的隐遁的个人的趋势，故孟子反对之。“墨氏兼爱，是无父也”，因为墨子有离开家庭的组织，而另外去用一种主义以组织下流社会的趋势，故孟子之反对墨子是站在维护家庭内的父子之伦的立场。此后儒家之反对佛教，程子主张“当就迹上论”，也就是反对佛教徒之脱离家庭、社会、国家的出世生活或行径。本来人是社会的动物，斯宾诺莎也说过：“唯有人对于人最有益。”这种注重社会团体生活，反对枯寂遁世的生活，注重家庭朋友君臣间的正常关系，反对伦常之外去别奉主义、别尊“钜子”的秘密团体组织的主张，亦是发展人性、稳定社会的健康思想，有其道德上政治上的必需，不可厚非。不过这种偏重五常伦的思想一经信条化、制度化，发生强制的作用，便损害个人的自由与独立。而且把这五常的关系看得太狭隘了、太僵死了、太机械了，不唯不能发挥道德政治方面的社会功能，而且大有损害于非人伦的超社会的种种文化价值。德哲锐嘉特（H. Rickert）认科学艺术泛神教为非个人的（Impersonal）、反社会的（Asocial）文化价值。所以，我看不从减少五常伦说之权威性、偏［褊］狭性，而力求开明自由方面着手，而想根本推翻五常观念，不惟理论上有困难，而且事实上也会劳而无功。

（三）就实践五伦观念言，须以等差之爱为准。故五伦观念中实包含有等差之爱的意义在内。“泛爱众而亲仁”，“亲亲，仁民，爱物”就是等差之爱的典型的解释。在德行方面，因为爱有差等，所以在礼仪方面就服有隆杀。从现在看来，爱有差等，乃是普通的心理事实，也就是很自然的正常的情绪。其实，用不着用道德的理论，礼教的权威，加以提倡。说人应履行等差之爱，无非是说我们爱他人，要爱得近人情，让自己的爱的情绪顺着自然发泄罢了。所以儒家，特别孟子，那样严重地提出等差之爱的教训以维系人伦间的关系，好像是小题大做，多余的事的样子。不过，我们须知，等差之爱的意义，不在正面的提倡，而在反面的消极的反对的排斥那非等差之爱。非等差之爱，足以危害五伦之正常发展者，大约不外三途：第一，兼爱，不分亲疏贵贱，一律平等相爱。第二，专爱，专爱自己谓之自私，专爱女子谓之沉溺，专爱外物，谓之玩物丧志。第三，躐等之爱，如不爱家人，而爱邻居，不爱邻居，而爱路人。又如以德报怨，也可算在躐等之爱范围内。这三种非等差之爱，一有不近人情，二有浪漫无节制爱到发狂（Fanatie）的危险。所以儒家对人的态度大都很合理，很近人情，很平正，而不流于狂诞（Fanaticism）。此种狂诞的行径，凡持兼爱说者，特别基督教中人，往往多有之。而等差之爱不单是有心理的基础，而且似乎也有恕道或絜矩之道作根据。持等差之爱说的人，也并不是不普爱众人，不过他注重在一个“推”字，要推己及人。所谓“老吾老以及人之老，幼吾幼以及人之幼”。依此说，我们虽可以取“老安少怀”的普爱态度，但是须依次推去，不可躐等，也不可舍己耘人。所以就五伦观念所包含的各种意义中，似乎以等差之爱的说法最少弊病，就是新文化运动时期以打倒孔家店相号召的新思想家，似乎也没有人攻击等差之爱的说法。而且美国培黎（R. B. Perry）教授曾说了一句很有趣的话来批评“四海之内皆兄弟也”的说法，似乎也很可以为等差之爱说张目。他说：“当你说一般人都是你的兄弟时，你大概不是先把一般人当作亲弟兄看待，而是先把你的亲弟兄当作一般人看待。”这话把空口谈兼爱之不近人情和自欺处，说得最明白没有了。

话虽如此说，我仍愿对等差之爱的观念提出两条重要的补充。第一就等差之爱之为自然的心理情绪言，实有三种不同的决定爱之等差的标准：一是以亲属关系为准之等差爱，此即儒家所提出以维系五伦的说法。一是以物为准之等差爱。外物之引诱力有大小，外物之本身价值亦有高下，而吾人爱物之情绪亦随之有等差。一是以知识或以精神的契合为准之等差爱。大凡一个人对于有深切了解之对象其爱深，对于仅有浮泛了解之对象其爱浅。又大凡人与人之间相知愈深，精神上愈相契合，则其相爱必愈深，反是，则愈浅。故后二种等差之爱亦是须得注重，不可忽略的事实，且亦有可以补充并校正单重视亲属关系的等差之爱的地方。若忽略了以物之本身价值及以精神之契合为准的等差爱，而偏重以亲属关系的等差爱，则未免失之狭隘，为宗法的观念所束缚，而不能领会真正的精神的爱。第二条须得补充的地方，就是普爱说，或爱仇敌之说，若加以善意理解，确含深意，且有与合理的等差爱之说不相违背的地方。所谓普爱者，即视此仁爱之心如温煦之阳光，以仁心普爱一切，犹如日光之普照，春风之普被，春雨之普润，打破基于世间地位的小己的人我之别，亲疏之分。此种普爱，一方面可以扶助善人，鼓舞善人，一方面可以感化恶人于无形。普爱观念之最极端的表现，见于耶稣“无敌恶”、“爱仇敌”的教训。盖如果你既然抱感化恶人的襟怀，你又何必处于与恶相敌对的地位呢？你既与恶人站在你死我活的敌对地位，你如何能感化恶人呢？必定要超然处于小己的利害，世俗善恶计较之外，方可以感化恶人。能感化恶人方能转化恶人。盖有时有过恶之人，一经转化忏悔，反而成为甚善之善人。至于爱仇敌之教，完全不是从政治军事或狭义的道德立场说法。从军事政治道德立场言，须忠爱祖国，须报国难家仇，须与敌人作殊死战，自不待言。凡彼持爱仇敌之教的人，大都是站在宗教的精神修养的观点来说。因为最伟大的征服是精神的征服，而真正的最后的胜利（《易经》上叫做“贞胜”）必是精神的胜利，惟有具有爱仇敌的襟怀的人，方能取得精神的征服或贞胜。斯宾诺莎说：“心灵非武力所能征服，惟有仁爱与德量可以征服之。”盖必须襟怀广大、度量宽宏之人，方能爱仇敌，方能赢得精神的征服。所以普爱似乎不是可望一般人实行的道德命令，而是集义集德所达到的一种精神境界，大概先平实地从等差之爱着手，推广、扩充，有了老安少怀、己饥己溺、泯除小己恩怨的胸襟，就是普爱或至少距普爱的理想不远了。此处所谓普爱，比墨子所讲的普爱深刻多了。墨子完全从外表的，理智计较的，实用主义的观点以讲兼爱，当然经不起孟子的排斥了。而此处所讲的兼爱，与孟子的学说，并不冲突，乃是善推其等差之爱的结果。孟子也说过，“无敌国外患者，国恒亡”。一方面，要与敌人搏斗，征服敌国，消弭外患；一方面，敌人亦为自己生存之一要素，有其值得爱的地方，因为若无仇敌的攻错刺激，自己容易陷于偷懒，趋于灭亡。这种微妙的辩证的敌我的关系，实要睿智才可理会。而且人每每有爱他所恨的、恨他所爱的矛盾心理事实。大英雄每每能对他生平的大对头的死亡洒同情之泪。真正的豪杰之士，他固然需要有价值的知己以共鸣，他同样地欢迎有价值的敌人以对垒。没有价值的敌人以作战胜攻取之资，有时较之没有知己的同情了解尤为痛苦。而且在近代之民治社会中，若不养成受敌人尊重敌对方面的宽容之怀，则政党间的公开斗争、商业上的公平竞争、学术上的公开辩难，均会为偏［褊］狭的、卑劣的情绪和手段所支配，不能得互相攻错、相得益彰、相反相成之益。此点，约翰·穆勒在其《群己权界论》中，有透彻的发挥。我因为许多人有意无意的执着狭义的等差之爱，既有失孟子善推之旨，更不能了解宗教精神上爱仇敌的意义，复不能了解近代社会中宽容的态度，故于此点发挥特详。

（四）五伦观念之最基本意义为三纲说，五伦观念之最高最后的发展，也是三纲说。而且五伦观念在中国礼教中权威之大，影响之大，支配道德生活之普遍与深刻，亦以三纲说为最。三纲说实为五伦观念之核心，离开三纲而言五伦，则五伦说只是将人与人的关系方便分为五种，比较注重人生、社会和等差之爱的伦理学说，并无传统或正统礼教之权威性与束缚性。儒家本来是与诸子争鸣的一个学派，其进而被崇奉为独尊的中国人的传统礼教，我揣想，应起源于三纲说正式成立的时候。三纲的明文，初见于汉人的《春秋繁露》及《白虎通义》等书，足见三纲说在西汉的时候才成立。儒教之正式成为中国的礼教也起源于西汉。而中国之正式成为真正大一统的国家，也自西汉开始。西汉既然是有组织的伟大帝国，所以需要一个伟大的有组织的礼教，一个伟大的有组织的伦理系统以奠定基础，于是将五伦观念发挥为更严密、更有力量的三纲说，和以三纲说为核心的礼教，儒教，便应运而生了。（儒教之成为中国的礼教，实有其本身的理论上的优胜条件，汉武之崇儒术罢百家，只是儒教成为礼教的偶然机缘，而非根本原因。）三纲说在历史上的地位既然如此重要，无怪乎在新文化运动时期，那些想推翻儒教，打倒旧礼教的新思想家，都以三纲为攻击的主要对象。

据我们现在看来，站在自由解放的思想运动的立场去攻击三纲，说三纲如何束缚个性、阻碍进步，如何不合理、不合时代需要等等，都是很容易的事。但是要用哲学的观点，站在客观的文化史思想史的立场，去说明三纲说发生之必然性及其真意义所在，就比较困难了。兹试先分两层来说明五伦说进展为三纲说的逻辑的必然性。第一，由五伦的相对关系，进展为三纲的绝对的关系。由五伦的互相之爱，等差之爱，进展为三纲的绝对之爱，片面之爱。五伦的关系是自然的，社会的，相对的。君君，臣臣，父父，子子，夫夫，妇妇。假如君不君，则臣不臣；父不父，则子不子；夫不夫，则妇不妇。臣不臣、子不子之“不”字，包含“应不”与“是不”两层意思。假如，君不尽君道，则臣自然就会（是）不尽臣道，也应该不尽臣道（闻诛一夫纣矣，未闻弑君也）。父子夫妇关系准此。这样一来，只要社会上常有不君之君，不父之父，不夫之夫，则臣弑君，子不孝父，妇不尽妇道之事，事实上理论上皆应可以发生。因为这些人伦关系，都是相对的、无常的，如此则人伦的关系，社会的基础，仍不稳定，变乱随时可以发生。故三纲说要补救相对关系的不安定，进而要求关系者一方绝对遵守其位分，实行片面的爱，履行单片的义务。所以三纲说的本质在于要求君不君，臣不可以不臣；父不父，子不可以不子；夫不夫，妇不可以不妇。换言之，三纲说要求臣、子、妇，尽片面的忠、孝、贞的绝对义务，以免陷于相对的循环报复、给价还价的不稳定的关系之中。韩愈“臣罪当诛兮天王圣明”一句诗，被程朱嘉赞推崇，就因为能道出这种片面的忠道。

第二，由五伦进展为三纲包含有由五常之伦进展为五常之德的过程。五常伦之说，要想维持人与人间的常久的关系。但是人是有生灭有离合的，人的品汇是很不齐的，事实上的常久关系是不易且不能维持的。故人与人间只能维持理想上的常久关系。而五常之德就是维持理想上的常久关系的规范。不论对方的生死离合，不管对方的智愚贤不肖，我总是应绝对守我自己的位分，履行我自己的常德，尽其我自己片面应尽的义务。不随环境而变节，不随对方为转移，以奠定维系人伦的基础，稳定社会的纲常。这就是三纲说所提出来的绝对的要求。可以说历史上许多忠臣孝子，苦心孤诣、悲壮义烈的行径，都是以三纲说为指导信念而产生出来的。故自从三纲说兴起后，五常作为五常伦解之意义渐被取消，作为五常德解之一意义渐次通行。所谓常德就是行为所止的极限，就是柏拉图的理念或范型。也就是康德所谓人应不顾一切经验中的偶然情形，而加以绝对遵守奉行的道德律或无上命令。是种绝对的纯义务的片面的常德观，也到了汉儒董仲舒而达到极峰，所谓“正其谊不谋其利，明其道不计其功”。“谊”和“道”就是纯道德规范，柏拉图式的纯道德理念。换言之，先秦的五伦说注重人对人的关系，而西汉的三纲说则将人对人的关系，转变为人对理、人对位分、人对常德的片面的绝对的关系。故三纲说当然比五伦说来得深刻而有力量。举实例来说，三纲说认君为臣纲，是说君这个共相，君之理是为臣这个职位的纲纪。说君不仁臣不可以不忠，就是说为臣者或居于臣的职分的人，须尊重君之理，君之名，亦即是忠于事，忠于其自己的职分的意思。完全是对名分，对理念尽忠，不是作暴君个人的奴隶。唯有人人都能在他位分内，片面的尽他自己绝对的义务，才可以维持社会人群的纲常。试再以学校师生关系为例。假如为教师者都能绝对的片面的忠于学术，认真教学，不以学生之勤惰、效用之大小，而改变其态度。又假如为学生者能绝对的片面的尽其求学的职责，不以教师之好坏分数之多寡而改变其求学的态度，则学术的进步自然可以维持。反之，假如师生各不遵守其常道，教师因学生懒惰愚拙，不认真教学，学生因教师之不良，而亦不用功求学，如是则学术的纲常就堕地了。这就是三纲说的真义所在。因为三纲说具有如此深刻的意义，所以才能发挥如此大的效果和力量。所以就效果讲来，我们可以说由五伦到三纲，即是由自然的人世间的道德进展为神圣不可以侵犯的有宗教意味的礼教。由一学派的学说，进展为规范全国家全民族的共同信条。三纲的精蕴的真义的纯理论基础，可以说只有极少数的儒家的思想家政治家才有所发挥表现，而三纲说在礼教方面的权威，三纲说的躯壳，曾桎梏人心，束缚个性，妨碍进步，有数千年之久。但这也怪不得三纲说的本身，因为三纲说是五伦观念的必然的发展，曾尽了它历史的使命。现在已不是消极的破坏攻击三纲说的死躯壳的时候，而是积极的把握住三纲说的真义，加以新的解释与发挥，以建设新的行为规范和准则的时期了。

最奇怪的，而且使我自己都感觉惊异的，就是我在这中国特有的最陈腐最为世所诟病的旧礼教核心三纲说中，发现了与西洋正宗的高深的伦理思想和与西洋向前进展向外扩充的近代精神相符合的地方。就三纲说之注重尽忠于永恒的理念或常德，而不是奴役于无常的个人言，包含有柏拉图的思想。就三纲说之注重实践个人的片面的纯道德义务，不顾经验中的偶然情境言，包含有康德的道德思想，我已约略提到过。康德的意思是说，事实上也许大多数人都很坏，都不值得爱，但我们应爱人以德，待人为目的，以尽我们自己的道德责任。譬如，阿斗就是庸劣不值得爱的君，而诸葛武侯仍鞠躬尽瘁，死而后已，以尽他片面的纯义务的忠道，以履践三纲中之“君不仁臣不可以不忠”的训条。而康德的学说，却正好为诸葛式的德行写照。而耶稣伦理思想的特色，也是认爱为本身目的，尽片面的纯义务，而超出世俗一般相互报酬的交易式的道德，实与三纲说之超出相对的自然往复的伦常关系，而要求一方尽绝对的片面的义务，颇有相同的地方。三纲就是把“道德本身就是目的，不是手段”，“道德即是道德自身的报酬”等伦理识度，加以权威化制度化，而成为礼教的信条。至于三纲说的本质有与西洋近代精神相符合的地方，可任意拈取例证。譬如，如西洋近代浪漫主义者之爱女子，即是竭尽其片面的爱，纵为女子所弃，而爱亦不稍衰。（不过在西洋是男子对女子尽片面之爱，而三纲之教，则要求女子对男子尽片面之爱。）又如西洋近代革命家之忠于主义，对于人民竭尽其片面的宣传启导之责，虽遭政府压迫，人民逼害，而不失其素守。又如西洋耶教徒近代之传教事业，所以能普及寰宇，亦复因为许多传教士能忠于其信仰，竭尽其片面的义务，以播扬教义，虽一再遭异教异族之人的杀害，而不渝其志，不改其度。总之，我认为要人尽片面之爱，尽片面的纯义务，是三纲说的本质。而西洋人之注意纯道德纯爱情的趋势，以及尽职守忠位分之坚毅的精神，举莫不包含有竭尽片面之爱和片面的义务的忠忱在内。所不同者，三纲的真精神，为礼教的桎梏、权威的强制所掩蔽，未曾受过开明运动的净化，非纯基于意志的自由，出于真情之不得已罢了。以学术的开明，真情的流露，意志的自主为准，自己竭尽其片面之爱和片面的义务，贞坚屹立，不随他人外物而转移，以促进民族文化，使愈益发扬，社会秩序，使愈益合理，恐怕就是此后儒家的人所须取的途径了。

以上所批评阐明的四点：（一）注重人和人与人的关系，（二）维系人与人间的正常永久关系，（三）以等差之爱为本而善推之，（四）以常德为准而竭尽片面之爱或片面的义务，这就是我用披沙拣金的方法所考察出来的构成五伦观念的基本质素。要想根本上推翻或校正五伦观念，须从推翻或校正此四要素着手，要想根本上发挥补充五伦观念，也须从发挥补充此四要素着手。此外都是些浮泛不相干的议论。为方便起见，综括起来，我们可试于五伦观念下一界说如下：五伦观念是儒家所倡导的以等差之爱、片面之爱去维系人与人间的常久关系的伦理思想，这个思想自汉以后，加以权威化制度化而成为中国的传统的礼教核心。这个传统礼教在权威制度方面的束缚性，自海通以来，已因时代的大变革，新思想、新文化的介绍，一切事业近代化的推行，而逐渐减削其势力。现在的问题是如何从旧礼教的破瓦颓垣里，去寻找出不可毁灭的永恒的基石。在这基石上，重新建立起新人生、新社会的行为的规范和准则。

儒家思想的新开展*
(1941年)

在思想和文化的范围里，现代决不可与古代脱节。任何一个现代的新思想如果与过去的文化完全没有关系，便有如无源之水，无本之木，绝不能源远流长，根深蒂固。一个来历不明的人，必然有些形迹可疑。一个来历不明的思想，也必是可以令人怀疑的思想。凡是没有渊源的现代的崭新的思想，大都只是昙花一现、时髦一时的思想。

儒家的思想，就其为中国过去的传统思想而言，乃是自尧、舜、禹、汤、文武、周公、孔子以来的最古、最旧的思想。就其在现代以及今后的新发展而言，就其在变迁中、发展中、改造中以适应新的精神需要文化环境的有机体而言，也可以说是最新的思想。在儒家思想的新开展里，我们可以得到现代与古代的交融，最新与最旧的统一。

根据对于中国现代的文化动向和思想趋势的观察，我敢断言，广义的新儒家思想的发展或儒家思想的新开展，就是中国现代思潮的主潮。我确切看到，无论政治、社会、学术、文化各方面的努力，大家都在那里争取建设新儒家思想，争取发挥新儒家思想。在生活方面，对人处世的态度，立身行己的准则，大家也莫不在那里争取完成一个新儒者的人格。大多数的人，具有儒家思想而不自知，不能自觉地发挥出来。有许多人，表面上好像在反对儒家思想，而骨子里正代表了儒家思想，实际上反促进了儒家思想。自觉地正式地发挥新儒家思想，蔚成新儒学运动，只是时间早迟，学力充分不充分的问题。

中国当前的时代是一个民族复兴的时代。民族复兴，不仅是争抗战胜利，不仅是争中华民族在国际政治上的自由独立平等，民族复兴本质

---

* 本文原发表于《思想与时代》1941年第1期，后收入《文化与人生》（商务印书馆，1947年）。

上应该是民族文化的复兴，儒家文化的复兴。假如儒家思想没有新的前途，新的开展，则中华民族，与夫民族文化也就会没有新的前途，新的开展。换言之，儒家思想的命运，与民族前途的命运，盛衰消长，是同一而不可分的。

中国近百年来的危机，根本上是一个文化的危机：文化上有失调整，不能应付新的文化局势。中国近代政治军事上的国耻，也许可以说是起于鸦片战争，中国学术文化上的国耻，却早在鸦片战争之前。儒家思想之正式被中国青年们猛烈的反对，虽说是起于新文化运动，但儒家思想之销沉，僵化，无生气，失掉孔孟的真精神，和应付新文化需要的无能，却早腐蚀在五四运动以前。儒家思想在中国文化生活上失掉了自主权，丧失了新生命，才是中华民族的最大危机。

五四时代的新文化运动，可以说是促进儒家思想新发展的一个大转机。表面上，新文化运动虽是一个打倒孔家店，推翻儒家思想的一个大运动。但实际上，其促进儒家思想新发展的功绩与重要性，乃远在前一时期曾国藩、张之洞等人对于儒家思想的提倡。曾国藩等人对儒家之倡导与实行，只是旧儒家思想之回光返照之最后的表现与挣扎，对于新儒家思想的开展，却殊少直接的贡献。

新文化运动之最大贡献，在破坏扫除儒家的僵化部分的躯壳形式末节，和束缚个性的传统腐化部分。他们并没有打倒孔孟的真精神，真意思，真学术。反而因他们的洗刷扫除的工夫，使得孔孟、程朱的真面目更是显露出来。新文化运动的领袖人物，以打倒孔家店相号召的胡适之先生，他打倒孔家店的战略，据他英文本《先秦名学史》的宣言，约有两要点：第一，解除传统道德的束缚；第二，提倡一切非儒家的思想，亦即提倡诸子之学。但推翻传统的旧道德，实为建设新儒家的新道德作预备工夫。提倡诸子哲学正是改造儒家哲学的先驱。用诸子来发挥孔孟，发挥孔孟以吸取诸子的长处，因而形成新的儒家思想。假如，儒家思想经不起百家的攻击、竞争、比赛，那也就不成其为儒家思想了。愈反对儒家思想，而儒家思想愈是大放光明。

西洋文化学术之大规模的无选择的输入，又是使儒家思想得新发展的一大动力。表面上西洋文化之输入好像是代替儒家，推翻儒家使之趋于没落消灭的运动。但一如印度文化之输入，在历史上曾展开了一个新儒家运动，所以西洋文化之输入，无疑地亦将大大地促进儒家思想之新开展。西洋文化之输入，给儒家思想一个试验，一个生死存亡的大试验，大关头。假如儒家思想能够把握、吸收、融会、转化西洋文化，以充实自身、发展自身，则儒家思想便生存，复活，而有新的开展。如不能经过此试验，渡过此关头，就会死亡，消灭，沉沦，永不能翻身。

所以儒家思想之是否能够有新开展的问题，就成为儒家思想是否能够翻身，能够复兴的问题。也就是中国文化能否翻身能否复兴的问题。儒家思想之能否复兴问题，亦即儒化西洋文化是否可能，以儒家精神为体、以西洋文化为用是否可能的问题。中国文化能否复兴的问题，亦即华化，中国化西洋文化是否可能，以民族精神为体、以西洋文化为用是否可能的问题。

就个人言，如个人能自由自主，有理性，有精神，则他便能以自己的人格为主体，以中外古今的文化为用具，以发挥其本性，扩展其人格。就民族言，如中华民族是自由自主，有理性有精神的民族，是能够承继先人遗产、应付文化危机的民族，则儒化西洋文化、华化西洋文化也是可能的。如果中华民族不能以儒家思想或民族精神为主体去儒化或华化西洋文化，则中国将失掉文化上的自主权，而陷于文化上的殖民地。盖五花八门的思想，不同国别、不同民族的文化，漫无标准地输入到中国，各自寻找其倾销场，各自施展其征服力，假使我们不归本于儒家思想，而加以陶镕统贯，如何能对治这些纷歧庞杂的思想，而达到殊途同归，共同合作以担负建设新国家新文化的责任呢？

这个问题的关键，在于中国人是否能够真正彻底，原原本本地，了解并把握西洋文化。因为认识就是超越，理解就是征服。真正了解了西洋文化便能超越西洋文化。能够理解西洋文化，自能吸收、转化、利用、陶镕西洋文化以形成新的儒家思想，新的民族文化。儒家思想的新开展，不是建筑在排斥西洋文化上面，而乃建筑在彻底把握西洋文化上面。儒家思想的新开展，在西洋文化大规模的输入后，要求一自主的文化，文化的自主，也就是要求收复文化上的失地，争取文化上的独立与自主。

根据上面所说，道德传统的解放，非儒家思想的提倡，西洋文化学术的输入与把握，皆足以促进儒家思想的新开展。兹请进而检讨儒家思想新开展所须取的途径。

不用说，欲求儒家思想的新开展，在于融会吸收西洋文化的精华与长处。而西洋文化之特殊贡献为科学。但我们既不必求儒化的科学，亦无须科学化儒家思想。盖科学以研求自然界的法则为目的，有其独立的领域。没有基督教的科学，更不会有佛化或儒化的科学。一个科学家的精神生活方面，也许信仰基督教，也许皈依佛法，也许尊崇孔孟，但他所发明的科学，乃属于独立的公共的科学范围，无所谓基督教化的科学，或儒化、佛化的科学。反之，儒家思想亦有其指导人生、提高精神生活，发扬道德价值的特殊效准，独立领域，亦无须求其科学化。换言之，即无须附会科学原则以发挥儒家思想。一个崇奉孔孟的人，尽可精通自然科学，他所了解的孔孟精神与科学精神，尽可毫不冲突，但他却用不着附会科学原则以曲解孔孟的学说，把孔孟解释成一个自然科学家。譬如有人根据优生学的道理，认为儒家所主张的早婚是合乎科学的。或又根据心理学的事实，以证明纳妾的制度之有心理学根据。甚或根据经济学以辩护大家庭制之符合经济学原理。亦复有应用物理化学的概念，以解释《易经》的太极阴阳之说。诸如此类，假借科学以为儒家辩护的办法，结果会陷于非科学非儒学。这都是与儒家思想的真正发展无关的。我们要能看出儒家思想与科学之息息相关处，但又要看到两者之分界处。我们要能从哲学，宗教，艺术各方面以发挥儒家思想，使儒家精神中包含有科学精神，使儒家思想，足以培植，孕育科学思想，而不致与科学思想混淆不清。

简言之，我们不必采时髦的办法，去科学化儒家思想。欲充实并发挥儒家思想，似须另辟途径。盖儒家思想本来包含有三方面：有理学，以格物穷理，寻求智慧。有礼教，以磨炼意志，规范行为。有诗教，以陶养性灵，美化生活。故求儒家思想之新开展，第一必须以西洋之哲学发挥儒家之理学。儒家之理学为中国之正宗哲学，亦应以西洋之正宗哲学发挥中国之正宗哲学。盖东圣西圣，心同理同。苏格拉底、柏拉图、亚理士多德、康德、黑格尔之哲学，与中国孔孟、程朱、陆王之哲学会合融贯，而能产生发扬民族精神之新哲学，解除民族文化之新危机，是即新儒家思想发展所必循之途径。使儒家的哲学内容更为丰富，系统更为谨严，条理更为清楚，不仅可作道德可能之理论基础，且可奠科学可能之理论基础。

第二，须吸收基督教之精华以充实儒家之礼教。儒家的礼教本富于宗教之仪式与精神，而究竟以人伦道德为中心。宗教则为道德之注以热情，鼓以勇气者。宗教有精诚信仰，坚贞不贰之精神。宗教有博爱慈悲，服务人类之精神。宗教有襟怀旷大，超脱现世之精神。基督教文明实为西洋文明之骨干，其支配西洋人之精神生活，实深刻而周至，但每为浅见者所忽视。若非宗教之知“天”与科学之知“物”合力并进，若非宗教精神为体，物质文明为用，绝不会产生如此伟大灿烂之近代西洋文化。我敢断言，如中国人不能接受基督教的精神而去其糟粕，则决不会有强有力的新儒家思想产生出来。

第三，须领略西洋之艺术以发扬儒家之诗教。诗歌与音乐为艺术之最高者。儒家特重诗教宗教，确具深识卓见。惟凡百艺术皆所以表示本体界之义蕴，皆精神生活洋溢之具体表现，不过微有等差而已。建筑、雕刻、绘画、小说、戏剧，皆所以发扬无尽藏的美的价值，与诗歌音乐亦皆系同一民族精神与夫时代精神之表现，似无须轩轾于其间。过去儒家因乐经佚亡，乐教中衰，诗教亦式微。对其他艺术，亦殊少注重与发扬，几为道家所独占。故今后新儒家之兴起，与新诗教、新乐教、新艺术之兴起，应该是联合并进而不分离的。

儒学是合诗教、礼教、理学三者为一体的学养，也即是艺术、宗教、哲学三者的和谐体。因此新儒家思想之开展，大约将循艺术化、宗教化、哲学化之途径迈进。有许多人，摭拾“文人无行”、“玩物丧志”等语，误认儒家为轻蔑艺术。只从表面去解释孔子“敬鬼神而远之”，“未知生，焉知死”，“未能事人，焉能事神”等语的意义，而否认孔子之有宗教思想与宗教精神。或误解“性与天道不可得而闻”一语，而谓孔子不探究哲学。凡此种种说法，皆所以企图将儒学偏［褊］狭化、浅薄化、孤隘化，不惟有失儒家之真精神，使儒家内容干枯狭隘，且将使儒家思想无法吸收西洋之艺术、宗教、哲学以充实其自身，因而亦将不能应付现代之新文化局势。

譬如“仁”乃儒家思想之中心概念，固不仅是“相人偶为仁”之一道德名词。如从诗教或艺术方面看来，仁即温柔敦厚之诗教，仁亦诗三百篇之宗旨，所谓“思无邪”是也。“思无邪”或“无邪思”，即是纯真爱情，乃诗教之泉源，亦即是仁。仁即天真纯朴之情，自然流露之情，一往情深，人我合一之情。矫揉虚伪之情，邪僻淫亵之思，均非诗之旨，亦非仁之德（复性书院主讲马一浮先生近著《四书大义》一册，即以仁言诗教，可参考）。纯爱，真情，天真无邪之思，如受桎梏，不得自由发抒，则诗教扫地，而艺术亦丧失其神髓。从宗教观点看来，则仁即是救世济物，民胞物与的宗教热诚。《约翰福音》有“上帝即是爱”之语，质言之，上帝即是仁。“求仁”不仅是待人接物的道德修养，抑亦知天事天的宗教工夫。儒家以仁为“天德”，耶教以至仁或无上的爱为上帝的本性。足见仁之富于宗教意义，是可以从宗教方面大加发挥的。从哲学看来，仁乃仁体，仁为天地之心，仁为天地生生不已之生机，仁为自然万物的本性，仁为万物一体生意一般之有机关系之神秘境界。简言之，哲学上可以说是有仁的宇宙观，仁的本体论。离仁而言本体，离仁而言宇宙，非陷于死气沉沉的机械论，即流于黑漆一团的唯物论。

以上仅略提示儒家所谓仁，可以从艺术化、宗教化、哲学化三方面加以发挥，而得新的开展。今试再以“诚”字为例。儒家所谓仁，比较道德意味多，而所谓诚，则比较哲学意味多。《论语》多言仁，而《中庸》则多言诚。所谓诚，亦不仅是诚悫、诚实、诚信的道德意义，在儒家思想中，诚的主要意思，乃指真实无妄之理或道而言。所谓诚，即是指实理、实体、实在或本体而言。《中庸》所谓“不诚无物”，孟子所谓“万物皆备于我矣，反身而诚”，皆寓有极深的哲学意蕴。诚不仅是说话不欺，复包含有真实无妄、行健不息之意。“逝者如斯夫，不舍昼夜”，就是孔子藉川流不息，以指出宇宙之行健不息的诚，也就是指出道体的流行。其次，诚亦是儒家思想中最富于宗教意味的字眼。诚即是宗教上的信仰。所谓至诚可以动天地，泣鬼神。精诚所至，金石亦开。至诚可以通神，至诚可以前知。诚不仅可以感动人，而且可以感物，可以祀神，乃是贯通天、人、物的宗教精神。就艺术方面言，思无邪或无邪思的诗教，即是诚。诚亦即是诚挚纯真的感情。艺术天才无他长，即能保持其诚，发挥其诚而已。艺术家之忠于艺术而不外骛，亦是诚。总之，诚亦是儒家诗教、礼教、理学中之基本概念，亦可从艺术、宗教、哲学三方面加以发挥之。今后儒家思想之新开展，大抵必向此方向努力，可以断言。儒家思想循艺术化、宗教化、哲学化之方向开展，则狭义的人伦道德方面的思想，均可扩充提高而深刻化。从艺术的陶养中去求具体美化的道德，所谓兴于诗，游于艺，成于乐。从宗教的精诚信仰中去充实道德实践的勇气与力量，由知人进而知天，由希贤希圣进而希天，亦即由道德进而为宗教，由宗教以充实道德。从哲学的探讨中以为道德行为奠理论的基础，即所谓由学问思辨而笃行，由格物致知而诚正，修齐。而且经过艺术化、宗教化、哲学化之新儒家思想，不惟可以减少狭义道德观念的束缚，且反可提高科学兴趣，而奠定新科学思想的精神基础。

以上是就文化学术方面，指出新儒家思想所须取的途径。就生活修养而言，则新儒家思想目的在使每个中国人都具有典型的中国人气味，都能代表一点纯粹的中国文化。也即是希望每个人都有一点儒者气象，儒者风度。不仅诸葛孔明有儒者气象，须扩充为人人皆有儒者气象。不仅军人皆有“儒将”的风度，医生皆有“儒医”的风度，亦不仅须有儒者的政治家（昔时叫作“儒臣”），亦须有儒者的农人（昔时所谓耕读传家之“儒农”）。在此趋向于工业化的社会中，所最需要者尤为具有儒者气象的“儒工”、“儒商”和有儒者风度之技术人员。若无多数重忠孝仁爱信义和平的道德修养之儒商、儒工出以树立工商的新人格模范，商者凭藉其经济地位以剥夺人，工者凭藉其优越技能以欺凌人，傲慢人，则社会秩序将无法安定，而中国亦殊难走上健康的工业化的途径。

何谓“儒者”？何谓“儒者气象”？须识者自己去体会，殊难确切下一定义，其实亦可不必呆板说定。最概括简单地说，凡有学问技能而又具有道德修养的人，即是儒者。儒者即是品学兼优的人。我们说，在工业的社会中，须有多数的儒商儒工以作柱石，就是希望今后新社会中的工人商人，皆成为品学兼优之士。亦希望品学兼优之士，参加工商业的建设，使商人与工人的道德水准和知识水准，皆大加提高，庶可进而造成现代化工业化的新文明社会。儒者固需品学兼优，但因限于资质，无才能知识，而卓有品格的人亦可谓为儒者，所谓“虽曰未学，吾必谓之学矣”。唯有有学无品，有才无品，只有知识技能，而无道德，甚或假借其智识技能以作恶，方不得称为儒者，且为儒家所深恶痛绝之人。

又就意味或气象来讲，则凡具有诗礼风度者，皆可谓之有儒者气象。凡趣味低下，志在功利肉欲，不知美的欣赏，即缺乏诗意。凡粗暴鲁莽，扰乱秩序，内无和悦的心情，外无整齐的品节，即是缺乏礼意。无诗意是丑俗，无礼意是暴乱。三四十年前，辜鸿铭氏，站在儒家立场，以攻击西洋近代文明，其所持标准，即是“诗礼”二字。彼认为西洋近代文明之各种现象，如工商业之发展，君主的推翻，民主政治的建立，均是日趋于丑俗暴乱，无诗之美，无礼之和，故被指斥不遗余力，颇引起西方学者之注意。又印度诗人泰戈尔来游中国时，一到上海，即痛斥上海为“丑俗之大魔”，盖上海为工商业化之东方大都市，充斥了流氓、市侩、买办以及一切殖民地城市之罪恶，不唯无东方静穆、纯朴之诗味，亦绝无儒家诗教、礼教之遗风。泰戈尔之痛恶上海，实不为无因。但辜鸿铭之指斥西洋近代工商业文明之民主政治，却陷于偏见与成见，彼只知道中古贵族式的诗礼，而不知道近代民主化的诗礼。试观近代英美民主政治之实施，竞争选举，国会辩难，政治家之出处进退，举莫不有礼。数百万市民聚处于大都市中，交通集会亦莫不有序。其工人、商人大都有音乐歌剧可观赏，有公园可资休息，有展览会、博物馆可游览，每逢星期，或入礼拜堂听讲，或游山林以接近自然，工余之暇，唱歌、跳舞自乐其乐，其生活亦未尝不可谓相当美化而富于诗意。总之，以诗礼表达儒者气象是甚为切当的。如谓工业化民治化之近代社会，即缺乏诗礼意味，无有儒者气象，则未免把儒家的诗教、礼教看得太呆板，太狭隘了。

就作事的态度言，每作一事皆须求其合理性、合时代、合人情，即可谓为儒家的态度。合人情即求其“反诸内心而安”，合理性即所谓“揆诸天理而顺”。合时代即是审时度势，因应得宜。孔子为圣之时，礼以时为大。合时代不是漫无主宰，随波逐流。只求合时代而不求合理性，是为时髦。合时代包含有“时中”之义，有“权变”之义，亦有合理之义。只重抽象的理性而不近人情，合时代，即陷于“以理杀人”，以主义杀人，或近人所谓以自由平等的口号杀人。只求合人情，而不合理性及时代，即流为“妇人之仁”、“感情用事”，或主观的直觉主义。合人情不仅求己心之独安，亦所以设身处地，求人心之共安。凡事皆能精研详究，以求合理、合时、合情，便可谓为“曲践乎仁义”，“从容乎中道”，足以代表儒家的态度了。

儒家思想的新开展，基于学者对于每一时代问题，无论政治、社会、文化、学术各方面的问题，皆能本典型的中国人的态度，站在儒家的立场，予以合理、合情、合时的新解答，而得其中道。哲学上的问题无论宇宙观、历史观，与夫本体论、认识论等，皆须于研究中外各家学说之后，而求得一契合儒家精神与态度的新解答。哲学问题本文暂置勿论，试就现在正烦扰着国人的政治问题为例，而指出如何从儒家的立场，予以解答的途径。

譬如，就中国现在须厉行法治而言，便须知有所谓法家的法治，亦有所谓儒家的法治，前者即申韩式的法治，主张由政府或统治者颁布苛虐的法令，厉行严刑峻法，以满足霸王武力征服的野心。是刻薄寡恩、急功好利的，是无情无理的。现代法西斯蒂主义的独裁，即是基于申韩式的法治的。这只是以满足霸王一时之武力征服，绝不足以谋国家的长治久安和人民的真正幸福。而儒家的法治，亦即我所谓诸葛式的法治则不然，是法治与礼治、法律与道德、法律与人情，相辅而行，兼顾并包的。法律是实现道德的工具，是人的自由本性的发挥，绝不是违反道德，桎梏自由的。西洋古代如柏拉图、近代如黑格尔所提倡的法治，以及现代民主政治中的法治，都可以说是与儒家精神相近，而与申韩式法家精神相远的。以为儒家反法治，以为提倡法治，即须反对儒家，皆是不知儒家的真精神，不知法治真意义的说法。故今后欲整饬纪纲，走上新法治国家的大道，不在于片面的提倡申韩之术，而在于得到西洋正宗哲学家法治思想的真意，而发挥出儒家思想的法治。

试再就民治主义为例，亦有所谓儒家的民治主义与非儒家的民治主义。如有所谓放任政治，政府对于人民取不干涉态度，认为政府管事愈少愈好，政府权力愈小愈好。一切事业，政府让人民自由竞争，听其自然淘汰，强者吞并弱者，几乎有无政府的趋势。这是欧洲十七及十八世纪盛行的消极的民主政治。在某种意义下，颇有中国道家的自然主义色彩。这种民主政治的起源，是基于开明运动之反对君主专制，争人民的自由平等和天赋人权。其末流便是个人主义的抬头和资本主义的兴起。这当然不是契合儒家精神的民治主义。假如，只认儒家思想是为专制帝王作辩护谋利益的工具，是根本违反民治主义的，这不但失掉了儒家"天视民视，天听民听"和"民贵君轻"等说的真精神，而且也忽略了西洋另有一派足以代表儒家精神的民治思想。这一派注重比较有建设性、积极性的民治，其代表人物为理想主义的政治思想家。他们认国家为一有机体，人民在此有机体中，各有其特殊的位分与职责。国家不是建筑在武力上或任何物质条件上，而是建筑在人民公意或道德意志上。人民忠爱国家，正所以实现其真我，发挥其道德意志，确认主权在民的原则。尊重民意，实现民意（但民意不一定指林林总总的群众所表现的偶然意见，或许是出于大政治家的真知灼见，对于国家需要人民真意之深识远见），满足人民的真正需要，为人民兴利除弊，甚或根据全体的福利，以干涉违反全体福利之少数人的活动。政府有积极地教育人民，训练人民，组织人民，亦可谓为"强迫人民自由"的职责，以达到一种道德理想，这种政治思想就多少代表我所谓儒家式的民治主义。例如美国罗斯福总统的许多言论，就代表我所谓儒家式的民主政治。试看他逐渐教育民众，改变舆论，感化孤立派，容纳异党，集中权力，种种设施，均与普通的民主政治，特别与十七十八世纪的消极民主政治不同。然而他所设施的确仍是一种民主政治，他反对因利图便玩弄权术的现实政治，而提高人类共同生活的道德理想，但他的政策，并不是不切实际，他立在人民之前，领导人民。集中权力，但并不是独裁。所以我们可以称罗斯福为有儒者气象的大政治家。(外国人可以有儒者气象，一如中国人可以有耶稣式的人格。其实美国的大政治家中如华盛顿，如富兰克林，如林肯，皆有儒者气象，美国政治特别注重道德理想，比较最契合儒家所谓王道。)

至于在中国则国父孙中山先生无疑的是有儒者气象而又具耶稣式的人格之先知先觉。今后新儒家思想之发挥，自必尊仰之为理想人格，一如孔子之推崇周公。他的民权主义，即可以说是最能代表儒家精神的民主政治思想。三民主义中以民权主义体系最完整，思想最精颖，表现其生平学问经验与见解最多。他对于权与能的分别，对于自由平等的真意义之注释，皆一扫西洋消极的民治主义与道家的自由放任的自然主义的弊病，而建立了符合儒家精神足以开国建国之根本大法的民权主义。而且他创立主义，实行革命原则，亦以合理性、合人情、合时代为标准，处处皆代表典型中国人的精神，符合儒家的矩范。在《孙文学说》有志竟成一章，他说："夫事有顺乎天理，应乎人情，适乎世界之潮流，合乎人群之需要，而先知先觉者所决志行之，则断无不成者也。此古今之革命维新，兴邦建国等事业是也。""顺乎天理"即是合理性，"应乎人情"即是合人情，"适乎世界〈之〉潮流，合乎人群〈之〉需要"即是合时代。足见他革命建国的事业，是合符儒家合理、合情、合时的态度的，而他创立的主义亦是能站在儒家的立场，而予以能应付民族需要世界局势的新解答的。

以上就政治上的法治与民主问题，而指出以能符合儒家精神之解答为最适当。兹试再就男女问题为例而讨论之。男女问题可以说是中国现代许多解放运动的发端。许多反家庭、反礼教、反儒家思想的运动均肇端于男女关系。许多新思想家皆以不能解决新时代的男女问题，为儒家思想发展的一大礁石。但我们认为男女问题不求得一合理、合情、合时，符合真正儒家精神的答案，决不能得圆满的解决。须知"父母之命，媒妁之言"的旧式婚姻，男女授受不亲的社交隔阂，三从四德的旧箴言，纳妾出妻的旧制度，已是残遗的旧躯壳，不能代表真正儒家合理、合情、合时的新态度。反之，酒食征逐，肉欲放纵，个人享乐的婚姻，发疯，自杀，决斗的热情恋爱，乃是青年男女的堕落，社会国家的病态，更是识者所引为痛心的。假如男女问题能循(1)有诗意，(2)合礼仪，(3)负社会国家的道德责任的途径，以求解答，便可算得合契儒家的矩范了。所谓有诗意，即男女关系基于爱慕与相思，而无淫猥渎亵之邪思，如关关雎鸠式的爱慕，辗转反侧式的相思，便有诗意了。所谓合礼仪即男女交际，有内心之裁制，有社交的礼仪，其结合亦须得家庭、社会、法律之承认。所谓须负社会国家的道德责任者，即男女结合非纯为个人享受，亦非仅解决个人性欲问题，乃有极深之道德意义，于家庭、社会、民族皆有其责任，男女之正当结合于社会国家皆有裨益，且亦是社会国家所赞许嘉勉的。男女关系须受新诗教、新礼教的陶冶，且须对社会国家负道德责任，这就是儒家思想新开展中所指示的途径，而且现在中国许多美满的新家庭生活，已无意间遵循着实现着代表着此种新儒家的理想了。

所以，在我们看来，只要能对儒家思想加以善意同情的理解，得其真精神与真意义所在，许多现代生活上、政治上、文化上的重要问题，均不难得合理、合情、合时的解答。所谓“言孔孟所未言，而默契孔孟所欲言之意；行孔孟所未行，而吻合孔孟必为之事”（明吕新吾《呻吟语》），将儒家思想认作不断生长发展的有机体，而非呆板机械化的死信条。如是，我们可以相信，中国许多问题，必达到契合儒家精神的解决，方算得达到至中至正最合理而无流弊的解决。无论政治、社会、文化、学术上各项问题的解决，都能契合儒家精神，都能代表典型的中国人的真意思、真态度，这就是“儒家思想的新开展”，也就是民族文化复兴的新机运。

知难行易说与知行合一说*

(1942 年)

由检讨许多学者对知难行易说的误解与批评，可以使我们从反面间接去了解此说的意义。对于知难行易说的证明和对于能知必能行与不知亦能行两条绎理的义蕴的发挥，可以使我们从正面去了解此说的意义。但知行合一说不唯是王阳明在中国哲学史上的伟大贡献，而且也是关于知行问题中外古今哲学家最根本的见解，若不把知难行易说与知行合一说的关系探究清楚，则知难行易说里面便有许多烦难的问题未能解决，根据总觉欠稳固。所以由研究知行合一说以求明了知难行易说的根据，可以说是从后面或里面以求深一层了解此说的意义。

这里面包含着许多烦难而复杂的问题：第一，知难行易说与知行合一说是不是根本不相融？中山先生表面上似乎反对知行合一说，胡适之先生亦说知难行易说太把知与行截然划分为二事了，足见两说好像是根本冲突的。然而，我们知道蒋先生认为知难行易说与知行合一说是不冲突的，不唯不冲突，而且他主张“以阳明‘知行合一’动的精神，再加上总理‘知难行易’行的哲学来阐明，融会贯通为一种新的民族精神”。所以第二，这就牵涉到蒋先生和孙先生思想的异同问题了。究竟蒋先生异于孙先生，并且发挥推进孙先生思想的地方何在，又是须得考察的严重问题了。这一点容讨论知难行易说与力行哲学时，再来解答。

我们这里先讨论中山先生对于知行合一说的批评。中山先生欲打破“行之维艰”说的难关，以达其革命建设的目的，亦曾“以阳明知行合一之说，以励同人，惟久而久之，终觉奋勉之气，不胜畏难之心。……

---

* 本文原发表于《三民主义周刊》1942 年第 2 卷第 24 期，后收入《知难行易说与知行合一说》（重庆青年书店，1943 年）及《当代中国哲学》（胜利出版公司，1945 年）。本篇乃根据《当代中国哲学》一书中的相关章节而整理。

予乃废然而返，专从事于知难行易一问题，以研求其究竟”。足见他亦曾致力于知行合一说，求助于知行合一说，以求实现其革命理想。因体验到知行合一说之不合用，才提出知难行易说以代之。其不合用处约有两点：一不能推翻知之匪艰行之维艰说，二不能鼓起力行的勇气，使人“无所畏而乐于行”。平心而论，他这种感觉是对的。因为知行合一说只是一种理论，说明知与行有合一而不可分的关系，这种理论即使是正确无误，对于道德修养和鼓励力行革命的勇气，实无直接帮助，所以当王阳明早年注重纯理论的探讨时，他常竭力发挥知行合一之说，但及他晚年指点人作道德修养时，便很少提知行合一的理论，而直接教人致良知。所谓“致良知”，简浅点说，就是努力使知与行合一之意，亦即努力使关于道德的良知或善的观念，立即见诸行为的意思。王阳明因注重道德方面的力行，感到知行合一说之不够用，进而提出致良知之教，则中山先生因注重革命建设的力行，因为感到知行合一说之不合用，进而提出知难行易之说，以使人无所畏而乐于行，确是很有见解。且亦应为王阳明所嘉许。由此愈见王阳明致良知之教与中山先生知难行易之说其目的均在注重力行。今蒋先生提出“力行哲举”，以图融会贯通两家学说，更是有渊源有根据，深得旨要的说法。

而且依知行合一的说法，知行应同其难易；盖知与行既然合一而不可分，则知难行亦难，知易行亦易。知仁政难，致仁之良知，推不忍之心于天下，亦难。有科学知识难，作科学实验之行亦难。好好色，恶恶臭之行易，知好色知恶臭之知亦易。故知行合一说，虽异于傅说知之匪艰的旧说，却未必针锋相对地反对傅说之说，亦并未从行之匪艰，知之维艰着眼，明白推翻旧说，以鼓励力行的勇气。至少阳明之反对旧说，尚没有程子“特立独行煞不难得，只是要一个知见难”一语之深切著明。所以为奖励奋勉力行的勇气起见，中山先生放弃知行合一之说，亦有其道理。他说王阳明之教，在使人勉为其难，而未鼓励人乐行其易，似亦平允中肯。因为王阳明思想中实缺乏本假设以实验探索，秉信仰以力行冒险，亦即中山先生所谓不知亦能行的近代精神。不过，我们须得替阳明辩护者［着］，即阳明教人勉为其难，非谓知易行难，乃勉为知行合一之说，盖阳明非谓知易，亦非谓行难，他乃是认为致良知难，知行合一难，不致良知，知而不行，行而不知，皆属甚易，欲教人力避知而不行，行而不知之易事，而勉致良知，勉为知行合一之难事。

中山先生又批评知行合一说道：“夫知行合一之说，若于科学既发明之世，指一时代一事业而言，则甚为适当；然阳明乃合知行于一人之身，则殊不通于今日也。以科学愈明，则一人之知相去愈远，不独知者不必自行，行者不必自知，即同为一知一行，而以经济学分工专职之理施之，亦有分知分行者也。”这根据近代科学上分工专职的原则，以批评“合知行于一人之身”的旧思想，也就是理论家与实行家应分工合作，不必合于一人之身，立功的行者，不必兼立言的知者，立德的实行家亦不必兼立言之理论家，打破兼学问事功，兼三不朽于一身的旧思想。不过这可以说是校正一般中国人的思想的对症良药，但这不一定是王阳明知行合一说所犯的毛病。因为阳明之说，不是教人合知行于一身，乃是教人合知行于一时。所谓即知即行是也。一个实行的政治家，言行一致，不开空头支票，不欺骗民众，就是王阳明所谓知行合一。他并不是要这位政治家兼作博学的政治理论家，才算是知行合一，又如就理论家言，只要他立说是出乎本心发乎诚意，自己深信不疑，可以身体力行，不自欺欺人，为维护真理起见，即为自己的学说而牺牲性命，亦所不惜。有了此种为真理的热忱与诚意的人，就是阳明所谓知行合一的思想家或理论家了。盖知行合一之要旨，在于诚或诚意，不诚无物，不论理论家实行家，均不可不有诚或诚意，均不可不致良知。并不强迫一个学者理论家，去作政治事业立战功，才算是知行合一。许多人都误以合理论家实行家于一身为阳明知行合一之旨，赞成此说的人，便以为非似王阳明之兼军事家哲学家于一身，不足言知行合一。反对者，亦多持分工之说以反对知行合一。实际上都不免误解了阳明真意。中山先生提倡近代分工专业的思想是对的，但持此以反对王阳明知行合一之说，他不免错怪阳明了。戴季陶先生曾说：“中山先生自幼及老，一生不断的好学深思。因为他好学深思，才能知人所不能知，因为能知人之所不能知，才能行人所不能行。”这一段以中山先生自己的生活作例证的话，说明了知难行易，知先行后，知主行从，伟大的事业基于超卓的识见的道理。同时也说明了知行合一，超卓之知见与超卓的行为合一，知人所不能知，与行人所不能行合一。也就表明了知难行易说与知行合一说不惟不冲突，而且互相发明。

况且，中山先生自己“能知必能行”之说，如不仅是经验的报告，信仰的假定，而欲求理论的圆通，必须建筑在知行合一说上，基础方为稳固。盖能知必能行，质言之，即知行必能合一之意。何以知行必能合一呢？盖因王阳明早已指出“知而不行，只是未知”。真知必能见诸实行，一般人所谓知而不行之知，傅说知之匪艰之知，皆非指真知而言，盖求真知必难，求真知之难关一突破，必易见诸实行。无卓绝的知见，只是模糊口耳之知，当然不能发为事功，作伟大事业的基础。这就是说“能知必能行”，反之，“未知故未必能行”，“不能行由于不知”，种种说法，皆归结于“知行合一”。能知与能行合一，未必知与未必能行合一，不知与不能行合一，知人所不能知与行人所不能行合一。

又中山先生分析人类获得知识逐渐进化的过程，认为“皆从冒险猛进而来。其始则不知而行之，其继则行而后知之，其终则因已知而更进于行”。且明白指出“以行而求知，因知以进行”，为近代学术文化进步之特征。中山先生所谓“以行而求知”，岂不是由行以求与知合一吗？所谓“因知以进行”，岂不是由知以求与行合一吗？足见中山先生不以单纯的行为满足，必行以求知，不以单纯的知为最终目的，必由知以进于行，其最后归宿亦在于求知行合一。知而不行，不能因知以进于行，不能为真实的知识。反之行而不知，不能以行而求知，亦不能谓为完善的行为。足见最真之知，最善之行，都是知行合一之知，或知行合一之行。所谓“以行而求知”，即是由经验中得学问，由生活中求知识，由行为中见真理，由事实中寻理论。所谓“因知以进行”，即是由理想实现为事实，由计划完成为事业，由学术应用为事功，由理论发出为行为。由行以求知，可以说是“行是知之始，知是行之成”。因知以进行，可以说是“知是行之始，行是知之成”。前者代表詹穆士、兰格等心理学家的说法，后者代表王阳明就知行本质立论的说法。两说虽相违反，但归根于知行合一之说则一（请参看拙著《知行合一新论》）。所以我曾说，知难行易说应以知行合一说为基础，不然则理论不坚实，知难行易说应以知行合一说为归宿，不然则理论不透彻。今中山先生对于知难行易说既有坚实理论且有透彻发挥，故表面上虽似微有反对知行合一的话，而骨子里实已包含有知行合一的道理，且对于知行合一说有新的看法，新的发挥，蒋先生深得王学精神，且又服膺知难行易之教，灼然见其根本契合，同条共贯处，故毅然决然主张“以阳明‘知行合一’说［动］的精神，再加上总理‘知难行易’行的哲学来阐明，融会贯通为一种新的民族精神”，这实是有深识、有卓见的话。

我上面不是说中山先生对于知行合一说有新看法新发挥吗？第一，他提出“能知必能行”之说，与阳明“知而不行，只是未知”之说相表里，足以发挥知行合一，知必能与行合一的学说。第二，他提出“以行而求知，因知以进行”的新知行合一理想。于阳明“知是行之始，行是知之成”的说法外，兼辅以“行是知之始，知是行之成”的新说法，更为圆通周洽，更富于鼓励力行的勇气不惟使人“乐行其易”，且使人能循序渐进，由行以求知，由易以进难。第三，阳明之讲知行合一，着重在个人正心诚意，道德修养的成分居多，中山先生之知行合一说则扩大来通论一切学术文化上革命事业上之知行合一。第四，我尚发现中山先生曾新提出了“社会的知行合一说”，惟他只提及端绪，我们拟特别提出略加发挥。

要想进一层明了知难行易说与知行合一说的关系。要想知道什么叫做社会的知行合一说，须先考察一下不同派别的知行合一说。盖知行合一说并不是一个单纯的学说，亦有数种不同的派别：第一，为价值的知行合一说。此说认知行合一是很好的，是有价值有意义的。也就是认为知行应该合一，我们应该努力修养，促使我们的知与我们的行合一。价值的知行合一说中又分两派：一派为理想的知行合一。此派以朱子为代表，他先将知行截分为二事，然后再求其合一或兼备，他说行与知如车之两轮，鸟之两翼，缺一不可。又说知行常相须，如目无足不行，足无目不见，这都是说明知行应合一之理。至于求知行合一的方法，他指出三个可能的途径：第一，知行交养并进。即是他有名的一面致知，一面涵养，进学在致知，涵养须用敬的说法。第二，他又主张先知后行，先博学、审问、慎思、明辨，然后笃行。这是他主持白鹿洞书院所提出的学规，这是最接近常识，但又为世所诟病，特别受王阳明的指责的说法。第三，有时他又主张，若自觉欠缺笃行工夫，则不妨光从力行着手，以求与知合一，所谓“行有未至，则从行上理会”。若自觉欠知的工夫，便多去格物穷理，以求与行合一。总之，无论走那条路径，最后目的是要达到知行合一兼备一无欠缺的圆满境界。朱子以知行合一为最高的理想，故可称之为理想的知行合一说。另一派为直觉的知行合一说，以王阳明为代表。主张即知即行，如好好色，如恶恶臭，即是直觉的当下的知行合一，盖见好色（知），同时即好好色（行）。闻恶臭当下即恶恶臭，这乃基于人心之同然的本然的直觉，不假造作的。又如乍见孺子将入于井而往救之一事，乍见属知，往救属行。知行本来合一，没有距离，人只须自致良知，回复本心，则知善知恶之良知，自可与为善去恶之力行合而为一了。朱王两派皆认为知行合一为有价值，皆认吾人应求知行合一，不过朱子于不同时间中求知行合一，认知行合一是难于企及的理想。阳明即在当下与直觉中求知行之合一。认知行合一为人心本来之体段，为人的良知。认求知行合一的修养为致良知。故两派皆可统称为价值的知行合一论。要想补充或发挥价值的知行合一论，作者新近提出“自然的知行合一论”。这完全从客观事实，心理现象，去考察知行必然的逻辑的关系。认为知行合一乃是普通的必然的客观事实。吾人不必力求知行合一，而知行自然合一，吾人即求知行不合一，亦不可能。此说认为不仅人是知行合一的，即禽兽亦是知行合一的。不仅好人知行合一，即坏人亦是知行合一的。禽兽只有本能的知识，故亦只有本能的行为，禽兽知的方面，只有感觉而无理智，故行的方面亦只有冲动而无计划。足见禽兽的知与行是合一的。人的知识不正确，行为便陷于错误，知识肤浅，行为便浮躁，见解前后矛盾，行为便前后反复。知的方面“盲目”，行的方面便要“冥行”，知的方面“不学”，行的方面便“无术”。由此足见坏人，行为反复的人，也是知行合一的。至于就好的方面来说：真切笃实之知与明察精觉之行合一。超卓之知与超卓之行合一。知见之深刻与行为之沉着合一。理论之系统，见解之一致，与行为之坚定不移合一。简言之，知有高下，行亦有高下，最高级之知与最高级之行合一，最低级之知与最低级之行合一，这是自然的知行合一论大旨。这亦可称为普遍的知行合一论，盖以人人皆知行合一，并无例外也。依此说则实行家固知行合一，实行家有实行家之行，有实行家之知。理论家亦知行合一，理论家有理论家之知，有理论家之行。吾人不能说实行家只是行而不知，亦不能谓理论家只是知而不行。只能说伟大的实行家有伟大的知与之合一。鲁莽的实行家有糊涂的知与之合一。同时亦只能说伟大的理论家有伟大的事业与好的影响与之合一。空洞歪曲的理论家有荒唐错误的行为和恶劣的影响与之合一。且依自然的知行合一论，不仅人人皆知行合一，而且事事皆知行合一。譬如，就作战一事而论，不能严格只谓为行，而乃是知行合一之事。盖作战固须动手动足，作冲锋陷阵的行动，亦须有知识用思想，知敌知我，知战术，方能作战。不过就作战之为知行合一言，可谓知隐行显。一般人从表面上，就其显著方面来说，故多指作战为行之事。又如就读书而论，固为知之事，但亦须运动口耳眼目，亦须运动神经，亦未尝不包括行在内，故读书亦知行合一之事，不过知显行隐罢了。

根据上面对各种知行合一说的陈述，我们对于中山先生的思想可以有下列几点认识：

（一）他要想达到的知行合一，显然不是道德修养上的王阳明式的当下直觉的知行合一。他须说反对理论家兼施行家于一身的不知分工的办法，但他决不会反对求知行合一的努力，决不反对致良知。

（二）中山先生对于知行合一说的看法，显然是很接近朱子。他先依据常识，将知行截然分为二事。然后“以行而求知，因知以进行”，以达到知行合一的理想，以免陷于知而不行或行而不知的缺失，甚似朱子。他所谓“以行而求知”，近似朱子“就行上理会”的办法，他所谓“因知以进行”，显与朱子由学问思辨而进于笃行的路径相合。不过，朱子及阳明之谈知行合一，皆偏重道德方面的意义，而中山先生乃就学术文化社会政治革命各方面去指出“以行而求知，因知以进行”的重要，并指出“能知必能行”的事实。

（三）从自然的知行合一论的观点来看，他所谓知难行易，实即是指显知隐行（如科学研究）难，显行隐知（如日常吃饭、走路的动作）易。由显行隐知到显知隐行难，由显知隐行到显行隐知易。这无异于说，较高级之知行合一体（如科学之知与科学实验之行），难于较低级之知行合一体（日常泛泛的知识与简易的动作）。再就知行合一之事而论，他所谓知难，乃指一事之费心思的理论方面而言，他所谓行易，乃指一事之受知识指导动手动足等外表动作而言。如就作战而论，则定战略，知战术，知敌人虚实难，而排队前进作放枪杀敌之行动易。由此足见每事皆是知行合一而成。而知的方面必难，行的方面必易，普遍必然，无有例外。

（四）由自然的知行论中认事事皆知行合一的看法，则知中山先生亦持此说。他说：“夫知行合一之说。若于科学既明之世，指一时代一事业，言则甚为适当。”这是他明白承认的唯一意义的知行合一说。他认为只能就一时代一事业言知行合一，盖因每一事业皆须知行兼备，知行二者分工合作，方能有成；而反对就一人之身而言知行合一。盖一人兼知行于一身，有违分工之旨。他这种看法，我们可以引申发挥，名之曰社会的知行合一论。因为我在《知行合一新论》一文中，讨论自然的知行合一时，大都只就个人的知行之永远合一自然合一，加以发挥。而未提及就一社会言，就一时代言，就一事业言，知行二者亦永远合一自然合一必然合一。所谓社会的知行合一说，就一人群一社会所举办之大事业言，知行合一。譬如，就革命事业言，则先知先觉之知与后知后觉之行合一。就建筑房屋言，则建筑师之知识与千百工人之行合一。就作战言，则统帅部战略指挥之知，与士兵作战之行合一。在此种社会的知行合一事业中，知属领导指挥方面，行属附从工作方面，知优良，则行亦随之优良，知识陋，则行亦随之不竞。依此种知行合一体而观，则知的方面为主，行的方面为从，知难行易、乃显而易见。再就每一时代、每一社会之知识水准与行为水准言，亦永远谐和一致。原始时代初民社会，就知言，混沌未开，就行言，朴野不文。中古时代之宗教思想与其社会人士之出世的宗教的行为一致，近代社会中近代化的行为，与近代化的知见思想合一。当一个社会在过渡时代时，则大多数人思想上青黄不接新旧脱节之知与行为上之矛盾反复，混乱无主，相吻合一致。这就表明了中山先生所谓知行合一之说，指一时代一事业言，则甚为适当的话，不惟颇有见解，合于事实，且实系对于知行合一说之一种新解释新看法，道前人所未道。殊值得我们特加以表扬发挥。简括起来我们可以说，自然的知行说又分两面，一为个人的知行合一说，认为任何个人的知与行都是合一的。一为社会的知行合一说，认为任何事业，任何时代，任何社会，其知行双方皆是合一的。而中山先生特别标出社会的知行合一说，认之为唯一适当可通的知行合一之说，如果善加理解与发挥，实于观察历史改革社会建树事业各方面，均有可以提供参考的指针的地方，尤值得我们注意。

宋儒的新评价*
(1944年)

我所以要讨论这个题目，是由于最近与一个朋友谈论引起来的。他说中国周、秦、汉、唐的文化都相当健康，宋以后就有了病态。他特别提到周秦汉唐都是文武合一的文化，宋以后文武分离，且有重文轻武之弊，我也很同意他的看法。我觉得孔孟的生活态度淳厚朴茂，有栖遑救世热忱，程朱的生活态度严酷冷峻，山林道气很重，两相比较，前者要康健而近于人情多了。又觉得先秦汉唐似都有春夏温厚之气。而宋儒的态度便带有秋冬肃杀之气。我那位朋友，也与许多人一样，尤其抨击程伊川“饿死事小，失节事大”一句话。他痛斥这话不合理，压迫女性，刻薄不近人情，提倡片面贞操，害死不少的人等等。对于这点，我却认为应当分别论列了。伊川的错误，似乎不在于提出“饿死事小，失节事大”这概括的伦理原则，只在于误认妇女当夫死后再嫁为失节。近代西洋观念固不以夫死妻再嫁为失节（美国某一知名之女作家，曾嫁三次，著书立说，各处演讲，作者曾亲聆其宏论。德国一女文学家，亦曾两次离婚，第三次嫁与一少年哲学家。但伊人格高尚，被德国人尊为女中圣贤）。中国即在唐以前，似亦不以夫死妻再嫁为失节，为违反礼教，不过伊川个人的话无论如何有力量，亦必不能形成宋以后之风俗礼教。他的“饿死事小，失节事大”一语只不过为当时的礼俗加一层护符，奠一个理论基础罢了。至于他所提出的“饿死事小，失节事大”这个有普遍性的原则，并不只限于贞操一事，若单就其为伦理原则而论，恐怕是四海皆准、百世不惑的原则，我们似乎仍不能根本否认。盖人人都有其立身处世而不可夺的大节，大节一亏，人格扫地。故凡忠臣义士，烈女贞

---

* 本文原发表于《思想与时代》1944年第34期，后收入《文化与人生》（商务印书馆，1947年）。

夫，英雄豪杰，矢志不贰的学者，大都愿牺牲性命以保持节操，亦即所以保持其人格。伊川此语之意，亦不过是孟子“舍生取义，贫贱不能移”的另一说法。因为舍生取义实即“舍生守节，贫贱不能移”的另一说法。因为“舍生取义”实即“舍生守节”，“贫贱不能移”实即“贫贱或饿死不能移其节操”之意。今日许多爱国之士，宁饿死甚至宁被敌人逼害死而不失其爱国之节，今日许多穷教授，宁贫病致死，而不失其忠于教育和学术之节，可以说是都在有意无意间遵循着伊川“饿死事小，失节事大”的遗训。当然凡事以两全为最好，不饿死，也不失节，最为美满，但当二者不可得兼之时，当然宁饿死而不愿失节，宁牺牲性命而不愿失掉人格，这亦是孟子舍鱼而取熊掌之通义。

因为只承认伊川那句最为世诟病的话，在应用方面有错误，而在原则上却有永久性与普遍性，且含有深义，所以我就想进一步对于整个宋儒思想学术，加以总检讨，总评价，当然我在这里所谓整个，也只是指宋儒的主张——程朱的思想，附带包括陆王，也就兼包一部分明儒的思想。

普通批评宋儒的人，大都把宋朝国势的衰弱和宋明之亡于异族归罪于宋明儒，说宋人议论未毕而金兵已渡江，说宋儒只知道“平日袖手谈心性。临危一死报君王”。甚至于说宋学盛行时期，就是民族衰亡时期。宋明理学，好像是不祥之物似的。在我们看来，这都是只就表面立论，似是而非的说法。宋朝之受制于异族，似乎主要的应该向军事和政治方面去求解释。宋惩于唐朝藩镇之祸，自宋太祖杯酒释兵权以来，立国的大策略就是要削弱将臣的兵力。而且宋开国之初，统一中国，但始终没有平定东北幽燕形胜之区，国都又建在汴京，不在东北或西北，不便控制异族。而且摧残猜忌有功的武将又成为传统的政策。如狄青、岳飞、刘锜，这般有恢复中原勇略的人，皆或被诬陷，或被屈死。开国时的大政方针有了错误，致国势积弱不振，到了中期和南宋以后，以格物穷理为职志的道学家出来，有什么办法呢？他们没有政权，更没有兵权，而且他们所专门研究的问题，也只是宇宙、人生、文化、心性方面的根本问题，对于军事政治财政并没有直接关系。把由开国时国策错误所引起的危机，大政治家如范仲淹、王安石尚无法挽救的危机，强要程伊川、朱晦庵这些道学家负责，恐怕走错了门道罢。

集宋明儒之大成的人王船山，在他的《宋论》一书中，曾痛切论述此点。他把猜忌并贬抑武臣的罪，归在赵普身上。他指出赵普徒侈言

“半部《论语》可以治天下”，然而他对于孔孟之道，并不能身体力行，应用来致修齐治平之功，他只凭阴险猜忌的权谋智术以取相位。他竭力夺削武臣的兵权，思以文臣而居开国的首功，致演成宋代猜忌功臣，武力不竞，幽燕不下，而贻数百年的边患，卒致坏华夷之大防。船山并且进而主张宁可容许权臣篡位，切不可使国家亡于夷狄与盗贼。因此他对于曹操和刘裕相当表示褒扬。因为他们当初崛起民间之时，动机尚相当单纯，颇有英雄本色，而他们平乱御侮之武功，亦足以掩其篡夺之罪。总之，船山指出宋代重文轻武，贬抑武臣，致酿成靖康之祸，追溯均开国时国策有误，而与道学无关，似乎是很正确平允的看法。今欲以宋代数百年祸患，而归罪这几位道学家，不惟诬枉贤哲，抑且太不合事实，太缺乏历史眼光了。

平心而论，这些宋明道学家当国家衰亡之时，他们并不似犹太学者，不顾祖国存亡，只知讲学。他们尚在那里提倡民族气节，愿意为祖国而死，以保个人节操，民族正气。且于他们的思想学说里，暗寓尊王攘夷的春秋大义，散布恢复民族，复兴文化的种子。试看宋以后义烈彪炳民族史上的大贤，如文天祥，如方孝孺，如史可法，皆是宋儒熏陶培植的人才。(《宋元学案》列有文天祥的学案，《明儒学案》中有方正学的学案。)

即当国运昌盛之时，这些宋明的道学家，虽有少数受贤明君相的推尊礼遇，但有时也并非他们的本意。(如汉武崇儒术，明清两代尊崇朱学，因出于政治利用者多，基于真知灼见者少，孔孟程朱有知，恐亦并不以为欣幸。)至于大多数的道学家，即在盛世，亦是过的山林清简的生活。但一遇专制君主或权奸在位，他们就成了有权势者的眼中钉。他们处处受逼害，受贬谪。如韩侂胄之禁伪学，如魏忠贤之害东林。他们的力量虽弱，但却是惟一足以代表民意的呼声，反抗奸邪的潜力。他们在政治上自居于忠而见谤，信而见疑的孤臣孽子的地位。他们没有享受过国家给予他们的什么恩惠或权利，他们虽在田野里讲学论道，但他们纯全为尽名分，为实践春秋大义，为实现治国平天下的王道理想起见，他们决没有忘记过对民族的责任。他们对民族复兴和民族文化复兴有了很大的功绩和贡献。哪能像一般浅视忘本的人，反加他们以使国族衰亡的罪名呢?

说宋儒的学问不能挽救国族的衰亡，甚或反有以促进国家的衰亡，大概系根本由于认为程朱陆王之学为虚玄，为空疏，为不切实用。说这话的人，如果意思是说程朱陆王之学，只是道学或哲学，不是军事、政治、经济、工程等实用科学，我们可以相当承认。因为他们不是万能，用现代分工分科的看法，他们只是哲学专家，谁也知道，哲学的用处是有限度的。同时我们须要记得，程朱陆王四人中，除伊川纯粹是使师道尊严的老师宿儒，只是与少年哲宗讲了几次经，大概因教授法欠佳，无何影响外，朱子曾先后任潭州及浙东提刑，颇有声威；办社仓，亦惠及人民。陆象山曾作过知荆门军，治绩颇佳。他若不死在任内，在政治上当有更大的建树。至于王阳明平边患定内乱，皆有军功。所以说宋儒虚玄、空疏、不切实用，从创学派这几位大师的学行看来，就不甚切当。在我们用现代眼光看来，以专讲格物穷理身心性命之学的哲学家，而会有“政绩”有“军功”，较之西洋哲人如柏拉图、亚里士多德、康德、黑格尔之流，已经可称有着惊人的实用了。

试再就宋儒对几百年来中国文化、教育、政治、社会、人心、风俗各方面的实际影响而论，真可说大得惊人（这些影响之好坏，又另是一问题。）中国文化自宋儒起，可以说是划一新时代，加一新烙印，走一新方向。中国边境上的异族，所受中国文化的影响，大都得自汉文化或“汉化”。日本所受中国文化的影响，大都以唐文化或“唐化”为多。而宋文化对于异族虽少影响，而对于国内政治、社会、人民的生活影响，却异常深到久远。宋儒影响所以会如此之大，因为宋儒掌握了中国近千年的“教权”——包括礼教上的权威和教育上的权威两方面。程朱不仅是影响中国人思想的正统哲学，他们又成为支配中国人信仰和道德礼仪生活的礼教上或宗教上的正统权威，其权威之大，只有西洋旧教的圣亚奎那可以相比。违反程朱的语录和注解，不惟得不到科名，受礼教中人的指责，甚至有人相信将遭天神的谴责而得恶报。譬如，清代攻击程朱最力的人如毛西河、程绵庄、颜习斋等人碰巧皆子嗣断绝，大家都相信这是诋毁程朱的报应。曾涤生提到此事，尚引为鉴戒。其权威之大，可想而知。在教育方面，朱子所编注的书籍，在明清两代都被政府正式颁布作为教科书，他注的四书五经，特别是《四书集注》，成了全民族的《圣经》。他编的《近思录》，不惟成为哲学概论教本，而且成了精神修养的南针。他纂的《通鉴纲目》，不惟成为标准的历史教科书，且提供一种论人评事，察往知来的历史哲学。他还编有一种小学教科书，叫做《小学》，一种女子教科书，叫做《女诫》。此外还编了一种《朱子家礼》，以规定家庭冠婚丧祭各项礼仪。我们试想，在现时，一本教科书能为全国各学校采用二三十年，已可算得影响很大很久。今朱子编著了许多教科书，每种都被全国采用数百年之久，其影响之大、之深、之久，可以想见了。

试问宋儒之学如果是虚玄空疏无用之学，如何会有如此大的实际影响呢？以叶水心之重功利、陈同甫之倡霸道，总可谓最切实际、最有实用了，然而他的学说反不如被斥为虚玄空疏无用之程朱学说之较切实际较有实际影响，这又是什么原因呢？何以最重功利和切实际之学说，反少实际影响？而最空疏虚玄之学说，反有极大影响呢？我们可以这样解释：凡源远者流必长，根深者叶必茂。程朱之学，凡事必推究至天人心性，而求其究竟至极之理，其理论基础深厚，犹源远根深，而其影响之远大，犹如流之长，枝叶之茂。彼重功利之实用主义，根基浅薄，眼光近小，理论基础不固，不能予人以精神上最高满足，故流不长，枝叶不茂，而影响反不甚大。由此足见，凡说功利主义切实用，凡说程朱之学虚玄空疏不切实用者，皆只是表面上的看法。（附注：西洋近代的功利主义，理论基础较之永嘉学派，远为深厚，其影响亦较佳较大。反之，近代西洋的理学或心学，较之程朱陆王亦较虚玄，其影响亦较健康。）

现在试总结并补充一下我们上面所讨论的几点：（一）宋以后的中国文化有些病态，宋儒思想中有不健康的成分，我相当承认。须校正宋儒的偏蔽，发扬先秦汉唐的精神，尤为我们所应努力。（二）程伊川的错处仅在于误认夫死妻再嫁为失节，与近代人对夫妇及贞操的看法不同。假如伊川生在现代，他也许不再固执那种旧贞操观念。伊川所提出的“饿死事小，失节事大”的根本原则，至今仍有效准。在饥饿线上尚在为教育为学术守节操的学者们，已经在实行并证实伊川的原则了，更无法去反对他。（三）宋代之衰弱不振，亡于异族，主因是开国时国策有错，宋儒责任甚轻。宋儒哲学中寓有爱民族，爱民族文化的思想，在某意义下宋明儒之学，可称为民族哲学，为发扬民族、复兴民族所须发挥光大之学。（四）宋儒格物穷理，凡事必深究其本源，理论基础甚深厚，虽表面上似虚玄空疏，而实有大用，故发生极大的影响，说宋儒不切实用，大都是只就表面论，而不明程朱学说之全体大用者。

以上只消极的对于是最常听见的攻击宋儒的言论，略加驳复。至于从积极方面评估宋儒在哲学上以及在一般文化学术上的贡献，只有待于另篇讨论了。

功利主义的新评价*
(1944 年)

在伦理学上，功利主义是与纯粹义务说相反的一种学说。从人生观看，有人持功利主义的人生观，有人持非功利主义的人生观。这原是在思想史上争论不休的问题，也是在个人生活上常起冲突的问题。尤其近数十年来，中国思想界对功利主义时起争论，有人以为整个西洋文化就是功利主义的文化，其人生观也是功利主义的人生观，至于东方文化，则是反功利的、道德的、纯义务的，所以他们认为中西文化之差别，就是功利主义与非功利主义的差别。民初严又陵、梁任公之介绍功利主义到中国来，其功罪如何，大家意见更不能一致。有人以为今日一般青年思想中，功利主义之毒甚深。这些说法或看法对不对？我们对功利主义究竟应抱什么态度？有什么评价？

先问什么是功利主义？概括讲来，功利主义是把在实际上可感到，可得到的事物为有道德价值，为生活目的的学说，所以功利主义者，所要求的是看得见摸得着感得到的东西。这类东西，大体上可分为四种：第一种是快感或快乐，第二是财货或金钱，第三是名誉，第四是权利或权力。凡追求四者中之任何一个或一个以上的人，都可以概括的称为功利主义者。这些东西都是感觉得到的，至于仁义礼智孝悌忠信，都是不能实际地感觉得到的实物，都只是抽象的道德理想。

功利主义可大别分为两种：一是旧式的功利主义，或个人的功利主义，所求者是个人的幸福、财富、名利或权力。常识上的功利主义，大都指此种个人的旧式的极现实的功利主义而言。[1]这种主义所求者，是个人自然欲望的满足，如食、色等。个人的自然欲望，并不认为不道

---

* 本文原发表于《思想与时代》1944 年第 37 期，后收入《文化与人生》（商务印书馆，1947 年）。

德，反之，当求加强、发展和扩充。其方法是运用理智才能。这就与禽兽不相同了。因为禽兽虽有自然欲望，却不能高度运用理智才能去满足其欲望。普通人，在名利场中的追逐，在宦海中的浮沉，政治上的急功好利功名才智之士，都是这种功利主义思想之代表。历史上的人物，如商鞅、李斯、韩信，其一生的目的，就在封侯拜相，并无道德观念，或为人民谋福利的动机。帝王中也有功利主义的代表人物，如好大喜功之秦始皇、汉武帝。凡被称霸王之君主，均属于功利主义范围之内。这种旧式的功利主义，人人都可说是沾染了几分，很难完全摆脱净尽，但很少有伟大的哲学家作代表。对于这种旧式的功利主义，有一种旧式的批评。

批评的要点，认为是追求功利者，向外作无穷的追求，而所追求之物，没有本身目的或内在目的。易言之，他受外界的事物，不断的引诱，所以是务外的。他虽是奔波不已，却永远得不到满足，永远在追求之中。他们形容这种功利追求的人，为临死时都伸着两手，张着口，不闭双目，尚在向外渴求，不得满足的可怜状态。如秦皇、汉武已经征服了当时的天下，可是仍不满足，还要去求仙长生。非功利主义者则当下就得满足，可以无入而不自得，随处均可见道。颜回箪食、瓢饮，乐在其中。艺术家、诗人，于发挥其创造冲动时，也能当下得到满足。功利主义的另一个缺点，是用计算苦乐得失利害的方式来估计人生。中国的儒家，从来就反对计算式或算账式的人生，认为这种生活是最无意义，最枯燥无味的生活。像孟子就是非功利主义的最显著的代表人物。他认为今人乍见孺子将入于井，前去救他，并非要要誉于乡党朋友，也非要去结好于孺子的父母得什么报酬。只因为应该救，才去救，这是纯义务的道德的，要做就做，但求心安理得，而不计较功利。一个人之所以要履行孝、悌、忠、信等德性，都是基于纯义务，纯出于本心或良知之不得已。假使人凡做事待人都要计较功利，便免不了斫丧人情，戕贼人性，因而也就伤害人类伦常的关系了。孔子揭出“女安则为之”的训诫，便是不计较利害，不向外追求，一以内心的当下满足为依归，所以有人认为，西洋人大都向外追求无餍，而中国人则只求内心的满足。

这种批评，有一部分真理，可是也不无缺点：第一，功利主义者之向外追求，也不一定像批评者所说那样，完全得不到当下的满足。如钓鱼，有的人钓鱼为求得鱼吃鱼之利，其态度固是功利的。但也有非功利态度的钓鱼，即在钓鱼的过程中本身寻得乐趣。又如喝酒，也可以没有做官发财求名求利的追逐，而能当下得到快乐。假如过分注意当下满足，反对向外追逐，那就容易陷入有禅悦意味的名士风流式的当下满足。[2]第二，说向外追求者，永远达不到目的，陷于无穷追逐。殊不知目的不一定在得到一件东西，而即在于追求的本身。追求的经过，追求的精神，本身就有价值。至于东西之是否可得到，反而无足重轻。如求知（并不是以有涯求无涯，殆已），其目的就在钻研探讨思辨等爱智的过程里，得到满足，至于有无新发明，能否成有名的学问家，反在其次。又如经商，假如一夕之间坐得巨万，决不足乐。经商者之愉快，就在其经营的过程中。求名亦然，军人以上战场为痛快，秀才以上考场为痛快，是否打胜仗，是否考得中，有赖于别的外在条件，非所计较。所以说近代西洋人大都向外追求是对的，说他们永远不能得到满足却是错的，他们的满足，就在追求的过程中。譬如，竞争选举，即在各党热烈公开竞争的过程中，民主政治的精神就发扬了，而不全在竞选之胜利。彼失败之党，亦有其满足，亦有其维护民主政治的功能。批评者的另一个弱点，就在于把功利主义与非功利主义机械地对立起来，认为功利主义者完全是盲目的，利欲熏心的，无理想指导的。非功利主义者则是敝屣功名，轻蔑享乐，过孤寂的生活的。这样一来，功利的热烈追求，无补于道德的发展。非功利的高尚襟怀，无补于社会福利。殊不知功利与非功利（道德的）不是根本对立的，是主与从的关系。非功利是体，功利是用，理财与行仁政，并不冲突，经济的充裕为博施济众不可少的条件。上面所举的四种功利，当然不是人生的最后目的，而只可说是行为合乎正谊的结果，或副产，或达到某种道德目的的手段或工具。我们不能说求金钱是人生的目的。但可利用金钱作为发展个性，贡献国家，服务社会的手段，所以功利与非功利不但不相反，实在是相成的。以名誉来说，名者实之宾，实至则名归，所以名不是最后的目的，而是某种行为所产生的结果。快乐也同样不是追求的目的，而是实现自我，达到道德的目的的副产，或跟随之物。至于权力的获得，无非为的要实现理想，理想才是目的，权力决不与此理想根本对立。旧式的批评者，不明白这道理，所以流为极端的反功利而逃避人生，使得整个社会成为死气沉沉，无人生乐趣的社会。真正说来，功利是实现理想实现道德所必不可少的条件。为避免消极的，极端抹煞功利的态度，可以提出两个原则：第一，尊重他人的福利，承认每人有求福利之权。同时第二，保持自己的福利。福利是健全的生活所必要的，不可少的。他人侵犯我们的福利，我们是要依法依理力争的。有人因为自己敝屣福利，乃忽视他人的福利；自愿牺牲福利，便不尊重他人的福利，强迫别人也去牺牲福利。自己逃避人生，便斥肯定人生的人为向外追逐。这是不对的。譬如健康当然是人所不可少的。但亦不能说人生的目的，就在于求健康。但无论如何，我们一方面要尊重别人的健康，同时也要维护自己的健康。对功利的态度，也应如此。换言之，于追求功利、维护功利、分配功利时，也须遵守恕道和公平的原则。这就足以避免孟子所谓“上下交征利而国危矣”，及荀子所谓“争则乱，乱则穷”的危险了。

由这两个原则，就过渡到近代新式的功利主义了。近代的功利主义不是个人的功利主义，而可说是社会的理想主义，或社会福利主义。这个主义的要点有三：

第一，近代的功利主义者，把上面所列举的四种功利，归纳成为一种功利，即快乐或幸福。所以这种功利主义，也被称为快乐主义，福利主义。他们确认人生的目的就是求快乐。快乐以外的东西，如金钱、名誉、权力，甚至于德行，或是其本身包含快乐，或是为达到快乐的手段。第二，这种主义所求者是最大多数人的最大快乐。最大多数人的最大快乐，是人生的理想，也是行为的目的，或道德的标准。一切行为，对此标准有利的，即为善。对此有害的即为恶。判别善恶的等级，也以快乐所涉及的人数的多少，快乐的大小为准。第三，分配快乐的原则，是一人只算一份，没有人可算两份（Every body to count for one，nobody for more than one）。简言之，这是为全体为社会设法谋幸福，为平民求利益的道德理想。其办法有二：一是改进平民的物质生活，谋大众衣食住行的改善，决非口惠而实不至。二是就知识方面去促使学术文化普及于大众，要人人能享受求知的快乐，能获得求知的权利。所以这派功利主义的人，大部注重平民教育和社会服务。近代许多社会改进运动，都在新功利主义的思想背景下进行着。新功利主义是近代西洋的最大思潮，正好与十八世纪到十九世纪的工业革命和民主政治的潮流配合起来，而其与旧功利主义的不同，也正如民主社会封建社会之不同一样。

这种近代式的功利主义，理论上诚不免有许多困难（本刊第二十期谢幼伟先生撰《快乐与人生》一文，对于功利主义心理上，理论上，修养上的困难，有详细讨论，读者可参看），而且追求最大多数人的最大幸福，已是追求一种远大的社会理想，而有利他的仁爱精神，是否超越其狭义的功利之场，也是问题。此处我们不能讨论。但加以正当的同情的了解，从社会和时代的需要来看，确有不少的优点。第一，打破亲疏贵贱之分。根据一人一份的福利分配原则，这是一种有革命性的思潮。推翻了封建性的亲疏贵贱之分，公平地承认每一人的一份，不许任何人占两份。照人伦的看法利益是差等的，照近代功利主义的看法，计算最大多数的最大幸福时，人人是一律平等的。帝王与平民同样各占一份，父母与外人也无等差可分。这分明是平民主义的分配原则。第二，这原则是一个立法的原则，在法律之前，人人一律平等，而立法的目的，也是为大众谋福利，盖因这派的倡导者，如边沁等原来都是立法家，所以这种思想足以作为近代法治社会的立法准则。所以近代的功利主义之发展，与法治主义之发展是同时并进的。第三，这派思想，所注重的在于消极的扫除道德障碍，不在于积极的提倡道德，其办法是布置良好的道德环境，如贫穷有碍于道德发展，则设法使民众富有。愚昧有碍于道德发展，则力谋普及教育。病弱有碍于道德发展，则注重保育，增进卫生。第四，这派思想有增进公德心的优点。既以最大多数最大幸福为目标，自然地使人去私心，以立己立人、达己达人为人生之目标了。所以这派思想家，常常叮嘱人不要忘记增进全体的幸福，即是增进自己的真正幸福，自己的生活利益必须安排得与大众福利一致。第五，这派思想足以促进社会进步。在传统的观点下，大家相率消极逃世，使社会停滞不进。新功利主义既肯定福利，肯定社会福利之追求，自然能使社会获得实际上的进步了。

从发展上看，这种新功利主义的思想，是从旧式的内心道德，纯义务的道德思想进化过来的。因为内心的道德思想注重人格修养，不受物质的限制，保持自己的纯洁，这固然很好，但新功利主义则要进一步，从人格保持到人格的发展；从不受物质的支配，到支配物质；从消极的个人人格修养，到积极的大众福利的增进。总之，从消极道德，进而为积极的道德；从不计算人生利害得失，到彻底计算人生利害得失，用科学统计方法来计算人生的利害得失。由一时的从内心直觉出发的善行，到有组织有计划的公益事业。譬如，以前偶尔见一小孩有危险，便凭良心之不忍，前去救他，现在则要进一步设幼稚园、保育院，使一般小孩减少危险，得到教养。以前只是由一时恻隐之心的发动，偶尔施舍乞丐，现在则设立收容所、感化院，教育他们、栽培他们，使他们有补于社会公共福利。所以我们说新功利主义实在是单纯内心道德思想的进一步的发展。

还有一点，最为人所忽视的，就是以社会福利为着眼点的新功利主义，尚有其非功利的基础，也可说是宗教精神的基础。因为近代新功利主义之发展，实远承基督教博爱的精神、人类的兄弟感和耶稣“己之所欲，则施于人”的金箴，近发挥孔德及圣西门的人道教的精神。[3]故对于福利之措施，力求如春风春雨之广被均治，大公无私，一律平等，不以亲疏贵贱，而有所歧视，其理论以杨子之为我为出发，而以墨子之兼爱为归宿。即从分析各人各求其自己之快乐之心理事实出发，而达到以最大多数人的最大幸福为前提之利他的宗教精神。其操行虽口口声声不离快乐或福利，而实着眼全在社会民众之福利，淡然无个人利禄自私之心。

在向着现代化迈进的中国，这种新功利主义的影响似已略见端倪。最显著的是义丐武训之行乞办学，以及最近被称为“伤兵之父”的段绳武先生牺牲一己，为伤兵服务，都是具有非功利的宗教精神，而为社会为民众谋实际福利的好榜样。

近代功利主义在中国之被误解，被贬斥，大概是由于（一）人们误将近代的重社会理想的功利主义与旧式的个人的功利主义相混，误以功利主义为自私自利之人张目。（二）由于不知近代功利主义，乃系自重个人修养的内心道德进展而来。（三）由于不知功利主义须有亦应有超功利的宗教精神以作基础，因此近代功利主义之在中国，不惟未发挥其应有的良好效用，反而产生了不少的流弊。

［注释］

［1］此处所谓旧式的功利主义，不过表示“自古有之，于今为烈”，并不是谓此说在时间上已成过去。譬如，詹姆士于其《信仰的意志》一书中说：“人之所以异于禽兽者，在于人之情欲多，而禽兽之情欲少。”显然有主张人应该设法扩展满足其情欲之意。又如培黎教授于其《价值概论》一书中说：“东方民族的人生态度为欲求其所能获得，而西方民族则努力获得其所欲求。”换言之，他认为东方人因所能获得者有限而限制其欲望，西方人则尽量发展满足其欲望。他显然认为西方人的态度更健全。杜威指出人类对外界环境有两种态度：一是改变自己的内心，以求顺应环境，并与外在力量调协。一是应用理智，创造技术，以征服外界环境。他极力提倡后一种态度。单就他们几人这一方面的态度和思

想而论，都可说是属于我所谓旧式的功利主义。当然再补充修正之以科学方法、道德规范、社会理想和宗教精神，便与中国旧式的急功好利的功名富贵的思想殊途了。

[2] 此处所谓有禅悦意味的名士风流式的当下满足，我隐约中系指伊壁鸠鲁主义而言。伊壁鸠鲁派的人生态度有山林意味、中古意味，目的在求精神无烦恼，身体无痛苦的内心宁静和当下满足。与急功好利追逐功名富贵的旧式功利主义迥然不同。此种有禅悦意味的伊壁鸠鲁主义，境界相当高，但有衰世麻醉效力，中国南北朝时，此种态度最盛，就人生温［态］度言，殊不健康的。最有趣的，当急功好利、好大喜功式的功利主义盛行时，如战国，如汉唐，往往是个性伸展，国力发扬之时。或亦因其出于自然，肯定人生，有以使然。近代功利主义与伊壁鸠鲁主义，态度隔得很远，意味全不相似。近人谈功利主义者每以其自伊壁鸠鲁发展而来，甚或将伊壁鸠鲁的快乐论，边沁、穆勒之最大幸福说混为一谈。实只看见"快乐"一名词之相同，而未见有根本态度之相异。

[3] 近代功利主义之注重宗教，特别宗教精神（因在某义下功利主义者是反对传统独断的宗教的），可以下列三人之说为证。（一）边沁认鼓励人求最大多数最大幸福，而裁制人使勿违反此功利原则，有四大因素。物质的条件，政治的条件，道德的条件，宗教的条件。这种条件，也叫做 Sanctions。足见他认为宗教有保证人实践功利原则的功能。（二）约翰·穆勒说："就个人的幸福与别人的幸福的关系说，功利主义要求他严格抱公平态度，像一个无私心而仁惠的旁观者一样。在耶稣的金箴（Golden rule）里，我们寻得功利主义伦理学之全部精神。待人像你愿人待你一样，并且爱你的邻人如你自己，这类教训构成了功利主义的道德之最理想完善的理想。"（见穆勒著《功利主义》一书，《每人丛书》本，页十六）这是耶稣的仁恕之道，而穆勒认为它代表功利主义的最高理想和精神。他又说："我们常听见功利主义被指斥为无神的学说。但如果相信上帝志在增进人类的幸福，是一个真实的信仰，那么，功利主义，不唯不是一无神的学说，而且比起别的学说来更富于宗教精神。"（见同书，页二〇）他还想用教育与舆论的帮助，使人人皆养成休戚相关利害与共之联想："使人我一体之感（亦且基督所欲教导的人类的兄弟感），深植根于我们性格之中，并意识到完全为我们天性之一部分。"（同书，页二五）他又表示赞同孔德的人道教。他完全同意孔德所说的，

服务人群，即使没有神意的协助，亦可得到宗教所有的实际力量，社会效验和高度的权威（同书，页三一）。西吉微克也说过："就功利主义之要求个人为人类全体的幸福而牺牲其自己的幸福，较之常识所要求者尤为严厉言，则功利主义可以说是严格地遵循着基督教之最特有的教义。"（见氏著《伦理之方法》，页五〇四）我想上面所引这些功利主义最重要的代表人物的活，可以证实近代功利主义实有其超功利的宗教精神，基督教精神的基础的。

杨墨的新评价*
(1944 年)

每当人类遭遇惨绝人寰的浩劫时，一方面大家鉴于到了危急存亡的关头，特别会发挥出本能的自保自利的意志，同时另一方面对于他人的厄难灾殃，也最易流露出感同身受的同情心。自保自利是利己主义的出发点，同情心是利他主义的出发点。这是关于伦理和人生问题上争论不休的两大对立的学派。在大战期间，感受战祸，人人都有流离迁徙，遭受灾难之感的时候，来对利己主义与利他主义作一番理论的探讨，或许更觉切适。如果我们认“杨子为我”为利己主义的代表，认“墨子兼爱”为利他主义的代表，则我们这一番讨论，便可说是对于孟子所排斥的杨墨，加以新的评价。

首先试纯就理论去考察，利己与利他究竟是什么意思。就一个行为之涉及人与我或己与他的利害关系来说，大约不外下列六种可能：(一) 人己两利，(二) 利人无损于己，(三) 利己无损于人，(四) 损己利人，(五) 损人利己，(六) 人我两损。在这六种不同的行为中，人我两利是最理想、最合理的行为，不能认作单纯的利己或单纯的利他。人我两损是最不合理、最恶的行为，同为利己主义者与利他主义者所不取。第二种利人无损于已，亦算不得是利他，此种的行为，只能算作聪明行为，譬如，一个富人将废余的饭菜，给予乞丐，绝不能认作基于利他主义的行为。第五种，损人利己，即是世人所痛恨的“自私”，这种利用智巧或地位图以损人利己，是人我关系上最大的恶行，纯就道德立场来说，比人我两损共同牺牲的行为还更坏。因为后者原于愚昧居多，用意或者不恶，每为别人所原谅。惟有损人利己，牺牲别人，甚至牺牲

---

* 本文原发表于《建国导报》1944 年第 1 卷第 14 期，后收入《文化与人生》(商务印书馆，1947 年)。

社会国家多数人的幸福以成就个人的私利，才是人类所共斥共诛，而绝不予以谅恕的行为。这种人智能往往很高，且处于优越的地位，但居心恶，动机坏，是道德所不容、社会所共弃的。损人利己，在道德理论上，绝不能成为人人遵循的普遍的原则，因此无法成为伦理上的主义。反之，伦理学上的利己主义，仍不失为一道德的理想，理性的原则，于不损人范围内，讲求真实的利己，不仅不抱损人利己的主张，且较之伪善之流高明多了。

由于上面的分析，六种之中，排开四种，只有第三种“利己无损于人”才是利己主义者的主张，第四种“损己利人”才是利他主义者的主张。盖必须能保持自己的生命、利益或幸福，虽不去有意地作利他之事，但至少不要危害别人的幸福，才可算得利己。且自保自利虽系自然的本能的要求，但亦须有相当的才智学养，方能维护自己的利益，亦须有相当的修养和克制，方能不致损害别人之正当利益。故利己主义，亦有其道德价值。另一方面虽不一定要忘怀小我，同情人群摩顶放踵；甚或作可歌可泣的牺牲自我救助他人之义烈行为，方可称为真正的利他，但至少个人必须在某种程度内减损自己的利益，牺牲自己的幸福，以谋他人或社会的福利，才可算得利他主义者。如果他自己的福利丝毫不受牺牲，他虽发挥他的才能，于人群福利有所贡献，人群也感谢他，酬劳他，但严格讲来，在道德上也不能算作利他主义者。譬如，英国现在的首相邱吉尔领导英国人民，抵抗侵略，其造福于人群，贡献于英国及各盟邦，功绩诚属不朽，然而没人称他为利他主义者，他反被称为“太上的个人主义者”(arch-individualist)。

根据上面这种对于利己主义与利他主义的意义和界限的划分，我们便可见得，于六种可能的行为态度之中，独揭出第三种“利己无损于人”，坚持之以为利己主义的生活方针，独揭出第四种“损己利人”，坚持之以为利他主义的生活方针，而且各执一说，互相对立反对，其武断偏执，谁也可以看得出来。且究极讲来，人与人之间，大都休戚相关，利害与共。天地间的事，不是人我两利，即是人我两损。彼损人以利己者，自以为智，打得如意算盘，但终归非至于人我两损不止。损己利人，如出于愚昧，其结果亦人已两损为多。如出于贤智，符于两害取轻原则，其结果必系人己两利，至于利人无损于己和利己无损于人两种行为态度，不过是较低级或消极的人我两利的办法罢了。所以表面看来，行为的取径，虽可析为六种，但究极言之，只不外人己两利和人己两损的两途。因此就纯理论讲来，利己和利他主义，皆失之武断偏执，其理论基础，皆甚为薄弱。尤其不明人我一体，利害与共的观点，而分别人我，计较利害，不知忘人我，超利害，本天理依本性而行的境界，为其共同弱点。

但两派学说尽管武断偏执，却亦各有方便有用之处，及其所以成立的理由。盖两说皆针对损人利己的自私态度而发，而思有以补救之，校正之。盖道德上最大之恶莫过于损人利己，尤莫大于假利国福民之名以谋小己私利（所谓假公济私)。“利己”即所以满足人之自然愿望，不取伪善，不唱高调。“不损人以利己”即所以救治损人利己者之私之恶。“不拔一毛以利天下”即极言其既不损己以利人以示与损己利人的利他主义相反，亦不损人以利己，以示与损人利己的恶人相反，而取其两极端的中道。至于抱损己利人之利他主义者则痛感损人利己的恶人太多，悲悯为怀，抱我不入地狱谁入地狱之旨，以期感化损人利己者，并思多为贫苦无告者及受压迫剥夺者谋福利，以期抵消或减轻损人利己的恶人所造成的罪恶，这确有为恶人赎罪的宗教精神。不过无论如何，利己主义与利他主义都是针对损人利己的恶人而发，似无问题。而两派最后的目的皆在达到人己两利的理想，似亦不可否认。似亦寓有不得中行，而取狂（利他主义）狷（利己主义）之意。所以依我们用现代的眼光看来，对于为我的杨朱和兼爱的墨翟，我们似乎都应予以相当的谅解和嘉许，而团结起来，集中力量，以指向着损人利己的恶人下总攻击。孟子辟杨墨，朱子辟永嘉的事功和金溪的顿悟，都似乎失之狭隘，反而放松了共同的敌人——损人利己的恶人。自道其“一宗宋儒不废汉学”的曾涤生于复郭筠仙书中曾说过：“性理之学，愈推愈密。苛责君子愈无容身之地，纵容小人，愈得宽然无忌。如虎飞而鲸漏，谈性理者熟视莫敢谁何，独于一二朴讷之君子攻击惨毒耳。”足见曾氏虽尊程朱，而于宋儒太苛、太狭，攻击君子排斥异己之说，反而纵容了恶人的地方，亦洞见其弊。

古代的典型的利己主义与利他主义除了各有其立说的方便和苦心外，尚各有其深厚的文化背景。利己主义者大都是艺术的维护者。利他主义者大都是宗教的宣扬者。在中国，利己主义的杨朱“全性葆真”，“不以物累己”，力求保持天然本性之纯朴，不役于物。接近老庄颇具隐遁山林、超然物外、敝屣荣利的艺术家风味。在西洋则以求个人之身体无痛苦、精神无烦恼的伊壁鸠鲁为利己主义的代表。但他的生活理想亦在于享受有艺术意味的高雅的快乐（参看文德尔班《哲学史》英译本第166、170页）。在中国，利他主义的代表墨子，摩顶放踵，以利天下，无疑是最富于宗教精神。在西洋倡导爱仇敌爱邻如己的普爱主义的教主耶稣基督，可以说是第一个有力地将利他主义的理想尊崇为宗教的要素，道德的核心的人。

由此足见利己主义与利他主义不惟消极的有救治损人利己的恶人的用意，而且积极的有增进艺术价值与宗教精神的优点。我已经说过，这两说皆有其武断偏执之处，但若认利己主义与损人利己的自私自利之人漫无区别，一并排斥，且若认耶稣、墨翟之利他的宗教精神，为其道太觳高远而难于实行，则对于道德生活的提高，是有害而无利的。而且每当到了殃灾祸乱的时候，人人大概会自然而然地，希望各人皆能自己照顾自己，真正为己，可以独立自存，同时更希望有能力的人，发挥其同情心出来，拯灾救护，所以特别到了衰乱灾祸之时，利己主义就与利他主义并行不悖，为人们所共同企求。

利己主义既以艺术为其文化背景，故利己主义者多诗人、艺术家、隐君子。好以诗酒书画、抚琴垂钓、莳花种菜以资赏乐，寻求观山玩水的清欢，邀约几位气味相投契的朋友，相与往还、忘怀尔我，超然物外，不以世俗荣利、天下国家介怀。有时他们亦可为朋友而牺牲一切，但这既非利他，亦非出于道德动机，乃纯由于意气之相契，出于真性情之不容已。他们之所以走上消极的利己主义的途径，大概由于看透了人世的虚伪险诈，从而对人生失望，而思回返纯朴的自然，特别由于对政治失望，深感到政治的污浊，痛恨贪官污吏的损人利己，并揭穿大奸巨慝假为国为民的美名以自遂私图的假面具，而思过自我享乐的山林高雅的生活。且由于他们爱好个人的自由，不愿受家庭、社会、国家礼教的束缚和拖累，而走上逃避厌世的途径。像这类的我所谓古代的典型的利己主义者，虽有消极厌世的趋向，但亦有保持个人自由的一面，亦是对于当时污浊不合理的政治的一种反抗，而他们积极努力以贡献于世的就是艺术或有艺术意味的纯学术。曾涤生说："有尧舜而后可以给天下之欲，有巢由而后可以息天下之求。"这话确是说得相当通达。这种古典的高人隐君子式的有巢由余风的利己主义者，的确多少可以救治一些社会上和政治上贪污奔竞无耻的风气，可以多少使得那些损人利己的恶人，感得自惭形秽。

另一方面，利他主义者则多数为救人于苦海、拔民于水火的宗教家或先知先觉之士。他们自己觉得自己奉天命，尽天职，有拯救世人的神圣使命，他们要领导一切，转变一切，唤醒世人，使知悔改，指点世人，促其再生。他们对于他人精神的解救，生活的苦恼，较之他人本人尤为关切。他们真切的而且深切的有民胞物与，己饥己溺的敏感。他们信仰一种超人的力量，信仰一种神圣的使命，他们希望众人也信仰他们，信仰他们之所信仰。他们要吸收信徒，组织会社，由共同信仰、理想、使命而产生共同救世的行为。他们不惟不辞劳瘁牺牲，而且即为救世救民原因而上十字架断头台，亦死而无悔，视死如生。由此足见利他主义的文化背景为宗教，未有真正的宗教家而不以利他为怀，亦未有持利他主义而乏宗教家舍身救世之精神者。这样的利他主义者大都具有宗教家超世俗、脱形骸的襟怀，他自觉他是世外的人，不食人间烟火。他之不慕世俗的荣华，不争世间的权利，就好像成年人乐意赐糕饼给儿童，而不与儿童争食糕饼，又好像父母愿意儿女快乐，而不妒嫉儿女快乐一样。

总之，利己主义者，清高风雅，主张到山林去隐逸，注重艺术欣赏。利他主义者，悲悯为怀，主张到民间去拯救，注重宗教精神，这是两者相异处。两者皆反对人本主义，一归于自然，趋向超道德的艺术。一皈依神圣，趋向超道德的宗教。两者皆注重超脱政治，离开家庭，蔑弃人伦，特别蔑弃君臣父子夫妇（因利己主义者必多抱独身主义）之伦，为其共同之点。抱利己主义，在山林中自享清福，而不为政治上君臣的关系所束缚所烦累，“杨朱为我，是无君也”，确是一语中的。抱利他主义，则不知私亲，普爱众人，视四海之内的人，皆亲如兄弟，同时亦视兄弟一如四海之内的众人，爱父母兄弟亦一如爱众人，无有偏私，不觉有等差之别。“墨子兼爱，是无父也”，亦确是实话。孟子并没有冤枉他们。即韩退之作《原道》攘斥佛老，其要点亦在指斥佛老之“子焉而不父其父，臣焉而不君其君”。换言之，利己主义与利他主义发展到了极端，同是反对礼教上所予君父的权威。同是反对家庭私恩，反对参与政治。同是反对齐家治国，尊崇君父的儒家思想。这是孟子所以要辟杨墨的根本原因，这也说明了受儒家思想支配的文化，所以比较缺乏超脱人世间，超脱家庭和政治经济组织的伟大艺术和伟大宗教的原因。

以上我们只是约略讨论古典的维护艺术与宗教的利己主义与利他主义。而西洋近代自霍布士以来的利己主义及圣西门和托尔斯泰等人所代表的利他主义，其精神面目，均与古典的大不相同，容得便另为文讨论。现在我们可以简单总结几句。利己与利他（杨子与墨子），虽说失之偏执，似应设法调解，而不可一味抹煞。现代的中国，旧的儒家思想，特别关于家庭国家礼教方面的思想，业已经过新文化运动以来的破坏摧毁。杨子的思想已随西洋个人主义之输入而抬头，墨子的思想，亦随西洋的宗教思想，人道教，及社会主义思想之输入而复兴。故今后新儒家思想之发展，似亦不得不部分的容纳杨墨之精华，而赋予新的意义。且西洋近代注重社会理想的伦理思想，便是以杨子的为我为出发点，而以墨子之兼爱为归宿点（梁任公称费希德语）。以维护个人权益为出发点，以造福于人类社会为归宿点，便可说是得到相当可取的调解，而值得我们的借鉴了。

中国哲学的调整与发扬*
(1945年)

近五十年来，中国的哲学界即或没有别的可说，但至少有一点可以称道的好现象，就是人人都表现出一种热烈的“求知欲”，这种求知欲也就是哲学所要求的“爱智之忱”。我们打开了文化的大门，让西洋的文化思想的各方面汹涌进来。对于我们自己旧的文化，如果不是根本加以怀疑破坏的话，至少也得用新方法新观点去加以批评的反省和解释，也觉得有无限丰富的宝藏，有待于我们的发掘。尤其足以迫逼着我们，使我们不得不努力探求新知的地方，就是我们处在一崭新的过渡时代，社会、政治、文化、思想信仰均起了空前急剧的变化。其剧变的程度，使许多激烈趋新的人，转瞬便变成迂腐守旧的人，使许多今日之我，不断与昨日之我作战的人，但犹嫌赶不上时代的潮流。我们既不能墨守传统的成法，也不能一味抄袭西洋的方式，迫得我们不得不自求新知，自用思想，日新不已，调整身心，以解答我们的问题，应付我们的危机。因此，这五十年来特别使得国人求知欲强烈的主因，是由于大家认为哲学的知识或思想，不是空疏虚幻的玄想，不是太平盛世的点缀，不是博取科第的工具，不是个人智巧的卖弄，而是应付并调整个人以及民族生活上、文化上、精神上的危机和矛盾的利器。哲学的知识和思想因此便被认为是一种实际力量——一种改革生活、思想和文化上的实际力量。

所以，欲了解我们近几十年来的哲学思想，我们必须得特别注意：

---

* 本文选自《当代中国哲学》（胜利出版公司，1945年11月），原名为《五十年来的哲学》（载潘公展主编《五十年来的中国》，胜利出版公司，1945年5月）。作者后在该文的基础上写成《当代中国哲学》（胜利出版公司，1945年11月）一书，并将《五十年来的哲学》作为第一章，题目改为《中国哲学的调整与发扬》。《当代中国哲学》一书于1989年改名为《五十年来的中国哲学》，由辽宁教育出版社再版，篇目和内容均有较多修改。

（一）推翻传统权威和重兴解释哲学思想之处；（二）接受并融会西洋哲学思想之处；（三）应用哲学思想以改革社会政治之处。因此本书也分下列四章：（一）中国哲学的调整与发扬；（二）西洋哲学的绍述与融会；（三）时代思潮的演变与批判；（四）知行问题的讨论与发挥。兹先述第一章。

有许多纯粹研究中国哲学的学者，他们没有直接受过西洋哲学的训练，然而他们却感受到了西洋文化思想的震荡，而思调整并发扬中国哲学以应新时代的需要。他们的心理分析起来，大约有几种不同：有的人对于中国的文教有了宗教的信仰，而认为西方的文化有了危机，想发扬中国文化以拯救西方人的苦恼。有的人，看见西洋思想澎湃于中国，中国文化有被推翻被抛弃的危险，抱孤臣孽子保持祖宗产业的苦心，亟思发扬中国哲学，以免为新潮流所冲洗，荡然无存。有的人，表面上攻击西洋思想，而不知不觉中却反受西洋思想的影响。也有些人，表面上虚怀接受西洋思想，然而因不明西洋思想的根底，他所接受的乃非真正的西洋思想，而仍然回复到旧的窠臼。前一种人，他的思想中本来有新的成分，甚或从守旧眼光看来有些离经叛道的思想，然而他仍说他是直接孔、孟。后一种人，喜欢用他自己也不全懂得的新名词、新口号，喜欢作翻案文章，抬出些他们尚未镕化的西洋某派学说或主义来攻击古人，然而细考其思想言论，他并未能将中国哲学向前推进一步。

大体上讲来，中国哲学在近五十年来是有了进步。这进步的来源，可以说是由于西学的刺激，清末革新运动的勃兴和从佛学的新研究里得到方法的训练，和思想识度的提高与加深。我们试简单地结算一下，至少有了下列几点，可以值得我们大书特书：（一）在这几十年中陆王之学，得了盛大的发扬；（二）儒、佛的对立，得了新的调整；（三）理学中程朱、陆王两派的对立，也得了新的调解；（四）对于中国哲学史有了新的整理。

要叙述最近五十年来从旧传统里发展出来的哲学思想，似乎不能不从康有为（1858—1927）开始。康氏于五十年前（1891 年）开始讲学于广州长兴里之万木草堂。以一派宗师，思想政治礼教之大改革家自命。综他生平的思想，虽经过激变，由极激烈之改革家，变为极顽固之守旧派。然他生平用力较多，气味较合，前后比较一贯服膺的学派仍是陆王之学。他在万木草堂时，对于梁任公、陈千秋作学的方针，仍“教以陆王心学”（见梁任公《三十自述》），平时著书立说，大都本“六经注我”的精神，摭拾经文以发挥他自己主观的意见。他的《新学伪经考》一书，论者称其为“考证学中之陆王”（钱穆《中国近三百年学术史》），洵属切当。他《大同书》中许多胆大激越的理想，如毁灭家族，公妻共产，破除国界、种界、形界、类界、级界等等主张，也颇与王学末流猖狂的一派相接近。他晚年揭出“不忍”为他所独办的刊物之名称，所谓不忍亦与孟子恻隐之心、阳明良知之说较接近。

至于康氏的两个大弟子，谭嗣同、梁任公，思想亦倾向陆王。嗣同著《仁学》一书，他所谓仁，乃佛之慈悲、耶之博爱、阳明之良知的糅合体。他主张“冲决网罗”，特别注重打破名教、礼教世俗的束缚，以恢复仁，象山所谓本心、阳明所谓良知。“仁为天地万物之源，故唯心，故唯识。”他大声疾呼地反对荀子，尊崇孟子，扬陆王而抑程朱。他说：“二千年来之政，秦政也，皆大盗也；二千年来之学，荀学也，皆乡愿也。惟大盗利用乡愿，惟乡愿工媚大盗。”他认为惟黄黎洲及王船山二家比较能代表儒家的真面目，因为“黄出于陆、王，陆、王将缵庄之仿佛，王出于周、张，周、张亦缀孟之坠遗”。至于谭氏的性情行径之近似王学中泰州、龙溪一派，更属显然。所以我认为康、谭二人皆以陆王之学为其中心思想，不过两人皆以气盛，近于粗疏狂放，比较缺乏陆王之反本心性的精微穷理工夫罢了。

梁任公作学问的方面多，思想言语变迁甚速，影响亦甚大，然而他全部思想的主要骨干，仍为陆王。他最初受学于康有为，所传授者，据他《三十自述》，系以陆王之学为主。他也是当时“排荀运动”中一员大将。深感“各派经师二千年内，一皆盘旋荀学肘下，孟学绝而孔学亦衰。于是专以绌荀申孟为标帜”（《清代学术概论》，页一三八——一三九）。他在湖南时务学堂时，亦以讲陆王修养论及公羊、孟子民权论为主。他曾选有《节本明儒学案》，其重心当然在揭示王学的精要。据作者的印象，任公先生谈义理之学的文字，以五四运动前后，在《时事新报》发表的几篇谈孟子要旨的文章，最为亲切感人。对于“先立乎其大则小者不能夺”之旨，发挥得最透彻。他晚年专注于史学，但在他去世前两三年，我们尚曾读到他一篇斥朱子支离、发挥阳明良知之学的文章。他终身精神发皇，元气淋漓，抱极健康乐观的态度，无论环境如何，均能不忧不惧，不为失望恐怖所侵入。年老而好学弥笃，似亦得力在此。

章太炎氏为一代国学大师，门弟子遍天下。然而他的哲学思想，却没有一个传人，也很少有人注意到。据我看来，他的思想深刻缜密，均超出康、梁，在哲学方面亦达到相当高的境界，其新颖独到的思想不惟其种族革命的思想，是当时革命党惟一的哲学代言人，而且可以认作民国八年以来新思想运动的先驱。所以我在这里对他的思想不得不多为表彰几句。他对哲学的贡献，第一在于提倡诸子之学的研究，表扬诸子，特别表扬老庄，以与儒家抗衡，使学者勿墨守儒家。这是他承孙诒让、俞曲园之绪而加以发扬的地方。其对革新思想和纯学术研究的贡献，其深度远超出当时的今文学派，而开新文化运动时，打孔家店的潮流之先河。不可否认地胡适之先生曾受其影响。第二在于发挥道家的自然主义，用佛学解释老庄。他所著《齐物论释》一书，尤多奥义，且能运用西方无政府主义，个人放任主义等说，以发挥老庄自然放任之旨。在他《国故论衡》中有《明见》一篇，最富哲学识度，又有《原道》三篇，最能道出道家的长处，而根据许多史实，指出道家较儒家在中国政治史上，有较大较好的贡献，尤值得注意。他的检论中，有《四惑论》、《五无论》等篇，否定了许多流行的观念和世俗的执迷（可惜章氏丛书不在身边，一时无法详述其内容），其勇于怀疑，与康有为之破除九界、谭嗣同之冲决网罗，有同等甚或较大的解放思想、超出束缚的效力。他不单是反对传统的中国思想，他同样的反对西方的新思想。记得他反对宋儒的天理，但一样地反对西人所谓公理，他说："宋世言天理，其极至于锢情灭性，天理之束缚人甚于法律，而公理之束缚人，又甚于天理。"他提倡的是自由放任的自然生活，反对社会国家以公理为名来干预个人，侵略他国。最有趣的是，他能看出唯物论与唯心论之对立统一的地方。他说："唯物论者唯心论之一部也；唯心论者唯物论之一部也。"因此他认两派学说皆一丘之貉，他一并加以反对。他复提出他有名的"俱分进化论"，以修正当时流行的片面的、乐观的进化论。他认为："以道德言，善亦进化，恶亦进化。以生计言，乐亦进化，苦亦进化。双方并进，如影之随形。……知识愈高，虽欲举一废一而不可得，曩时之善恶为小，而今之善恶为大，曩时之苦乐为小，而今之苦乐为大。然则以求善求乐为目的者，果以进化为最幸耶，其抑以进化为最不幸耶？进化之实不可非，而进化之用无所取。自标吾论曰，俱分进化论。"（见《太炎别录二》）他这种说法，不惟合乎素为退化观及循环观的中国人的脾胃，且与他的道家的自然主义相贯通。盖从"为善毋近名，为恶毋近刑"，

“疾圣弃智”的道家看来，净纯之善或乐的进步既不可能，我们又何必以更大之恶去换取更大之善，以更大之苦去换取更大之乐呢？小国寡民的原始生活，岂不最善、最乐吗？这样一来，则新知识、新文明的进步，皆是痛苦及罪恶将随之进步的预兆。因此对于整个文明社会的各种进步皆抱悲观。而对于整个日新月异的西方科学文明皆抱轻视隐忧的态度。章氏此说相当有力，且代表当时许多中国学人对西方新文明的共同看法。据我看来，王静安先生“人生过处惟存悔，知识增时只益疑”的悲观态度和梁漱溟先生在他初期名著《究玄决疑论》中所表现的出世悲观的思想，似皆与此说相关系。而梁著中“论苦乐”一段，更显得部分地采取了章氏之说。

章氏这些否定一切、打破束缚的思想，正是使他精神上得一解放超脱的不二法门。不是这样，他便无法“转俗成真”。至于他在哲学上所深造自得的境界，可引他《菿汉微言》中自道甘苦的几句话来表明：“及囚系上海，专修慈氏世亲之书，此一术也，以分析名相始，以排遣名相终，从入之途与平生朴学相似，易于契机。”“为诸生说庄子，旦夕比度，遂有所得。端居深观而释齐物，乃与瑜伽华严相会。”“自揣平生学术，始则转俗成真，终乃回真向俗。”现代西洋哲学，大都陷于支离繁琐之分析名相。能由分析名相而进于排遣名相的哲学家，除怀惕黑教授外，余不多觏。至转俗成真，回真向俗，俨然柏拉图“洞喻”中所描述的哲学家胸襟。足见章氏实达到相当圆融超迈的境界。

由“回真向俗”一点，我们可以知道他晚年比较留心政局，回复到儒家。他晚年创办一个刊物，叫做《华国》，一方面意识到他有昌明国学的重任，一方面鉴于社会风纪的破坏、国势的衰弱，他每以气节鼓励青年，并特别表扬孔门中有勇知方的子路，而反对空疏的性理之辨，即谓其思想渐趋于接近陆王，亦无不可。他并且指出阳明之学的长处在“内断疑悔，外绝牵制”（此语不审出自何处，引自稽文甫著《晚明思想史论》，页五七），确甚精要。

如果说国学大师章太炎先生的贡献在于融会佛、老，则佛学大师欧阳竟无（1871—1943）先生的贡献，便在于融会儒、佛。欧阳先生为人为学笃实光辉，允为一代大师。其所述作，均切于身心，激于悲愤，故皆弘毅环伟，精力弥满，感人甚深。他是石棣杨仁山居士门下四大弟子之一（余三人为桂柏华、黎端甫、李证刚），承继杨氏事业，一生尽瘁弘法，刻书教学，创立支那内学院。他在佛学方面的贡献，不在本篇范围。本文拟只就他发扬陆王之学的地方，略加叙述，以见时代趋势。据说他早年因中日之战，乃感慨杂学无济，专治陆王，期以补救时弊。当时对阳明之学，见之至深，执之至坚，友人劝他学佛法，皆被严拒。后因得见杨仁山居士，并遭母丧后，方摒绝一切，归心佛法，潜研法相唯识，深探般若涅槃，阐幽发微，精到有识。自“九一八”事变以后，忠义愤发，复转而以般若融贯孔学，表彰陆王。他与人论孔学书，有“陆量宏而程量隘”的话。（陆指象山，程指伊川。）又于他所刻的《中庸读》叙中，引象山大人诗而叹曰：“嗟乎象山，天下大乱，孔孟将亡，吾乌得其人而旦暮遇之!”他对于象山这样推尊景仰，想来不仅由于象山与他皆是江西人，有同乡关系罢。《论语读》叙云：“东海有圣人焉，此心同此理同也。西海有圣人焉，此心同此理同也。……般若直下明心，孔亦直下明心。盖墨子短丧薄葬，一切由事起，孔子食旨不甘，闻乐不乐，一切由心起。直下明心，不愿乎外，是之诸一，无入而不自得焉，是之谓贯也。”是他对于儒学的中心认识，也是以当下一念，心安理得，释孔子一贯之道，也是他融贯儒、佛，宗仰象山的所在。心同理同之心，亦即是性。所以他又提出“为性而学，学以尽性”的宗旨。他又指出明心尽性之工夫为诚，故有“人不务诚，失其本心”的话。但体用不二，诚虽是工夫，但亦即本体。在《中庸读》叙中他说：“《中庸》，以一言之曰诚，以二言之曰中庸，曰中和，曰忠恕。以三言之曰费而隐，曰微之显。无所谓天地万物，中外古今，只是一诚，无所谓天下国家礼乐刑政，止是一诚。无所谓智愚贤不肖知能大小曲直险夷，止是一诚。诚至则生天生地，生物不测。诚不至则一切俱无。心非其心，境非其境，事非其事。”又他与人论孔学书云：“诚包六义，天然也，有继也，不二也，深固也，慊足也，能生也。”（见《欧阳竟无大师纪念刊》）近读得他的遗文中，有“诚至无生死，狂狷是也。媚世求生，汩真性情，乡愿是也。国以乡愿亡，以狂狷存”（《理想与文化》第七期）。这都可说是他的人格气象，学问旨趣，与夫淑世苦心的表现。

在新文化运动时期，中国思想界的趋势是无选择地介绍西洋的思想学术，并勇猛地攻击传统的文化和礼教。这时对于哲学有兴趣的人虽很多，然而尚说不上对于任何哲学问题有专门系统的研究。这时的思想界可以说是只达到文化批评的阶段，批评中西文化的异同优劣，以定建设新文化改革旧文化的方向。在当时大家热烈批评中西文化的大潮流中，比较有系统，有独到的见解，自成一家言，代表儒家，代表东方文化说话的，要推梁漱溟先生在民国十年所发表的《东西文化及其哲学》一书。

梁先生认为儒家与佛家为两个不同的路向，他不采取一般援儒入释，援释入儒的融会儒、佛的办法。当他早年发表《究玄决疑论》，信仰佛法时，便决心出世，独居茹素，过佛家的生活。后来因他思想折回儒家一路，便随之改变生活，结婚肉食，发挥儒家思想，以解答当时甚为迫切的东西文化问题。

在他那时，唯物史观在中国尚不甚流行，然而他对之早已有了切当的批评。他指出物质环境与意识或文化创造，只能说是有“缘”，不能说前者为产生后者之“因”。换言之，只能说物质环境与意识有“关系”或“关联”，不能说物质决定意识。他认不同的文化，是基于人类主观上人生态度的不同，不能从物质条件的不同去求根本的解答。由于有了这种根本的看法，所以后来他虽力言经济的重要，有“拿不出经济方案来，休谈政治”的话，并力言社会经济制度的改革，为改善社会阶层间的不公平，达到合理人生的要图，而且他自己复放弃纯学术的研究去倡导乡村建设运动，以求改善农村的经济生活，为政治建设寻一新出路。简言之，他采取了社会主义者的社会改革的理想，而理论上他却始终没有陷于唯物史观的窠臼。

对于儒家思想的辩护与发挥，他坚决地站在陆王学派的立场，提出“锐敏的直觉”以发挥孔子的仁和阳明的良知。他特别着重锐敏的直觉是反功利的，不算账的，不分别人我的，不计算利害得失，遇事不问为什么，而但求此心之所安的生活态度。这直觉是随感而应的，活泼而无拘滞的，刚健的，大无畏的行为的泉源。他对于西洋文化中的功利成分和当时在中国很流行的实用主义，曾予以深切有力的排斥。此说一出，颇合刚从西洋游历回来，发表《欧游心影录》以为东方文化呼吁的梁任公的脾胃，于是梁任公也对于中国人“无所为而为”的人生态度大加赞扬。因此当时提倡西化的人如吴稚晖先生等，都常常把二位梁先生认作攻击的对手。按不算账或无所为的态度在某意义下，亦契合老庄思想。但梁先生是自孟子及陆象山义利之辨出发，注重道德意义，而非老庄之纯任自然。

关于东西文化问题，漱溟先生郑重提出中国文化是否会被西方文化推翻？或中国文化是否有根本翻身成为世界文化的机会？换言之，他要问，中国文化是否有不可磨灭、颠扑不破者在？在我们现在看来，此问题或许已不成问题，然而在当时全盘西化，许多人宣言立誓不读线装书，打倒孔家店的新思潮澎湃的环境下，大家对于中国文化根本失掉信心。他所提出的问题确是当时的迫切问题。他的答案当然很足以助长国人对于民族文化的信心和自尊心。他认为上面所说的儒家的人生态度，就是使生活有意义有价值的态度，有其独特的永久普遍的价值，且足以拯救西方人在功利竞争中精神生活上的苦恼与烦闷。他指出西洋、中国、印度三种文化出于三种不同的人生态度：西洋人肯定现实生活，而向前逐求；中国人肯定现世生活而融融自得，且以向前逐求为戒；印度人则否认现世生活，而要求脱去此世界取消此生命。一向前，一持中调和，一向后。三家文化的路向根本不同。这是他观察三方文化的“色彩”、“风气”、“趋向”所得的大概印象，他并不是不承认有例外。所以假如你举出少数例子，说中国人和印度人也有向前的人生态度，西洋人也有出世向后的人生态度，你是不能推翻他的大概印象的。最有趣的是，他复根据经济、科学、哲学种种变迁的动态，而预言西方将逐渐由向前的态度而趋于中国人持中调和的态度，且最后将更进而趋向印度人向后的路向。因此他预言着中国文化在最近的将来将复兴，印度文化在更远的未来将复兴。这种说法在当时颇足以使人对整个东方文化的前途，有了无限的乐观和希望。他这种看法，不论对与不对，是基于综观世界文化演变的事实所得到的远见和态度，并不是逻辑的公式，亦不是基于文化哲学的普遍原理。这是他的长处，因为以事实作根据而推测，也是他的弱点，因为缺乏文化哲学的坚实基础。他这种弱点，于他最近两年来，所发表的《理性与理智之分别》、《论社会演进上中西殊途》等文章里更显得清楚。因为他只是摭拾许多零碎的事例，说西洋有宗教，中国无宗教，说中国人富于理性，西洋人只有理智、缺乏理性等，不惟对文化的本质、宗教的本质、宗教在文化中地位等问题，缺乏哲学的说明，且亦有违陆象山“人同此心，心同此理”的根本原则了。

他虽用力于比较东西文化路向的异同，然而他却有一长处，即他没有陷于狭隘的中西文化优劣的争执。且很着重地说，西方人的科学和德谟克拉西，中国人应全盘接受，认为这两种是人类生活中“谁能出不由户”的普遍要素。不用讳言，他隐约地暗示着东方的人生态度比西方人向前争逐的态度要深刻要完善。他一面重新提出儒家的态度，而一面主张全盘接受西方的科学和民主，亦未完全逃出“中学为体，西学为用”的圈套。然而他却巧妙地避免了东方文化优于西方文化的偏［褊］狭复古的见解。他也没有呆板地明白赞成中体西用或旧瓶装新酒的机械拼合。这不能不说是他立论圆融高明的地方。那知受了他影响的人，就把他隐约暗示的言外之意，很露骨的全盘托出了。试读下面这一段：

> 西方文化者求生存竞争之文化，其宗旨在征服自然，争取支配。中国文化者淑身善世之文化，其宗旨在明明德于天下。佛教文化者转依解脱之文化，其宗旨在一切众生我皆令入无余涅槃而灭度之。由是可知，西方文化者人类最原始之文化，亦较低之文化也；中国文化乃其较高者；佛教文化则最高者也。（见王恩洋：《追念亲教大师》一文。王曾为梁之学生，并曾在支那内学院治佛学）

这一段话可以说是把梁先生东西文化比较观的流弊与弱点，和对于西方文化之精神背景，特别对于超功利的道德艺术玄学宗教方面之缺乏了解，亦暴露无余了。

新文化运动以来，倡导陆王之学最有力量的人，当然要推梁漱溟先生。不过梁先生注重的是文化问题。他发挥儒家陆王一派思想，亦重在人生态度方面，很少涉及本体论及宇宙论。近十余年来，他兴趣且又转入经济政治的理论及乡村建设工作方面，似已放弃发挥王学的使命了。黄冈熊十力（子真）先生，与梁先生为讲友，且曾入支那内学院问学于欧阳先生，乃代之而起。得朱陆精意融会儒释，自造新唯识论。对陆王本心之学，发挥为绝对待的本体，且本翕辟之说，而发展设施为宇宙论，用性智实证以发挥陆之反省本心、王之致良知。至于他如何精研法相唯识之学，而又超出旧唯识论以创立新唯识伦的甘苦经历，作者不懂佛学，不能阐述，兹仅拟就其哲学为陆王心学之精微化系统化最独创之集大成者一点，略加介绍。

他冥心独造地，直探究宇宙万有的本体。本体，他指出，是无形相的，是无质碍的，是绝对的，是永恒的，是全的，是清净的，是刚健的（见《转变章》）。最后他启示我们，人的本心即是具备这些条件的本体：

> 本心是绝待的全体。然依其发现有差别义，故不得不多为之名。一名为心。心者主宰义，谓其遍为万物实体。而不即是物。虽复凝成众物，要为表现其自己之资具，却非舍其自性而遂物化也。不物化故，谓之恒如其性。以恒如其性故，对物而名主宰。二曰意，意者有定向义。夫心之一名，通万物而言其统体，非只就其主乎吾身而目之也。然吾身固万物中之一部分，而遍为万物之主者，即主乎吾身者也。物相分殊，

而主之者一也。今反求其主乎吾身者，则渊然恒有定向。于此言之，斯谓之意矣。定向云何，谓恒顺生生不息之本性以发展，而不肯物化者是也。故此有定向者，即生命也，即独体也。依此而立自我，虽常变而贞于一，有主宰之谓也。三曰识。夫心意二名，皆即体而目之。复言识者，则言乎体之发用也。渊寂之体，感而遂通，资官能以了境者，是名感识。动而愈出，不倚官能，独起筹度者，是名意识。故心意识三名，名有取义。心之一名，统体义胜，意之一名，各具义胜，识之一名，了境义胜。（《明心章》上，页二八二）

此段发明本心，最关紧要。以本心为绝对待，遍为万物实体，不仅主乎吾身，而遍为万物之主，是已超出主观的道德的唯心论，而为绝对的唯心论。而他所谓本心，不纯是理智的纯思纯知，而乃即是“仁”。便充分代表儒家的传统了。他说：“仁者本心也。即吾人与天地万物所同具之本体也。……盖自孔、孟以迄宋、明诸师，无不直指本心之仁（实则，仁即本心。而曰本心之仁者，措词方便故），以为万化之原，万有之基，即此仁体。”（《明心章》上，页二六一）作者尝谓儒家思想的新开展，应发挥出仁的本体论，仁的宇宙观（见《思想与时代》月刊第一期），不意于熊先生处得一有力之代表。

他明晰指出本心与习心的区别，最足祛除不少误会。因一般反对唯心论的人，只能反对执着习心的主观唯心论者。若根本反对心同理同的本心，即等于根本反对哲学，而只承认有心理学。他说：“心者即性，是本来故，心所即习，是后起故。”（《明心章》下，页三〇四）他所认为绝对永恒之本体，乃本心、本性，而非指心理学可以研究的思虑营为情感意欲等习心。习心与物相对，在某意义下亦是“无自性”之物，而本心则“众物皆为表现其自身之资具，而不物化者也”。与物相对之心，乃本心之显现或发用。刚健的本体（本心）之显现，有其摄聚而成形向的动势，名曰翕。有其刚健而不物化的势用，名曰辟。所谓心物即是辟翕的两种势用或过程，而翕辟相反相成，并非两个不同的历程。因此心物亦非二物，而是一个整体的相反相成的两方面。此说破除把心消纳到物执着物质的唯物论，并破除执着习心或势用之心把物消纳到心的唯心论，而成一种心物合一的泛心论。盖心物既为一个整体的两面，则心物永不分离。即就科学事实上看来地球尚未构成，尚无心理现象可能言之时，他认为亦有暧昧的潜伏的心。他说：“心虽是到有机物发展的阶段，才日益显著，却不能因此便怀疑有机物未出现以前就没有辟或心这种势用的潜存。”（《转变章》）这是大胆有识的玄观。不期而与西哲斯宾诺莎“万物皆有灵魂，不过等级不同耳”之说契合。他既承认万物莫不有心，因而不得不进一步承认有“宇宙的心”，而谓“一一物各具之心，即是宇宙的心，宇宙的心，即是一一物各具之心”（《转变章》）。是即有似西洋哲学中宇宙灵魂（Anima Mundi）之思想。盖他要贯彻心物合一之思想，不能不走入泛心论。但泛心论在西洋不惟为科学常识所反对，且持唯心论的哲学家如黑格尔、鲍桑凯等人，虽不否认凡物莫不有心的事实，但亦认泛心论非心学正宗。盖潜伏在外界自然事物之心，乃外在于灵明的本心或精神之心，不足以为宇宙本体。但熊先生的高明处，即在于认为与物对待或与物合一之心，无自体，换言之，非本心，非本体，而乃本体显观之一面。是以他既能打破科学常识的拘束，亦不执着泛心论，而归于绝对先天的本心。

假如他单讲本心，而不言翕阐，单讲本体，而不讲大化流行之用，即不免陷于空寂。然而他又能发挥阳明“即知即行”的义蕴，提出体用不二，即流行见本体的说法，以为基础。这就是他超出“离用言体，未免索隐行怪”，“于性体无生而生之真机，不曾领会”的佛家思想的地方。他指出：“无体即无用，离用元无体。”体不可说，而用却可说。工夫要在即用显体，从用中悟出本体。宇宙一切原是大用流行，大用流行，即是体之显现。吾人不能执此流行者为真实，谓其别无有体。吾人亦不能离弃此流行者而外流行以求体。所以他提出的即用显体之说，实不啻为反本归寂明心见性指出一下学上达简易平实之门径。

熊先生于本心即性，本心即仁，皆有所发挥，惟独于“本心即理，心者理也”一点，似少直接明白的发挥。（当然，性即理，仁为心之德爱之理。谈性谈仁，即已谈到理。）不过或由于熊先生注重天地万物一体之仁，以生意盎然，生机洋溢，生命充实言本体，而有意避免支离抽象之理。或者他将于他次一著作《量论》中，更畅发“心即理也”之旨，亦未可知。

复性学［书］院主讲马一浮先生，本系隐居西子湖畔的一位高士，也是我国当今第一流的诗人。自倭寇内侵，离开杭州后，方有意发布其学术思想以诏国人。初在国立浙江大学讲学，有《泰和会语》及《宜山会语》刊布。既主讲复性书院，前后刊印有《复性书院讲录》九种。真可算得“综贯经术，讲明义理”老而弥笃了。马先生兼有中国正统儒者所应具备之诗教、礼教、理学三种学养，可谓为代表传统中国文化的仅存的硕果。其格物穷理，解释经典，讲学立教，一本程、朱，而其返本心性，祛习复性则接近陆、王之守约。他尤其能卓有识度，灼见大义，圆融会通，了无滞碍，随意拈取老、庄、释典以阐扬儒家宗旨，不惟不陷于牵强附会，且能严格判别实理玄言，不致流荡而无归宿。

马先生生平沉浸潜玩于中国文化的宝藏中，他用力所在，及比较有系统的思想，乃是关于文化哲学的思想。他举出诗教、书教、礼教、乐教、易教、春秋教，称为六艺。六艺实即六经，因六艺不仅是呆板地指六部经典，而是广义的指六种或六部门活泼发展的文化学术或教化而言。他认为不仅国学应楷定为六艺之学，而且六艺包罗万象该摄一切学术文化，“全部人类之心灵，其所表现者不离乎六艺，其所演变者不能外乎六艺”(《泰和会语》)，“圣人用是以为教，吾人依是以为学，教者教此，学者学此”(《讲录》〈卷〉二，是及此均指六艺)。即西洋学术亦可统摄于六艺之内。因为西洋学术文化均可统摄于真、善、美三种价值，而六艺之中，诗、书属于善，礼、乐属于美，易、春秋属于真。六艺或六部门的学术文化，其来源不是出于物质条件，而是得吾人心性中自然流出。换言之，他认为文化是精神的产物，不是为物质条件所决定的。他说：“六艺本是吾人性分所具的事。……吾人性量本来广大，性德本来具足，六艺之道即是此性德中自然流出的。性外无道也。”但照心统性情的说法，性即是心中之德，心中之理，自性德流出，实不啻自本心中发出。所以他又说：“一切道术皆统摄于六艺，而六艺实统摄于一心，即是一心之全体大用也。”因此他总括道：“天下万事万物不能外于六艺，六艺之道，不能外于自心。……天地一日不毁，此心一日不亡，六艺之道，亦一日不绝。人类如欲拔出黑暗而趋光明之途，舍此无由也。”(《宜山会语》)简言之，他的文化哲学的要旨是说，一切文化，皆自心性中流出，甚至广义讲来，天地内万事万物，皆自心性中流出。只要人心不死，则人类的文化即不会灭绝。这种文化观，使得他对于人类文化，特别民族文化有了坚强信心。当然这是很有高远识见能代表中国正统思想的文化观，要说明如何万事万物，如何全部文化皆自心性中流，自然需要很高深困难的唯心哲学作基础。

进一步他提出《论语》为总经，指出《论语》中已包括了六艺的大义。他以《论语》孔子言仁处，讲明诗教；以孔子言政处，讲明书教；以孔子言孝弟处，讲明礼乐教；以孔子之言正名，为春秋大义；以孔子在川上章，于变易中见不易，及予欲无言章，明示性体本寂而神用不穷，即以此两章，讲明易教大义。提纲挈领，条理清楚，颇能融会贯通。所以他《论语大义》一书，实最为精要。

马先生注重条理，喜排比对称，极似朱子，然而不陷于支离，以其能得统归，达到圆融的一，故可了无滞碍。他每以“理事不二，知行合一，理智同符，始终一贯”讲条理。又谓“内外本末，小大，精粗，统之有宗，会之有元，备而不遗，道而不睽，交参互入，并摄兼收，错列则行布分明，汇合则圆融无碍。此条理之事也”（《讲录》卷二）。这很能见出他于分中见合、对立中见统一的综贯能力。至于他讲心与物及心与理的关系，尤能调和朱陆而得其汇通。他释朱子格物穷理之说，认朱子并未以理为在外：“今明心外无物，事外无理，即物而穷其理者，即此自心之物，而穷其本具之理也。此理周遍充塞，无乎不在，不可执有内外。”这是他挽救朱子向外穷理的支离的地方。他又归到心外无物，心外无理，心外无事的心学道：“今明心外无物，事外无理。事虽万殊，不离一心。（佛法亦言，当知法界性一切惟心造，心生法生，心灭法灭。万行不离一心，一心不违万行。）一心贯万事，即一心具众理。即事即理，即理即心，心外无理，亦即心外无事。理事双融，一心所摄。然后知散之则为万殊，约之唯是一理。”（《讲录》卷一）这足以表现他以极深睿的识度于儒释和朱陆间灼然见其贯通一致的地方。

根据以上对于近五十年来中国哲学的叙述，我们很可以看出，如何由粗疏狂诞的陆王之学，进而为精密系统的陆王之学，如何由反荀、反程朱的陆王之学，进而为程朱、陆王得一贯通调解的理学或心学。并且可以看出这时期儒家哲学之发展，大都基于佛学的精研，因而儒学、佛学也得一新的调解。

至于过去这五十年来何以陆王学派独得盛大发扬，据个人揣想也并非无因。大约由于：（一）陆、王注重自我意识，于个人自觉民族自觉的新时代，较为契合。因为过去五十年，是反对传统权威的时代，提出自我意识，内心直觉，于反抗权威，解脱束缚，或较有帮助。（二）处于青黄不接的过渡时代，无旧传统可以遵循，无外来标准可资模拟。只有凡事自问良知，求内心之所安，提挈自己的精神，以应付瞬息万变之环境。庶我们的新人生观，新宇宙观，甚至于新的建国事业，皆建筑在心性的基础或精神的基础上面。在前清咸同年间，清朝中兴名臣如曾涤生、胡润芝、罗罗山之流，均能本程朱之学，发为事功。我们不禁要问，在过去五十年内，哲学界中陆王之学颇为盛行，但能本陆王之学，发为伟大事功者，又有没有代表人物呢？我们可以答道，有的。国父孙中山先生与当今国府主席蒋先生，就是王学之发为事功的伟大代表。中山先生倡知难行易之说。此说虽经哲学界的人士如胡适、傅铜、冯友兰诸先生的批评，然而仍颠扑不破，成为鼓舞国人，为革命建国建立心理基础的一个力量。而且中山先生知难行易之说所推出之两大结论，其一，能知必能行，即包含知行合一的道理。盖能知必能行，即真知必能与行为合一之意。如有人问能知而未必能行者，其故何在，则必须藉阳明“知而不行，只是未知”之说以解答之。故能知必能行与“知而不行，只是未知”皆是知行合一论的两种不同说法。又中山先生又力言“以行而求知，因知以行”的知行合一并进，为近代文明进化之特征。盖以行而求知，即由行以求与知合一。因知以进行，即由知进而求与行合一。且“因知以进行”即包含阳明“知是行之始，行是知之成”的精意。足见“知行合一”实是中山先生所特别注重而有新发挥者。（参看拙著《知难行易说与知行合一说》一书。）又知难行易之旨，孔、孟、程、朱，皆有提示。希腊精神尤重知难行易。皆不免有重知轻行的流弊。中山先生独提出“不知亦能行”的原则，遂使其学说富于近代精神。盖不知亦能行，非谓无知亦能妄为，盲目亦能冥行，乃意在指出革命建国之事，急在眉睫，不能老沉耽于求知冥想，而延迟实行。须一、本冒险精神以行；二、本信心以勇往力行；三、本科学假设以实验进行；四、本先知先觉的理想，专家的设计而努力实行。亦即行以求知，且行且知，不行不能知之意。此外中山先生提倡大同理想，革命先革心之教，及军人精神教育，对知仁勇三达德有亲切发挥，于民族主义演讲中提出八德加以新发挥，而能得儒家思想之全体大用。于恢复民族的自信心，促进民族意识的自觉，贡献颇大。故作者认为中山先生虽只是一意融会西洋思想，发扬民族精神，以应革命需要，而无意中契合于象山“大人”的理想，阳明知行合一的学说，并灌注之以近代精神，而应用之于革命事业者。

至于蒋先生则在他青年时期，即曾服膺阳明、黎洲之书。且明白宣称须“合阳明知行合一之说及总理知难行易之说，去建立一种新的注重力行的立国精神”。他于初办黄浦［埔］军校时，即以“革命之学大学也，革命之道大学之道也”诏示诸同学。他所谓大学或大学之道即诚学或仁道。他解释军校的亲爱精诚的校训说：“不亲则离，不爱则恨，不精则杂，不诚则无以致亲致爱致精。”这“致”字与阳明致良知之致，同一用法。又以注重当下一念之动机勉励诸同学说："一念之是，足以兴邦，一念之差，足以丧身。"极言致当下一念的良知之功，及不致良知之危殆。又说："诚者成也。事之不成者，由于内心之不诚也。"换言之，他根本认为事之不成，由于意之不诚，由于良知之不致，颇具有孟子"行有不得（事之不成），反求诸己"（反责自己之意不诚，知不致）的深意。可以说他责己之严，治事之勤，革命之精诚，事业之伟大，皆由于精诚致良知之学问得来。

抗战后，蒋先生又能灼然见得王阳明知行合一说及中山先生知难行易说的贯通契合处，而发挥出他的"行的道理"。他这里所谓行，乃是知行合一之行，乃是经常的必然的自发的不息的无有不善的天行。他所谓行"是天的本性，也是人的本性"，简直就是哲学上的本体或实在。他这本体是体用合一、知行合一、动静合一的本体。是本体也是工夫，是动也是静，是行也包括知。即诚和仁也包括在行之中。就行之真纯专一永不退转言，便谓之诚。就行之生生不已，为生而行，为救人而行，为增进人类全体之生活，为创造宇宙继起之生命言，便谓之仁。仁也，诚也，行也，其实一也。亦可谓为同一本体之不同的说法，不同的方面而已。王阳明的良知，实指知行合一之知。蒋先生所谓"行"实指知行合一之行。王阳明所谓良知包含仁和诚，蒋先生所谓行，亦包含仁和诚。

蒋先生从《易经》"天行健"的说法，而指明"行"是天的本性，也是人的本性。他发现喜欢力行，乃是人的天性。凡正常健康的人，必以懒惰闲耍无所事事为苦闷。行既是人的本性，所以就个人修养言，人应尽力实现这种行的本性，就教育言，应鼓舞人启发人这种力行的天性，使之向上奋发。因此力行就是尽性致命（完成人的使命）之道。这无有不善的天行，既是人的本性，则人的本性当然是无有不善的。所以他这种说法实不啻予孟子的性善说一个新的证明。

我敢断言，没有人会否认蒋先生对阳明之学实有亲切精辟的发挥，且于事功方面发挥出伟大的效用。学院的哲学家们似乎多囿于成见，少有人愿意剀直承认孙先生及蒋先生在中国哲学上的贡献。这样会将哲学与事功分成两橛，也会以为革命建国的伟业可以不基于深厚的哲学素养。而一般讲党义的人，似乎又把孙、蒋二先生的哲学思想推崇得过高，将总理、总裁的哲学见解信条化、权威化，不惟有碍于学术思想的自由发展，且亦无补于主义之发扬光大。我希望我在这里提示出了一个平允折衷的看法。

近二十年来关于中国哲学史的研究与整理，我们应该提到胡适先生著的《中国哲学史大纲》上册、冯友兰先生著的《中国哲学史》，及汤用彤先生著的《汉魏〈两〉晋南北朝佛教史》三书。胡先生的书于开新风气，提示新方法影响至大。他受过传统汉学家考证方法的训练。于《墨经》的考订贡献极大，而又首以流畅有力的白话文著书，且又以新思想的立场评论各家学说（特别批评儒家，表扬墨家的实用主义）。在当时新文化运动上，实一极有力量的要籍。他这书的宗旨，在他的英文本《先秦名学史》的导言里说得很明白，即要（一）使中国人于传统道德或礼教的权威里解放出来；（二）提倡非儒家的诸子哲学的研究，以减轻儒家一尊的束缚，而开思想自由之风。这两点，实代表新文化运动对于改革传统思想的两大方案，而他这书确于这两方面有很大的贡献。不过就我们现在看来，儒家之定一尊，之权威化，亦即儒家思想之失掉真面目、真精神，故新文化运动消极的反对儒家之躯壳之权威，积极的于启发对儒家真面目、真精神之发扬，亦有其功绩。后来，胡先生又著有《说儒》一篇，根据历史材料，说明儒家的历史的和职业的背境。他指出儒者本为殷代的遗民，以传授礼文，导演礼仪为职业者，至孔子始发扬其精神，蔚然成为一显学。这篇文章的态度似较客观，复引起许多有唯物史观兴趣的人，从职业或出身方面去解释孔、老、墨的异同。

冯先生能够在几年内一气将两厚册《中国哲学史》写成，这是难能的地方。书中摘录了不少的材料，极便参考之用。上卷以苏格拉底在西洋哲学上的地位比拟孔子在中国哲学史上的地位，以桑他耶拿认宗教为诗之说，解释儒家的“礼”之富于诗味，颇新颖切当。于公孙龙子的学说，他尤其有特殊研究的心得，使向来沉晦而少人注意的学说，粲然明白。惟下卷中于中国佛学部分，或有须得更求改进的地方。且对陆王学说，太乏同情，斥之为形而下学，恐亦不甚平允，且与近来调和朱陆的趋势不相协合。他以西洋新实在论的共相说，去解释朱子的“理”，这可以说是他后来的新理学的滥觞。在导言里，他认为中西文化的差别，只是时间的差别，中国哲学自汉之董仲舒起以迄康有为止，统可谓为经学时期。这可说是他对于哲学史的看法。近来，他又写成《中国哲学之精神》一书（尚未印行，作者曾读过他的底稿），多少采取了辩证发展的方法，对陆王哲学也似有了新的认识，于儒、墨、老庄、程朱之外，他并指出先秦的名家，魏晋玄学，禅宗，陆王心学以及他自己的新理学皆是代表中国哲学之精神的正统哲学，而分析出各派哲学的过渡或他所谓“转手”的过程。

写中国哲学史最感棘手的一段，就是魏晋以来几百年佛学在中国的发展，许多写中国哲学史的人，写到这一期间，都碰到礁石了。然而这一难关却被汤用彤先生打通了。汤先生以缜密的头脑，渊博的学问，熟悉东西洋哲学文学，学习过梵文及巴利文以治印度哲学，承继他家传的佛学，并曾在支那内学院听过欧阳竟无先生讲佛学，同时他又得到了西洋人治哲学史的方法，再参以乾嘉诸老的考证方法。所以他采取蔡勒尔（Zeller）治《希腊哲学史》一书的方法，所著的《汉魏两晋南北朝佛教史》一书，材料的丰富，方法的谨严，考证方面的新发现，义理方面的新解释，均胜过别人。他并且要采文德尔班（Windelband）写《西洋哲学史》的方法，以问题为中心，写一部《魏晋玄学》。他过去两三年所发表的《言意之辨》，《向郭义之孔子与庄周》，《王弼论圣人有情》等篇，就是此书中的各章。他还著有《印度哲学史》及《隋唐佛教史》（均北京大学讲义本）尚未正式印行，足见他矜审的态度了。他超出哲学各派别的争论之上，极力避免发表他自己的哲学主张，然而从他佛教史中分别名僧与高僧一段，谁也可以知道他的意向之所在了。他尝说，真正高明的哲学，自应是唯心哲学。然而唯心之心，应是空灵的心，而不是实物化或与物对待之心。这已充分透露出他的哲学识见了。他的佛教史虽采用了精密的考证方法，然而却没有一般考据家支离繁琐的弊病。据作者看来，他得力于两点：第一为以分见全，以全释分的方法。他贵在汇通全时代或一个哲学家整全的思想。他每因片言只字，以表证出那位大师的根本见解，并综合一人或一时代的全部思想，以参证某一字句、某一章节之确切的解释。第二，他似乎多少采取了一些钱穆先生所谓治史者须“附随一种对其本国已往历史之温情与敬意”的态度。他只是着眼于虚心客观地发“潜德之幽光”，设身处地，同情了解了古哲，决不枉屈古人。既不抨击异己之古人，亦不曲解古人以伸己说。试看他提到辅嗣、子玄、子期、笔公、道公、生公等人之亲切熟稔，就可见得他尚友千古之同情态度，已溢于言表了。

他根据他多年来对中国文化学术史的研究和观察，对于中国哲学发展之继续性（continuity）有了新颖而深切的看法。他一扫认中国哲学的道统在孟子以后，曾经有过长期失传的偏［褊］狭的旧说。他认为中国哲学自来就一脉相传没有中断。即在南北朝隋唐时代，当佛学最盛，儒学最衰时期，中国人并未失掉其民族精神。外来的文化只不过是一种偶然的遇合，外在的刺激，而中国人利用之，反应之，吸收之，以发扬中华民族性，并促进中国哲学的新发展。他这种说法当然是基于对一般文化的持续性和保守性的认识。这种宏通平正的看法，不惟可供研究中国文化和中国哲学发展史的新指针，且于积极厉行西化的今日，还可以提供民族文化不致沦亡断绝的新保证。而于全盘西化声中，足以促进吾人对于民族文化之新开展的信心。

西洋哲学的绍述与融会*
（1945 年）

西洋哲学之传播到中国来，实在太晚！中国哲学界缺乏先知先觉之士及早认识西洋哲学的真面目，批评地介绍到中国来，这使得中国的学术文化实在吃亏不小，这不能不怪中国人的精神生活太贫乏，对于西人精神深处的宝藏，我们缺乏领略掘发的能力。我们在文化方面，缺乏直捣黄龙的气魄，我们只知道从外表、边缘、实用方面，去接近西洋文化。我们最初只注意到西人的船坚炮利，打了几次败仗之后，才觉悟到他们还有高度有组织的政治法律。最后在新文化运动的大潮中才彻悟到别人还有高深的学术思想。我们才真正明了思想改革和研究西洋哲学思想的必要。然而，我们学习西洋哲学的经过，仍然是先从外表、边缘、实用方面着手。功利主义、实证主义、实验主义、生机主义、尼采的超人主义、马克思的辩证法唯物论、英美新实在论、维也纳学派，等等，五花八门，皆已应有尽有，然而代表西洋哲学最高潮，须要高度的精神努力才可以把握住的哲学，从苏格拉底到亚理士多德、从康德到黑格尔两时期的哲学，却仍寂然少人问津。

使得西洋哲学在中国不能盛大发展，还有两个原因，就是：第一，治中国哲学者尚不能打通西洋哲学，而治西洋哲学者亦尚不能与中国哲学发生密切的关系；第二，治哲学者缺乏科学根底，研究科学者不理会哲学。最有趣的民国十二三年时丁在君与张君劢两先生关于科学与人生观之论战，一个注重意义与价值的认识，主张建立有哲学根据的人生观；一个提倡科学，认为须应用科学方法以解释并处理人生问题。然而他们两位老朋友竟会争辩得不能调解，而那时思想界的人士也大都参加

---

* 本文选自《当代中国哲学》（胜利出版公司，1945 年）。

了双方的论战。这只是表示科学与哲学在中国还没有达到分工互助的阶段罢了。

但无论如何，我们亦有一些进步的好消息可以奉闻。我们研究西洋哲学业已超出杂乱的无选择的稗贩阶段，进而能作有系统的原原本本的介绍了，并且已能由了解西洋哲学进而批评，融会并自创了。换言之，西洋哲学在中国已经生了根，慢慢地可以自己繁荣滋长了。然而这都只是最近期的事。自从民国十二年，张颐先生（字真如，先后留学美国、英国、德国十余年，在英国牛津大学撰有《黑格尔的伦理学说》博士论文一册）回国主持北京大学哲学系，讲授康德和黑格尔的哲学时，我们中国才开始有够得上近代大学标准的哲学系。自从张东荪、瞿菊农、黄子通诸先生于民国十六年创刊《哲学评论》后，中国才开始有专门性质的哲学刊物。自从民国二十四年四月中国哲学会成立，举行第一届年会起，中国哲学界才开始有自抒哲学理论、自创哲学系统的尝试。因为在年会中所宣读的论文，大都是各人研究思索的新得，而为长篇论文和整本著作的内容的初次宣读。自从民国三十年中国哲学会西洋哲学名著编译委员会成立后，我们对于西洋哲学，才有严格认真，有系统的、有计划的经过专家校阅够得上学术水准的译述和介绍。

说到介绍西洋哲学，大家都公认严几道是留学生中与中国思想界发生关系的第一人。他译述赫胥黎、斯宾塞尔、亚丹·斯密、约翰·穆勒等人七八种名著。作者昔年曾专文介绍他的翻译工作（见《严复的翻译》一文，十四年《东方杂志》某期），完全说他的优点。现在纯从哲学的立场，觉得对他的译述工作，另有不同的看法。第一，他没有译述比较专门的哲学著作。第二，他介绍进化论以弱肉强食、物竞天择等观念以警惕国人，他介绍英国的功利主义，以策勉国人努力富强之术，对前说忽略其生物学研究及其发生的方法，对后者忽略其提倡放任、容忍、自由平等的民主思想和注重社会福利、改善平民实际生活的社会改革思想。当然，他有他的苦衷，他为他的时代和读者群所限，然而足见他译述的目的是实用的，有救治当时偏弊的特殊作用的，换言之，不是纯学术的。他所译述的学说，不是他服膺有心得的真理，而只是救时的药剂。所以到晚年来他会自己放弃，甚至反对他所译述的学说了。第三，他虽然提出信达雅三大翻译标准，然而他主要的兴趣和着重点却在“雅”。他本来是一个桐城派的古文家。他的译品之受当时士林推重，甚至我们现时都还可以欣赏的地方，主要的乃在于它的雅。他译《天演论》，原文一字，有时他粉饰成两三句，原文一两句，有时他铺张成一大段，然而这样却使他写成相当美的古文了。所以我们认为他的译述，就内容言，非专门哲学的；就目的言，是实用的；就方法言，是用文雅的古文以达旨的。他有他所以要如此作的苦衷。他曾尽了他对时代的使命。然而现在我们不能不说严译的时代已经过去了。

在此时期，梁任公先生曾发表了他的《西儒学案》，介绍霍布士、笛卡尔、洛克、康德等许多大哲的思想。记得他还用他不十分懂得的佛学去解释他更不甚懂得的康德。他自己也承认免不了“稗贩、破碎、笼统、肤浅、错误诸弊”(《清代学术概论》，页一六三)。

其次，王静安先生曾抱“接受欧人深邃伟大之思想”的雄心，而他的学力和才智也确可以胜任。他曾有一两年的期间皆“与叔本华之书为伴侣”。从他的《静安文集》看来，他的确对叔本华哲学有了直接亲切的了解，且能本叔氏思想以批评《红楼梦》，由叔氏以下至尼采，上通康德。然而他忽然发现哲学中“可爱者（指康德、叔本华等唯心哲学）不可信，可信者（指实证主义、自然主义之哲学）不可爱”，作了一首诗赞咏康德，此后便永远与哲学告别了。这并不全由于他缺乏哲学的根器，也是由于中国当时的思想界尚没有成熟到可以接受康德的学说。

严氏于一八九八年始刊布其《天演论》，其译业极盛时期为一九〇二年前后，王氏之刊行《静安文集》，发表其关于叔本华之文字在一九〇五年，此后十余年间，国人对于西洋哲学之研究与译述，实异常消沉，我几无法举出一个代表人名或代表著作。梁任公谓“晚清之新思想运动西洋留学生殆全体未尝参加，运动之原动力及其中坚乃在不通西洋语言文字之人”，因此他责备“畴昔之西洋留学生，深有负于国家”。其实在当时“中学为体，西学为用”的文化方针下，政府派遣留学生只是去学习船坚炮利的“用”，以学海军的严几道，竟能对于西洋思想之介绍，有如许大的贡献，已经可算是奇迹了。这应该怪当时主持教育文化的人之无识见，梁任公未免错怪了西洋留学生。

直至民八新文化运动兴起——这大半是西洋留学生领导的运动——胡适之先生等才介绍了一些詹姆士、杜威的实用主义和科学方法。这时大家以为逻辑就是研究科学方法或思想方法的学问。接着杜威、罗素先后来华演讲，研究西洋哲学的兴趣，才慢慢增长，然而除了杜威《五大演讲集》，罗素的《哲学问题》、《心之分析》、《物之分析》等演讲集外，极少有像样的译著。讲到这里我们就不能不介绍一下张东荪先生了。他以上海《时事新报》的名主笔，转而研究哲学。他首先译出柏格森的《创化论》和《物质与记忆》二巨著。后来又译了《柏拉图五大对话》。他又根据阅读数十种西洋伦理学名著的结果，著成了一厚册《道德哲学》，这书内容相当充实，其性质有似关于西洋伦理思想的读书报告。此外他还撰了不少的论文，介绍西洋现代哲学。对于实用主义、新实在论、批评的实在论、层创论、新唯心论等等，他都以清楚流利的文字各有所介绍。他搜集起来，成为一巨册，叫做《新哲学论丛》。中间有一篇讲述柏拉图的"理型"的文字，表示他对于柏拉图以及新实在论的共相说研究的结晶，而且也能见出他的批评与融会能力。那或许要算是民国十八年前后，谈西洋哲学最有价值的一篇文字。此后几年，他似乎读了康德，对认识论用了一番工夫，糅合各家学说，撰成一册《多元的认识论》(民国二十三年出版)，认为知识之所以可能，是由于感相及其背后的条理、格式、设准、概念等所构成。这书同时有英译本刊行。这大概要算中国治西洋哲学者企图建立系统的最初尝试。然而他的系统虽说是最早，却算不得胆大。因为他谦逊地自承他只是折衷论者或杂家。"九一八"事变后几年内，辩证法、唯物论盛行于国内，影响青年思想很大，蔚为一种社会思潮。东荪先生曾纯从学术立场，予以驳斥和论辩。于一九三五年，他约集了几位朋友出版了一册《唯物论辩证法之论战》。然而他的壁垒似乎并不甚坚实，他自己的思想也常在转变中，效力似乎并不甚大。他因出身新闻记者，完全由于自学，方法或稍欠谨严，思想前后亦不一贯。但他多年来都在不断地努力，于翻译、介绍、自创学说，批评时代思潮，指导青年思想，均有其相当的贡献与劳绩。抗战以后，他留在北平燕京大学任教，曾受过敌人的引诱与苦刑，而不变其节操，接受伪职。在这里我谨代表中国哲学界向他致敬意。

还有一点，此时须得顺便报告者，即自严几道氏介绍穆勒《名学》及耶芳斯《名学浅说》以来，国人渐知逻辑之重要。近年来对于西洋的数理逻辑国内学者有相当深的研究，且有新的贡献者，颇不乏人。如俞大维、金岳霖、万卓恒、沈有潜、沈有鼎、汪奠基、张荫麟、王宪钧、胡世华诸先生可为代表。俞先生对此学天才特高，惜转变兴趣已有多年。金先生著有《逻辑》一册，为国内唯一具新水准之逻辑教本。二位沈先生对逻辑多新的见解。汪、王、胡三先生数学基础特佳。张先生惜已死去。至于整理中国哲学家之逻辑思想者，则当推胡适先生对于先秦名学之研究，而章士钊先生最近刊行之《逻辑指要》(独立出版社，三十二年）一书，用力甚勤，搜罗甚富，堪与《马氏文通》整理中国文法之成绩相比拟。

金岳霖先生善自用思想，最长于逻辑分析。他的《论道》（二十九年）一书，是一本最有独创性的玄学著作。他本来由研究格林（T. H. Creen）之政治思想，进而研究格林所批评之休谟哲学。他最初用力于知识论，对于知觉的分析，颇用过一番工夫。由分析知觉经验出发，他进而组成一“道、式、能”的玄学系统。他的系统中许多问题，都是从批评休谟出发。譬如，他分析出来，观念（Idea）本有二义：一为意像，为想之对象；一为意念，为思之对象。由于休谟只知道可想的意像，而不承认抽象的思想，所以他对于哲学问题，特别因果问题或秩序问题无法谈得通。又如他提出“理有固然，势无必至”一原则，他认为休谟从经验上发现“势无必至”是对的，但进而否认“理有固然”便错了。而一些过分信仰科学的人，以为“理有固然”，复进而肯定“势有必至”，亦陷于一偏。所以，他认为“理有固然”是逻辑研究的范围，“势无必至”完全要靠经验的昭示。他以理势脱节的办法去解答休谟的问题，而反对势有必至，理有固然的健康常识。

至于他的玄学或元学上最基本的概念，是道、式、能。“道是式——能”。“道有‘有’曰式曰能。”能是不可名状的X，式是析取地无所不包的可能。宇宙间每一事物都是式与能的结合体。“无无能的式，无无式的能。”能是动的，是有出入的。动的“能”套进或走出于静的式。“能”套进于某式，为某物之生，“能”走出某式，即为某物之灭，而“能”是无生灭，无新旧无加减的。他最后又提出无极和太极两概念。他大概认为能之极至，叫做无极，式之极至，叫做太极。关于无极与太极，他有下面几条解释：“道无始，无始底极为无极。”“道无终，无终底极为太极。”“无极为理之未显，势之未发。”“太极为至，就其为至而言之，太极至真，至善，至美，至如。”他这里似乎带有目的论的意味。他认为有意志的个体皆以太极为综合的绝对的目标。“无极而太极是为道。”这是他全书最末一条结论。

金先生以独创的且习于“用英文想”的元学思想，而又多少采取了旧瓶装新酒的办法，用了一些宋明理学的旧名词以表达之。往往增加理解的困难，而未必能达到他所预期的感情的满足。至于他的知识论，似没有这种内容与名词不调协的困难。他关于知识论的思想对于新实在论的确有不少新的贡献。在抗战前，他发表了《论外在关系》以驳斥唯心论者之内在关系说，及《手术论》以批评实验主义者的手术论。近年来，他已写成一本完整的知识论。就他在《哲学评论》上已发表的《论思想》一章看来，也可略知他所取的途径。他分别思与想。思或思议的对象为理，想或想像的对象是意像。“知识不仅是觉像，而且是明理。”他自己申明他的立场谓：“照本书的看法，以日常生活中所认为是知识的那样的知识的论，既不谈唯心，也不能谈唯物。……本书以为无论我们对于心与物看法如何困难，我们总得承认有非心与非物。……”是一贯地代表新实在论者采自詹姆士的纯粹经验的看法。其实，从我们看来，认识的对象，恐怕不一定是非心非物，而是亦心亦物的东西。他又说：“本书所需要的是思想之官的心。”所以他所讲的心，乃是心理上的官能，既不是玄学意味的心，也不是康德式的逻辑意味的心。理是心的思议的对象，当然是外在于心的。他分析了“在中”二字所包含的几种意义，他认为无论在哪种意义下，说“理在心中”或“心中有理”，都说不通。他这样就算把唯心论者的“心外无理”、“心即是理”之说排斥掉了。不过，分析名词也许只是接近问题的初步工作，似并不是解答问题的最后法宝罢了。他大概也是从休谟的联念论心理学出发，对于联想与联思也加以分析，对于联念之主动性和创造性特加说明，足以救正认经验论者以知识为被动的说法。他说：“联思联想虽根据经验，然而不抄写经验。虽遵守逻辑，而不就是逻辑。”又说：“研究历史，不是被动地抄写经验，研究逻辑，也不是机械地利用逻辑。在这两门学问，我们需要创作的意像与创作的意念，别的学问的需要可想而知。”

冯友兰先生的《新理学》与金先生的《论道》，在基本概念上是相同的。冯先生所谓理，相当于金先生所谓式，冯先生所谓气，相当于金先生所谓能。由无极之气到太极之理，所谓“无极而太极”的过程，形成“流行”的实际事物的世界，两人的说法也是相同的。冯先生认为任何事物之所以成为事物，必依照理，必依据气。这是承继朱子认事物为理气之合的说法，而冯先生复特别对于朱子凡物莫不有理之说加以新的发挥。他认为山有山之理，水有水之理，飞机有飞机之理。而理是先天的永恒的，故未有飞机之前，已有飞机之理，未有山水之前，已有山水之理。“实际”中万事万物之无量数多的理，便构成“真际”。他所谓“真际”，就是理的世界。这些理在真际中，不在事物内，也不在心内，因为心也是形而下的实际事物。哲学家的职务，只在肯定凡物莫不有理。至于穷究每一种事物之理，则是科学家的责任。哲学家只说山有山之理，水有水之理。至于格山水之物穷山水之理，则是科学家的工作。因为据冯先生说，哲学家或他所谓最哲学的哲学家，所讲之理是形式的、无内容的，哲学是不肯定实际的。而科学，以及旧式的坏的哲学便是有内容的、肯定实际的。换言之，单指出凡物莫不有理，莫不有其本然样子，而只是思此形式的一片空灵之理，理会事物的本然样子，为哲学家之事，而进一步格物穷理，研究此为发挥出此理之内容，为科学家之事。但哲学家也并非丝毫无所肯定，金先生及冯先生皆同意于建立形而上学系统时，亦必须有一些基本的肯定。如肯定“有理”，“有气”，“有物”，有“大全”等。这样一来，则不肯定实际的哲学，便自武断的肯定开始。

冯先生的《新理学》系统虽有许多地方与金先生的《论道》式能系统相同，但他的学说所以较金先生的学说，更易于了解而引人注意，似在于他尽力追溯他的学说如何系“接着”而不是“照着”程、朱，道家、魏晋玄学及禅宗，发挥推进而来，有集中国哲学大成的地方。此外冯先生又著有《新事论》、《新世训》、《新原人》诸书。《新事论》融贯唯物史观之说以讨论文化问题。《新世训》分析解释许多道德概念，以指导青年修养，法家道家气味似乎很重。《新原人》讲四种境界，由自然、功利、道德境界，而归极于天地境界，所以完成极高明而道中庸的理想。总之，冯先生在纯哲学上的地位及贡献究竟如何，我们现在似乎不敢断定，我们也无法采取他自己对他的“新统”的估价。不过，他对于著作的努力，由《新理学》、《新事论》、《新世训》贞元三书，发展为五书（加上《新原人》及《新原道》二书，）引起国内思想界许多批评、讨论、辩难、思考，使他成为抗战期中中国影响最广、声名最大的哲学家，我们不能不表示钦佩。

冯先生《新理学》一书出版后，全国各地报章杂志，以及私人谈话，发表的评论，异常之多。王恩洋先生且著一专书名为《新理学评论》发表。态度似比较客观，我愿意引用一段，以见一般。王先生说：

理学家穷理之极，必入于唯心论而后其学有着落。……今冯先生则又不然。取其理气之说，而遗其唯心之旨。……如没有心，便无敷设发用之具。无极“而”太极，是“而”不出来底。……理也，气也，心也，三者不可离者也。犹之图式，器材，工师一样，要则俱要，不要则俱不要。不可一要一不要。……冯先生但取旧理学的理气而去其心，而同情于唯物论，真可说是取其糟粕，去其精华……

他这段批评，比一般指斥冯先生的新理学为接近唯心论的人，似较切当。我尝说，讲程朱而不能发展至陆王，必失之支离。讲陆王而不能回复到程朱，必失之狂禅。冯先生只注重程朱理气之说，而忽视程朱心性之说，且讲程朱而排斥陆王，认陆王之学为形而下之学，为有点“拖泥带水”，无怪乎会引起王先生这样的批评。

金先生及冯先生虽多少受了些英、美现代新实在论的影响，然而他们主要的志趣，是在于自己创立哲学系统。比较朴实地深研西洋典型哲学，而得到深彻的观点，于绍述西洋大哲时，即已发挥出自己的哲学见解和对于流行哲学的批评，我愿意举出研究康德的郑昕先生和研究柏拉图的陈康先生作为代表。郑先生是吾国第一个对康德作精深的研究，而能够源源本本专门地系统地融会地介绍康德哲学的人。郑先生撰有《康德学述》（哲学编译会本，商务）一书，他于发挥康德独到的地方约有三点：第一，着重康德的先天自我之为一切知识可能的逻辑条件或逻辑的主体。有此空灵的逻辑主体，方不至于外执着一个块然的绝对的所与的物，内执着一个心理意义的所与的气质之心。第二，他指出康德的“物如”或物自身，不是绝对独立的外物，亦不是抽出了一切性质关系所剩余的离心独立的渣滓或基质，他明白解释康德的物如为“理念”。理念是关于事物知识之主观的统一，有别于柏拉图的理念，那只是事物之客观的统一，事物的原型。第三，他坚持“心外无理”的原则，以发挥康德“可能经验的条件，同时即是可能经验的对象的条件”的根本观点，认为经验中的一切事物或实在，皆受逻辑主体之法则的厘定。这样一来，他便指出了由康德到黑格尔的康庄大道，他认为善用理性的理性主义（以别于误用理性的理性主义，或独断主义），由康德作谨慎的分析的开端，而到黑格尔才得到玄思的综合的美满的完成。

郑先生精审朴实的文字，很少得到粗疏读者的细心理会，我愿在这里摘引几段以见一般。

康德摘逻辑与科学之精华，以之锤炼知识，会证知识，而不为逻辑与科学所蔽。故其学平实通达，了无滞碍。如果他肯像莱卜尼兹以各科学为“颂神曲”，或像马莱波郎支“在神中见万物”，则他的哲学系统容易得多，方便得多。但他只肯分析的谨慎的由“经验的成熟低地”渐渐讲到高处，适可而止。无法肯定的说的，不能肯定的说的便不说。其想说而不能肯定的说的部分，他名之曰“物如”。物如在理论上只为知识的限制，理念，理想，只是消极的。他的哲学不依傍形式逻辑。形式逻辑里诸规律（像矛盾律），虽为思维的必要条件，究竟于知识不是创造的。它们像培根挖苦神学的话，是不能生育的尼姑。康德所提倡的先验逻辑主要的意思，是要将逻辑用到对象，用到经验，用到自然界，使逻辑有内容。……

康德不容许“先有物”，“绝对料”一类的假定，而是实事求是，就理论事。此理是人心中所共有之理，所共守之理，不是悬挂在外面之理。此理有客观性，即是说，有普遍的效准与必然性，经验之所以为共同之经验，知识之所以为共同之知识，端赖此在心之理。用康德的术语说，此理是“先天综合”的作用，是先验主体所运用之空间时间范畴等等。理不在外，心外无理。所谓外物之理即吾心之所赋予者。康德在范畴之先验演绎篇，便是要证明这椿大道理，——思想上哥白尼式的革命。其结论是：“可能经验的条件，同时是可能经验的对象的条件。”可能经验的对象，即指自然。其条件，即指普遍的自然律。可能经验的条件，即指吾心所运用之范畴，即是思想律。除开思想律不能说自然律；除开吾心之理，不能言外物之理。康德之名言：“悟性不从自然中求它的先天的规律，而在自然前颁布它的先天的规律。”惟如此我们才能明了自然——虽不能说创造自然——明了这个数字及几何图形所做成的自然（嘉利浏），及明了科学书里所印的经验（柯亨）。科学书中所言之理，即吾心之理的一大例证。科学所言之理，苟非具先天性（即普遍有效性与必然性），则只有一时一地一人之科学，而无共同之科学。此一大例证是求知的人必不可忽略的。若并此铁一般的证据不管，只顾说：“一事有一事之理”，“一物有一物之理”假定满坑满谷，死无对证之理，于事何补？于人何补？于理又何补？所谓悟悟或先验主体，不外是自同一之我。有自同一之我，方有对象之认识。有自同一之我，方有自同一之物。有自同一之物，方有自同一之对象。拿自同一之我，去“逼出”自同一之对象。空间，时间，范畴，均是“逼”的方法，形式。也正借着“逼”的作为；认识，推理等等，才悟到自同一的我。其始：我与物均是朦混的。其终我清明，物也清明。有我之清明，才识出物的清明，由物之清明，才察出我之清明。——是之谓“大彻大悟”，也许近乎“物我同一”，“物我两忘——而化”之境了。

从上面这一长段富于义蕴的话，便可看出郑先生对康德的物如，逻辑主体，及心外无理之说的融贯的解释了。并且也可以看得出他对于离心而言理，在心外去假定“满坑满谷，死无对证之理”的新实在论者的批评了。他用“逼出”二字以形容由主观推出客观，自甚生动有力，但或许主观气味太重一点。其实所谓拿自同一之我去“逼出”自同一之对象，即是以我性证物性，以吾心之灵明证事物之条理的意思，而归根亦在于达到主客合一的境界。以“证”字代替“逼”字，或较为平实而可减少误解。

他还有一段呼吁学者注意康德哲学的教训，以针砭时弊的话，尤为语重心长：

> 康德哲学并非历史上的陈言，他所批评的玄学（即指误用理性，使人妄谈本体，妄立绝对，以之为知识之对象的玄学），也非已经死去的玄学。士生今日，固然有权利广立新论，以博众誉，却也不妨从好学深思的“古人”得到许多教诲。我尝想，康德哲学是哲学的不可动摇的“常识”，你得先走进他的哲学里去，再谋超过他，才可能是“新”的哲学。如果未睹康德的门墙，即折转方向，标奇立异，则必然的要重走康德以前的哲学的旧路。

陈康先生留学德国十年，是中国哲学界钻进希腊文原著的宝藏里，直接打通了从柏拉图到亚理士多德的哲学的第一人。一般人都夸大了亚氏“吾爱吾师，吾尤爱真理”的说法，摭拾些亚氏表面上对于柏氏的批评，便以为两氏的哲学根本对立。陈先生却能根据他自希腊文原著的独到的研究，而指出自柏拉图的思想过渡到亚理士多德的思想发展的线索，指出亚氏只是承继发挥补充柏氏，而并不反对柏氏。这表示他治哲学史的新识见。他的《柏拉图巴曼尼得斯篇译注》一书（哲学编译会本，商务）于介绍西洋哲学名著方面，尤其开一新纪元。他的注释较之该篇译文的正文，多出九倍。完全采用注释经典的方法，译注柏拉图这篇最重要的对话。注释中除包含有文字的校刊，词句的释义，及历史的考证外，特别注重义理的研究。而义理研究方面又包括（一）论证步骤的分析，（二）思想源流的探求，（三）论证内容的评价。而他注释的材料，并非纂述他人，有许多都是他自己多年研究的心得。因此他对于中国将来应有的哲学译品，提出一很高的理想：他认为理想的中文译品，不仅不通西文原文的人要读，亦不仅通西文原文的人要读（因为一般译品只是不通西文的人读，通原文的人即认为不值一读），且须“能使欧美的专门学者以不通中文为恨，甚至因此欲学习中文（这决非原则上不可能的事，成否只在人为）”。这充分表现了中国译述家的创造的魄力。

远在抗战前两三年，陈康先生即寄有两篇研究柏拉图的知识论的文章在国内发表，其方法的谨严、思想的缜密和哲学上的见解，已早为识者所重视。现在我愿在这里将他所著的德文本《亚理士多德哲学中之分离问题》（*Das Chorismos-problem bei Aristoteles*）的要旨，略加撮述，因为国内哲学界人士见到并读过他这书的，可说是异常之少。

陈先生这书在欧美柏拉图注释家中乃是一翻案文章。因十九世纪以来之治柏学者，认为（一）柏拉图主张"相"（陈先生以"相"字译柏氏的（Idea）一字，说明详所译《巴曼尼得斯篇》序言）和个别事物分离，即与个别事物相隔离而独立自存；（二）亚氏如此记载；（三）亚氏批评柏氏分离的相论；（四）关于分离问题，亚柏二氏水火不相容。而陈先生这本书则纠正此种看法，指出（一）关于"相"，除"相"之作为模型的一点外，柏氏从未主张与事物分离；（二）亚氏并未如此记载；（三）亚氏之批评并非对柏氏而发；（四）关于此问题亚氏实乃承继柏之思想。陈先生提出下列许多论证以充实其说：

（1）《巴曼尼得斯篇》中少年苏格拉底以"相"和个别事物分离，独立自存，柏氏即批评之，并于同篇以及《哲人篇》中提出"通种论"（"种"亦"相"之别名），指出"种"或"相"之联合构成个别事物，非个别事物分有分离了的独立自存之"相"。

（2）从亚氏之范畴论的观点看来，则《巴曼尼得斯篇》中之分离论，成为本质（Substance）和非本质（性质、数量等）之间的分离。亚氏否认"相"（即亚氏所谓非本质）与个别事物（即亚氏所谓本质或实体）分离，但认本质和非本质分离。关于前一点柏亚二氏意见相同；后一点将分离问题引至本质一范畴之内。

（3）问题至此即成为"次级本质"（Secondary substance）是否和"基本本质"分离。前者中之最要者为"种"或"相"。"相"有以下之机能：（一）个别事物之性或本性（Wesen），（二）动因，（三）目的因。因此"相"和事物分离一问题便分化为三问题：其（一）事物之本性是否和事物分离，独立自存？答曰，否。因事物乃合本性与质料而成。因此"相"乃在事物中，为构成事物之原则。此点与柏氏之"通种论"相同，虽然通种论中并无所谓质料。

（4）第二问题乃动因是否和产物分离，或创造因是否与产品分离问题。此又可分为（a）器物制造与（b）生物生殖两种。在前者中"相"和器物分离，例如工匠将球形加于铜中，以制成铜球。此即承继柏氏之模型说。在生物生殖中，"相"凭藉父体以创造新生物。在（a）和（b）

二者中，个体（工匠或父体）皆为沟通“相”和产品者。此乃柏氏《国家篇》中之中心思想，哲王认识至善后将其实现于实际国家中。

（5）然而生物之生殖异于器物之创造。在后者中，工匠以某“相”造入质料中，在生物生殖中，父体并未如此。亚氏认为此“相”原潜存于质料中，只未现实而已。实现此潜能固须动因。然而动因只发动此实现历程。此历程既发动后，乃由其他原因继续前进，此因乃系目的因。目的即在质料之中，因此“相”实行此机能时，亦不与个别事物（即产品或发生中之生物）分离。此乃对目的因分离问题之解答。然其中却有一距离（非空间的）。因方在发生中之生物其“相”尚未完全实现。此种认“相”为历程之目的，并认在此目的与努力以求达到此目的之事物间有一距离，皆出自柏拉图之《费都篇》。

（6）然而《费都篇》中认为事物努力以求达到“相”，然终不能，以此解释宇宙间之永动。生物之发生一历程达到其目的时即止。因此亚氏对于永动一现象必须另求解释。此乃亚氏认神为“不动之推动者”的说法的来源。神乃至善的，完备的。宇宙万物努力仰慕神，仿效神，而终不可及。因此宇宙中永远有动（天体之运行，以及生物之生灭）。柏氏于《费都篇》欲创建一（nous）（心灵、思、或智）之目的论而未能，却代之以“相”之目的论。亚氏之神即纯思（nous），即“相”或“纯相”，故亚氏实不啻将柏氏之两论合为一说。

根据上面这些细密的论证，陈康先生即得一结论：即关于分离问题，亚氏实为柏氏之承继者，而非与之对立的反对者。记得怀惕黑教授在课堂上曾说过一句很有风趣的话道：“亚里士多德不是一亚里士多德学派的人，而是一柏拉图主义者。”（Aristotle is not an Aristotelian, but a Platonist）盖亚氏学派中人每陷于支离繁琐，不免与柏氏相反对，而亚氏本人亲受柏氏陶冶，仍承继柏学，仍不失为一柏拉图主义者。陈先生研究的结果，不期而与怀惕黑教授的高明识见相符合，超出一般柏学注释家远矣。

沈有鼎先生是现代中国哲学界极有趣的一个人物。囚首丧面，破衣敝履，高谈哲学，忘怀一切。除了不读经济社会的书籍，不阅读日报外，关于纯学术方面的书籍，他可以说是无书不读。但没有一本书，他须得从头至尾，逐字逐句读完。古典的语言，他亦无一不学习。希腊文、拉丁文或梵文的书籍，他随时总带有一两册在他身边。然而他常说“耳根胜于眼根”。他愿意在讲论中用耳去吸取哲学思想，胜过用眼从书本中去吸取哲学思想。所以学校中各哲学教授的教室内，常常看见他跑去旁听。哲学会所有关于哲学的演讲会、讨论会，他从来没有缺席过一次，也从来没有到会而不发言的。有时他还跑去教堂里去听中国牧师或外国的牧师说教。他遇见学哲学的同道，不论教授、助教或学生，他可以走到你屋子内来，或约你出去散步，谈三五个钟头的哲学，使得任何人感得疲倦不支，而他毫无倦容。他的生活比他的谈论更富于哲学风味，他的谈论比他的著作更富于哲学风味。他是一个强于悟性、长于直觉的人。但他也能作逻辑的分析。你若到他的书室里去，你就可以随时发见满桌上充满了《易经》上八卦符号的纸片及充满了逻辑符号或语言学上语言符号的纸片。然而他绝少动笔写文章。有时开首写一篇文章了，而新颖的玄思，又打断了他的笔路，使得他无法完成。笔者曾读过他一篇短篇古奥模仿周濂溪《太极图说》的文章，叫做《易神用图》。记得除附一新创的八卦图外，他又自加注释。中间有“味无味之味，用无用之用”两语，也可以见得他的企向了。

民国二十六年一月中国哲学会在南京举行第三届年会时，他宣读了一篇论文，题目为《中国哲学今后的开展》。这篇论文他迄未写成，但却有纲要发表，确是很有识见与气魄。我们试分三节摘录几段在下面，让读者自己去领会。

（Ⅰ）中国民族性与哲学的关系：（一）中国人往往有悟性很强的，他那种直觉的本领，当下契悟的机性，远过于西洋人与印度人。这不但从中国古代大哲学家的著作与禅宗的语录里可以看出来，就在日常生活中也有时可以感觉到。（二）一般的中国人在性格上习惯上大都看重现实生活，对于现生活以外的问题是一概不理会的。因此既不尚冥想，也没有超现实的理念境界。他并且进一步指出：

因为悟性强，所以中国人对于事物持一种不分析的态度。他并且认为过度的分析是有碍于悟性的明彻的。……因为中国人看重现实生活，所以讲究中庸，调和，不走极端。在学术方面便是尽量吸收各种不同的思想，冶为一炉。

现在中国人受了西洋文化的影响，已经改变了态度，而且正在那里尽量作分析工作，一点也不输于西洋人。就说中国人的数学天才，似乎要胜过英、美人好几倍。从这条路走，中国人会渐渐改去了思想笼统，不彻底，缺乏抽象概念等弱点的。慢慢地中国人会觉悟，现实生活以外的问题与超现实的理想，处处都与现实生活的幸福有重大的不可分离的关系。

简言之，他对中国民族哲学的新开展是极抱乐观态度的。

（Ⅱ）过去中国文化的分期和哲学的主脉：

过去中国文化可以分作两大时期。尧舜三代秦汉的文化，是刚动的，思想的，社会性的，政治的，道德的，唯心的文化。魏晋六朝隋唐以至宋元明清的文化，是静观的，玄悟的，唯物的，非社会性的，艺术的，出世的文化。

第一期文化，是以儒家穷理尽性的哲学为主脉的。它是充满着慎思明辨的逻辑精神的。这一期的思想是刚动的，创造的，健康的，开拓的，理想的，积极的。政治道德的，入世的。周代是第一期文化全盛的时候。这期文化最高的表现是周代的礼乐。周代的礼乐是建筑的，数理的，反映着封建意识的，象征的，宇宙性的，充满着伟大的理想的。能深深地抓住这一种伟大的精神而加以理论化的，是孔子。

第二期文化是以道家的归真返朴的玄学为主脉的。中国人二千年来精神生活的托命处，也就在静现默契的玄悟。这一期的文化思想，是唯物的，非理想的，恬退的。……唐代是第二期文化全盛的时候。唐代的艺术一反六朝的萎靡，以诗人的天才为最高原则，发展到空前绝后的阶段。唐代的艺术不只像六朝的艺术那样要求典雅。它要求的是神奇，是浪漫。光烁千古的盛唐诗人，是中国文化永久的夸耀。

宋儒的兴起，是对外来佛教的反动，可以说是一种复古的中国本位文化运动。宋儒的贡献，在重新积极地提出中国的圣人为人格的最高理想，在重新提出穷理尽性的唯心哲学，继续《孟子》与《中庸》《易传》作者的未竟之业。宋学的失败，在缺乏慎思明辨的逻辑，在不能摆脱几百年来的唯物思想与虚无思想，不能达到古代儒家那一种创造的，能制礼作乐的多方面充实的直觉，没有那开展的建设能力，而只作到了虚静一味的保守，以迷糊空洞的观念为满足。宋儒轻视艺术，对文化也有一种消极的影响。结果只是教人保守着一个空洞的不创造的良心，在中国人的生活上加起重重的束缚，间接招致了中国文化的衰落。

——这代表他对于宋儒的评价。

（Ⅲ）中国哲学今后的开展或第三期文化的预测：

中国民族的堕落，归根说乃是精神的堕落，并不是经济的失败。

无论如何，哲学在中国将有空前的复兴，中国民族将从哲学的根基找到一个中心思想，足以扶植中国民族的更生。这是必然的现象。因为历史是有它的波动的节律的。我们说中国第二期文化已经结束，就等于说中国第三期文化将要产生。而且我们知道：第三期文化一定重新回到第一期的精神，那社会性的，健康的，积极创造的精神。……因为每一次新的文化产生，是对旧的文化的反动，是革命；同时是回到前一期的文化精神，是复古。只有革命是真正的复古，也只有复古是真正的革命。

第三期文化的产生是要以儒家哲学的自觉为动因的。第三期动的文化，是处处与第二期静的文化相对映，而与第一期动的文化暗中符合的。新的文化要从新的哲学流出。第三期文化是富有组织能力的。不论社会的组织思想的组织，都是以刚动的逻辑精神为条件的。因此中国今后的哲学是系统性的，不再是散漫的。他是要把第一期哲学的潜在的系统性，变为显在的。这一个系统，就是穷理尽性的唯心论大系统。积极的政治，积极的自由的道德，也在第三期文化里才有可能。在这一期内，中国人将以精神主宰一切，不像第二期的中国人完全生活在物质里头，为物质所克服了的——除了少数的艺术家与宗教家。第三期文化的政治与经济，是民族自觉的，民族文化的，工商业的，社会主义的，民本民生的，自由的。此外第三期内艺术的发展必然改变了方向；诗性的，神理的艺术或将转变为理念性的，戏剧性的，深刻性的，社会性的艺术。音乐将复兴。积极的宗教，亦将兴起而有它的地位。

上面所引他这些话也许有点空洞武断。特别是最为一般人所诟病的唯心论与宗教，而他却肯定第三期哲学将是穷理尽性的唯心论大系统，积极的宗教亦将兴起，都是非卓有见地的人不敢说的话。他所说的并不只是对中国今后哲学的预测，而乃是洞见到中国哲学新发展之必然趋势后而加以指引罢了。

说到唯心论，中国现时哲学界确有不少代表，我愿意提出谢幼伟、施友忠、唐君毅、牟宗三四先生来说一说。谢先生最初由研究英美的新实在论出发，而归宿到英美的新黑格尔学派，特别服膺柏烈得莱（F. H. Bradley）及鲁一士（Joriah Royce）之说，他译述了鲁一士的《忠之哲学》及柏烈得莱的《伦理学研究》（两书皆哲学编译会出版），皆附有长篇导言及注释。柏氏的《现象与实在》一书，他亦正在译述中。并撰有《伦理学大纲》及《现代哲学名著述评》二书。前书绍述亚理士多德、柏烈得莱之伦理思想，及鲁一士忠于忠的原则与斯普郎盖（Spranger）生活的基型等说，并批评异派伦理思想一归于自我实现说，且能与儒家思想相融贯。后书客观介绍中西最近哲学名著多种，而对于唯物论、杜威的逻辑、休谟的思想以及维也纳学派的学说，均能一本柏烈得莱之观点，而予以平允的批评。

施友忠先生刊行了一册《形而上学序论》，又名为《说心》（金陵大学发行，三十二年）。有人说他这册《形而上学序论》实际上是黑格尔哲学序论，至少足以见得他这书黑格尔气味的浓厚。兹试引用几段，以见他唯心色彩的一般。如谓："心是本体，经验是现象。"又谓："就吾人认识范围以内言，心不离境，境不离心；心依境而造境，境随心而限心。"他进而指出凡逻辑的原理，道德的美术的法则，以及宗教的律则，"实皆内蕴于心，触境而发；盖即心驭实境之际，实际所用之工具也。工具之形式，一方有待于心之所固具，一方有待于其所应用之境之性质。实境不同，心所起以驾驭之者自亦不能无异。此割鸡之不用牛刀，陆行之不用舟楫也。是则观其工具，可以见用之之心与其所应用之境之本性。如是各界之原理法则，既所以显心，亦所以明境也"。他这段话意思甚精，惜未详加发挥。一方力持心外无理、境不离心之说，一方又说出主客、内外、心境之互相适合，有机契洽性。他复应用他对心境关系的看法，以讨论美感道：

美之经验，心境冥合所起之境界也。心所本有之型式结构，客观实现于对境，心遇对境，如见本心，心境双忘，物我如一。……吾心即天地之心，天地之心即吾心。……吾人于欣赏自然景物之顷，吾心与天地之心合；此吾人于欣赏之余之所以胸怀开拓，尘虑全消也。

此外他说到经验之辩证发展，真理之广包融贯性，亦能契符黑格尔学派如柏烈得莱及鲍桑凯等之宗旨。如谓："经验之趋全，以有限故。惟其有限，欲求越限，故趋于全。"又谓："经验趋全之倾向，其所含之全体有二义：一为经验直接所欲求达之鹄的，此指高一级之经验而言；一为经验最后所欲达到之鹄的，此指绝对全体而言。前者为相对之全体，其作用如路标，可以实际达到，惟于既达之后，立即失其所以为鹄的者，而成经验进展之一新始点。后者则绝对无所不包，虽为最后之鹄的，而无时无刻不隐约呈现于经验之一切阶段之中。此之所以然，以绝对全体，实已具备于吾心，亦惟绝对全体具备于吾心，而后经验之所以趋全方得解释，方有意义。"此处论绝对不外吾心，及绝对隐约呈现于相对阶段内，皆能达出唯心论要旨。又如他论知识标准，有云"经验之进展，一以求范围之增广，一以求结构之愈益圆融一贯；求增广求一贯，亦所以求自明也”这一类的话，大概要知道柏烈得莱及鲍桑凯诸人的思想的人才能说出，也要知道他们的思想的人才能了解。

唐君毅先生不仅唯心论色彩浓厚，而他的著作有时且富于诗意。他写成了一部巨著，叫做《人生之路》，全稿恐怕将近六十万言。就我所读到的业已发表的几篇如《自我生长之途程》、《道德自我之建立》，及《辨心之求真理》诸篇，确是为中国唯心论哲学的发展，增加了一股新力量。他讨论自我生长之途程，多少有似黑格尔《精神现象学》的方法，将自我发展分作十大阶段。由凡人之心境起始，发展到由凡人至超凡人以上之心境。对于科学家、艺术家、道德家、尼采式的超人，印度式之神秘主义者的心境，均加以阐述描画，最后归到中国式儒者的襟怀，他称为“悲悯之情的流露与重返人间”，足见他的企向了。在《道德自我之建立》里，他首先指出道德生活之本质为自觉的自己支配自己，以超越现实自我。继进而追溯道德自我在宇宙中的地位。他指出心之本体之存在及其真实至善即是道德自我的根源，且说明心之本体即现实世界之本体。最后，讨论精神或心之本体之表现于生活文化的各方面，以明人性之善及一切生活皆可含有神圣之意义。可以说是代表一种最富于玄学意味的理想主义的道德思想。在《辨心之求真理》一文里，他从知识论的立场，指出事物之律则不外于心，而有其永恒性。事物之表现新的律则，只是其表现是新的；而律则本身却无所谓新旧，亦无所谓增加。他又多少采纳一些费希德的意思，认心自觉的不断克服其自己所肯定之限制。故心之律则虽是永恒，而心之创进却又是日新不息的。他承认有“绝对真理”，且认“绝对真理不在心外”。但他复指出“所谓绝对真理即存于相对真理之和谐贯通间。相对真理之融化，相对真理之彼此互为根据即绝对真理之内容”，似亦含有黑格尔认绝对为最后最高圆融和谐集大成之系统之意。

趋向于唯心论，然而总想与新实在论相调和。一面注重康德的理性批导，一面又想辅之以怀惕黑的宇宙论，使康德更走向客观化，大概是牟宗三先生所取的途径。牟先生在抗战前即刊行有一厚册讲《易经》的书，也有应用怀惕黑的思想发挥《易经》的宇宙论的地方。抗战初期，他复出版了一巨册《逻辑典范》，可惜沦陷在沪港，迄未销行于内地。最近四五年来，他草成了一部巨稿，闻约有七八十万言，书名叫做《理解、理性与理念》。一望而知其名词之得自康德。全稿尚未刊行。就我所读到的几篇，知道他的取径是要揭出中国哲学的精神以善自发挥康德实践理性优越于纯粹理性之旨。他论纯理，一反新实在论者认理在心外的说法，而归于康德的理解。他有一段精要的话道："理者显于理解而归于理解。显于理解，明其并无来历；归于理解，明其并非无安顿。起处即其止处，出处即其入处。外乎此而求理，未有不落空者也。"他这里实在提出了一个排斥理外之说的讲理讲逻辑的根本原则。

西洋哲学界一般人对于现代新唯心论与新实在论的批评，大都认为唯心论者的见解和结论较实在论者的为佳，而实在论者的论证或分析能力又优于唯心论者。所以据作者看来，唯心论在中国要有新的盛大的发展的话，亦须理智的分析和论证的严密方面多用工夫。同时又须知道形式的分析与论证有其限度，且有趋于支离骛外之弊，故须注重文化的陶养和精神生活的体验，庶唯心论方有内容，有生命。

接近唯心论，但不着重理性或心灵诸概念，而特别注重生命的情调，当推方东美先生。方先生博学深思，似乎受尼采的影响较深，然而他并不发挥尼采"权力"的观念，而注重生命、精神和文化。在抗战期中，他住在沙坪坝，沉思写著，据说有三四年没有进过一次重庆城。闻他对于人生哲学及知识论皆写有成稿，未曾发表。且据说他未经发表的著作远较他已发表的更为精审。可惜我们现尚没有读到。据我们已经读到的《科学哲学与人生》一书，知道他注重活泼的生命、情理谐和的人生和科学与哲学的调协。他说：

宇宙人生是某种和谐圆融的集团，分割不得。科学不能违情以言理，犹之哲学不能灭理以陈情。科哲合作，情理交得。然后人类思想与文化乃臻上乘。否则理彰而情乖，或情胜而理屈，都觉轻重失衡，二者有其一，则思想之破绽立显，文化之危急必至，人类活泼之生命精神，将支离灭裂枯萎断绝了。

关于生命他多少采取一些文学家的看法，认为含有悲剧的情调。而生命的悲剧主要的不外两种：一为不能从心所欲的悲剧——希腊的悲剧，一为从心所欲的悲剧——现代文明之悲剧。这两种悲剧，他叫做"生命之二重奏"。他的思想，他的文字和他所用的名词，似乎都含有诗意。他在中国哲学会第三届年会所宣读的论文，他发表了，题目叫做《哲学三慧》。系指中国、印度、希腊三大支的哲学智慧而言。他比较三方的哲学，揭示出各自的特质和优胜处，使人用同情了解的态度去分别欣赏体会，既不陷于东西哲学优劣的窠臼，亦不说有先后层次过渡的阶段。于讨论东西哲学文化，可以说是提供了一个虚怀欣赏的正当态度。

石里克教授所创导的维也纳学派是西洋现代哲学上一个新兴有力的学派。在中国多年前张申府先生即曾作过片断的介绍。曾留学维也纳，对该学派作第一手研究的有洪谦、王宪钧、胡世华诸先生。王、胡二先生专注在逻辑方面，对于维也纳学派的哲学少有绍述。惟洪谦先生亲炙于石里克氏最久，具极大的热忱，几以宣扬石里克的哲学为终身职志。他所著《维也纳学派哲学》一书（哲学编译会本，商务）算是比较最亲切而有条理地介绍此派思想的书。最有趣的是他告诉我们石里克为人之富于诗人风趣，他平生以不能成一个诗人为憾事。他说："我们都是被阻碍的诗人。"因此石里克的人生哲学应列入与尼采居友及席勒等人为同道。所谓生活，石里克认为，不是别的，就是我们如何尽量体悟并欣赏那人类纯真的感情中所共有的，那个纯真的"爱"和天赋的"善"而已。石氏人生观的基本观念与奥古斯丁"假如你内心充满了爱，你就择你所乐为的而为，结果也决不会不对的"或席勒"人仅有在游艺的时候方是一个完全的人"的说法相一致的。所谓游艺不是玩要消遣，而是表现人之绝对自由的志愿而不为其他目的所支配的活动。他认为一切知识都是精神游艺的结果。整个文化的意义是在于使人类"青春化"。所谓"青春化"，在哲学的意义中是说，人类一切的作为都不应为一定的目的所支配，就是在生活中所需要的也应当看作"游艺"一样。

石里克一方面注重生活，青春化的纯真的热情生活，一方面又注重"知识"，经验科学的准确知识。因此他有"体验世界"与"知识世界"的严格划分。一切诗歌艺术等是以体验世界为目的，一切科学则以知识世界为对象。前者所用的方法是丰富的理想与兴奋的情绪，所求的对象为心神直入其境以及主客观世界的一致。后者则以数学计算经验证实为其方法，以建立世界秩序为其愿望。哲学家如叔本华、柏格森之流，昧于这种分别，想将不能认识的（体验世界）加以认识，不能体验的（知识世界）加以体验，于是乎就产生所谓玄学。所以维也纳学派将玄学排摈于知识范围，实证的经验知识范围之外，而重新将它划归体验世界之内。维也纳学派否认玄学的知识性、真理性，但却并不否认玄学在文化上的价值。石里克说："玄学的体系所能引以为安慰的，就是它能充实我们内心生活与扩张我们体验境界，所以人称玄学为概念的诗歌，至于它在文化上的作用也如诗歌一样。……虽然玄学能充实我们生活，可不能充实知识理论，因为玄学事实上仅是带文学性的作品，可不是一种真理的体系。"

玄学理论不是知识，因为玄学命题都是些无意义的命题。维也纳学派认为一切有意义的命题都是对于事实有所表达、有所叙述。一个命题所表达、所叙述的事实能否由经验证实，就是这个命题之为真为假和有无意义的标准。而玄学命题之为真为假根本就无证实的可能。它们不过是一种无事实对象的事实表达，无事实内容的事实叙述而已。它们不仅无经验的证实可能性，同时还无原则的证实可能性。

维也纳学派将真理分为两种：一为“形式真理”，一为“经验真理”。形式真理是以分析命题为根据，以纯粹形式定义的假定为其基础，如数学逻辑等，所以在每个演绎的推论中，结论的证据已包含在前提之内。一切形式的演绎推论，事实上仅是一种符号的语言关系，用同值的形式以变换之而已。经验真理如自然科学的真理，是一种包含实际知识的命题，是以实际的本质为根据，其意义是需要观察的说明的。形式真理之证实在于命题间的融贯或不矛盾性，故应以融贯说为其标准，而经验真理之证实，则在于命题与事实的符合或一致性，故应以符合说为其标准。而玄学命题既非其真值不容怀疑的形式命题，又非可用是否与事实一致符合的标准去考验其为真为假的经验命题，而乃是其真假与证实的考验不相关的命题，所以是属于真假以外的无意义的似是而非的问题。因此玄学被摈于知识之外，而归入诗的范围之内去了。但哲学既不是玄学，也不是科学，而乃是一种活动。这种活动虽不能建立科学理论，但能使科学理论中所包含的命题明朗与精确化，甚至于普遍化、通俗化。简言之，哲学的任务是界限含混的思想与明确的思想，发挥语言的作用与限制语言的乱用，辨别真的问题与假的问题，确定有意义的命题与无意义的命题，以及创立一种精确而普遍的科学语言，甚至如开那普等认“物理的语言”为“科学的统一语言”。

以上我们简略地叙述了洪谦先生介绍维也纳学派的要点。他指出维也纳学派真情（爱游艺）与真理（纯科学的知识）兼重的趋势，而不仅是重名词分析的学派，他特别着重玄学在文化上的地位，而并不妄持根本取消玄学之说，都是他独到的地方。在我们看来，维也纳学派之特别注重玄学与诗歌一样，属于体验范围，有充实生活，扩张精神境界，安慰情感的功用，对于玄学的性质，确有一种新的认识，足以救治从形式的理智分析，离开文化陶养生活体验而空疏支离地讲玄学者之偏蔽。但他们却忘记了在某意义下，诗歌的真理，较事实的真理更真，体验世界的真理较知识世界的真理为更真。

又冯友兰先生年前在《哲学评论》发表《新理学在哲学上的地位及其方法》一文中，有一段大意谓维也纳学派虽足取消肯定实际之传统的玄学，但却不能取消彼之只包含形式命题，一片空灵，不肯定实际的新理学的玄学。洪谦先生特在中国哲学会昆明分会讨论会上，作了一个《论新理学的哲学方法》（将在《哲学评论》发表）的演讲。他分析出冯先生新理学的基本命题，虽不同于纯逻辑、纯数学的形式命题，但却同样的无有内容、空无意义，从玄学立场而言，反不如传统玄学之富于诗意，足以感动人心情。所以假如维也纳学派欲“取消”玄学，那么冯发生的新理学的玄学将会被“取消”，但是传统的玄学则依然有其哲学上的地位。冯先生本人当即提出答辩，金岳霖及沈有鼎先生亦发言设法替冯先生解围。这是中国哲学界近来很有趣的一场辩难，似不可不在这里附带提一提。

中国人素重道德，且处此新旧过渡时代，寻求新道德之需要尤甚迫切，以此关于伦理学的著作近年来尚相当的多。张东荪先生著有《道德哲学》一书，大都客观介绍西洋各家伦理学说，前已提及。唐君毅先生著有《道德自我之建立》，探究到道德自我之所以建立，道德行为之所以成立的形上学基础，前面业已说过。谢幼伟先生除撰有《伦理学大纲》一书，绍述自我实现之说以与儒家思想融会，又曾在《思想与时代》月刊上发表《快乐与人生》、《自由之真谛》、《论道德判断》，并介绍鲁一士的伦理观、柏烈得莱的伦理观，于排斥功利主义、发挥新黑格尔学派之伦理思想，颇有贡献。彼论自由与自我实现之关系，尤为精要：

自由乃自我决定之谓，自我实现之谓。所谓自我乃吾人之真自我，乃吾人之理想自我。此自我与宇宙或自然为一，与道德为一，与法律为一，亦与各种大小团体为一。故自然律乃我之自然律也，道德律乃我之道德律也，法律亦我之法律也，团体亦我之团体也。吾人之遵自然律，道德律，法律及团体之命令与约束而行，实即遵吾人真自我之本性而行。吾人但能认识吾人之本性，尽忠于吾人之本性，则吾人之一切举止云为，自我鸢飞鱼跃，活泼泼地。此即《中庸》之所谓尽性。尽性则自由，不尽性则不自由。自由与不自由之分，在此而已。

对于伦理学用力最久且深，而且博极群书，当推黄建中先生。他所著《比较伦理学》（三十三年，川大出版组）一书综合、评述、对勘中西古今之伦理学说，而折衷之，成立一“突创和协之人生”理想。这书序言中有一段，最足以表示全书的宗旨：

本书从生物方面追溯道德行为之由来，从心理方面推求道德觉识之起源，从人类社会方面研索道德法则之演变，从文化历史方面穷究道德理想之发展。诠次众说，中西对勘，较其异同，明其得失；由相对之善恶，求绝对之至善，袭太和之旧名，摄突创之新义；以为助与争乃天演所历之途径，和协乃人生所蕲之正鹄，而十余年来思想上之矛盾，始得一综合。

的确不错，书中对于伦理学上许多问题，都有平正融会的见解，颇能代表中国人镕贯偏执的持申［中］态度。譬如关于知行合一问题，他分析后，得到这样的各有所当的结论："知行在直觉上本能上可以合一，在经验上智慧上不必合一；在心理上可以合一，在名理上不必合一；在哲学上可以合一，在科学上不必合一。"又如关于伦理学研究方法，他分别揭示出各种方法之长处道："体验人格之实在，则宜用直觉法，通衡行为之价值，则宜用涵著法（他称 the method of intensive concretion 或 synoptic method 为涵著法）。探索道德之起源，则宜用溯演法，推究思想之发展，则宜用辩证法。"

于《中西道德之异同》一章，于列举多条中西道德制度之异及中西道德观念之异后，仍能达到"东圣西圣，心同理同"及"小异而大同"之结论，较之死硬地执着中西道德文化根本不同之人通达多了。他说："然道德由本能，而习俗，而反省，则中西演进之历程一也；道德由昏而明，由偏而溥，由外而内，则中西演进之公式一也。不宁唯是，道德法则之明通公溥者，为人心所同然，无间于中西；而中土所谓恕道，远西所谓金律，均有正负两面，尤不谋而合。"这段话可以祛除认中国道德重内，西人骛外；及孔子的恕道纯是负的，耶稣的金律纯是正的的错误观念。

关于《道德律》一章，黄先生提出自律的心法道："道德所贵者，自律（autonomy）耳。神法说托威权于神明，国法说寄威权于政长，人各勉强以徇其所谓法，而非出于自动，皆他律之道德也。唯物派视人生之行为，无异机械；意志梏于形气之自然法而不克自由，则亦近于他律。其纯乎为自律者，厥惟良心之法则，吾则简称之曰心法。良心具知善知恶之识，发从善去恶之令，以苦乐为一已所行善恶之赏罚；一念之乐，荣于华衮，一念之苦，严于斧钺。其威权盖驾神法国法自然法而上之，而其柄实全操诸已，此其所以为自律也。"他分析良心是包含有知、情、意三成分的有机全体，似尤具颖思："良心为道德觉识之有机全体，知识作用在行为未发之前，感情作用在行为已发之后，意志作用介乎未发与已发之间，乃良心之中枢。良心之知曰良知，良心之情曰良情，良心之意曰良意。……良知辨善别恶而立法，良意为善去恶而行法，良情褒善贬恶而司法。"他复补充说明良心之普遍性客观性，与主观之意见习心不同道："虽然，本心固有天则，心法不外理性。若误认私心习心为良心，而失其明通公溥之本来面目，则差之毫厘，谬以千里矣。"

此外黄先生于悲观乐观及淑世的人生观，亦具有富于理想和体验的看法，谓"纯悲观乃自杀杀人之人生观，纯乐观乃自欺欺人之人生观，惟淑世主义为自救救人之人生观，而亦不是至论。然则如之何而可？曰，为社会服劳，为国家效命，为民族传文化，为世界开太平，先立乎其大者，而苦乐悲喜不足以萦其怀；人生观而若是，亦庶乎其可耳"。又自进化论发达以来，于伦理思想及方法影响至大。黄先生亦得一精要持平之看法，认为"进化论叙道德之历史则有余，立道德之原理则不足"。笔者尝撰《论道德进化》一文（见拙著《近代唯心论简释》），力主达尔文的进化论不可认作天经地义的信条（dogma），而只应认作研究问题的方法，即历史方法或发生方法，亦即黄先生所谓"溯演法"，深幸不期而与黄先生的看法如合符契。现在且让我引用黄先生对于自我实现说的解释，以结束我对于他这书的介绍罢：

人为理智之动物，又为好群之动物，其我之为我，不徒为情我，而兼为理我。不徒为独我，而兼为群我。禽兽则但有情我独我而已。人以理我御情我，群我摄独我；一方自展本能，有以独善其身，一方自完本务，有以兼善其群。善身而不失其对人之同情，善群而不失其一己之个性。寄群我于个人而不为个人所间隔；入独我于社会而不为社会所沉霾。情理两得其平，群独各得其所。不幸至于二者不可得兼，乃克制情我以存理我，牺牲独我以保群我。是谓以自牺自克者自诚自成焉。然则，自诚者全我实现也；自成者全我完成也。岂唯理、唯情两宗之偏执一端为我者所可同日语哉？

对于上面所引的许多话，我们也许不完全赞同，他书中泛引并比较各家言论，也许难免有附会驳杂的地方，他的结论虽多平正通达的体验见解，有时论证亦有欠严密，甚或缺乏论证的地方，但至少我们不能不说，黄先生这书于融会中西伦理思想，客观虚心地研究伦理学上主要问题，而自寻得一综贯不矛盾的解答，于陆王的本心或良知之说，于理想主义的伦理思想曾予以一有力的发扬。

此外年前不幸因肺痨病逝世的武汉大学黄方刚教授亦曾著有《道德学》（二十四年，世界书局）一书，有点像伦理学教科书的形式，却以分析见长，中间亦包含不少很好的见解。而且他尤注重指出伦理学的方法，以及伦理学上许多原则，都是与数学和哲学的方法和原则是公共而相通的。关于伦理学的方法，他力主先天的分析的方法道："我敢大胆地说，伦理学的方法完全是先天的，超乎经验的。"因为"我们既经不能向经验讨得善恶、是非的意义，那么不得不转而问我们自己了。其实善恶是、非本是我们所分别的，当然亦只能问自己讨它们的意义。这步自问自答的工夫，苏格拉底早就做过。他的方法与数学论理乃至于哲学其他部门的方法没有分别，都是先天的，超乎经验的。换句话说，都是剖析一个概念所包含的意义的"。他又说："凡是原则，标准，超时空的，普遍的，必然的，都不是经验所能产生的，而道德的意义恰恰属于这类。"这显然采纳一些康德的意思。

他复利用康德实践理性优越的说法，来讨论伦理学与科学的关系道："科学如果对于我们能命令，只是说：'如果你要怎样，便应该怎样。'但是伦理学却用断定的命令式向我们说：'你应该怎样。'在有条件的命令式中的前件'如果……'，到了无条件的命令式中不见了。因为无条件的命令正是有条件的命令中的前件。换句话说，伦理学便是科学的先决问题，若使我们方针都没有拿定，如何去讨论进行的方法呢？再具体的说，伦理学是指示人生目的的，倘使人的［生］目的都还不知道，教我们如何讨论起达到这目的的方法与手段？"听说近来美国杜威博士与芝加哥大学霍勤斯校长关于科学只是工具抑是本身目的一问题，曾有过激烈的辩论，黄先生的见解显然是接近霍勤斯一边了。

他复采用先天的分析道德概念的方法，指出道德有普遍的、必然的、客观的、绝对的标准。我们试引他论道德标准之绝对性一段，以见一般：

从上面的讨论中（即从道德标准之矛盾冲突中，必有足以调解此矛盾冲突之合的讨论）可以看出标准的绝对性了。只要这个标准是被默认的，它总是绝对的。它真可以算是对于被它调解的命题的综合。所以对于它们，它是绝对的。但是一等到它自己被说出了，它亦成就为一个命题而已，于是立刻可以产生与它相反的命题，所以它亦立刻变成相对的了。不过在这两个相对的命题中还有一个综合它们的绝对的标准。依此类推，所以可以说相对的包含绝对的，绝对的包含相对的。总之，相对与绝对亦是相对的。我们现在所谓标准就是指相对中所包含的绝对。要使［是］没有它，连相对的都不可能的。

他这里所讲的相对、绝对互相包含的关系，似乎略带有辩证法的意味。他不仅应用来讲道德标准，且同样地可应用去讲知识标准问题。

他复根据“道德的根本意义就是在认人我的分别为无效”的看法，而指斥执着人我分别的利己主义与利他主义为无甚意义。不惟简要有力，而且亦表示他认为道德的极诣，亦在达到人我一体的境界。因此最后他表示他伦理思想的归趋道：“我认为康德的只注重一个好的用意比边沁的动机分类要中肯得多了。根据这点意思，所以我又以为孟子的讲仁义要比告子的说仁内义外确是高明，因为道德的意义确是起于内心，而不是由于外铄，确是集义所生而不是义袭而取的。”

除伦理学外，对于宗教哲学有研究与发挥的，我可举出赵紫宸、谢扶雅两先生暨曾宝荪女士，及年前在成渝道上翻车毙命的徐宝谦教授。徐先生著有《宗教经验谈》一册。曾女士著有《实验宗教学教程》，除阐扬耶稣哲理外，于精神修养，特有裨益。赵紫宸之《耶稣传》一书，最为有名。他刊有《玻璃声》诗集一册，最能以诗歌描述宗教灵修之境界。于抗战后一年内，他主持西南联大附近的文林堂，于唤醒联大一部分同学的宗教意识颇有助益。谢扶雅先生著有《宗教哲学》一书（以上四书皆上海青年协会书局出版），内分史的研究、心理的研究及形上学的研究三部分。宗教心理部分，他多采取詹姆士《宗教经验的诸相》（此书业由哲学编译会请唐钺先生译出，不久即可出版）之观点，而他关于宗教哲学的思想，则颇接近怀惕黑及亚历山大之见解。抗战期中［间］，彼又应哲学编译会之请，开始翻译鲁一士《哲学之宗教方面》一书，已完成上卷。总之，基督教在中国将来必有新的开展，宗教哲学之发扬亦颇有前途。而上举诸先生只不过做初步绍述工夫，力量似尚嫌薄弱。

中国人对于宗教或稍感隔膜，而对艺术则多素具敏感。近来对于美学有创见的尚颇不乏人。宗白华先生“对于艺术的意境”的写照，不惟具哲理且富诗意。他尤善于创立新的深彻的艺术原理，以解释中国艺术之特有的美和胜长处。邓以蛰（叔存）先生尤能发扬中国艺术之美的所在，使人对中国各种艺术有深一层进一步富有美学原理的了解和欣赏。他在抗战期中所写的《论国画中的六法》及《论书法》两篇文字（即可在《哲学评论》发表)，尤为精当有力。朱光潜先生的《谈美》，是雅俗共赏，感动到中学生的审美观念的名著。他用新的审美经验及审美原理以发挥中国固有的美学原理。他的《文艺心理学》巨著，介绍、批评、折衷众说，颇见工力。而他采康德美学之长，而归趋于意大利哲学家克罗齐的美学，颇见择别融会的能力。他最近已译成克罗齐的《美学原理》，不久即可付印。他并将发奋译出康德与黑格尔的美学著作，这不能不说是中国哲学界，特别美学方面，大可庆幸的一个好消息。

说到这里，我要附带补充几句的，就是从文化价值的观点，特别提倡美育或艺术，以作新文化运动时期介绍新文化，改革旧思想、旧道德的重要指针的人，当推蔡元培先生。蔡先生力主以美育代宗教，已揭示了西洋近代宗教艺术化的趋势。他所说赞美艺术的价值并指出艺术与道德的关系的几句名言，是大家应该传诵深思的："艺术所以表现本体界之现象，而提醒其觉性。科学所以扫除现象界之魔障，而引致于光明。道德之超乎功利者，伴乎情感，恃有美术之作用。道德之关于功利者，伴乎理智，恃有科学之作用。"

蔡先生提倡艺术而反对宗教，与当时提倡科学而反对玄学的趋势，都代表五四运动前后特有的风气，充分表示出当时文化价值观点上的冲突矛盾。站在文化评价的立场，对艺术与宗教，同样作有力的提倡，见到二者贯通一致、相互为用的地方的人，我们应推举吴宓先生。于《艺术修养与宗教精神》一文（见《建国导报》创刊号）中，他有几句简要有力的话说：

世间最重要而不可缺之二事：一曰宗教，二曰艺术。二者皆能使人离痛苦而得安乐，超出世俗与物质之束缚，而进入精神理想境界。论其关系与功用，则宗教精神为目的，而艺术修养为方法。宗教譬如结果，艺术譬如开花。宗教树立全真至爱，使人戒定慧齐修，智仁勇兼备，成为真实有益于世之人。世间万事，若政治、教育、实业、社交等，苟非以宗教精神充盈贯注其中，则皆不免偏私争夺虚伪残酷。而艺术者，藉幻以显真，由美以生善，诱导人于不知不觉中进步向上，更于"无所为而为之"之际，吸引一切人，亦使之进步向上。人在日常生活中，若无艺术之补救与洗涤，则直如黑狱中囚犯，热锅上蚂蚁，劳乏奔走，忧急煎熬，气愤愁苦，自觉可怜亦复可恨，几禽兽之不若。是故宗教精神与艺术修养，实互相为用，缺一不可。古今东西最伟大之艺术，其时代，其人物，莫不以宗教精神为基础。而欲上达宗教之灵境，由艺术之修养进身，实为最便利之途径。

吴先生所谓“藉幻以显真”，意思实与蔡先生“艺术所以表现本体界之现象”相通。现象属幻，本体属真。吴先生所谓“内［由］美以生善”，与蔡先生认美有增进超功利的道德之作用，甚为相符。不过吴先生对于宗教价值之尊崇，认艺术为方法、宗教为目的之说，便超出了蔡先生所处的启蒙时代的思想了。至于吴先生认政治、实业等皆须有宗教精神充盈贯注于其中的说法，尤值得注意，盖依吴先生之说，则宗教精神不一定是中古的出世的了，而是政治、实业，换言之，近代的民主政治，工业化的社会所不可少的精神基础了。德哲韦巴（Max Weber）于其《宗教社会学》中，力言欧美近代资本主义之兴起及实业之发达，均有新教的精神和伦理思想为之先导，吴先生之说实已隐约契合韦巴的看法了。

最近二三十年内，中国学术上，以成功的科学家而贡献到哲学，以成功的哲学系统而推进了科学的事实，异常之少，殊令人惋惜。但文学与哲学却有了相当密切的关系。譬如上段所提及的吴宓先生，他对于亨勒（Heornlé）的《神、心灵、生命、物质》一书，便曾作过一番译述工夫。他于《学衡》杂志里，曾对美国白壁德（I. Babbit）及穆尔（Paul E. More）之人文主义曾作有力的介绍。最近几年来，他复用很深的哲理和宗教观念去解释《红楼梦》，颇有新的收获。他的《文学与人生》更充满了丰富有内容的人生哲学的睿智。此外如上面曾提到的朱光潜先生，从希腊文译《柏拉图五大对话》的郭斌龢先生，《诗与真》散文集的作者，兼《蒙田试笔》，巴斯卡尔的《默想录》的译者梁宗岱先生，以及《战策》的创刊者林同济先生，均富于哲学识见，其著作均足启友人哲思。尤其足以令我们注意的为冯至先生，他的《十四行诗集》可以说是一方面格律严整，一方面最富于哲理和沉思的诗歌。他的著名中篇小说《伍子胥》，描写命运的讽刺，精心活用辩证法以分析生活的矛盾和矛盾的统一，实特具哲学的意味和风格。他译述葛德的著作，特别注意葛德的世界观和《浮士德》中所含蕴的自然哲学。他译出了席勒《论美育》的书信集，对于游艺的冲动在生活上、艺术上、文化创造上的重要，也多所阐明。所以假如你感觉到逻辑论证的咬文嚼字、形式系统的支离枯燥、专门哲学名词的生涩难懂和玄思理论的空疏不实，那么，你不妨取出他们这些富于哲学思想的文学著作来读，即使它们不能代替哲学研究，至少也可以引起你的哲学兴趣。

出我意料之外，我很欣慰地发现我们现代中国的哲学思想内容异常丰富。这些哲学家们对于哲思和学术文化的努力，实足以襄赞并配合我们在这大时代中对于抗战建国的努力。对于当代中国哲学的鸟瞰，使得我们对于中国哲学将来发展的前途，更抱乐观，更具信心。

时代思潮的演变与批判*
(1945 年)

一、引言

现代思潮的范围很广，有政治思潮、教育思潮、社会思潮……本文所述仅限于中国现代的哲学思潮。不过哲学思潮是主潮，其他思潮都得受哲学思潮的支配，所以批判了现代哲学思潮，也就批判了现代思潮的主潮。

首先说到批判，批判决非简单的赞成这个，反对那个，拥护这个，推翻那个之谓，真正的批判建基于研究和了解上面，与有作用的主观的党同伐异不同。只要本了客观的研究、同情的了解，对于一思潮自能作公正的批评。这好像学生之对于老师，先是虚心受教，终可青出于蓝。外在的批判，最不足重视，因为这种批判的态度是主观的，内容是肤浅的，结论是偏［褊］狭的。我们要的是内在批评，也即自我批判，由于被批判的对象本身有缺点，乃引起我们的注意，而加以忠实的批判。这种批判乃是被批判者自身困难的解除、矛盾的克服，和主观的赞成、反对不同，严格说来，不是我们要去批判他，而是他本身缺点的自己暴露。

至于“思潮”也与个人的“思潮”不同，思潮是一社会在某一段时期中所共有的思想蔚为风气，个人被其影响而不自觉，所以凡称思潮的

---

* 本文选自《当代中国哲学》(胜利出版公司，1945 年)，原名为《时代思潮批判》，发表于《文化先锋》第 1 卷第 11 期。作者后来改名为《时代思潮的演变与批判》作为《当代中国哲学》一书的第三章。

思想，便成为一个社会现象，能支配各个人的行为。思潮不是少数人的思想，而是社会共有的思想。而在这思想的大潮流中，往往有少数人为其代言人。哲学思潮亦有其代言人，此即当代的大哲学家。

社会上发生一种思潮，决不是偶然的，一定有种种原因，作为此思潮发生的背景。大体上说，一个思潮的发生原因，有两方面：一方面是思想本身的发展演变，一方面是解决实际问题的需要。思想本身的发展演变恰如潮水之后浪推前浪，新思潮的发生是解决思想本身所发生的问题，因为旧思想有偏颇缺陷，新思潮乃得起而代之。新思潮是旧思潮所孕育激励起来的，同时也是旧思潮的反动与否定。至于社会上有迫切问题待解决时，其为新思潮的刺激，更是很明显的事，这时思潮是主动的，为应付环境而产生的，这也可以说是产生的思想的外在原因，而上面思潮引起思潮则可称为产生思潮的内在原因。

现代思潮所波及的区域也不只限于中国，其根源其影响，往往是世界性的，我们现在要批判的现代思潮，一是胡适之等所提倡的实验主义，此主义在西洋最初由詹姆士、杜威等为倡导人。在五四运动前后十年支配整个中国思想界。尤其是当时的青年思想，直接间接都受此思想的影响，而所谓新文化运动，更是这个思想的高潮。跟着实验主义，我们要批评的第二个现代思潮便是所谓唯物辩证法，这个思潮开始传播于北伐成功，国共分裂的一段时间内，而盛行于“九一八”前后十年间。实验主义的政治背景是自由主义，亦即当时大家所崇奉的“德先生”或民治主义，胡适之先生亦曾自标其政治主张为“新自由主义”。至于唯物辩证法的政治背景是共产主义，那是大家很熟悉的。我们要批评的第三种现代思潮，很难确定究属于何派。我们只可称之为正统哲学。这是哲学上最大的一派，也可称之为普遍的哲学或典型的哲学，其出发点在于人类性情之正，出于人同此心、心同此理的基础上。其内容也中正持平，不偏于任何方面。在我个人看来，这派哲学将要大大发展的，现在只是初起萌芽，而其政治背景也比较接近于三民主义。即比较与三民主义思想相符合，它也可以说是三民主义哲学，实在与三民主义来自同一根源。

二、实验主义或实用主义批判

现在先说实验主义。实验主义可以说是美国人的哲学，因为美国人开辟新大陆，需要很多工程实业方面的努力，实验主义就是这种努力的理论基础。所以实验主义可以说是工程师的哲学，是一种垦荒的哲学，主动，主干，主实验，主冒险，以实验科学为基础，将科学的实验精神扩大，讲人生，讲宇宙，讲哲学。这种哲学在美国为实验主义，提倡动手动脚，在英国则有经验主义，注重感觉经验的观察社会生活的阅历。在德国另有体验主义，体验是精神生活的体察，故德国所产生的哲学近于精神哲学，与实验主义均有不同。关于实验主义，可分三方面来说：

第一，实验主义教人要养成一种实验室的态度。这种态度要人随时随地注重问题的发生，然后针对此问题提出种种可能解决此问题的假设。最后动手动脚用实验来证明某个假设可以解决某个问题。这种态度无疑是想用行为去证明理论，用工作来解决问题。实验主义者以为人类的思想起于环境上困难的发生。思想是从应付环境的动作中产生出来的。以知识出于行为原是实验主义中最健康的观点。这与中山先生“以行而求知，因知以进行”的思想暗中符合，而与蒋先生力行哲学之“不行不能知”的说法也可以贯通。实验主义注重行难固然是对的，但他们不知道行为之注重有知难行易作其根本的前提，可是胡适之等固然在提倡实验，却又反对知难行易之说。他们不知道知是主，行是从，我们必须在知难行易、知主行从的原则下谈行为，谈知行合一，谈实验。实验精神之另一方面是冒险精神，但是冒险不能不有远见。哥仑布的探险，亦并不是毫无知见作指导的。即以实验本身而论，亦必在实验以前有假设有计划，无假设无计划的实验是盲目的试猜。无远见的冒险便是鲁莽或铤而走险。这一点实验主义似乎没有看清楚。

第二，实验主义所用的方法是考核实际效果，循名责实的方法。这派哲学家往往不问理论本身是否颠扑不破，而只问该理论所发生的效果如何。这就所谓注重“兑现价值”（Cash value）。只要一个理论发生了好的实际效果，这理论便是对的，否则便是不对的。本来考核实际效果，也是吾人日常生活所常用，所不能不用的方法。用实际效果来考核思想的价值，也不失为判断思想真伪一种外在标准。不过应用这个标准是有着相当限度，而真理的标准也决不是全部系于实际效果之有无这一点上，过分地全部地以实际效果为理论真伪的标准，便会流于急功好利，与皮相之见。因为有许多事效果既非一时可见，亦难有确定的形相可寻，注重实际效果的人往往流于近视而缺乏远见，并且考核效果是从外来批评知识，譬如一人患病，医生去开一药方，常人无法判断这药方对不对，只有看病人依点此药方服药之后的效果如何，病好即说此药方好，病不好，即说此药方不好。但一个内行的医生详诊病情，一看药方，即知此药方好不好，并且可以说明其所以然之理。足见从实际效果去考核真伪，往往是外行人的皮相之见。根本上我们还当从理论本身来考核其是非。

第三，实验主义注重实用：在实验主义者看来，一切理论对个人、社会、人生，有用的就是好的，无用的便是坏的。有用即真，无用即伪，他们提出“实用”为改善政治社会的标准。征服自然和改良社会原是实验主义的两大目标，而在消极方面反对宗教迷信，玄学奥妙，所以实验主义者也可称为实用主义者。有用的被承认，无用的被鄙弃。凡对现社会无用的典章制度一概推翻。所以在五四时代，他们要推翻旧礼教，因为旧礼教不适用于新时代；他们要打倒孔家店，因为在他们看来孔子思想已无用了，宋明有理学而宋明国势衰弱，亡于异族，所以他们反对理学。他们反对古文提倡白话文，因为古文是死文字，白话文是有用的活文字。他们甚至反对哲学，因为哲学无用。其实以用来作判断真伪和品评价值的标准亦一样的失之表面，即以语文问题来说，古文之被扬弃，语体文之应提倡，尚有别的内在理由。初不必用狭义的实用主义去说明。并且凡有用的东西，都是“工具”。而我们做事最先考虑的，倒不是工具，而是理想和目的，先问应该不应该，其次再问有用无用。做事应以道义为重，实用其次。所谓“正其谊不谋其利，明其道不计其功”就是这个意思。我们做事，往往不一定满足个人实用的需要，最重要的还在于满足精神生活的要求。假如人生一切行为皆以实用为准，那末人生还有什么意义？人格的尊严何在？

由于实验主义者重行轻知，重近功忽远效，重功利轻道义，故其在理论上乏坚实的系统，在主义上无确定的信仰。在他们的目光中，一切都是假设，随时可以改变。所以其理论是消极的破坏意义居多，积极的建设意义很少。理论和行为，都缺乏建设精神。所以实验主义者，没有坚定的信仰，没有革命的方案，头痛医头，脚痛医脚。“不谈主义，多谈问题”正是实验主义者最直率的自白，这种零碎片段的作风，其结局在哲学上不能成立伟大的系统，在行为上无团体的组织，无坚定不移的理想和信仰。故不论在政治方面、理论方面，都不能满足青年精神生活的要求。于是有一派思潮代之而起，使青年有了一个坚定的信仰，形成了具体的组织，还提出了解决中国问题的政治方案，当着这个新思潮，实验主义是无法抵拒，只有退让，这个新思潮便是辩证法唯物论。

三、辩证法唯物论批判

辩证法唯物论盛行于“九一八”前后十年左右，当时有希望的青年几乎都曾受此思潮的影响。那时的中国学术界，既没有重要的典籍出版，又没有伟大的哲学家领导，但青年求知的饥渴，不因此而稍衰，于是从日本传译过来的辩证法唯物论的书籍遂充坊间，占据着一般青年的思想了。这情形不但中国如此，即欧美先进国家亦如此，意大利有一个新黑格尔学派的大哲学家自述其年轻时代研读马克思而笃信其说至于狂热，历许多年才把他自己的思想转变过来。而以当时的社会、政治、文化等环境来看，青年之沉溺于此理论中，自无足怪。因为当时青年情志上需要一个信仰，以为精神的归宿，行为的指针。辩证法唯物论便恰好提供了一个主义的信仰，不能从实验主义那里得到的。不但这样，这新思潮既有实际的方案，又有俄国革命成功为其模范，国内又有严密坚固的政治组织，凡此都是不能从实验主义那里得到的。在理论方面，辩证法唯物论也自成体系，有一整套的公式，以使人就范。同时辩证法唯物论又似乎有科学的基础，此即十九世纪最发达的经济学和社会学。足见辩证法唯物论之吸引青年决不是偶然的。关于辩证法唯物论的思想内容，可分下面几点来检讨：

第一，辩证法唯物论以物质在于意识之先，先有物质，后有心灵，人类文明的历史只有几千年，但宇宙的历史已有几百万年。所以先有物质后有心灵的说法，乃是科学常识。以个人来说，身体属于物质，思想属于意识。但思想起于神经系统，思想为神经系统所决定，亦即为物质所决定。物质决定意识，身体决定心灵，即存在决定意识。不过这种都是科学的事实，任何哲学家都不能反对的事实，并不能称是哲学。科学的事实和哲学的理论不同。哲学要问在理论上、逻辑上什么东西最根本、最重要；什么东西是核心，是命脉？以战争为例，战争的核心是战略政略。一切军械运用都要受战略政略的支配，战争的背景是政略，战争的命脉是士气。这些才是根本的。以建国为例，建国缺不了心理建设，如国民没有共同信仰，没有向上精神，试问国如何建起？又如革命先要革心，心是革命的根本。又如做人先要立乎其大者，什么是大，人格是大，所以人的根本，是人格，不是身体。就以思想而论，思想的丰啬不在乎脑髓之多少，而要问其是否合理，有无内容。所以“理”才是思想的根本。关于思想的根本，也是一个逻辑问题，不是一个生理问题。唯物论者所从事者，只是传播科学常识，对于逻辑毫未触及。反之不是唯物论的哲学家，也从来不否认物质的存在。不过所谓物质，一定是经过思考的物质，所谓不可离心而言物。一块黑板是客观的黑板，因为大家公认它是一块黑板。易言之，黑板之所以为客观的黑板，因其建筑在吾人共同的主观基础上。离开主观，没有客观。凡是“客”的东西，一定要经过“观”，宇宙自然是客观的。因为我们大家对它有共同的了解，共同的认识，若大家不能认识，无有“观”，则世界即不成其为“客观”世界了。又有一些自命为新唯物论者的人，认为先是物质决定意识，迨意识发展到了相当阶段即反过来决定物质，是为意识对于物质的反作用。此说已流为心物交感论，离开了唯物论的立场了。

第二，辩证法唯物论者所倡言的辩证法原是哲学中的一个主要思想方法。为哲学家所共有，而非任何一派所能包办。易言之，辩证法是一种方法。杜威说，不用辩证法来讨论哲学是不可能的事，所以辩证法决不能限于一宗一派。辩证法产生的历史乃哲学家研究人类情感生活后所发现的一个通理。情感生活是矛盾的，是相反相成的，爱极而恨，乐极生悲，便是情感起伏的例子。又如诗有节奏，正因为诗是情感的表现，因此有人说辩证逻辑便是情感逻辑。又有人称辩证逻辑为爱的逻辑。由辩证法来研究情感生活是最适宜的。以之研究自然界便不免穿凿附会削足适履的毛病，黑格尔亦曾列机械作用、化学作用、有机作用为物质的辩证发展，即觉牵强，只有应用到精神生活内心生活上去，才见其生动活泼。

同时辩证法是不能颠倒的，因为辩证法是整个的东西，其本身是一定的。马克思以之研究物质，黑格尔以之研究心灵，一个注重经济生活，一个注重精神生活，两人只是应用不同，而不是根本的不同，黑格尔对于辩证法本身有过很大的贡献，所以在哲学史上的地位很高。马克思只是应用现成的方法，没有创新发明，所以在哲学上的地位，便还逊于黑格尔了。若把辩证法看成一把刀，那末黑格尔用之剖解脏腑，马克思用之割治外症。所以马克思并没有把黑格尔的辩证法颠倒过来。我们要研究辩证法还当读黑格尔、柏拉图的著作。读马克思的著作对于辩证法的学习，并无多大帮助。

所以就唯物论言，辩证法唯物论只是把科学的常识加以玄学化、独断化。就辩证法言，他们也只是现成地应用。现在再来看看他们所常说的三大定律。

三大定律之第一条是对立的统一。这原是辩证法最根本的一条原则，平常所谓殊途而同归，百虑而一致，相反而相成，都是这条原则的变相。宇宙间的事，必须一张一弛调和起来才能成功，种种相反的东西，如身与心、知与行、主与客，都是对立的，可又是统一的，在这种对立中，有主有从。如身心对立中，心是主身是从，知行对立中，知是主行是从，这种对立的统一，也便是矛盾的调解，冲突的克服，需要精神的努力。只有精神才能使对立的东西统一起来，物质决不能统一对立的，这条基本原则我曾称之为辩证观。是哲学上的一个重要观点。可是辩证法唯物论者从不曾好好予以发挥。

辩证法的第二原则即所谓否定之否定。一般的说法，都以为否定之否定是无限的否定，乙否定甲，丙否定乙，丁又否定丙，以至无穷。实际上否定作用是有止境的，否定至“合”而止，至“合”而矛盾解除。凡是矛盾的东西不是真的，因为真理是不矛盾的，实际上，真的东西并不怕被否定。真理本身是矛盾思想的解除。譬如兄弟相争，原是一个矛盾，但以全家庭和谐或对父母行孝道为标准，此矛盾即可解除，所以只有真否定伪，伪不能否定真，全否定部分，部分不能否定全体。

辩证法的第三原则是质量互转。这条原则是辩证法唯物论者杜撰出来的。黑格尔并没有说质量互转是辩证法之一定律。其实黑格尔根本就没有说辩证法有什么呆板的定律或公式。他们以为量的渐变，到了相当阶段就会引起新的突变。如积劳成疾，积怨成仇都是从量变到质变的例子。本来，从量变到质变是一个科学事实，可是从质变到量变便在科学上找不出证据。所以质量并不能（互）转。黑格尔的本来意思是质变是目的，量变是手段，在此意义下质变以量变为手段。目的决定手段，手段趋赴定目的。从量变到质变既是科学的事实，所以科学便以量做研究的对象，并以量来解释质。但照逻辑来讲，质量是相对的，有质必有量，有量必有质，质和量相反相成，质量的统一，也是对立的统立的一个例子。所以质量的关系，原是可以用辩证法来研究的一个问题，既无所谓互转，其本身和辩证法也不相干。

以上种种说明了辩证唯物论哲学思想的贫乏，不过辩证法唯物论主要观点还是它的历史哲学。

辩证法唯物论的历史哲学就是唯物史观。在其全部理论中，发生的影响最大，也最易为人所接受，而其观点也较新，对于历史哲学也可算是一个新贡献。唯物史观的物不是指纯粹的自然物，如电子、原子的运动。其所谓物乃是广义的物，泛指社会的经济事实、经济现象、生产制度，所以也有人称之谓经济史观。我们试加以同情的了解，唯物史观也可以说是一种外观法。外观法是研究一个问题所以发生的外表现象，如地方背景、时代背景等。唯物史观就是注重社会背景的一种历史观，它们以为一人的思想行为，受整个社会经济环境所支配，所以要研究某个思想之所以发生，不要从思想的本身里去找其原因，要从思想外面去找其原因。这是一种客观或外观的研究。所以有人说，要看一人的道德，只要看一人的账簿，看其银钱出入之来路去路，便可知道此人的道德生活是高尚还是卑下。同样要知道一个人的思想，也要从各方面去观察。对于一个社会说，各种社会现象、社会问题、社会思想之发生，也都有其外在的原因，此外在的原因也即经济的原因。这种看法本身并不能说错，但不能因为外观法不错，就说内观法错了。所谓内观法便是从思想本身去看思想。内观法是比较深刻的看法，而两个看法其实可以并行不悖。同时，不论内观外观都从全体观而来。所谓全体观即从全体来看部分。因为从部分来看部分，总有缺陷，不如从全体来看部分来得完全。在这意义下，已经不是物质决定意识，而是全体决定部分了。有了全体观之成就可知道外观内观均有所偏，只有从内外两方面来看，才能深刻而彻底。不过，内观注重本质，比较接近“全观”或“观全”罢了。

唯物史观的另一意义是下层决定上层。上层、下层指我们生活而言。生活的上层如宗教、艺术、哲学；第二层是道德、政治、法律，第三层即最下层是经济制度、物质环境。唯物史观者，以为上层生活完全受下层生活所决定。只要经济制度一改变，法律、政治、宗教、艺术都会随之改变，要想改革思想，便定要从改革经济下手。要有政治革命先须发动经济革命。一切都从经济出发，这是唯物史观全部思想的根本要点。在我们看来，经济始终是工具，上层的生活才是目的，我们固然不否认工具的重要，但我们更注意目的的重要。经济原不是自天而降的东西，不能自己发展，更不能自己创造，尤不能自来自去。譬如物价上涨原是经济现象，但其背后有奸商操纵和执政者的人谋不臧。一切经济生活的后面，必有创造经济的主人翁。中国古语说“一丝一粟当思来处不易”，可见经济上的财富，一定要经过精神的努力，流血流汗才能得到。

所谓物质文明，也是道德和知识努力的收获。经济资料既为人所创造，故为人所支配，所以归根结底不是经济支配人，而是人在支配经济，我们表面上受经济支配，实际上受经济背后的主人翁支配。譬如购买钟表后，我们才能养成守时习惯，并能节省时间，表面上我们的行为好像受钟表的支配，实际上，当初我之所以买钟表，正因为我想要养成守时的习惯和节省时间，所以归根结底是我们利用钟表，不是钟表决定我们。唯物史观的错误，就像这例中以为钟表决定了人的行为一样。

唯物史观的另一意思，以为一部人类史是阶级斗争史。初期社会为自由民与奴隶之争，封建社会为地主与农奴〈之〉争。至近代工业社会则变为雇主与被雇者〈之〉争，整部历史始终有着两个敌对阶级在斗争，这种看法本可以在历史哲学中聊备一说。这种看法只是政治斗争中一个口号。但是历史上的斗争并不限于阶级，我们也可说历史是观念的斗争、民族的斗争，譬如即以前后两次世界大战来说，就很难以“阶级斗争”四字来解释清楚。

辩证法唯物论的根本缺点是忽略个性、忽略人格，将人与人的差别完全抹煞。只知以外界的环境来解释人类的生活。在民族方面，也忽略了民族性和民族精神。只承认经济条件能支配一切，只要在游牧时代，一切民族便都是游牧民族，只要在封建时代，一切民族都是农业民族，可是民族的精神，民族个性的事实是绝对不容否认的，若把民族复兴问题单纯看成一个经济问题，不惟忽略了事实，也忽略了民族复兴的根本要义。在西洋近代，太注重个人主义，而其民族主义也流于帝国主义，提倡这种学说，或可收补偏救弊之效，可是在中国环境不同。中国在大一统的君主专制和异族侵凌下，处处均足使个性湮没民族意识衰颓，现在正在清醒重振的时候，正需要发扬个性，恢复民族精神才对，唯物论者自诩是注重时代背景和客观环境的，但在中国问题上，他们却太没有认清中国问题的时代背景和客观环境，而只知抄袭外来的教条了。

从哲学方面讲，辩证法唯物论也是玄学化了的经济学（所谓自然辩证法便是玄学化的自然科学），作为阶级斗争的工具。辩证法唯物论在中国的贡献，并不在提倡科学，亦不在研究哲学，且亦未倡导纯正的社会科学的研究，使人民的思想更开明。其力量所在，乃是满足青年情志的要求，给一部分喜于热烈行动精神的青年，以政治的信仰、理论的简单公式和信条。所以它决不能代表真正的学术兴趣，满足青年真正的求知欲。在这种情形下，第三种现代思潮自会代之而起，此即正统哲学。

四、正统哲学与三民主义哲学的展望

正统哲学，至今尚未成为时代潮流，但社会上的要求已很迫切，因为青年在理论方面要求贯彻，在精神方面要求满足。能达到此目的的，也只有纯正的正统哲学。这种纯正的哲学比以上两种更旧。因为在西洋，这代表希腊哲学的主潮，而近代的正统哲学也远在十九世纪以前。唯物论实验主义的哲学实在都是反对正统哲学而后起的一种哲学思潮。同时，这种正统哲学也可说比上面两种哲学更新，因为正统哲学的内容势必是扬弃前两者而加以新发挥的哲学，这种哲学也可以称为唯心论（参看拙著《近代唯心论简释》，独立出版社出版），因为其理论建筑在精神科学的基础上面，所谓精神科学指的道德史、宗教史、艺术史而言，以研究人类精神历史为主。在中国，要提倡这种哲学，必须很忠实地把握西洋文化，但又不是纯粹的抄袭，而是加以融会发挥。所以这种新哲学仍可以称为中国的哲学，本来中国的正统哲学与西洋的正统哲学是能融会贯通的、并进的、合流的。过去我们不能接受西洋的正统哲学，也就不能发挥中国的正统哲学。在西洋，最伟大的正统哲学家是苏格拉底、柏拉图、康德、黑格尔等。在中国，则有孔、孟、程、朱、陆、王，即儒家。又譬如中国的政治哲学主张为政以德，西洋的柏拉图的理想也主张政治的基础为正义。西洋正统哲学家注重法律不违道德，中国儒家所讲的法治也与申韩之术不同，而以礼治、德治、人治为基础。儒家以人性为善，苏格拉底认无人居心作恶，亚理士多德以人为理性的动物，康德以人为目的，而非手段。所以从各方面来看，这两种思想是相合的，所以中国正统哲学的发挥和西洋正统哲学的融化，实是一而二，二而一的事。（请参看拙著《儒家思想的新开展》一文，《思想与时代》第一期。）

新的中国哲学，主张一切建筑在理性的基础上，精神的基础上。没有精神，什么都没有。也只有精神的基础才是最巩固的基础。革命先要革心，知人贵相知心，甚至战争也以攻心为上。当辛亥革命成功，国父返国时，迎接他的人问他向外国借得了多少外债回来，国父说：“我现在是一钱莫名，所带回来的就是一点革命精神。”而这点点精神一直绵延到今天，作为北伐的基础，抗战的基础，建国的基础，所以我们的新哲学决不反对物质建设，而是要求建筑在精神基础上的物质建设。事实上要开发物质，征服物质亦非有精神不可。我们要工业化中国，要努力研究科学，都要求我们作精神上的努力。在政治方面讲，正统哲学相当于新儒家的思想，所以也竭力提倡法治，不过正统哲学所要求的法治是建立在德治、人治、礼治的基础上的法治，决不立于急功好利、刻覈［薄］寡恩的申韩式法治。正统哲学也不是不要实用，但是要求实用建筑在超实用的基础上。如工程师实业家为社会谋福利，对于工程师实业家个人说是超实用的，是服务人群的，是为他人解决实用而满足个人精神上的需要的，尽管是用，但其目的是富于理想的，精神性感情性的。再以抗战建国来说，单纯的抄袭西洋决不够，必须建筑在自己的精神基础上。这也可以说是从本质着手，从根本着手。

在中国兴起的新哲学，可以说是中国的民族哲学，但也可为全世界所接受。譬如孔孟的哲学是中国哲学，但也能为西洋人接受，所以这种哲学是普遍的哲学，典型的哲学，模范的哲学。但是这种哲学又一定和三民主义的精神相符合的，在这个意义下，这种新的正统哲学也可以说是三民主义哲学。

三民主义哲学与三民主义科学的意义完全是类似的，所谓三民主义的科学者决不是在物理课本，或化学课本上加上一段总理遗教或一段总裁言论就成功三民主义科学了，三民主义的科学便是纯正的科学，为科学家正在研究的科学；同样三民主义的哲学，亦非党八股，而是纯正的正统哲学。因为三民主义是中国近几十年来提倡纯正学术，容许学术自由的开明力量。三民主义是没有狭隘的御用的科学或哲学的。只要是货真价实的真科学、真哲学，都于三民主义有裨益，而为三民主义者所愿加培养，促其滋长的。中山先生说他的思想是承尧、舜、文、武、周公、孔、孟而来的正统思想，而我们所说的新哲学，亦必承此历史的传统，所以其内容势必能与三民主义的内容相合流。

最后，凡是一个哲学与政治家总有着密切的关系，哲学思想与政治思想亦有着密切的关系，两者往往互相了解，互相呼应，终必殊途而同归。这情形正同诗人在诗中表达的思想，可与哲学家的思想暗合一样。因为一个政治家亦可以有他对宇宙人生的根本看法，如果与哲学家的思想默契，则用哲学思想发挥出来亦就成为一种哲学系统。同样一个哲学家也可以有其政治见解。这种见解如果可行，则用政治方法实行出来，亦就成为实际政治。在这意义下，以哲学来讲，任何哲学都有一个理想的政治人格为其哲学思想所欲培养的人格准绳。易言之，每个哲学家都创造了他理想的人格，如孔子的理想人格为周公，孟子的理想为孔子，南北朝玄学家的理想人格为谢安，朱子哲学的理想人格为道德学问兼备的宰相，如王安石、司马光之流，黑格尔的理想人格为葛德和拿破仑。我们的新哲学当然亦有理想人格作为向往的目标，这无疑地便是百折不回创造民国的国父了。这便是我们所说的正统哲学。而在这个意义中，也只有在这个意义下，才有所谓真正的三民主义哲学。

知难行易说与力行哲学*
（1945年）

英国有一思想家叫做柴斯特顿的曾说过："一个房客不仅须知道房租的多少，最要紧的他须知道他的房东的哲学。一个作战的统帅不仅须知道敌军的众寡和敌人的虚实，最要紧的他须知道敌军将领的哲学。"他这里所谓哲学，当然是指广义的哲学而言，包括人生观、生活方式、思想意见、性情性格、为人处世的态度等在内。这话看似迂阔，但的确是阅历有得之言。只要有过租房经验，因思想和生活态度与房东不合而被迫搬家的人，当不难承认了解房东哲学的必要，凡是稍有远识的军事家和政治家大都多少会向知道敌人的哲学方面用一番工夫。这种先求知道敌人的哲学以定作战的方针的办法，或许可以叫做"精神的战略"。能够尽精神战略最大之妙用，使武器经济工业均远不如敌人的中国，可以有最后胜利的把握，可以制敌人死命的人，应首推我们抗战建国的伟大领袖蒋委员长。因为在对日抗战的初期，他即在那里做确定精神战略的工作，为抗战的胜利奠立精神的基础。在〈民国〉二十一年六月六日《要抵抗日本帝国主义先要抵抗日本武士道的精种》一演讲里，他指出："我们要抵抗敌人，不仅在乎枪炮军械要比敌人一样的精良，而且必先要彻底明了敌人的立国精神所在，要攻到敌人心坎里去。……我们要攻敌国，一定要先攻他的心。仅是得到他的城池，捕获他的俘虏，都没有用。"我们可以说，必定要能攻下敌人的心，才能对敌人作精神的征服。必定要精神的征服，才是真正的征服，最后的胜利。

蒋委员长对日抗战的方略之远大，较之孙子"攻心为上"的兵略，远有更深的意义，较之柴斯特顿知道敌人哲学的说法，也还要更进一

* 本文选自《当代中国哲学》（胜利出版公司，1945年）。1989年辽宁教育出版社再版该书时（书名改为《五十年来的中国哲学》），未收录本文。

步。因为孙子所谓攻心为上，大概是就狭义的军事观点着眼，乃指作战时首先使敌人军心涣散、士无斗志的意思。他似乎没有想到，抵抗敌人先要打倒敌人的主义，先要战胜敌人民族精神或立国精神这些根本问题。柴斯特顿只是说作战在贵能了解敌人的哲学，他却没有明白昭示作战须确立自己的人生观，发扬自己的主义，振兴自己的立国精神或民族精神。深切著明地见到一个伟大的民族解放战争，须要建筑在一个伟大的民族哲学和民族精神复兴的运动上面，恐怕要首推为德意志复兴建立精神基础的大哲学家费希德了。而蒋先生谋国规模的远大、识见的超卓，却处处与费希德所见，几若合符节。

费希德首先指出德意志民族之堕落，由于人民道德太坏，由于大家不顾理论，放纵情欲，自私自利。“年龄愈大，自私愈甚。地位愈高，道德愈低。”蒋先生也同样很沉痛地指中华民族衰弱之由来说：“中国人第一件坏的性质，就是自私自利。所以成了苟且偷安，麻木萎靡，不能奋发自强的民族。又因为自私自利，所以只讲个人主义，争权夺利，把自己的利害完全置于国家利害，民族利害与党的利害之上。这个毛病的总因，就是国民没有国家观念与民族观念，将中华民族固有的民族精神丧失殆尽。”费希德指出要复兴民族，其道是在复兴民族的道德，发展民族性。同样蒋先生大声疾呼地说：“我们要救国就先要救我们的国魂；要救民族，就先要救民族性。”又说：“敌人无论如何强大，我们都不怕。怕只是我们自己腐败，自己堕落，自己将民族精神丧失，没有国家和民族的观念。”费希德指出德意志民族性，德意志文化中即有其内在的凭藉，足以胜过敌人的因素。因为德意志民族，据他看，是有元气，有生命力，有原始的精神性的民族。他认为德国人之言语较之法国人的言语更有生命力。德国的哲学，如康德的批导哲学和他自己的知识学，较之英国之经验哲学，为更有元气、更有生命的哲学。德意志的精神教育运动，较之带破坏性的法国革命，亦是更富于元气、更有生命力的运动。就宗教信仰而论，德国人的路德新教较之法国人信奉罗马旧教，亦是更富于元气、更有生命力的宗教。由此足见费希德完全由民族文化之优胜处去建筑战胜敌人的信心，去寻求民族复兴的途径。而蒋先生抵抗日本所采取的精神战略，可以说是亦不期而与费希德相同。

蒋先生认定了日本的立国精神和民族精神实寄托于武士道上面。他分析日本的武士道乃是封建的遗物，被日本窃去了的儒教中残余的东西，只实行了王阳明动的哲学之一部分、一片断。他相信代表中国民族精神的革命之道亦即仁义之道，胜过日本的霸道。我们适应世界新潮流，发扬自己民族性的三民主义胜过日阀侵略的帝国主义。我们提出真正儒家智仁勇的精神，足以战胜了只在勇字上努力，勇而不仁的日本武士道。我们融会贯通王阳明致良知的动的哲学和总理知难行易的学说，以成立一种新的民族精神或立国精神，足以胜过只窃儒家一片断王学一部分的武士道或大和魂。所以蒋先生乃是从王阳明哲学之提倡、三民主义之实行和新民族精神的发扬里，为对日抗战奠定了最后胜利的基础，而指示了民族复兴的途径，这可以说是根据精神上文化上所谓知己知彼，再加上军事上的知己知彼，以作对日抗战的最高指挥原则。

因为蒋先生有了这种远大的根本的认识，所以他极力提倡人生观的确立和哲学基础的奠定。他说："有了哲学基础，然后我们的人生观才能确定。一切荣辱、成败、利害、生死，才能看透。……一个人没有确定的人生观，临到危险的时候，就难免于变节，临到富贵贫贱转变的时候，也难免于变节。"这话说得何等真切。他不惟以身作则实践了他的话，凡是真正受过蒋先生人格感化的与陶冶的人，实在多能看透荣辱生死，临难不易变节。军队也绝少朝三暮四反复叛变的事体发生。他又说："要做一个革命家，做一个三民主义实行家，做一个总理信徒，一定都要做到富贵不淫，贫贱不移，威武不屈，不怕困难，不怕危险，不苟且，不偷安，信仰主义，始终不变，非有一个确定人生观不行，要确定人生观要有哲学基础。……没有革命哲学作基础，人生观不确定，即不知大学之道，亦不知修身作人真正的道理，思想和信仰便容易动摇。所以没有革命哲学做基础的人来革命，是一定危险的。我们交朋友，觅同志，认识部下，认识长官，最要紧就是先要考察他的思想。……没有革命哲学作基础的人，是不好与他做朋友，做同志，更是不可要他做革命党党员的。"必定要做这样以主义、以思想作交朋友、选择同志党员的准则，才真正可以有为主义而奋斗的丰功伟绩产生。至于蒋先生心目中的哲学，乃是指真实哲学，活的真理，坐言起行，即知即行，足以主宰行为支配生活的根本理则或观点而言，不是抽象空疏咬文嚼字的学院哲学，也不是耳食袭取生吞活剥的公式口号，而是出于深思阅历学问体察的哲学。质言之，蒋先生所讲的哲学，乃即是他自己伟大人格的写照，坚苦革命经验的自白。所以他说："革命不是随便冲动的事，一定要有革命哲学作基础。革命哲学的基础也不是随便看几本书，研究几天，便可以得到的。一定要经过许多慎思、明辨、笃行的工夫，才可以构成一个中心思想。”据此可见，任何真正的哲学思想，乃是基于笃行力行的坚苦收获，乃是行以求知，不行不知，且行且知，换言之，知行合一，甘苦有得的产物。他自己亲切体验出来，有渊源、有自得、有实效的哲学，他叫做“行的道理”，亦称“力行哲学”。我们现在打算从各方面去加以剖视，加以了解。蒋先生的哲学特别值得我们了解，因为了解他的哲学，即是了解他的人格何以伟大，了解他革命伟业的精神背影，也即是了解他抵抗暴日的精神战略，并且了解我们抗战何以必胜，建国何以必成的理论基础。

蒋先生的行的哲学，乃是于王阳明的哲学及中山先生知难行易说灼然见到其贯通契合处，加以融会发挥而来。蒋先生提出“行”或“力行”的思想，实足以发挥王学的真精神。盖阳明致良知之教，消极方面，实所以反对支离空疏的章句之学；积极方面，致良知就是使自家固有的良知，发为行为，使本心不受障蔽，立即实现出来。致良知即是使知行合一的工夫，力行即是使知行合一的努力。黄梨洲发挥王学宗旨云：“良知为知，见知不囿于闻见，致良知为行，见行不滞于方隅。”“致字即行字。”“圣人教人只是一个行，如博学、审问、慎思、明辨皆行也。”（见《明儒学案》卷首《师说》及卷十《姚江学案》）足见阳明致知之教，其归宿即在一个“行”字。故蒋先生之行的道理，其渊源于阳明，更显然无疑。蒋先生曾教人致良知道：“我们本来人人晓得革命是好的。但在事实上却又不能照着革命的真理去做。那就是行动与心意不能一致，那就不能致良知。”所谓行动与心意不能一致。就是知行不合一。任其行动与心意不一致，就是不能致良知。反之，努力使行动与心意一致，努力使知行合一，就是致良知。就是力行。他又说：“有心意便有良知。不过有良知要能致，即是行，即所谓实现良知。”由此足见他所谓行或力行，即阳明致良知之教的重新提出。而且他对于致良知的解释，与黄梨洲的解释，完全一致，而非出于主观的杜撰。

蒋先生自从他早年将体验所得，凝练成“穷理于事物始生之处，研几于心意初动之时”两句精要的话，便已经开始在致良知方面用工夫。据我们现在看来，所谓“穷理于事物始生之处”，即是见微知著，由小见大，即是易经所说的“知几”的工夫。能知几，能洞察于机先，行为才能主动，必定要自由主动的行为，才能真叫做“行”。所谓“研几于心意初动之时”，即是审研自己的动机，察识自己的良知，反省自己的本心，使良知清明，动机纯洁，勿为欲念所动，勿为外物所役，庶几行动与心意方可一致。总之，这两句话已包含着致良知的精意了。他又说："我们今天要抵抗敌人，复兴中国，完成革命，并没有什么困难，只是在我们一念。……只要个个人照着自己良心上所认为应该做的事去做，则一切不好的动念，如个人的意见和私仇可以消除净尽。这是致良知。"这里对于致良知的说法，是如何简易直捷！如是符合阳明的本旨！真有"我欲仁，斯仁至矣"的气概。而且由致良知而真切感到"抵抗敌人，复兴中国，完成革命，并没有什么困难"。这不啻予中山先生"行易"之说一个有力的证明。所以他说："致就是行，致良知就是要打破行难的错误观念，就是要实实在在去做。"故能致良知，则可打破行难的观念，而实证"行易"之教。于是阳明学说与总理遗教便打成一片了。

所以蒋先生思想的取径，不仅要发挥王学，要继承总理遗教，而且又要能看出阳明思想与知难行易说的贯通一致处。他洞见到"总理所讲的知难行易的知和王阳明所讲的知行合一的知，其为知的本体，自然不同（一是不待外求的良知良心，一是不易强求的学问之知），而其作用是要人去行的一点，就是注重行的哲学之意是相同的"。这一点表示他有独到的深识；不墨守中山先生认阳明知行合一说为"与真理相背驰，而无补于世道人心"的看法，特揭出其共同之点，而加以融会与发挥。蒋先生特提出"致知难行易的良知"之说来教人。这显然在将阳明致良知之教与中山先生知难行易之说打成一片的说法。什么叫做"致知难行易之良知"？初看似颇费解，谛察之却颇有深义。"本着我们自己的良知，照着我们总理知难行易的学说去做"，就是致知难行易的良知。"我们大家皆知道知难行易的哲学，是今日救人心救民族最好的学说。这个知道的知，就是良知。我们能够努力实行这个知难行易的学说。这就是致知难行易的良知。"简切点说，致知难行易的良知包含两层意思。第一，所谓致知难行易的良知，就是指一般的行或力行而言，勿畏难，勿忽易。亦即勉为其难，力行其易之意。第二，致知难行易的良知，乃特指实行革命的主义而言，确认所信仰的主义为吾人的良知，亦即认三民主义，认知难行易说为吾人的良知，致这种对于主义的良知，就在努力实行主义，实现主义的意思。以革命主义为内容，以致良知为方法，以三民主义为良知的内容，以致良知为实行三民主义的方法。这就是致知难行易的良知的意义。

知道了统贯阳明哲学与知难行易说的真精神是"行"。知道了致知难行易的良知亦是“行”，我们便可进而探讨“行的道理”的义蕴。蒋先生所谓“行”，我们首先应注意的，乃是出于致良知的行，实现良知之行，本良心而行之行，同时也是受过知难行易说的洗礼的行。由行以求知，因知而进行的行。亦有主义，有信仰，有仁心，有诚意之行。简言之，行的道理的行，是渊源深厚、内容丰富的行。因此，“行”字有两层意思特别值得注意：第一，行包括知在内。换言之，行乃知行合一之行，非离开知而独立之行。非盲目冥行之行。他曾说：“所谓思维言论，只是行的过程，原包括在行的范围以内，而并不是列于行以外的。”这与王阳明认博学、审问、慎思、明辨皆是行的看法，完全是一致的。所以他提倡力行哲学，却并不反对知识学问。譬如，一个人努力读书求学，认真研究科学，研究主义，亦即是他所谓力行。第二，行与动大有区别。蒋先生说明行与动的区别一段，最为精审，我们可以抄录如下：“行是经常的，动是临时的。行是必然的，动是偶然的。行是自发的，动多半是他发的。行是应乎理顺乎人情的，动是激于外力，偶然突发的。所以就本体言，行较之于动更自然更平易；就其结果价值来说，动有善恶，而行则无不善，行是继续不断，动是随作随止的。”换言之，就知识方面来讲，行是与知合一的，动是离知孤立的。行是基于理性，动是出于冲动。若从本体论来讲，则行是经常的、必然的、自发的、不息的、无有不善的本体或实在，而动则是临时的、偶然的、随作随息〈的〉、有善有恶的现象。所以这里所谓行，实即是哲学上的最高概念。王阳明以知行合一之良知为体，良知中即包含行。即知即行，即体即用，即本体即工夫。蒋先生以知行合一为本体，行中即包含知，即行即知，即用即体，即工夫即本体。认知行合一之最高境界为真实无妄之体，两人相同。所不同者，阳明称此知行合一之体为良知，而蒋先生则称此知行合一之体为“行”罢了。

行不惟是体用合一，知行合一的本体，而且是动静合一的实在，所以他说：“我们所说的行的哲学就无分于动静。在整个进程中，工作是行，游息也是行。作事是行，修养亦是行，向外发展的时候固然是行，生机潜蕴成长的时候，也是行。”这种动静无间的行，就是人与生俱来的天性，同时也是健动不息、至诚不贰的天行或天道。“天行健”，“逝者如斯夫，不舍昼夜”就点明了这种川流不息的天行。

明了了蒋先生所谓“行”含有哲学上的真实无妄的实在的意义，请进而讨论行与诚、行与仁的关系。分开来说，诚是行的原动力，仁是行的目的。也可以说，诚和仁为行之体，行为诚和仁之用，但因即体即用，体不在用外，不能离开行而言仁与诚，亦不能离开诚与仁而言行，我们亦不妨说，仁、诚、行在蒋先生思想中是三位一体的东西。当他说行时，已包含诚和仁在内。不仁不诚之行，乃虚妄不实之盲动，决不能说是行，亦决不能说是有善无恶、经常、不息、必然、自发的行。就行之真纯专一、永不退转而言，便谓之诚，就行之生生不已，为生而行，为救人而行，为增进人类全体之生活，为创造宇宙继起之生命而言，便谓之仁。仁也，诚也，行也，其实一也。亦可谓同一本体之不同的说法，不同的方面而已。蒋先生关于智、仁、勇、诚诸德曾有几句很精要的话："知之出乎诚者必智，行之出乎诚者必勇。智者之知必知仁，勇者之行必行仁。"足见诚与仁不唯是构成真知的要素，而且是构成笃行与勇敢的要素。蒋先生所讲的行，也就出乎诚的行，行仁的行。就行与知的关系言，乃是合知而言行，知行合一之行。就行与仁诚的关系言，乃是合仁诚而言行，仁诚行三位一体之行。

仁是人的本性，本孔孟一贯的说法，蒋先生不惟承认仁是人的天性，而且指出行亦是人的本性。这种看法不惟对于人性有新认识，且于孔孟性善说也有新的证明与发挥。他指出行为仁的本性道："所谓行，只是天地间自然之理，是人生本然的天性。"又说："我以为人生本性并不是好逸恶劳的，我们毋宁说，劳动与工作乃是人类的天性。我如果把一个手足活泼的人闲置了起来，不许他行动，不给他一点事做，这个人必会感到十二分的痛苦。"孟子只说仁义礼智是人的本性。蒋先生复进而指出"行"是人的本性。这不能不说是一种新颖的说法。普通一般人皆以好逸恶劳为人的本性，行动劳作乃出于勉强。蒋先生特别指出健行好动是人的本性，好逸恶劳只是一种惰性习气，非出于性情之正。这对于人性之光明活泼方面实是一种新的认识。这个说法不惟给知难行易说一个新的证明，因行即出于本性之自然故甚易，非出于矫揉勉强，故不难；而且也予孟子性善说一个新的证明。盖前面即已说明行是无有不善的，今行既是人的本性，故人性亦无有不善的。所以，此说于发挥实现自我的人生理想和鼓励精进力行的勇气，实大有补助。

蒋先生对于仁字，也有切实精到的解释。他指出仁就是救人，爱人，服务。仁是人的本性，行仁是人生的本务，也是革命的本务，他复以向上利他的冲动言仁，尤富于近代精神："人本是争存的动物，但因为人类进化，生来就有一种向上的冲动，利他的冲动。这一种向上利他的冲动，存之于心便是德，施之于物便是善。故德贵自觉而善贵及人。”向上利他的冲动（亦即本性）存之于心便是德，与朱子仁是心之德爱之理的说法颇接近。所贵德谓［所谓德贵］自觉，盖人本有向上利他之德性，每每不自知觉，不能奋发推广，故贵自加反省，自觉其内心仁德之宝贵，勿为物欲所障蔽，所谓施物及人之善，便是孔子老安少怀的襟怀，且是博施济众之微意了。他又说：“一个人生在宇宙之间，自然有一种向上的为他的活动；这活动是起于心意而著于事物……从这向上为他的活动，造成一种事业，就完成了一个人。所以我对于人生观有一对联语说：‘生活的目的在增进人类全体之生活，生命的意义在创造宇宙继起的生命。’这两句话也可以说是我的革命人生观。”这不啻说行仁即所以完成一个人的人格。亦即是说仁是生活的目的，仁就是人生的意义。他那两句有名的联语，固然代表他革命的人生观，实亦代表中国儒家正宗的仁的人生观。所以他的“行的哲学”，即是“仁的哲学”或“生的哲学。”

对于诚的重要，诚的性质，诚与行的关系，蒋先生亦有透彻感人的发挥。真纯专一，贯彻到底，履危若安，履危若夷，便是他所亲切体验到的诚。诚也即是他所谓行的精神或革命的精神。《中庸》上所谓“诚者物之始”，“不诚无物”，在蒋先生一方面可以说“行者物之始，不行无物”。另一方面也可以说“诚者行之始”。“不诚无行”。换言之，诚即是行，诚行不可分。不可离诚而言行，亦不可离行而言诚。诚是人的天性，凡行之发乎天性者，即是出乎至诚。笃行或力行即是诚。蒋先生有两段话说得最坚决动人：“笃行是什么？怎样去笃行？笃行就是我们知道三民主义是好的，是可以救国，无论如何，死心蹋［塌］地，任何牺牲，任何痛苦，任何危险都不顾，我们只是实实在在去实行总理的三民主义，这样才能够说是笃行，才能够叫做诚。”“革命之失败成功，不必预计，我们相信我们的主义是可行的，就是我们到了死也还要是坚持我们的信仰，失败牺牲，也不要紧。我们为主义而死，至少是可以自慰的。为什么呢？因为我们的死，是为笃行三民主义。我死之后，可以求心之所安，这样子，我们才能笃行主义，亦这样子才算是诚。”他这里所讲的诚颇有耶稣殉道的宗教精神，也包含有诸葛武侯不计成败利钝，“鞠躬尽瘁，死而后已”的忠贞精神。所以他的“行的哲学”实即是“诚的哲学”。亦即《中庸》所谓“诚学”，这是他自己伟大人格的写照，自己实行主义矢死不贰忠贞精诚的态度的自白。这也充分表出他所以能领导革命伟业领导抗战建国的大业的精神基础。

我们须知蒋先生力行的宗旨，诚与仁的精神修养，并不是“九一八”事变后、“七七”事变后有所刺激而感发出来的言论。其实乃远植基于早年受中山先生人格的感召及创办黄埔军校时期之勇猛精进和学行的修养。民国十四年十二月蒋先生曾为黄埔军校第三期同学录写了一篇长序（后收在《自反录》第一集第五卷里）。这篇序最能代表他革命的人生观，可以说是在民国二十八年所汇集刊行的《力行哲学》一书以前最关紧要的一篇文字。此文中如“革命之道，仁爱之道也”，“革命之学大学也，革命之道大学之道也”等基本思想，已得初次发挥，而致良知的教训亦已深切著明地孕育着了。这篇序文中有“一念之是，可以兴邦；一念之非，足以杀身”的话。所谓“一念之是”，即是自己的良知，“可以兴邦”即是极言致良知的伟大效力。“一念之非，足以杀身”，即是极言不能致良知的危险。又如就序中“行乎生者心之所安者而行之，止乎生者心之所安者而止之”两语看来，则心之所安者即是良知，行止乎心之所安者即是致良知。足见虽在民国二十一年各演讲里，蒋先生方首次提出王阳明之教以与中山先生知难行易说融会贯通，而他自己身体力行阳明致良知之教，却远在多年以前。他自己也曾说过：“阳明的《传习录》是我十八岁时最喜欢读的书之一。这本书阐明致良知的道理，奠定了我求学作事的根本。”足见他的思想是有坚实的根底、深厚的渊源了。此序中有一段于阐明军校亲爱精诚的校训时，对诚的根本意义尤多发挥：“子思曰：‘诚者物之始终，不诚无物。’诚则亲，诚则爱，诚则精，而诚则成矣。”又说：“不成者不诚也。”这实不啻很直切简要的指示了一切成功的最后秘诀和抗战必胜建国必成的精神条件。而且这“不成由于不诚”的说法，还包有孟子“行有不得反求诸己”的教训，教人自己反省，凡行事之不成功，应反责自己之意有未诚或行有不力的地方。对于自己应先以诚，待人待同志一点，他亦有剀切的训示：“己先不诚而徒责人以诚，难矣。是故诚者无所往而不诚，不诚者无所往而能诚者也。”这是表明诚须求诸己，且须以恕行诚之意。己先能以诚待人，则自然人亦会感应，而以诚待己。自己先不诚先欲欺人，自然尔诈我虞，随处都难免受骗。由此足见革命的成功，抗战建国的成功，都是基于诚。同志的团结，国民的上下一心，都是这诚的感召。事业的完成，乃诚以成之，同志的团结，乃诚以感之。下面一段对于诚的价值与意义，尤有精要的发挥：“革命之学大，革命之理精，尚不外乎吾亲爱精诚之校训。不亲则离，不爱则妒，不精则杂，而不诚则无以致亲致爱致精也。诚则明，诚则强，诚则金石且为之开，而况于人乎？况与同志乎？”此处“亲爱精诚”四训中显以诚为主训，为主德。足见蒋先生此时早已真切提出“诚”字为革命的根本精神，为处世待人的中心概念。而他近年来所讲的“行的哲学”，无疑的即是从他早年所体会得到的诚的精神或诚的哲学发展出来。所以他一再说“力行即是诚”，“诚是行的原动力”，实在是有深厚的背景，很值得深思的话。

有了“行的精神”或“诚的精神”，则自会觉得行易。即是平常人所认为最艰险、最困难的工作，在有力行精神的人看来，均自会觉得容易，无所谓难，无所可畏了。唯有死心蹋［塌］地的去力行才不畏难。不畏难的去行，就觉得“行易”。不力行则凡事皆难，能力行则凡事皆易。这就是“天下无难事，只怕有心人”和“事在人为”的道理。蒋先生完全是从力行，从精诚勇猛之力行去证实行易，“行易”在他看来不是用理智去比较客观事实，较量知难行易的比率得来，而是从主观上的精神修养至诚不息的力行工夫实证得来。

蒋先生不唯从力行以证实行易，而且更进而根据力行以打破知难的难关，由中山先生之“能知必能行”，进而补充为“不行不能知”，从中山先生之“由行以求知”进而发挥为“不行不能知”。所谓不行不能知，就是要从力行中去求真知。凡事必须实行后方有真知，也唯有行而后能知。梏坐斗室，不与自然、人生、社会、实际接触，绝不能得真知。吾人不能从抽象支离之知以求知，只能从身体力行之行以求知。这样才能突破知难的难关，这样所得的知识才是真知实用。因知难，故提出力行以勉为其难，以征服其难。因行易，故提出力行以证实其易。所以蒋先生的力行哲学实在是发挥中山先生知难行易说的伟大成果，也就是为知难行易说谋最高的出路，求最后的证明。

陆象山与王安石*
（1945 年）

〈民国〉三十三年的夏天，美国副总统华莱士先生来访中国，发表了不少有深远意义的宏论。（希望他的言论尚没有完全为健忘的招待他只图敷衍场面的人所忘记。）最有兴味的一点是他特别赞扬我国宋代厉行新法的大政治家王安石。我们除对于异国异代去尚友千古的风度表示钦佩外，想藉此来谈一谈王安石的思想。因为他在政治上的设施是植基于他的学术思想的。此外附带还引起我们关于文化交流的一点感想。华莱士先生似乎隐约感觉着王安石之行新法与他和罗斯福总统之行新政，有了精神上的契合，他之赞扬王安石，不啻于异国异代求知己找同志。换言之，他之推尊王安石不是鄙弃自己，舍己从人，而是自己卓然有以自立，进而虚怀求友以赞助自己。因此我感觉得到我们之学习西洋文化，也不外是在异国异代去求友声寻知己，去找先得我心，精神上与我契合者而研究之、表扬之、绍述之而已。假如自己没有个性，没有一番精神，没有卓然可以自立之处，读古书便作古人的奴隶，学习西洋文化便作西化的奴隶。所以顽固泥古与盲从西化，都不过是文化上不自立，无个性之不同的表现而已。我不相信无自立自主的精神与个性读古书可以得到古人的真意，治西学可以得到西学的精华。

本文的目的不在讨论王安石的新法与华莱士所倡导的新政的比较，也不在讨论中西文化问题，而是藉华莱士之推尊王安石作引子，欲进一步去探究一下王安石的基本思想。这种根本思想是他的政治上的设施，以及他的德行文章的基本出发点。因为他的根本思想在哲学上和陆象山最接近，而且在中国所有哲学家中也只有陆象山对于王荆公的人品与思

---

* 本文发表于 1945 年，后收入《文化与人生》（商务印书馆，1947 年）。

想，较有同情而持平的评价。所以我就把陆（象山）王（荆公）二人，在思想史上第一次加以相提并论。因为他们的关系，最为人所忽视。

《朱子语类》上载有一个人问："万世之下，王临川当做何品评?"朱子答道："陆象山尝记之矣，何待他人说?"足见朱子与陆象山学术虽有不少的异同，但于象山对荆公的品评，却推许为可以代表万世之下的公平议论。朱子所指的，就是陆象山所作的《荆国王文公祠堂记》中的话。在这篇《祠堂记》之中，象山感于"是非不明，议论不公"。特地出来替王荆公说几句公道话。他指出当时反对新法的人，大都意气用事，攻击个人私德，不能"折之以理"，不能使安石心服，所以他们与荆公应平分其罪。他很持平地说："熙宁排公者，大抵极诋訾之言，而不折之以至理。平者未一二，而激者居八九。上不足以取信于裕陵（指神宗），下不足以解公（指荆公）之蔽，反以固其意成其事。新法之罪，诸君子固分之矣。"批评政治家最忌个人攻击，而象山首先排斥个人攻击而提出纯从政见和根本思想上着眼，去加以评价，足见他能见其大，识解自是不同。他指斥当时攻击荆公的人道："而排公者，或谓容悦，或谓迎合，或谓变其所守，或谓乖其所学，是尚得为知公者乎?"他根本认定荆公之受知于神宗和政治上的事业，完全是他的人格思想志趣一贯的表现，并非出于偶然。他很同情地表扬荆公道："英特迈往，不屑于流俗。声色利达之习，介然无毫毛得以入其心。洁白之操，寒于冰霜，公之质也。扫俗学之凡陋，振弊法之因循。道术必为孔孟，勋绩必为伊周，公之志也。不蕲人之知，而声光烨奕一时，巨公名贤，为之左次，公之得此，岂偶然哉。"他这段简要公正的话，真不愧为荆公千古知己。

站在学术的立场，他最心折、最感契合的是王荆公的"道术必为孔孟，勋绩必为伊周"的理想主义。他认为唐虞三代以来，"道"、"仁政"、"天下为公"的理想政治，久已衰微，而代以重私利现实的政治。他叹息道："人私其身，士私其学。老氏以善成其私，长雄于百家，至汉而其术益行。……自夫子之皇皇，沮溺接舆之徒，固已窃议其后，孟子言必称尧舜，听者为之藐然。不绝如线，未足以喻斯道之微也。陵夷数千百载，而卓然复见斯义，顾不伟哉。"所以他对于荆公之以伊周为职志，以尧舜期许神宗，以及荆公之主张变易祖宗成法，皆不惟不说他狂妄，不说他以大言欺人，反而特别予以嘉许，称为卓伟。他似乎隐约以荆公为孔门中之狂者，在政治上足以复兴理想政治，抵制重现实政治的老氏。他对于荆公的批评或惋惜之处，只有一点，即认他学问思想上有所蔽，缺乏穷理格物的工夫。换句话说，他认为荆公法尧舜变法度的根本主张，理想或志趣是对的，问题只在于法尧舜的实际措施是否得当，新建立的法度本身是否合理而无弊病。所以他说："惜哉，公之学不足以遂斯志，而卒以负斯志，不足以究斯义，而卒以蔽斯义也。"（"斯义"指尧舜之道，"斯志"指法尧舜之志。）又说："典礼爵刑，莫非天理，洪范九畴，帝实锡之。古所谓宪章法度典则者，皆此理也。公之所谓法度者，岂其然乎?"他认为荆公之行新法，恐有穷理未精，不免以己之意见为是，而未必尽契于天理。所谓未必契于天理，亦即未必尽合于人心之所同然的意思。

以上所引皆出于《祠堂记》，他《语录》中有一段批评荆公的话，似比较更明透："或问介甫比商鞅何如?先生云，商鞅是脚踏实地，他亦不问王霸，只要事成，却是先定规模。介甫慕尧舜三代之名，不曾踏得实处，故王不成，霸不就。本原皆因不要格物，模索形似，便以为尧舜三代，如是而已。所以学者先要穷理。"（见《象山全集》三十五）足见在象山眼里，荆公是一有高远理想的政治家，因为缺乏格物穷理工夫，所以理想未能实现（王不成），又因为不是商鞅式只图功成名就的实际政治家，所以霸也不就。又足见从象山对于荆公的批评里，他要指出两点教训：第一，法尧舜的理想政治是应该提倡的，不可因荆公之失败，而根本反对儒家法尧舜行仁政的王道理想，而陷于重私利的实际政治。第二，单是理想是不够的，必须格物穷理，辅之以学问，庶理想方可真正实现出来。从这里我们对于象山的学说，也可有一点新的了解。象山虽注重本心，注重理想，然而他仍与朱子一样地注重理，天理，学问，格物穷理。不过象山根本认为理不在心外，且比较在行事方面、在实际生活方面（而较少在书本章句方面）去求学问，去格物穷理罢了。

说到这里，我又想到朱子评论荆公的一段话了。朱子说："新法之行，诸公实共谋之。虽明道先生不以为不是，盖那时是合变时节。"又云："新法自荆公行之，有害，若明道行之，自不至恁地狼狈。"照这样说来，足见这里面，除了主张、理想外，还有一个"人"的问题。盖处理政治问题，知"人"，应付"人"，"人事处理得好"，实极关重要。荆公新法之失败，简言之，亦可谓"人事失调整"而已。但一个政治家人事处理得不好，大约不外两因：（一）性情方面先天的有缺陷，如刚愎、任性等。（二）学问方面后天的缺乏格物穷理工夫。但性情方面的弱点，大部分亦可由学问和涵养矫正之。故象山惋惜荆公之欠缺格物明理工夫，不惟甚中肯綮，且亦寓有深意。

其实，荆公自己对于他行新法的动机之纯，理想之正，办法之利，均颇有自信。于《上五事札子》中，他说：“免役之法成，则农时不夺而民力均矣；保甲之法成，则寇乱息而威势强矣；市易之法成，则贷贿通流而国用饶矣。”且于实行诸法成败的关键，他亦洞若观火。他再三着重地说：“窃恐希功幸赏之人，速求成效于年岁之间，则吾法隳矣。臣故曰三法者（指免役、保甲、市易、三法），得其人缓而谋之，则为大利；非其人急而成之，则为大害。”那晓得他所约集合作以行新法的人，尽是些“希功幸赏迅［速］求成效”的人，换言之，他之厉行新法，实系“非其人急而成之”，其必不免于失败，恐怕也早在他的洞察之中。即就荆公本人而论，他也是一性急的人。他平日最缺乏雍容的度量和从容不迫的风度。以性急的人去担负须缓图的事业，似已包含有失败的内在矛盾。

以上约略讨论象山对于荆公的人品，和政治上的理想与事实的欣赏和批评。以后有机会将再来讨论荆公的学术思想之接近象山、启发象山的地方。

学术与政治*
（1946 年）

一

“入国问禁，入境问俗”，是我们先民提出来表示走进了一个文明的独立的国境里，为尊重该国的礼俗起见，所应取的态度。我觉得应用这个原则来表示尊重学术的独立自主所应取的态度，实在再好不过了。因为每一门学术亦有其特殊的禁令，亦有其特殊的习俗或传统。假如你置身于某一部门学术的领域里，妄逞自己个人的情欲和意见、怪癖和任性，违犯了那门学术的禁令，无理地或无礼地不虚心遵守那门学术的习惯或传统，那么你就会被逐出于那门学术之外，而被斥为陌生人，门外汉。一如寄居在一个独立自主的文明友邦里，设若你违犯了友邦的禁令，不遵守该国社会上共遵的礼俗，就会被驱逐出境一样。不幸学术上的独立自主之常受侵犯，一如弱小国家的主权之常受侵犯一样。宗教要奴役学术作为它的使婢，政治要御用学术作为它的工具。贵族资本家也常想利用学术作为太平的粉饰，保持权利的护符。所以学术的负荷者要保卫学术的独立自主，以反抗外在势力的侵凌，就好像有守土之责的忠勇将士，须得拼死命以保卫祖国一样。

最易而且最常侵犯学术独立自主的最大力量，当推政治。政治力量一侵犯了学术的独立自主，则政治便陷于专制，反民主。所以保持学术的独立自由，不单是保持学术的净洁，同时在政治上也就保持了民主。

* 本文原发表于 1946 年，后收入《文化与人生》（商务印书馆，1947 年）。

政府之尊重学术，亦不啻尊重民主。

二

所以一谈到学术，我们必须先要承认，学术在本质上必然是独立的、自由的，不能独立自由的学术，根本上不能算是学术。学术是一个自主的王国，它有它的大经大法，它有它神圣的使命，它有它特殊的广大的范围和领域，别人不能侵犯。每一门学术都有它的负荷者或代表人物，这一些人，一个个都抱“鞠躬尽瘁，死而后已”的态度，忠于其职，贡献其心血，以保持学术的独立自由和尊严。在必要时，牺牲性命，亦所不惜。因为一个学者争取学术的自由独立和尊严，同时也就是争取他自己人格的自由独立和尊严。假如一种学术，只是政治的工具，文明的粉饰，或者为经济所左右，完全为被动的产物，那么这一种学术，就不是真正的学术。因为真正的学术是人类理智和自由精神最高的表现。它是主动的，不是被动的；它是独立的，不是依赖的。它的自由独立，是许多有精神修养、忠贞不贰的学术界的先进竭力奋斗争取得来的基业。学术失掉了独立自由，就等于学术丧失了它的本质和它伟大的神圣使命。

同时在某种意义下，政治也是独立自由的，它也有它特殊的领域，神圣的使命，它有它的规矩准绳、纪纲律例，它也需要忠贞不贰、“鞠躬尽瘁，死而后已”的英雄豪杰之士来争取保持它的独立自由。政治没有独立自由，便根本不能指导、统治、推动整个社会国家的经济、行政、教育、外交、军事，一切活动。

学术事业不是随便一个人可以担当的，政治事业也不是随便一个人可以胜任的，学术需要特殊的天才和修养，政治也需要特殊的天才和修养。长于政治的人，不一定长于学术，同样，长于学术的人，也不一定长于政治。许多专门学者，学问尽管很好，但在政治上，却不一定会有伟大的表现。有时甚至有学问愈好，而政治能力愈坏的人，因为知与行、知理与知人、治学与治事，虽不无相互关系，但究有不同，需要两套不同的本事。大体上说，须得分工合作，而不易求兼全之才的。柏拉图在他的《理想国》里主张哲学家作国王，如果他的意思是说伟大的政治家必须是有科学哲学的陶养的通才，倒不失为很有深意的说法，如果误解他的学说，以为最好的学问家，一定是最好的政治家，那末在实际上政治恐不免贻误于书生迂阔之见，而理论上，也就忽略了学术与政治各有其独立自主的范围了。

三

学术有学术的独立自由，政治有政治的独立自由，两者彼此应当互不侵犯，然而学术与政治中间，又有一种密切的联系，失掉了这一种联系，就会两败俱伤。

通常一个上了轨道自由独立的政府，一定会尊重学术的自由独立，一个自由独立的学术也一定能够培植独立自由的人格，帮助建树独立自由的政治。因为学术是政治的根本，政治的源泉。一个政府尊重学术，无异饮水思源，培植根本。假如政府轻蔑、抹煞、鄙视学术，那么这个政府就渐渐会成为“不学无术”、“上无道揆，下无法守”的政府，恐怕不久也就会塌台的。

由此足见学术和政治的关系，也可以说是“体”与“用”的关系。学术是“体”，政治是“用”。学术不能够推动政治，学术就无“用”，政治不能够植基于学术，政治就无“体”。我们说学术推动政治，并不是说单是学术界少数学者教授先生们，就可以担任这一个伟大的任务，我们的意思是说，学术的空气，学术的陶养，必须要弥漫贯穿于所有政治工作人员的生活之中，就是说每一个政治工作人员都曾经多少受过学术的洗礼，并且继续不断地以求学的态度或精神从事政治，以求学养的增加，人格的扩大。政治是学术理想在社会人生的应用、组织和实现。也可以说，政治是学术的由知而行，由理想而事实，由小规模而大规模，由少数人的探讨研究到大多数人的身体力行。政治没有学术作体，就是没有灵魂的躯壳，学术没有政治作用，就是少数人支离空疏的玩物。

因为这种关系，我们可以说，任何建国运动，最后必然是学术建国运动。离开学术而言建国，则国家无异建筑在沙上。学术是建立国家的铁筋水泥，政治上所谓真正的健康的“法治”，或者儒家所提倡的“礼治”、“德治”，本质上皆应当是一种“学治”。“开明的政治”就是“学治的政治”。离开学术而讲法治、就是急功好利，残民以逞的申韩之术；离开学术而谈德治，就是束缚个性、不近人情、不识时务的迂儒之见；离开学术而谈礼治，就是粉饰太平、虚有其表、抹煞性灵的繁文缛节与典章制度。

学术既然成为政治的命脉，所以中国学者有所谓“学统”或“道统”和“政统”或“治统”的分别（参看王船山《读通鉴论》卷十三）。各人贡献其孤忠以维系他自己所隶属的“统纪”。有时二者不可得兼，深思忧时之士，宁肯舍弃“政统”的延续，以求“学统”、“道统”的不坠。譬如孔子最初也未尝不想作一番武王、周公的政治事业，然而时势已非，他就退而删《诗》、《书》，定《礼》、《乐》，著《春秋》，以延续学统、道统担负“素王”的工作。顾亭林说：“天下兴亡，匹夫有责。”他真正的意思是说，一朝一姓的兴亡或统治者的兴亡是食一朝一姓之俸禄的当政者的责任；而有关天下的兴亡，亦即学统、道统的兴亡，人人都有责任。他这种思想，当明朝灭亡、满人入主中原的时候，特别有其苦心与用意。和他同时代的王船山，以民族的命脉、学统的维系自命，因此有同样的抱负。王船山说：“天下不可一日废者，道也。天下废之，而存之者在我，故君子一日不可废者，学也。……一日行之习之而天地之心昭垂于一日，一人闻之信之，而人禽之辨立达于一人。”（见《读通鉴论》卷九，下同）足见在一切政治改革，甚至于在种族复兴没有希望的时候，真正的学者，还要苦心孤诣，担负起延续学统、道统的责任，所以王船山又说，“当天下纷崩，人心晦否之日”，负延续道统、学统的使命就是“独握天枢，以争剥复”的伟业。从学统、道统的重要以及其与政统的关系看来，我们就可以知道，政府尊重学术，就是培养国家的元气，学者自己尊重学术，就是小之尊重个人的人格，大之培养天下的命脉。

四

学术之独立自由，不惟使学术成为学术，亦且使政治成为政治。因为没有独立自由的学术来支持政治，则政治亦必陷于衰乱枯朽，不成其为政治了。所以争取学术的独立与自由，不惟是学者的责任，而尊重学术的独立与自由，亦即是政治家的责任了。一个学者求学术的独立与自由，有时诚应洁身自好，避免与政治发生关系。特别避免为奸雄霸主所利用，而陷于扬雄、蔡邕的命运。故有时学者必须超出政治方能保持学术的独立与自由。但须知独立自由和“脱节”根本是两回事，求学术的独立自由可，求学术和政治根本脱节就不可。学术和政治不但须彼此独立自由，还须彼此分工合作，就好像许多独立自由的公民，分工合作，形成一个健全的近代社会。假如学术和政治脱了节，就好像原始时代老死不相往来的小国寡民，不能收分工合作、团结一致的效果。这样，决不能产生近代的学术，也不能产生近代的政治。

学术界常常有一些人，逃避政治，视政治为畏途，视为政治为污浊，惟恐怕政治妨碍了学术的清高。这种态度足使学术无法贡献于政治，政治不能得学术的补益，因而政治愈陷于腐败，学术愈趋于枯寂。这种与政治绝缘的学术，在过去的中国，颇占势力，如像乾嘉时代的考证，不过是盛世的点缀，南北朝的玄谈，也不过是末世学人的麻醉剂。无补于治道，也无补于世道。这种学术，表面上好像是超政治而自由独立，实际上并没有达到真正自由独立的境界。真正的学术自由独立，应当是“磨而不磷，涅而不缁”。学术到了这一种程度，它就能够影响支配政治社会，不怕政治社会沾［玷］污了它的高洁。假如我们奉考据玄谈为学术独立自由的圭臬，那么去真正的思想自由学术独立就太远了。最奇怪者就是有许多人，他们所操的学术，尽管与政治绝缘，与社会民主两不相干，然而他们的生活，却并不与政治绝缘。他们为争权夺利的功名之念所驱使，一样也可以凭个人私智和申韩之术，去作不择手段的政治活动。反之，如孔子、孟子、顾亭林、王船山等人，他们的学术维系政治命脉，民族的兴衰，然而他们的生活却是超出政治，高洁无瑕的。

学者维持学术的尊严，须在学术创造的自身上努力；而不在放任乖僻的性情，抱虚骄的态度。轻蔑政治，笑傲王侯，本来是文人习气。许多人都误以为这种习气就是维持学术尊严的正当态度。我并不是说学术本身的价值不如政治，我也不是说学者尊严神圣的使命，超世绝俗的造诣，没有足以睥睨一切笑傲王侯的地方。我的意思是说，学者表面上绝不可显露出笑傲王侯轻蔑政治的虚骄态度，因为这只足以表示乖僻任性带有酸葡萄意味的文人的坏习气，而不足以代表纯正的学者态度，如像陶渊明“不为五斗米向乡里小儿折腰”，普通都引为轻蔑政治的美谈。其实陶渊明辞官归田另有他的苦衷。那时他看见晋室将亡，刘裕将篡，他不愿意作贰臣，他实有“不可仕，不忍仕”之苦衷，而并没有根本轻蔑政治助长文人傲气之意（这是采取王船山独到的看法，见《读通鉴论》卷十五）。杜工部诗“本无轩冕志，不是傲当时”，王右丞诗“古人非傲吏，自阙经时务”，足见中国正统的大诗人，深知各人的志趣能力每有不同，诗人天才与政治天才有别，自己解释自己对于政治并没有取虚骄轻蔑的态度。又如周濂溪不卑小官，然而这并不损害他“胸怀洒落，光风霁月”的高洁风度。

轻蔑政治的文人习气，既然为诗人高士所不取，所以现代的人更不能够袭取这种态度，作为保持学术自由独立的护身符。而且轻蔑政治比反对政治还要坏。政府措施如有失当，你尽可批评，贪吏的行为，你可加以攻击，奸贼的黑幕，你不妨去揭穿，你均不失为一个正直勇敢的公民。现在那些有轻蔑政治习气的人，对于一般从事政治的人，尖酸刻薄，嘲笑讥讽，而对于贪官污吏巨奸大憝，反而取幽默纵容的态度。像这样态度，于学术的前途、国家的前途，恐怕两皆有害而无利。这种脱离政治、轻蔑政治以求学术自由独立的传统风气，在学术上是不健康的空气，在政治上，也不易走上近代民主政治的道路。

好在自从新文化运动以来，在中国大学教育方面，总算稍稍培植了一点近代学术自由独立的基础：一般学人，知道求学不是作官的手段，学术有学术自身的使命与尊严。因为学术有了独立自由的自觉，对于中国政治改进，也产生良好影响。在初期新文化运动的时代，学术界的人士完全站在学术自由独立的立场，反对当时污浊的政治，反对当时卖国政府，不与旧官僚合作，不与旧军阀妥协。因此学术界多少保留了一片干净土，影响许多前进青年的思想，培养国家文化上一点命脉。学术界这种独立自由的态度，可以说是为腐朽残暴的北洋军阀作了釜底抽薪的反抗，使他们不能罗致有力的新进分子，去支持陈旧腐败的局面；间接有助于国民革命军北伐的成功。此后政治虽然有不少纷乱，学术的自由独立，仍然保持相当的水准，但是学术界的人士，对于统一尚未真正成功的国民政府，态度似乎不能一致，冷淡、超脱、不理会是学术界当时普遍的现象。到了“七七”事变，抗战建国的国策确定以后，学术界的人士，也就进而对政府取尽量辅助贡献的态度，政府对于学术界也取咨询尊重的态度，我们希望我们中国渐渐有自由独立的政府，来尊重自由独立的学术，同时也渐渐有自由独立的学术，来贡献于自由独立的政府了。

王船山的历史哲学*
（1946年）

王船山是王阳明以后第一人。他在中国哲学史上的地位，远较与他同时代的顾亭林、黄梨洲为高。他的思想的创颖简易或不如阳明，但系统的博大平实则过之。他的学说乃是集心学和理学之大成。道学问即所以尊德性，格物穷理即所以明心见性。表面上他是绍述横渠，学脉比较接近程朱，然而骨子里心学、理学的对立，已经被他解除了，程朱、陆王间的矛盾，已经被他消融了。

船山的历史哲学可以说是他的纯粹哲学之应用与发挥，乃是中国历史哲学的历史上之空前贡献。他的《读通鉴论》和《宋论》二书，大约是他晚年思想成熟时的著作。执一中心思想以评衡历史上的人物与事变，自评论历史以使人见道明理而入哲学之门。书中透出了他个人忠于民族文化和道统之苦心孤诣的志事，建立了他的历史哲学、政治哲学和文化哲学，指示了作人和修养的规范，可以说他书中每字每句都是在为有志作圣贤、作大政治家的人说法。

何谓历史哲学？太史公所谓“明天人之际，通古今之变，成一家之言”，可以说是对于历史哲学的性质与任务最好的诠释。简言之，历史哲学即是要在历史上去求教训，格历史之物，穷历史之理，穷究国运盛衰、时代治乱、英雄成败、文化消长、政教得失、风俗隆污之理。换言之，历史哲学即在历史中求“通鉴”，求有普遍性的教训、鉴戒或原则。古今来第一流有气魄有识见的史家，如司马迁、司马光之流，绝不仅供给我们以历史事实，而乃要指示一种历史哲学。一如伟大的科学家之不仅是科学家，而自有其哲学，有其宇宙观。

---

* 本文原发表于《哲学评论》1946年第10卷第1期，后收入《文化与人生》（商务印书馆，1947年）。

然而历史家的历史哲学只是潜伏的，隐微的，暗示的。只是寓哲学义理于叙述历史事变之中（一如诗人之寓哲学于诗歌中），究只是史而非哲学。哲学家的历史哲学是以哲学的原理为主，而以历史的事实为例证为参考，是哲学而非历史。历史哲学家将历史家所暗示之潜伏隐微之教训发挥出来，批评史家写史时所抱之根本主张，批评史家所假定之前提。譬如，太史公书中有许多地方，都是有作用的偏见，王船山直指出来而斥之为“谤史”。又如太史公与班固皆注重史书之文学性，喜为恢奇震耀之言，亦为王船山所指责。又如太史公在《伯夷列传》里，大发议论怀疑天道之公正，而船山整个历史哲学的中心思想，即在发明天道之公正不爽。太史公根据历史事实以证天道之不公正，王船山亦根据历史事实以证天道之公正。足见两人对于历史之看法、解释，和哲学不相同。至于司马温公之《资治通鉴》所隐微暗示之历史哲学，无疑的即是“有德者兴，失德者亡”的道德史观。而王船山之《读通鉴论》主要地也就是将温公之道德史观加以深刻化系统化的发挥。他又因为自己身处于国族大变局中，而特别注重夷夏之辨的春秋大义，以唤醒人的民族意识。不过，我们不只是注重他藉历史事变所发挥的道德教训和民族思想，而特别要揭示他的哲学思想，历史哲学的思想。

首先拟略述王船山研究历史哲学的方法。他的方法可以分作三点来说：第一，因为他是先有了哲学的原则，然后才应用这些哲学原则为基本来观察、解释、批评历史事实，所以他有时可以说是纯自一根本原则或中心思想出发，采以事实注理则，以理则驭事实的方法，藉历史事实以说明哲学原理，将历史事实作为哲学原理之例证或证成。也要用历史事实以例证或证成的根本原理，就是儒家的天道的观念、仁的观念和体用合一等观念。这在以后将再阐述。他这种方法可以说代表哲学家治历史哲学的一般方法。其好处在使他的理论富于哲学识度贯通而少矛盾。其弱点在空洞而不亲切。然而他又能辅之以现象学的方法及体验方法，使他的理论丰富有内容而亲切感人。

第二，所谓现象学的方法，就是即用以观体，因物以求理，由部分以窥全体，由特殊以求通则的方法。换言之，现象学的方法应用在理解历史方面，即是由看得见的古人的言与迹这些现象，去探求那看不见的心与道。“因言见心，因迹见道”是船山达到他的历史哲学的又一钥匙。他说：“知言者，因古人之言，见古人之心。尚论古人之世，分析古人精意之归。详说群言之异同，而会其统宗；深造微言之委曲，而审其旨趣。”（《宋论》卷六）因“言”去见“心”，由尚论古人之“世”，去求古人的“精意”，由比较“群言”的异同，去会通其“统宗”，由“微言”去深察其“旨趣”，都表示我所谓即用观体，由现象求本质的现象学的方法。《读通鉴论》卷十六复有“千载以下，可按迹以知心。义不义决于心，而即征于外”的话，更足以见他“由外知内”、“按迹见心”的方法。

第三，体验方法。王船山复用设身处地、同情了解的体验方法去得到他的历史理论。在《读通鉴论·叙论四》里，他说：“设身于古之时势，为己之所躬逢。研虑于古之谋为，为己之所身任。取古人宗社之安危，代为之忧患，而己之去危以即安者在矣。取古昔民情之利病，代为之斟酌，而今之兴利以除害者在矣。得可资，失亦可资也。同可资，异亦可资也。故治之所资，惟在一心，而史特其鉴也。”他这段话教人知的方面，虚心、设身处地以体察古人之事迹；行的方面，求得其教训，以资自己立身处世的鉴戒。这正好表示了体验方法的两面。因为体验方法不是单纯的求抽象知识之法，而是知行合一之法。

我们前面业已提到船山是先从钻研经学里，得到他的哲学原则，然后应用于历史方面，以完成他的历史哲学。现在我们要进而简要地介绍他的根本哲学思想。

概括讲来，王船山的根本思想是一个不偏于一面的一元论或合一论。在各种对立的双方，他要力求其偏中之全，对立中之统一。他的一元论，不是孤立的单一的一元论，而是一种谐和的调解对立，体用兼赅的全体论或合一论。而他的合一论也并不是漫无区别的混一论或同一论，而自有其体用主从之别。大体说来，他是以理为体、物为用的理学，以心为体、物为用，知为主、行为从的心学。兹加以分别的论列：

（一）王船山的道器合一论。他承认“无其道则无其器”，但他特别注重“无其器则无其道”之说，以补救王学末流之弊。他指出：“器之虚寂，即道之虚寂。”他并且力言：“未有弓矢而无射道，未有车马而无御道。”（见《周易外传》卷五《系辞上传》）足见他力持道器合一而不可分离的说法，且已预斥近人离开器而侈言抽象的道，如“未有飞机之前，已有飞机之理”的说法。他的着重点是道器合一，不可离器而言道，以陷于空寂。亦不可离道而言器，致陷于无本。钱穆先生根据船山“天下惟器而已矣，道者器之道，器者不可谓之道之器”的说法，便释船山此说为“唯器论”，那不啻说船山只知用而不知体。这似乎不足表示船山哲学上的根本立场。就船山的时代来看，大概他处于王学末流之世，离器言道陷于空寂的弊病比较大。为补偏救弊计，他比较注重不可离器而言道，或器外无道之说，诚所不免，但是他从来没有掉开他的道器合一论。

（二）王船山的体用合一论。道即体，器即用，道器合一说即体用合一说。不过分开来说，或可较易了解。他说："天下之用皆其有者也。吾从其用而知其体之有。体用胥有，而相需以实。善言道者，由用以得体，不善言道者，妄立一体，而消用以从之。不可说空道虚，而强名之曰体。求之感而遂通者，日观化而渐得其原，如执孙子而问其祖考。"（《周易外传》卷二《大有》）他这里"体用胥有，而相需以实"一语，说体用合一之理甚精。意思是说，体有用而体真，用有体而用实。反之，体用分离，则两者皆虚妄不实。至于此下各语，正昭示我前面所说的现象学方法之真义。"善言道者，由用以得体"，"从用而知其体之有"，意即谓须用现象学方法，即现象以求得本体，不可外现象以妄立本体。"求之感而遂通者，日观化而渐得其原。"亦是即流行（感通，化）见本体（道原）之意。子孙喻用，祖考喻体。执子孙问祖考，亦即比喻我们所说的现象学方法之切实妙用。盖现象学方法的本质在于"即用求体"，而现象学方法，即是以体用合一的原则为前提。

（三）王船山的心物合一论。心属体，物属用，持体用合一说者自必持心物合一说。船山说："心无非物也，物无非心也。"（《尚书引义》卷一《尧典》）"一人之身，居要者心也。心之神明散寄于五脏，待感于五官。肝脾肺肾，魂魄志思之藏也。一脏失理，一官失用，而心之灵已损矣。无目而心不辨色，无耳而心不知声，无手足而无能指使。一官失用而心之灵已废矣。其能孤挖一心以绌群明而可效其灵乎。"（《尚书引义》卷六《毕命》）他这里前两句虽稍欠透彻发挥，然而他持心物合一说，自无可疑。后面一段说身心合一之理令我们想起斯宾诺莎的身心平行论。在中国哲学里，讨论身心问题，有这种见解，实新颖可喜，足以引起人研究生理学及心理学的兴趣。可惜他未能详细发挥。

（四）王船山的知行合一论。船山生于王学盛行之时，自不免受阳明知行合一说的影响。且知属心，行属身属物，他既持心物合一说及心身合一说，他自不能不一贯地持知行合一说或知能合一说。他论知不可废能道："夫能有迹，知无迹。故知可诡，能不可诡，异端者于此，以知为首，尊知而贱能，则知废。知无迹，能者知之迹也。废其能则知非其知，而知亦废。”（《周易外传》卷五）他这里以行能为知之迹象，则知是体、行是用，知是主、能是从，自不待言。但为救王学末流之失，他特别注重不可离用以求体，不可废能以求知。

他又论知行关系道：“且夫知者固以行为功者也。行也者不以知为功者也。行焉可以得知之效也，知焉未可得行之效也。……行可兼知，而知不可兼行。……君子之学未尝离行以为知也。”（《尚书引命》卷三《说命》）据我们解释起来，原则上船山仍然赞成知行合一、知行不可分离之说，不过他要矫正尊知贱能、重知轻行的偏弊，他特重不可离行以为知，亦即注重即行以求知、不行不能知之说。他便多少带有美国皮尔士、杜盛、詹姆士等人的实效主义的色彩，而与王阳明之说法相反。阳明持“知是行之始，行是知之成”的说法，而船山便持“行是知之始，知是行之成”的说法。阳明认真知良知即包括行。而船山则认行可兼知，而知不可兼行。

（五）王船山的物我合一论。一般中国哲学者一读到物我一体，都认作是一种神秘境界，惟船山对于物我合一之说，能根据经验加以切实发挥。他说：“且夫物之不可绝也，以己有物。物之不容绝也，以物有己。己有物而绝物，则内戕于己。物有己而绝己，则外贼乎物。物我交受其戕贼，而害乃极于天下。况乎欲绝物者，固不能充其绝也，一眠一食而皆与物俱，一动一言而必依物起。不能充其绝，而欲绝之，物且前却而困己，己且龃龉而自困。”（《尚书引义》卷一《尧典》）他这种物中有己、己中有物的物我合一论实与他的心物合一论相贯通。盖准此说来，则心中有物，物中有心。格物即可明心，用物即可尽己，饰外即可养内。一方面保持合一论的根本观点，一方面采取平实的即用以求体、下学而上达的方法。

他这种合一论的根本思想又如何应用在历史哲学方面呢？历史哲学上有两个重要概念，一是天道，一是人事。前者为理，后者为事。船山的思想就认为历史上事理是合一的，天道与人事是不分离的。天道并不空虚渺远，人事亦不盲目无理。他的方法是由人事以见天道，由事以明理。

王船山的天或天道，第一，具有理则性。是灵明而有条理的，是历史上事物变迁发展的法则或节奏。第二，天道具有道德性。天道是公正的，大公无私，赏善罚恶。这一点与老子之天地不仁的看法相反，而代表正统儒家思想。第三，天道复具有自然性，不息，不遗，无为，不假人为，无矫揉造作。第四，天道具有内在性，即器外无道，事外无理。天道并不在宇宙人生之外，即内在于器物事变中，而主宰推动万事万物。第五，天道有其必然性，真实无妄，强而有力，不可抵抗，人绝不能与天道争胜。凡此特点，均儒家的天道观应有之义。我们这里拟另外特别提出船山的两点独特贡献，加以阐发。一是天道不外吾心，理不在心外的心学观点，亦即集理学、心学之大成的观点。一即船山对于天道之矛盾进展或辩证法观点，默契于黑格尔理性的机巧的历史观。

于《读通鉴论》卷七里，船山对于天与事物及天与心的关系，有精要的说明："无以知天，于事物知之尔。知事物者心也。心者性之灵天之则也。"这明白应用他即用求体的方法，而即由事物以求知天。但由事物所认识的天，却不在心外，而心即是天的法则。他这里所谓于事物知天即含有朱子所谓即物而穷其理之意。"天者理也"是船山秉承宋儒一贯的看法。于下面一段话中，更可见出："天不可知，知之以理。拂于理则违于天，必革之而后安。……以理律天，而不知在天者之即为理。以天制人，而不知人之所同然者即为天。"（《读通鉴论》卷十四）"拂于理则违于天"，"在天者即为理"，是代表"天即是理"的理学的说法。根据陆王"此心同此理同"的说法，则"人之所同然者即为天"，即不啻说人之心同理同者即为天，是又符合陆王心学的趋向。由民意即天意，天视自我民视的古训，更可以见得"人之所同然者即为天"一语的义蕴。"君子之所贵于智者，自知也，知人也，知天也。至于知天而难矣。然而非知天则不足以知人，非知人则不足以自知，天聪明，自我民聪明；天明威，自我民明威。即民之聪明明威，而见天之违顺。"（《读通鉴论》卷十四）这段话有三点值得特别注意。第一，"非知天则不足以知人"，是根据非知全则不足以知分，欲知人不可以不知人之本源的原则。历史哲学如欲知人事，则不能不进而探知天道。第二，"即民之聪明明威，而见天之违顺"，即是由用知体的现象学方法。天不可知，于事物之理知之，于人之同然之理，之民意民心民情，之聪明明威或理性以知之。第三，天理天道天心，不外于我民之"聪明明威"。天不在外，天人不二，这又代表心学的看法。

在《宋论》中，船山论天与道时心学意味，尤其浓厚："论期于理而已耳，理期于天而已耳。故程子之言曰：'圣人本天，异端本心。'虽然是说也，以折浮屠唯心之论，非极致之言也。天有成象，春其春，秋其秋，人其人，物其物，秩然名定而无所推移，此其所昭示而可言者也。若其密运而曲成知，大始而合至仁。天奚在乎？在乎人之心而已。故圣人见天于心，而后以其所见之天为神化之主。”（《宋论》卷六）又说：“道生于心。心之所安，道之所在。”（《宋论》卷八）程子尚析心与天为二，而船山却超出程子，合心与天为一。明白宣称，天即在人之心中，心之所安，即道之所在。非深有得于陆王心学者，决不敢出此语。由此我们可以看出，船山不离理而言天，由事物以求明理知天，处处不离理学矩范。然而他又不离心而言理，不离心而言天，处处鞭辟近里，一以心学为宗主。所以我们敢断言他是集理学与心学的大成的人。他格物穷理以救心学的空寂。他归返本心，以救理学的支离。据说他的父亲曾受学于江右王门之邹东廓。而江右王门代表王学中最平正一派，且亦最足以调解程朱与陆王之矛盾者。船山承家学，自亦得王学学脉。所以，船山似乎是最能由程朱发展到阳明，复由阳明回复到程朱。

以上我们指出船山虽然注重格物穷理的理学，虽然力图补救王学的偏蔽，然而他仍能返本于心学，不离心而言理，言天，言道。现在我们要进而指出他在历史哲学上的独特贡献了。他的辩证的历史观，于天道之表现于历史上而发现其对立统一相反相成的原则。譬如，当他说：“天下之至很者无很也，至诈者无诈也。”（《读通鉴论》卷二十）又如他所说：“其失也，正其所以得也。其可疑也，正以其无不可信也。”“奚以知其为大智哉，为人所欺者是已。”（皆同上，卷二十四）“得道多助，创业者不恃助。不恃也，乃可恃也。”（同上，卷九）诸如此类的话，都与老子“大智若愚”、“上德不德”等话相似，含有对立统一的道理，是船山在历史过程中所发现的辩证观这些道理，在船山不是老庄的玄言，而是历史上人事上体验有得的实理。他尤其注重伟大的人格，并不是其片面的智、片面的仁、片面的立言立功，而乃是智与不智、仁与不仁、功与无功、言与无言，对立方面的谐和统一。譬如，他形容郭汾阳的人格道：“天下共见之，而终莫测之。……不言之言，无功之功。回纥称之曰大人，允矣其为大人矣。”（同上，卷二十三）足见他所了解的汾阳的伟大所在，不在于“莫测”，而在于天下共见中的莫测，不在于有言有功，而在于无言之言，无功之功。这足表示他深有见于矛盾中的谐和的妙谛。

此外他复于矛盾统一中深悟到不偏于一面的宏量和持中的道理。他说：“生之与死，成之与败，皆理势之相为转圜，而不可测者也。既以身任天下，则死之与败，非意外之凶危。生之与成，抑固然之筹划。生而知其或死，则死而知其固可以生。败而知其可成，则成而知其固可以败。生死死生，成败败成，流转于时势，而有量以受之。如丸善走，不能踰越于盘中。”（《读通鉴论》卷二十八）这足见他把握住辩证的观点，在能窥见事物之全，要能见到死生成败之互相过渡的整个历程（理势之相为转圜）。见其大，得其大，则量自宏。如果只知生而不知死，只知成而不知败，则只知偏不知全，知一不知二，则胸襟偏［褊］狭，器小易盈。如此则辩证法在他已不是呆板的法则，而是生活的智慧了。

在《读通鉴论》卷七，他说：“刚柔文质，道原并建，而大中即寓其间。因其刚而柔存焉，因其文而质立焉，有道者之所尚也。”这里由刚柔、文质之并建，而悟大中持中、相成相济、不可偏废的道理，将玄远的老子式的辩证观平实化，儒家化。大概凡纵观历史的人，都趋于注重时间的过程。而历史的过程总不免表现出一正一反一合的节奏，或矛盾进展的过程。船山是我国最伟大的历史哲学家，同时也是最富于辩证法思想的一人。

船山的历史哲学之富于辩证思想，最新颖独创且令我们惊奇的，就他早已先黑格尔而提出“理性的机巧”（The Cunning of Reason）的思想。王船山（1619—1692）生在黑格尔（1770—1831）之前约一百五十年，但黑氏哲学中最重要创新的“理性的机巧”之说，却早经船山见到，用以表示天道或天意之真实不爽，矛盾发展且具有理性目的。黑格尔认为理性是有力量的也是有机巧的。理性的机巧表现于一种曲折的或矛盾进展的历程里。理性一方面让事物遵循其自身的性格与倾向，让它们互相影响、抵消、平衡，而自己并不干涉其行程，但正所以藉此以达到理性自身的目的。黑格尔复进而指出，在这种意义下，天道或天意（divine providence）之于世界历程，可以说是具有绝对的机巧。上帝或天（God）让世人放任他们的情欲，图谋他们的利益，为所欲为，但其结果不是完成他们自私的企图，而是完成上帝的企图。而上帝的企图，大公无私，纯出于理性，决然与世人自私的企图不同（参看黑格尔著《小逻辑》第二〇九节）。黑格尔于他的《历史哲学》中，描写理性，凭藉并扬弃情欲和暴君或英雄的野心以实现其自身的机巧道：“情欲的特殊利益的满足，与普遍原则之发展不可分。由于特殊的确定的利益与情欲之满足及其否定，而普遍原则因而实现。个别情欲与个别情欲斗争，互有得失，互有损害。但普遍的理念并未牵连于其中而自冒危险。它（指理性、天或普遍理念）高高乎在上，隐藏着在后面，毫无动摇，毫无损伤，这可叫做理性的机巧。理性凭其机巧，使情欲为它自己工作。而具有情欲之个人受处罚、受损害。理性所利用以完成其目的者为现象存在。普遍理念以个体事物、个人情欲之牺牲受罚，为实现其自身之代价。”

理性的机巧表现在历史上或人物方面，就是假个人的私心以济天下的大公，假英雄的情欲以达到普遍理念的目的。黑格尔复将此概念应用来解释自然历程和量变质变的关系。他指出假借自然的事变（如机械历程、化学历程及有机历程等）以达到精神的目的，假借迟缓的量变以达到突然的质变，都是理性的机巧的表现。理性一面假借非理性的事物（如私心、情欲、自然历程等），一面又否定非理性的事物以实现其自身。这表示理性不是空虚的，而是有力量且有机巧、有办法以实现其自身。但历史上非理性的事物尽管互相抵消、平衡，受损害、受处罚，而理性却静观无为，既不干涉其行程，亦不牵连于其中而蒙损害冒危险，这就是说，理性复能保持其空灵性和超脱性。黑格尔这一种看法，在王船山的历史哲学里，我们只消将黑氏的理性或上帝换成王氏的天字或理字，便不惟得到印证默契，而且得到解释和发挥。

在《宋论》卷一的篇首，船山首先指出：“天无可狃之故常。”又说：“天因化推移，斟酌曲成以制命。”这里说天无可狃之故常，不啻谓天不是呆板不易的，而是能随机应变的。天、天道或上帝的命令不是直线式的，而是“因化”，凭依实际自然和人事上的变化，而加以推动或否定，斟酌实际情形，取曲折的途径依矛盾进展的过程，以求完成其目的。细察他上下文的本意，不过谓宋太祖无功无德，且无门阀资望的凭藉，而能得天下，实乃因天于缺乏神武圣哲之开国人才时，无可如何，姑假借宋太祖以达到和平统一，以副上天仁爱之心而已。总之，这已充分表示船山所谓天的辩证性和有机巧。在《读通鉴论》卷一的篇首，船山首先指出天之假借秦始皇的私心以行大公的机巧道：“秦以天下之心，而罢侯置守。而天假其私以行其大公。存乎神者之不测，有如是夫!”船山所感叹的存乎神者之不测，实无异于说天的机巧，天的辩证性，不是一般的常识可以理解的。因为辩证的道理，每每是违反常识的。他于《读通鉴论》及《宋论》的第一节，开宗明义即提出天之辩证性或机巧性，足见辩证的历史观在船山思想中所占的主导地位了。

船山于提示理性的机巧一观念时，都是举出秦皇、汉武、武则天、宋太祖一类黑格尔所谓具有大欲（master passion）或权力意志的英雄，以作例证。除上面所引述的论宋太祖、秦始皇的话之外，对于汉武帝之开边，船山尤其有富于辩证哲思的见解："天欲开之，圣人成之。圣人不作则假手于时君及智力之士以启其渐。以一时之利害言之，则病天下。通古今而计之，则利大而圣道以宏。天者合往古来今而成纯者也。……时之未至，不能先焉。迨其气之已动，则以不令之君臣，役难堪之百姓。而即其失也以为得，即其罪也以为功。诚有不可测者矣。天之所启，人为效之，非人之能也。圣人之所勤，人弗守之，则罪在人而不在天。"（《读通鉴论》卷三）这段话仔细玩味起来，颇有几点契合黑格尔的意思：第一，天或理性代表全体。批评历史应该"通古今"或"合古往今来"而计虑，不可囿于一时一地的意见。这含有黑格尔"真理是全体"的意思。第二，他注重圣贤英雄，或时君及才智之士在历史演变上的地位。但他又不陷于"英雄主义"的历史观。因为他认为历史上的重大事绩如统一开边等，皆由于"天之所启"及时已至、气已动，人只能"效之"，而"非人之力也"。而且皆由于天之"假手于时君及才智之士以启其渐"，换言之，英雄伟人不过是天假借来完成历史使命和理性目的的工具。这与黑格尔对于英雄在历史上的地位的看法，简直如合符节。黑格尔说："英雄的目的虽在满足自己，非满足他人。但他们却满足了众人的潜伏要求。他们是世界精神的执行人（agents)。他们的生活并不快乐，毫无安静享受。一生为其大欲所驱使。及其使命终了，亦被废弃。早死如亚历山大，被刺如凯撒，幽囚如拿破仑。终于成为世界精神的工具。"英雄，时君及才智之士被天或黑格尔的世界精神所假借利用，作为达到理性目的工具。即英雄之"失败"，而达到理性的"得"或收获。即英雄之有"罪"，被处罚，而天或理性却有"功"了。这表示理性的机巧和天道的公正不爽，不惟不表示英雄的万能，而且表示了英雄之为人作嫁的悲剧的命运。第三，一般宋明理学家都持狭义的道德观念，指责秦皇、汉武之好大喜功，残民以逞。而王船山却能超出这种偏见，认为"通古今而计之，则利大而圣道以宏"，这使得他的思想不惟具有深远的哲学识见，而且又富于近代精神。第四，他所谓"天"，虽仍不外是理，是民之所同然的心或意，但却颇富于有人格的有神论意味，甚接近黑格尔所谓上帝或天意。

船山复循着同样的思路，指出"天"如何假武则天以正纲常，假巨奸之私以济国家之公的机巧。他说："自霍光行非常之事，而司马懿、桓温、谢晦、傅亮、徐羡之托以售其私。裴炎赞武氏废中宗立豫王，亦故智也。……而武氏非元后，炎非武氏之姻戚，妄生非分之想，则白昼攫金，见金而不见人。其愚亦甚矣。自炎奸不售，而授首于都市，而后权奸之诈穷，后世佐命之奸无有敢藉口伊霍以狂逞者。……炎之诛死，天其假手武氏以正纲常于万世与。”（《读通鉴论》卷二十一）又评肃宗自立一事道：“肃宗自立于灵武，律以君臣父子之大伦，罪无可辞也。裴冕、杜渐鸿等之劝进，名为社稷计，实以居拥戴之功取卿相。其心可诛也。……肃宗亟立，天下乃定归于一，西收凉陇，北抚朔夏。以身当贼而功不分于他人。诸王诸帅无可挟之功名，以嗣起为乱。天未厌唐，启裴杜之心，使因私以济公，未尝不为唐幸也。”（同上，卷二十三）这里显明表出船山所谓“天”，不惟能假权奸的私以济公，且能假手淫乱的武氏以正纲常。足见这万能而有机巧的“天”，实在有假借任何恶势力坏材料以达到理性目的之能力。

船山于评论刘崇、翟义等死于王莽，而莽亦旋亡一事，藉以发明理性的机巧的道理，尤具深意。他说：“陈涉、吴广败死，而后胡亥亡。刘崇、翟义、刘快败死，而后王莽亡。杨玄感败死而后杨广亡。徐寿辉、韩山童败死而后蒙古亡。犯天下之险以首事，未有不先自败者也。乱士不恤其死亡，贞士知死亡而不畏其死亡也，乃暴君篡主相灭之先征也。……然则胜、广、玄感、山童、寿辉者，天贸其死，以亡秦、隋。而义也崇也快也，自输其肝脑以拯天之衰，而伸莽之诛者也。”（《读通鉴论》卷五）这一段话有两点重要意思，第一，以毒攻毒，恶人与恶人斗争，两败俱伤，而天道以明。这正表出了黑格尔所谓“个别情欲与个别情欲斗争，互有损害，但普遍理念并未牵连于其中……且毫无动摇”的道理。且表出了黑格尔所谓“普遍理念以个体事物、个别情欲之牺牲受罚，为实现其自身之代价”的理性机巧。船山所谓“天贸其死，以亡秦、隋”，意即指天以胜、广、玄感等人之死作为灭亡秦隋的代价或交换条件。实黑氏理性的机巧说之最好的注释和例证。第二，胜、广、玄感等之叛乱是基于自私，他的死是被“天”利用或假借作为达到灭亡秦、隋的理性目的之工具。他的死是被动的。但翟义、刘崇等之起义诛莽则不然，他们是基于自己的自动自发，他们的死，不是被天假借利用的工具，而是“自输其肝脑以拯天之衰”，使正义伸张出来，使衰微的天意，得明白表现出来，得一支持，得一拯救的助力。换言之，前者是理性用机巧假借他物，曲折以求实现；后者是理性自身的支柱，直接的表现。这也就是船山于另一地方所说的负延续道统、学统的使命之人，

"当天下纷崩，人心晦否之日，独握天枢，以争剥复"（《读通鉴论》卷九）的伟业。所以凡是基于理性的道德律令而自发的行为，不惟不是被动的为天所假借利用并加以否定的工具，而且乃是绝对的自身肯定，"独握天枢"，"拯天之衰"的刚健的行为。一是天理、理性的负荷者、把握者，甚至当天理晦否微弱，天下纷乱无真是非之时，是理性的拯救者、保持者，他自身即是目的。一只是工具，被理性利用之假借之，同时又惩罚之废弃之，以达到理性的目的。这两种人的差别是很大的。

以上只就船山历史哲学中最创新的部分，亦即默契于黑格尔的部分，他的辩证观和理性的机巧看法，略加发扬，以见船山在哲学上的贡献之大，地位之高。至于他以道德之隆污决定国运的盛衰的道德史观，和注重礼乐以移风易俗熏陶感化人于无形的礼乐史观，和他注重春秋大义，严辨夷夏之防，足以激发人的民族意识的民族史观，我们此处均略而不述了。

王安石的哲学思想*
(1947年)

中国儒家的人所尊崇的政治家，大约不外两型：一为伊周型，一为萧曹型。前一类的政治家，同时即是圣贤，道德文章兼备，言行均可为世法则，治平之业好像只是他们学问道德文章的副产。三代以下这一类型的政治家甚为没落，惟有那“伯仲之间见伊吕”，被宋儒称为“有儒者气象”的诸葛孔明，比较接近此一类型。后一类型的政治家，大都有才能，建事功，平叛乱，维治安。他们似乎是政治本位，事功本位的政治家，以政治上建立功业为惟一目的。他们虽可称为贤臣贤相，然而究不能说是道德学问文章兼备的圣贤。汉唐的盛治，都是这一类型的政治家的表现。汉的萧、曹、霍光，唐之房、杜、姚、宋，都是这一类型的代表。伊周类型的政治家当然要行王道，实现大同之治。萧曹类型的政治家，当然免不了参杂些霸道和申韩之术，只能达到小康之治。如果用现代话来说，前者代表政治上的理想主义，后者代表政治上的现实主义，传统儒家的政治思想一贯地憧憬大同的理想。

宋朝以尊重儒者，不杀文臣定为祖宋家法，初期胡瑗、孙复之讲学亦开造成伊周式的政治家的先河。而后来理学家程朱的历史观，亦一致地贬斥汉唐、推尊三代理想政治。宋朝的政治家如范仲淹、韩琦、司马光等都是以道德学问文章著称，接近伊周型的政治家。即欧阳修、苏轼虽偏以文章见长，其最后理想亦在于为三者兼备的政治家。在历代培养文治的传统下，在杰出之士皆以达到道德学问文章兼备为政治家的理想的风气下，王安石不过是最杰出、最完美的代表而已。安石的诗文皆卓

---

* 本文原为两篇：《王安石的心学》和《王安石的性论》（分别发表于《思想与时代》1947年第41、43期），后收入《文化与人生》（商务印书馆，1947年）时，合为《王安石的哲学思想》一文。

然自成为大家。他的人格，陆象山称其“洁白之操，寒于冰霜”。他的生平志事，陆象山称其“道术必为孔孟，勋绩必为伊周”。所以他实在具备了种种条件，使他成为三代以下，伊周型的政治家中最伟大的（虽说是一个失败的）代表。据说，当他初见神宗时，神宗问他，“唐太宗如何?”他答道：“陛下当法尧、舜，何以太宗为哉?”又说：“陛下诚能为尧、舜，则必有皋、夔、稷、契，彼魏徵、诸葛亮者何足道哉?”许多人都认为安石这番话未免大言欺人，狂妄无忌惮。殊不知这确是表现他多年来所怀抱的根本立场。神宗原来憧憬着汉唐的现实政治，他要把神宗转变为趋向三代伊周式的理想政治。神宗当时接受了他的根本主张，称他为“责难于君”，并嘉勉他“悉意辅辟，同济此道”。于是他才秉难进易退之节，得君行道。

以上是就理想政治与现实政治在历史上来看，以指出王安石在政治史上的地位。再就哲学与政治的关系，以明示王安石的哲学思想在哲学史上的地位。

大凡一个政治家必有其哲学见解，必有其所服膺的哲学家。如王安石的哲学倾向，最接近孟子的心性之学，而他所最推尊的哲学家除孔子外，为孟子及扬雄。他所最反对的哲学家为荀子。这也有其政治思想的背景的。盖孟子是理想主义者。他的政治思想，在儒家中是提倡大同的。而荀子则是政治上倾向小康的现实主义者。同时一个哲学家，亦必有其政治主张，有其所拥护的政治家，如孔子之尊周公，老、庄之尊黄帝，墨子之尊大禹。在宋儒朱陆两派中，显然程朱比较拥护司马光，而象山则拥护温公的政敌王安石。象山是哲学家中第一个替王安石说公道话的人。王安石的新法被司马光推翻，他的政治理想迄未得真正实现。而陆象山的心学被程朱派压倒直至明之王阳明方始发扬光大。而政治家中也只有张居正才比较服膺陆王之学。总之，讲陆王之学的人多比较尊崇王安石、张居正式的有大气魄的政治家。同时王安石、张居正一流的政治家亦多比较喜欢陆王一路的思想。这也许是出于偶然，但亦多少可表明政治家与哲学家亦有其性情的投契，政治主张与哲学思想亦有其密切的关联。同时我也约略暗示了王安石的哲学思想，以得自孟子、扬雄为最多，而与陆王的思想最为接近。

要讲安石的哲学思想，我们不能不概括地先讲一下程朱、陆王的区别。程朱、陆王都同是要讲身心性命、格物穷理之学，所不同者只是朱程主张先格物穷理，而后明心见性，先今日格一物明日格一物，而后豁然贯通，吾心之全体大用无不明。陆王主张先发明本心，先立乎大者，先体认良知，然后致吾心之良知于事事物物。所以程朱比较注重客观的物理，陆王比较注重主观的心性。一由用回到体，一由体发展到用。而陆王的心学正代表了西洋欲了解宇宙，须了解自我，欲建立宇宙先建立自我的唯心哲学。

王安石生平最服膺孟子，最反对荀子，而孟子是主张尽心尽性，发挥良知良能，具有先立乎其大，万物皆备于我，方今天下舍我其谁的胸襟与气魄的人。除孟子外，他最推崇扬雄，认“扬雄者，自孟轲以来未有能及之者”。然而他推崇扬雄的理由，乃因为“扬雄亦用心于内，不求于外，不修廉隅，以徼名当世”。如果你问安石，救国救民从何处救起，他一定说先从救自己做起。治国平天下，亦先从治自己做起。他是讲为己之学的人。对于杨墨的评价，他虽说指斥两人各偏于一面，然而他比较赞成杨朱。他认“杨子为己，为己，学者之本；墨子为人，为人，学者之末”，是以学者必先为己，为己有余则自可不期为人而自能为人。如果“始学之时，道未足以为己，而志已在于为人”，便是“谬用其心”。这样志虽在于为人，其实绝不能为人。他很觉奇怪，为什么“杨子知为己之为务，而不能达于大禹之道”。换言之，安石认为为己是本，本立自能发出为人的效用。他是要以杨子之为己为出发点，而达到墨子之兼爱的归宿点，庶几合乎本末兼赅、体用合一的儒家正道。

我们可以称安石哲学思想的出发点为“建立自我”。建立自我是他所作的立本、立大、务内的工夫。他的个性倔强，卓越不拔，有创造力，有革命精神，都可说是出自他建立自我的功夫。我这里用“建立自我”四字以表示他的根本出发点，因为“建立”二字，比较有哲学意味，建立自我为建立宇宙之本，提出建立自我知的方面以自我意识为认识外物的根本，行的方面即利人济物修齐治平的事业，不过是自己性分内事，是自我的实现罢了。兹试逐步陈述他建立自我的努力。

第一，建立自我消极方面必须使自我不为物欲名利所拖累、所束缚。所以必须用一番摆脱物欲名利的工夫使自我可以抬得起头，不致沉溺不能自拔。在《答曾子固书》中他说：

方今乱俗不在于佛，乃在于学士大夫，沉没利欲，以言相尚，不知自治而已。“沉没利欲”，即失掉自己，“以言相尚”，即务名而不务实，务外而不务内。宋人议论（即“以言相尚”）未毕而金人渡江的后患，可以说他已有了先见。他这里所谓“自治”意义甚深。必定要像扬雄那样用心于内，才算得自治。自治就是我这里所谓自我建立。他于《进戒疏》中说："不淫耳目于声色玩好之物，然后能精于用志。能精于用志，然后能明于见理。"这已经把他生平的学问修养全盘托出了。这也就是他"洁白之操，寒于冰霜"的所自来了。必定要摒绝嗜欲，然后才能保持自我的纯真的天机，才能用志不纷，集中精力，以格物穷理。我们须得明白，建立自我，乃是拯拔自我，保持自我，以求调察真理。并不是刚愎任性，放任主观意见。

第二，建立自我就是使自我以道或以理为依归，而不随俗浮沉，与世俯仰。不以众人的意见为意见，而为真理守节操。《送孙正之序》中有一段，最足以表现他"举世非之力行而不惑"（韩愈语）及"不但一时之毁誉不关于虑，即万世之是非亦所弗计"（张居正语）的精神："时然而然，众人也。已然而然，君子也。已然而然非私己也，圣人之道在焉耳。夫君子有穷苦颠跌不肯诎己以从时者，不以时胜道也。故其得志于君则变时而之道，若反手然，彼其术素修而志素定也。"已然而然，不时然而然，表示他重自我的主观精神。然而他所谓己或自我乃是有普遍性永久性的道、理想和主义的寄托，不诎己以从时，并不是乖僻傲慢，而如是不能随世俗趋时代而牺牲自己所代表的道、主义或理想。不惟不以时胜道，有了机会且将进而以自己平素所服膺的道、主义、理想，去改变时代转移世俗。所以后来他力排众议，不量敌之众寡，以校正"人习于苟且非一日，士大夫多以不恤国事，同俗自媚于众为善"（《答司马谏议书》）的风气，而毅然实行新法，实基于这种素养和素志的发挥，并非偶然。

第三，有了自我建立，则读书的时候心中自有主宰，自能致良知以读书，不惟六经皆我注脚，即诸子百家亦皆我注脚。所以他不为狭义的正统观念所束缚，胆敢无书不读，然而能自己受用随意驱遣，而不陷于支离。他《与曾子固书》说得最好："某自百家诸子之书，至于《难经》、《素问》、《本草》诸小说，无所不读。农夫女工，无所不问。然后于经为能知其大体而无疑。……扬雄虽为不好非圣人之书，然于墨、晏、邹、庄、申、韩，亦何所不读。彼致其知而后读，以有所去取，故异学不能乱也，惟其不能乱，故能有所去取者，所以明吾道而已。"其博极群书有似朱子，其去取百家之书以明吾道、致吾知，较象山"六经皆我注脚"的精神似尤为阔大。

能建立自我，不单是读书可以主动，不受书本束缚，即视听言动，亦有自我作主宰，不随外物转移。他讲知识（视听）和行为（言动）中之自我主宰性，或先天成分，尤为精颖。他说：“非礼勿听，非谓掩耳而避之，天下之物，不足以乱吾之聪也。非礼勿视，非谓闭目不见，天下之物，不足以乱吾之明也。非礼勿言，非谓止口而无言也，天下之物不足以易吾之辞也。非礼勿动，非谓止其躬而不动，天下之物不足以干吾之气也。天下之物，岂特形骸自为哉？其所由来盖微矣。不听之时，有先听焉。不视之时，有先明焉。不言之时，有先言焉。不动之时，有先动焉。”（《礼乐论》）非礼勿视听言动，若不善加解释，而加以权威化，简直会束缚得人不敢动弹。无怪会引起人认“礼教吃人”，“以理杀人”的反抗。今安石对于消极的有使人逃避外物趋势的非礼勿视听言动的教训，加以积极的解释，而鼓舞人征服外物，改变外物，以自己为范型去陶铸外物，已经包含有阳明释格物为正物、去物之不正以就己心之正的精神了。因为照他这样解释起来，非礼勿视，并非消极地不看外物，而是看尽天下之物，不能乱吾心之明。非礼勿听，不是消极地不听外物，而是听尽天下之声，不能乱吾心之聪。非礼勿言，不是消极地不说话，而是我自己所说的话，非外物所能推翻驳倒。非礼勿动，不是消极地无有行动，而是自己的行为坚定，非外物所可转移。换言之，他认为非礼勿视听言动，不是束缚自己，而是依理以视听言动，因而实现自己。不是消极地逃避外物，而是积极地藉外物以考验吾耳之聪目之明，言之有理，动之坚定，因为他根本认为外物之所以为外物，并非“形骸自为”，并非由于外形如此便如此，而有其隐微的来源，这来源就是先天的自我，或未发的心性。他所谓不视、不听、不言、不动之时的先明、先聪、先言、先动，即指自动的有主宰的理性之我而言，亦即近似象山所谓本心，阳明所谓良知。他所解释的非礼勿视听言动，实即应积极的依本心凭良知而视听言动，或藉视听言动：以格物（正物），以复本心，以自致良知之意。有了先天自我的立法性和灵明性，则视听言动自有准则（即有礼），而视听言动所接触之外物自有条理，自成规范，盖外物并非形骸自为，而乃为自我所建立，受自我之陶铸而成者。所以他接着说：“是故非耳以为聪，而不知所以为聪者，不足以尽天下之听，非目以为明，而不知所以为明者，不足以尽天下之视。聪明者，耳目之所能为，而所以聪明者非耳目之所能为也。”这段话甚深，推究起来，实包含有康德知识论的精意。耳目只是能听能见的感官，而所以使耳目能听能见者，不是感官，而是超官的理性。没有理性的理解，没有心中的灵明，耳不能有真听，目不能有真视。这显然是超出了单凭耳目的感觉主义，进入注重理性的理性主义，而以理性为感觉的根本。如果用王阳明的话来解释，便应说："聪明者耳目之所能为，而所以聪明者乃良知之所能为。不致良知，则耳失其所以为聪，而无真听，目失其所以为明，而无真视。能致良知，则耳目得其所以聪明之理，而视听言动皆尽其用，合于理（礼）知致而物格（正）矣。"

同样的意思，在《书洪范传后》一文中，他复有简要的述说："古之学者，虽问以口，而其传以心。虽听以耳，而其受以意。"口耳不过是传达心意的媒介。如不能心领神会，以心传心，以意受意，单凭口耳，便会沉没于外物，而失掉自己。这固足以表现他在知识方面注重传心的心学，亦即足以表示他处处注重自我的建立，那无自我，无个性，不能藉口以传心，藉耳而受意的人，根本算不得知识的主体，也就无法得到真知识。

以上讲安石提出主动的自我或致自己的良知为读书求知视听言动的根本，以其涉及知识论，为国人所甚少注意，且以其意思特精颖，有开陆王的先河的地方，故说得较多。至于他富于心学意味的见解，此外，尤不胜枚举。兹再举其较显著的话以资印证："仁义礼信，天下之达道，而王霸之所同也，夫王之与霸，其所以用者则同，而其所以名者则异。何也？盖其心异而已矣，其心异，则其事异，其事异则其功异，其功异则其名不得不异也。王者之道，其心非有求于天下也。所以为仁义礼信者，以为吾所当为而已矣。以仁义礼信修其身，而移之政，则天下莫不化之也……霸者之道则不然，其心未尝仁也，而患天下恶其不仁，于是示之以仁。其心未尝义也，而患天下恶其不义，于是示之以义。其于礼信，亦若是而已矣。是故霸者之心为利，而假王者之道以示其所欲。故曰，其心异也。"依他的看法，王霸之辨，在于王者之心为义，动机纯洁，以仁义礼信为目的。而霸者之心为利，动机不纯洁，以仁义礼信为手段，为欺人的幌子。且心异则结果之事功亦随之异，是心为本，而事功为用。凡此种种注重动机的思想，都一贯是心学的看法。于《虔州学记》中有一段话，更能深切著明地道出心学的义蕴："周道微，不幸有秦，君臣莫知以为学，而乐于自用，其所建立悖矣，而恶夫非之者，乃烧诗书，杀学士，扫除天下之庠序，然后非之者愈多，而终于不胜，何哉？先王之道德，出于性命之理，而性命之理出于人心。诗书能循而达之，非能夺其所有，而予之以其所无也。经虽亡，出于人心者犹在，则亦安能使人舍己之昭昭而从我于聋昏哉。”这段话分析起来，包含有几层意思：第一，包含有象山“人同此心，心同此理”的意思。第二，诗书广义言之，道德文化，只是顺人心中的性命之理而表达发挥之，并非外铸，更非斫伤夺掉其固有之本心本性。因此亦包含有性善之旨。第三，即使传统文化，诗书典籍一时遭受毁坏，而人心中自有其义理，自有其良知，因此道德文化亦不会沦亡。第四，人心中固有之义理或良知，活泼昭明，非专制权威所能压迫，非烧诗书、杀儒士、废学校所能蔽塞消灭。（承上文论秦之压迫言论统制思想言。）这简直与象山“斯人千古不磨心”同一口吻。同时也就不啻提出内心的良知以作反对专制权威的最后武器了。第四，由建立自我，以自我之内心所是随机应变为准则，而反对权威，反对泥古，注重随时权变革新，以作自由解放及变法维新的张本。他说：“古之人以是为礼，而吾今必由之，是未必合于古之义也。夫天下之事其为变岂一乎哉？固有迹同而实异者矣。今之人谌谌求合于其迹，而不知权时之变。是则所同者古人之迹，而所异者其实也。事同于古人之迹而异于其实，则其为天下之害莫大矣。此圣人之所以贵乎权时之变者也。”（见《非礼之礼》一文）他这里所谓古人之实应作古人之心或古人之真意解。把握住圣贤制礼法之心意，之实质，而随时权变，不拘泥于形迹之异同。这种说法岂不予改革维新自由创造大开方便之门吗？故他所谓法尧舜、伊周，并不是守旧复古，可以断言，同样的意思，下面一段话发挥得尤为透彻精要：“圣贤之言行有所同，而有所不必同，不可以一端求也。同者道也，不同者迹也。知所同而不知所不同，非君子也。夫君子岂固欲为此不同哉？盖时不同则言行不得无不同。唯其不同，是以同也。如时不同而固欲为之同，则是所同者迹也，所不同者道也。迹同于圣人而道不同，则其为小人也孰御哉？”上段以迹与实对举，此段以迹与道对举。足参证道指实言，实指道言。（认道、理、名、共相为真实，乃柏拉图式的实在论亦即唯心论的共同看法。）“唯其迹与圣人不同，是以同也”一语，指出不同的言行事迹正所以实现同一的道，不唯洞见一与多的真正关系，而且对泥古拘迹者揭示其弊害，加以有力的排斥，并予变法革新以一种坚实的理论基础。这是他由建立自我，求心同不求迹同的心学，而发挥出自由革新的精神的地方，也是中国思想史上少见的卓识，而为陆王思想中所特有的色彩。

上面我们已约略叙述了王安石开陆王先河的心学，以下将进而讨论他承继孔孟，调解孟扬，反对荀子的性论。他以性情合一论为出发点，以性善恶混之说为过渡思想，而归结到性善论。

在《性情》一文中，他首先提出性情合一之旨道："性情一也。世有论者曰，性善情恶，是徒识性情之名而不知性情之实也。喜怒哀乐好恶欲，未发于外而存于心，性也。喜怒哀乐发于外而见于行，情也。性者情之本，情者性之用。故吾曰，性情一也。"这足见他显然是以体用内外合一的原则，来说明性情之一而不可分的关系。他提出性情合一说，有两个作用：一欲藉以反对性善情恶说，认吾人不可离情而言性，含有重视情感，反对那枯寂冷酷，抹煞情感的禁欲主义。所以他说："如其废情，则性虽善，何以自明哉？诚如今论者之说，则是若木石者尚矣。"（同上）一由性情之合一，而认由情之善知性亦善，由情之恶知性亦恶，而赞助扬雄的性善恶混之说。所以他说："盖君子养性之善，故情亦善：小人养性之恶，故情亦恶。故君子之所以为君子，小人之所以为小人，莫非情也。"又说："然则性有恶乎？曰，孟子曰养其大体为大人，养其小体为小人。扬子曰，人之性，善恶混。是知性可以为恶也。"（同上，见《性情论》）这是明显地由性情合一说而过渡到性善恶混的思想，且他认为孟子亦有类似善恶混的说法，思藉以调解孟扬的性论。然而这里显见他牵强曲解孟子。盖孟子所谓养大体或可以释作养性或养善性，而孟子所谓养小体，显然只是指养私欲肉欲而言，而非所谓性。孟子绝不会认情欲为性，亦从没有认受蒙蔽刺激而起的恶的情欲为性的说法。孟子只是认恶的情欲为起于外界之引诱的刺激，本心之被蒙蔽，为违反本性，而非人之内在的本性。

在《原性》一篇中，一方面有不少的精意，一方面似亦免不了矛盾。第一，他似乎有认情有善恶，而性无善恶之可言的意思：

> 孟子言人之性善，荀子言人之性恶。夫太极生五行，然后利害生焉。而太极不可以善恶言也，性生乎情（按依上下文义，性生乎情乃性产生情之意，非性自情生之意），有情然后善恶形焉，而性不可以无善恶言也。此吾所以异于二子。

照这段话的意思，他与孟荀不同的地方，乃二人各偏执善恶，而他认性为太极（上文有"性者五常之太极也"的话），是超出善恶（善恶是后天用以判别情之中节与否的名言），而不可以善恶言的。他这里以有善恶的已发言情，以超善恶的未发言性，意亦甚精。但这与他由性情合一而推出的性与情皆有善有恶之说似又矛盾。接着第二段说：

孟子以恻隐之心，人皆有之，因为谓人之性无不仁。就所谓性者如其说，必也怨毒忿戾之心，人皆无之，然后可以言人之性无不善。而人果皆无之乎？荀子曰："陶人化土而为埴，埴岂土之性也哉？"夫陶人不以木为埴者，惟土有埴之性焉。乌在其为伪也？

这段话驳荀子善者伪也之说甚精。其意盖谓善乃基于本性，乃本性之自然实现，而非由于矫揉造作的伪。但他同时复反驳孟子，认人皆有怨毒忿戾之心，而怨毒忿戾之心，其伏于中被感而发于外，与恻隐之心，亦并无不同，足见人心之中，亦有恶性。其反驳孟子性无有不善之说，而替扬子性善恶混之说辩护，似亦颇持中而合于常识。不过这说显然与他自已上段认性为太极无有善恶之说不合。且他似有误解孟子处。孟子言"恻隐之心，仁之端也"，意谓同情心，恻隐之心（情），为仁之一种表现或端绪，并非混合性情，以恻隐之心言性。孟子虽亦有"恻隐之心，仁也"的明文，其意不过谓仁性即显现于恻隐之心之内，即情见性，不可离恻隐之心（情）而言仁性。虽亦含有安石"性情一也"之旨，但却自有体用之分别。孟子以恻隐之心言仁，非仅以恻隐之心为心理上的内心情绪，乃以恻隐之心之足以表示人之本性，代表真我，发展人格。而怨毒忿戾之心，虽仍系心理上的情绪，但足以戕贼本性，有损人格，不能代表真我，乃本性（仁）之蒙蔽，之丧失，因而只能说是有善有恶之情，不能说是纯善无恶之性。换言之，由情之善以证性之善可。因善的情足以表现本性发挥本性故。由情之恶以证性之恶则不可。因恶情乃习染之污，本性之蔽，不足以代表本性故。犹如由室中之光明以证太阳之光明可。由室中之黑暗以证太阳之黑暗则不可。因室中之黑暗乃由太阳之被遮蔽，阳光之未能透入，非太阳本身黑暗。安石知性为太极（太极犹心性中之太阳），知情善故性善，而不知情恶而性不恶的道理，自陷于矛盾，盖为扬子性善恶混之说所误引了。

然而我已说过，安石性有善恶之说，只是他受扬雄的影响，欲调和孟扬思想的初步的折衷说法，而非他最后极至之见。所以他接着便有进一层的看法："且诸子（指孟、荀、扬、韩）之所言，皆吾所谓情也，习也，非性也。扬子之言为似矣，犹未出乎以习而言性也。"换言之，他认为他们偏执性善、性恶、性善恶混性三品，皆是以情以习以已发于外者去言性，而未能以理以太极以未发之中而言性。如果以理以太极以未发之中而言性，则性将为超善恶的真纯之本，而无善恶之可言了。于是他便超出心理方面情习方面的性论，而升入从形而上学的观点以言性。使吾人不能不钦佩他超迈独到的识见。但性既是理，太极或未发之中，虽不可以比较的相对的善去言性（因性是超出相对的善恶之上的），却亦自有其本身内在之善。所以在某意义下可以说性超善恶，在另一较高意义下，亦可说性是善的。因此他最后复归到孟子的性善论，而与扬子之性善恶混说，再作一新的调解。他提出正性（代表真我的天命之性），与不正之性（指情习而言）的区别。正性纯善无恶，而不正之性，亦可名为俗谛之性，则有善有恶。请看他在《扬孟篇》中调和两家的言论：

孟子言性曰性善，扬子之言性曰善恶混。……孟扬之道，未尝不同，二子之说，非有异也。此孔子所谓言岂一端而已，各有所当者也。孟子之所谓性者，正性也。扬子之所谓性者，兼性之不正者言之也。……夫人之生莫不有羞恶之性。有人于此，羞善行之不修，恶善名之不立，尽力乎善以充其羞恶之性，则其为贤也孰御哉？此得乎性之正者。而孟子之所谓性也。有人于此，羞利之不厚，恶利之不多，尽力乎利，以充其羞恶之性，则其为不肖也孰御哉？此得乎性之不正，而扬子之兼所谓性者也。……今夫羞利之不厚，恶利之不多，尽力乎利而至乎不肖。则扬子岂以谓人之性，而不以罪其人哉？亦必恶其失性之正也。

依他这样分别来说，孟扬之说，实可并行不悖。他这种说法，已包含有程伊川分别义理之性与气质之性的说法了。正性就是伊川所谓义理之性，亦即孟子性善说所指的性；不正之性就是伊川所谓气质之性，“君子不谓之性也”的性，亦即扬子善混说所指之性。然而不正之性，乃正性的陷溺，的丧失，所以在理论上，我们只应讲正性。因此他最后不能不归到孟子的性善说或正性本善之说了。

后来在《文集拾遗》中，我们发现他另有一篇《性论》，便纯粹发挥孟子性善之说，无丝毫违异。其醇正无疵，不亚于程朱。兹特详引于下：

古之善言性者，莫如仲尼，仲尼圣之粹者也。仲尼而下，莫如子思，子思学仲尼者也。其次莫如孟轲，孟轲学子思者也。……然而世之学者，见一圣二贤性善之说，终不能一而信之者何也？岂非惑于《论语》所谓“上智下愚”之说与？噫，以一圣二贤之心而求之，则性归于善而已矣。其所谓智愚不移者，才也非性也。性者五常之谓也。才者愚智昏明之品也。欲明具才品，则孔子所谓“上智与下愚不移”之说是也。欲明其性，则孔子所谓“性相近，习相远”；《中庸》所谓“率性之谓道”；孟轲所谓“人无有不善”之说是也。

夫有性有才之分何也？曰性者，生之质也。五常是也。虽上智与下愚，均有之矣。盖上智得之之全，而下愚得之之微也。夫人生之有五常也，犹水之趋乎下，而木之渐乎上也。谓上智者有之，而下愚者无之，惑矣。……夫性犹水也，江河之与畎浍，小大虽异，而其趋于下同也。性犹木也，楩楠樗栎，长短虽异，而其渐于上同也。智而至于极上，愚而至于极下，其昏明虽异，然其于恻隐羞恶是非辞逊之端，则同矣。故曰，仲尼，子思，孟轲之言，有才性之异，而荀卿乱之。扬雄、韩愈惑乎上智与下愚之说，混才与性而言之。

这里他灼然见到仲尼思孟的贯通处，以仁义礼智信之五常言性。认人性之善，如水之趋下，如木之渐上。醇正发明孟子本旨，排斥荀卿。且指出扬雄、韩愈只是混才与性而言之，不复去作调解孟、扬的无谓工作，真是洞达性体的至论。依我看来，他的性论，若不为前面未定的善恶混之说所误，将可与程朱的性论争光媲美。他复于《荀卿论》上一文中，力贬荀卿而尊孟子，认为荀卿之名，不宜与孟子相配比。他指斥荀卿性恶说为祸仁义道：

昔告子以为“性犹杞柳也，义犹桮棬也”。孟子曰：“率天下之人而祸仁义者，必子之言夫。”夫杞柳之为桮棬，是戕其性而后可以为也。盖孟子以谓人之为仁义，非戕其性而后可为，故以告子之言为祸仁义矣。荀卿以为人之性恶，则岂非所谓祸仁义哉？顾孟子之生不在荀卿之后焉耳。使孟子出其后，则辞而辟之矣。

由此可见安石纯全持性善说，而以孟子的功臣自居，俨以代孟子辟荀子为己任。此外他《答孙长倩书》说：“语曰，涂之人皆可以为禹，盖人人有善性，而未必善自充也。”更纯正地本孟子之说以立言。所以我敢断定，安石是程朱以前对于人性论最有贡献，对孟子的性善说最有发挥的人。

有了性善论作根本立脚点，于是他便进而持充性说、复性说、顺性说、养性说，认为礼乐教化皆所以实现本性。前面我们说安石由建立自我而注重实现自我；由提絜本心而注重回复本心，自致良知；此处我们又可见得他如何由主张性善说而注重尽性了。尽性总括充性、顺性、复性、养性而言。

在《原过》一文中，他明白指出改过迁善为复性之道：

天有过乎？有之，陵历斗蚀是也。地有过乎？有之，崩弛竭塞是也。天地举有过，卒不累覆且载者何？善复常也。人介乎天地之间，则因不能无过，卒不害圣且贤者何？亦善复常也。……天播五行于万灵，人固备而有之。有而不思则失，思而不行则废。一日咎前之非，沛然思而行之，是失而复得，废而复举也。

“天播五行于万灵，人〈固〉备而有之”，故人性善。不思不行，则失其本性。“思”指反省己性之善或自觉己性之善言。“行”指力行以扩充实现己性之善言。能思能行，能改过迁善，则可以得到其放失之性而回复其本性之常。这纯全代表孟子“求放心”，“思则得之，不思则不得也”的思想。

除注重改过迁善以复本性之善外，他并进而指出礼乐有顺性养性的功能：

先王体天下之性而为之礼，和天下之性而为之乐。礼者天下之中经；乐者天下之中和。礼乐者先王所以养人之神，正人之气而归正性也。……衣食所以养人之形气，礼乐所以养人之性也。（见《礼乐论》）

这段话一方面说明礼有体性（体即体贴，体性亦顺性之意）、和性、养性，使人归返其正性的功能和价值，一方面也假定了人之性善，故只须顺之、和之、养之、归之。足见礼乐的设施并不是要桎梏人，使人化性起伪，而只是顺适长养其固有之善性罢了。因此他反对荀子的性恶论及化性起伪的礼论。他著有《礼论》一篇专驳斥荀子道：

呜呼！荀卿之不知礼也。其言曰，“圣人化性而起伪”，吾是以知其不知礼也。……礼始于天而成于人。知天而不知人则野，知人而不知天则伪。圣人恶其野而疾其伪，以是礼兴焉。今荀卿以谓圣人之化性为起伪，则是不知天之过也。……今人生而有严父爱母之心，圣人因其欲而为之制焉。故其制虽有以强人，而乃以顺其性之欲也。圣人苟不为之礼，则天下将有慢其父而疾其母者矣。此亦可谓失其性也。得性者以为伪，则失其性者乃可以为真乎？……夫狙猿之形非不若人也。欲绳之以尊卑，而节之以揖让，则彼有趋于深山大泽而走耳。虽畏之以威，而驯之以化，其可服耶？以谓天性无是，而可以化之使伪耶？则狙猿亦可使为礼矣。故曰，礼始于天而成于人，天则无是而人欲为之者，举天下之物，吾盖未之见也。

他这里所谓天是指人之自然的天性或本性。他指出礼并非违逆人性的矫揉造作（伪），而乃顺性之欲，使人得其本性，并不是使人失掉他的本性。譬如狙猿不是理性动物，天性中便没有礼，无论如何用化性起伪的工夫，也无法使他知尊卑揖让的礼节。礼固然须有后天的教导学习的努力方能完成，但其来源是先天的，人为的学习只是顺从天性实现本性罢了。

荀子言礼，知人而不知天，可以说是知用而不知体。故他虽盛称礼之“法度节奏之美”，但亦不能为礼建立坚实深厚的理论基础。而老子的弱点，据王安石看来，便恰与荀子相反，知天而不知人亦可以说是知体而不知用。故只是注重天，而蔑弃礼乐刑政。遂至放弃人的造作努力，而天亦失其所以为天了。他著有《老子》一篇，最足以表出他所以要在人事上礼乐刑政方面去努力设施的根本原因。兹抄录如下：

道有本有末，本者万物之所以生也。末者万物之所以成也。本者出之自然，故不假乎人之力，而万物以生也。末者涉乎形器，故待人力而后万物以成也。夫其不假人之力而万物以生，则是圣人可以无言也，无为也。至乎有待于人力而万物以成，则是圣人之所以不能无言也，无为也。故昔圣人之在上而以万物为己任者，必制四术焉。四术者礼乐刑政是也。所以成万物者也。故圣人唯务修其成万物者，不言其生万物者。盖生者尸之于自然，非人力之所得与矣。

老子者独不然，以为涉乎形器者皆不足言也，不足为也。故抵去礼乐刑政而唯道之称焉，是不察于理而务高之过矣。夫道之自然者又何预乎？唯其涉于形器，是以必待于人之言也，人之为也。其书曰：“三十辐，共一毂，当其无，有车之用。”夫毂辐之用，固在于车之无用。然工之琢削，未尝及于无者，盖无出于自然之力，可以无与也。今之治车者，知治其毂辐，而未尝及于无也。然而车以成者，盖毂辐具则无必为用矣。如其知无为用，而不治毂辐，则为车之术固已疏矣。今知无之为车用，无之为天下用，然不知所以为用也。故无之所以为车用者以有毂辐也。无之所以为天下用者，以有礼乐刑政也。如其废毂辐于车，废礼乐刑政于天下，而坐求其无之为用也，则亦近于愚矣。

这篇文字可以说是安石代表儒家左派，提倡积极的有为政治，以反对老庄无为政治的理论宣言。他这里所谓“道”，所谓“无”，相当于人之自然的天性，是万物之本。礼乐刑政是人努力以尽此道此无之妙用的具体设施，也可以说是实现人的本性的工具或形器。不从事于有，即不能得无之妙用。不从事于礼乐刑政的设施，即不能尽性道之妙用。原则上不放弃老子性、道、无的高明境界，然而方法上、人生态度上，一反老庄放任自然，无为而治的清静无为之教。所以他于《答司马谏议书》中很剀切地说：“如君实责我以在位久，未能助上大有为以膏泽斯民，则某知罪矣。如曰今日当一切不事事，守前所为而已，则非某之所敢知。”足见他不惟不轻视礼乐刑政，认之为粗迹，反而认为只有力行苦干，有所事事，对于礼乐刑政有所兴革设施，方足以收顺性尽道之妙用。固然他对于性道与形器的体用合一之有机关系，说得仍稍欠透彻得当。然而许多批评他的人如陈了翁谓“安石之学独有得于刑名度数，而道德性命则有所不足”。朱子谓“安石以佛老之言为妙道，而谓礼法事变为粗迹，此正其深蔽”（见清顾栋高辑《王安石遗事》中所引。载在大东书局本《王安石全集》中）。这不啻反以安石批评老子的话来批评安石，似对于安石致力于礼乐刑政以求尽性尽道的地方，缺乏认识，亦即对于安石直接孔孟的性善论之处，缺乏了解。

后　记

我早就隐约觉得王安石的思想接近陆象山，而为讲陆王哲学的人所不应忽视。后因美国前副总统华莱士来华，盛称道王安石。我乃一时高兴，取出安石全集来细读。这篇文章就是研读后的小小收获。这篇文字仍是未完成之作，写起后搁置了一年多，亦没有机缘完成。梁任公作《王荆公传》曾特别注重安石的知命之学。而我仅叙述他的心学及性论，对于安石的“命论”，未遑阐述，这是深感憾歉的一点。安石晚年超脱尘世，学佛学禅，境界甚高。我对于他晚年的佛学思想毫未提及，亦殊觉遗憾。这里我愿意附带介绍安石的一首最富于哲理与识度的诗：“风吹瓦堕屋，正打破我头。瓦亦自破碎，岂但我血流。我终不嗔渠，此瓦不自由。众生造众恶，亦有一机抽。渠不知此机，故自认愆尤。此但可哀怜，劝令真正修。岂可自迷闷，与渠作冤仇。”这诗充分表现出斯宾诺莎式的定命论。同时也颇能代表他晚年静观宇宙人生，胸怀洒脱，超脱恩怨、友仇、成败、悲欢、荣辱的高远境界，和他学佛后宽恕一切、悲悯一切的菩萨心肠。

麟附识。三十六年一月。

第二编

朱熹与黑格尔太极说之比较观*
(1930年)

朱子的太极统言之可以说只是一个理，但为方便起见分开来说，据我看来，他的太极实含有三种不同的意思：

第一，朱子的太极就是他“进学在致知”所得到的理，也就是他格物穷理，豁然贯通所悟到的理。这个太极就是“道理之极至”，就是“总天地万物之理”，也就是“两仪四象八卦之理，具于三者之先（即transcendent之意）而蕴于三者之内（即immanent之意）”的理。这个理就是朱子形而上学的本体（宋儒称为道体），就是最高范畴。所以朱子说：“太极本无此名，只是个表德。”“表德”二字即含有范畴之意，或“表示本体的性质的名词”之意。这种的太极，最显著的特性，就只是一种极抽象、超时空、无血肉、无人格的理。这一点，黑格尔与朱子同。黑格尔的太极也是“一切我性，一切自然的共同根本共同泉源”。黑格尔的本体或太极，就是“绝对理念”（absolute Idee）。“绝对理念”有神思或神理之意，亦即万事万物的总则。宇宙间最高之合理性，在逻辑上为最高范畴，为一切判断的主词。其在形而上学的地位，其抽象，其无血肉、无人格与超时空的程度，与朱子的太极实相当。不过朱子有时认心与理一，有时又析心与理为二。有时理似在心之外，如“人心之灵莫不有知而天下之物莫不有理”等语的说法。有时理又似在心之内，如“心统性情”（性即理，情属气）及“所觉者心之理也”等处，因为朱子认为理无内外，故作此理似在心外，似在心内，似与心一，似与心二之语。而黑格尔则肯定的抱认识一元论，认心即理，理即心，心外无

---

* 本文系1930年作者为纪念朱熹诞生八百周年而作，原文发表于《大公报·文学副刊》第149期和《国闻周报》第7卷第49期。本书所用版本系根据《黑格尔哲学讲演集》（上海人民出版社，1986年）而整理。

理。所以黑格尔的学说是绝对唯心论，而朱子则似唯心论又似唯实在论，似一元论又似二元论。这是朱、黑的不同之第一点（不过朱派的嫡系如蔡九峰（沈）、魏鹤山（了翁）等似纯趋一元的唯心论）。黑格尔全系统的中坚是矛盾思辨法（dialectical method）。而朱子仅是用博学、审问、慎思、明辨的批导方法，再兼以"笃行"的道德修养，既不持矛盾的实在观或真理观，亦从来不用矛盾的辩难法以驳倒对方。这是朱、黑之第二大异点。

朱子的理老是被"气"纠缠着（朱子的气有自然或物质之意，西人之治朱学者大都译气为 matter 甚是），欲摆脱气而永摆脱不开，欲克制气又恐克制不了。既不能把理气合而为一，又不能把理气析而为二，所以真是困难极了。他真是费了九牛二虎之力好容易才得到下列几条结论：（一）虽在事实上"天下无无气之理亦无无理之气"，但就逻辑而论"理先于气"。（二）就形而上学而论"理形而上，气形而下"，"理一而气殊"，"理生物之本，气生物之具"。（三）就价值而论，理无形"故公而无不善"，气有清浊纯杂之殊，"故私而或不善"。根据这种的善恶来源说，于是成立他的第四条结论，就是"变化气质"，"去人欲，存天理"的修养论。

黑格尔则认为太极的矛盾进展，经过正、反、合的三个历程，初为纯理或纯思（reine Idee），亦即黑格尔戏谓"上帝尚未创造世界以前的纯理世界"，此为逻辑所研究的对象。这就是老子"道先天地生"的意思，亦即朱子"但推上去时，却如理在先气在后相似"之意，不过黑格尔比朱子说得肯定些罢了。其次，太极堕入形气界就是自然。自然就是太极的外在存在（aussichsein），或太极的沉睡，或不自觉的理。换言之，自然、物质，或朱子所谓气，就是顽冥化的理智（versteinerte intelligenz）。再次，太极又进而为理与气合的精神。所以黑格尔的太极经过三种矛盾步骤：（一）正，纯粹的理，有理无气，逻辑之所研究。（二）反，纯粹的气，为理之外在存在，或顽冥化，自然哲学之所研究。（三）合，精神，理气合一，精神哲学之所研究。精神的最高境界，就是自觉其与外界自然或形气世界为一，或征服外界使与己为一，而为自己发展或实现之工具。征服形气界之要道，在于了解外界并奋斗前进使不合理者皆合理，顽冥不灵者皆富有意义，使向之似在外者，均成为自己之一体。——此不过略述其大意。一见而可知朱子和黑格尔两家之气象大不相同。

第二，朱子的太极又是“涵养须用敬”所得来的一种内心境界。朱子前说释太极为理，大都用来解释周子的太极图说，建立他的宇宙观，而此说认太极为涵养而得之内心境界，则目的在作对人处事的安心立命之所。此说脱胎于李延平视喜怒哀乐未发气象之教，后来与湖南张南轩诸人讨论中和说，亦多所启发。论实际的影响，此说最大。朱门后学对此说最有发明的是魏鹤山（了翁）。即王阳明的良知与梁漱溟的锐敏直觉，也似与此说不无瓜葛。前说释太极为理有析心与理为二的趋势，此说释太极为内心修养，而得之心与理一、体用一源、动静合一的境界，则合心与理而为一了。我们且看朱子对于此种涵养而得的太极的说法：与张敬夫论“中和”第一书，其实是形容他所见得的太极云：“……退而验之日用之间，则凡感之而通，触之而觉，盖有浑然全体，应物而不穷者，是乃天命流行生生不息之机。虽一日之间，万起万灭，而其寂然之本体则未尝不寂然也。所谓未发，如是而已。”与张敬夫第二书修正前面对于太极的观念云：“今而后乃知浩浩大化之中，一家自有一个安宅，正是自家安身立命主宰知觉处，所以立大本行达道之枢要。所谓体用一源，显微无间，乃在于此。”与张敬夫第三书复修正前说云：“近复体察见得此理须以心为主而论之，则性情之德，中和之妙，皆有条而不紊。……盖心主乎一身，而无动静语默之间。……寂而常感，感而常寂，此心之所以周流贯彻而无一息之不仁也。”朱子所以如是改变，他对于“中和”（即内心境界的“太极”）的见解而认前两说为非是的缘故，盖因他徘徊于究竟心是太极，抑理或性是太极之间，他一方面想跟着周子解释宇宙，怀着太极是两仪四象八卦之理于心；他一方面又想注重内心的修养，紧记着张横渠“心统性情”之说，有认心为太极的趋向。所以他的前两书描写本体，似偏认太极是生生不息的天命或天理（第一书）和自家内心中主宰知觉的性或理。但是他立即翻悔，以为认玄学上的性或理为太极，于修养无从着力，乃恍然悟得“此理须以心为主”，便纯采横渠“心统性情”之说了。于是接着第四书又悟心亦有其未发者在，更提出主敬以涵养未发的心。所以便自觉踌躇满志，另成立其涵养方面的太极观了。①

也许有人要问他几封与张敬夫谈“中和”的信，并未曾一提“太极”二字，何以我竟敢硬派为朱子的太极观呢？我的答复就是：“有诗

---

① 以上论“中和”四书皆见《宋元学案》卷四十八。

为证。”原来李延平屡次教朱子“观喜怒哀乐未发气象”，朱子虽深许延平“理一分殊”之说，但总觉得延平关于“未发”之说，说得不清楚，不十分理会。一直到他访延平于同安第三次时，方表敬服之意，拜之为师。及1163年，李延平死后朱子方省悟李说之重要，但深失悔已无法领教了。及1167年秋朱子与张敬夫在湖南见面，同住了两三月，又于冬天同游衡山，两人共同“细绎遗经”，特别讨论《中庸》，并细读周、程、张、邵诸子的书及语录，而且反复讨论的结果，才觉悟《中庸》所谓喜怒哀乐未发之中，发而中节之和，李延平生时谆谆教他观认的就是理，就是天命流行生生不息之机的性，也就是可以从内心体认的太极。当时他们两人欣喜满意极了。所以当这两位道学家在株洲分别时，不自知觉地把讨论的心得，即所谓新太极观，咏之于诗。张敬夫送朱子诗有“朱侯起南服，豪气盖九州。尽收湖海气，仰希洙泗游。不辞关山阻，为我弥月留。遗经得细绎，心事两绸缪。超然会太极，眼底无全牛”之句。张氏虽说超然会太极，也只是说出太极之超卓或崇高（sublimity），但究竟太极是怎样一回事，他也含糊说不清楚。朱子说话最爽直，而且所见得的太极似也比张氏精透些，所以他的答诗便明白形容太极道：“昔我抱冰炭，从君识乾坤。始知太极蕴，要眇难名论。谓有宁有迹，谓无复何存？惟应酬酢处，特达见本根。万化自此流，千圣同兹源。旷然远莫御，惕若初不烦。云何学力微，未胜物欲昏！涓涓始欲达，已被黄流吞。岂知一寸胶，救此千丈浑。勉哉共无斁，此语期相敦！”朱子此诗之形容太极，比南轩诗真是明晰显豁多了。但究竟太极是心吗？抑是性呢？朱诗仍含糊未说清楚。细审其语意，太极好像是指周子的“无极而太极”的理，又好像是指《中庸》所谓天命至善之性，又好像是指“人心惟危，道心惟微”的道心。朱子是个慎思明辨，凡是问题到手必须追根究底的人，岂肯得着这样一个混沌的太极观便甘休。所以他离开湖南后，复再四写信与南轩彻底追究太极的本性。初、二书明认太极为性或理。第三书修改前说指明太极是统性情主一身而无动静语默之间的心。第四书犹嫌前说认心为已发，仅不过是玄学家以心为研究的对象的工夫，更进一步提出主敬以涵养未发之心，求达到深潜纯一之味与雍容深厚之风。这样一来，他真可谓握住太极，毫不放松，无怪乎黄勉斋要说“道之正统在是矣”了。

从上面可以知道朱子为注重涵养起见，而归结到道德的唯心论。此后为提倡道德与涵养起见，他更竭力发挥他道德唯心论的系统。在观心说里，他大呼道："夫心者人之所以主乎身者也。一而不二者也。为主而不为客者也。命物而不命于物者也。"于是乎格物穷理也不是穷究心外之理，而乃是"极乎心之所具之理"了。心既然是太极，所以无所不备，但心之最主要的属性就是仁（仁就是"心之德、爱之理"）。所以他说："故语心之德，虽其总摄贯通，无所不备，然一言以蔽之曰仁而已矣。"又说道："此心何心也，在天地则快然生物之心，在人则温然爱人利物之心，包四德而贯四端者也。"归结起来，他指出人生的"究竟法"或"安身立命"之所，在于"尽其心而可以知性知天，以其体之不蔽，而有以究夫理之自然也；存心而可以养性事天，以其体之不失，而有以顺夫理之自然也"。这样一来，朱子的太极便不徒是抽象空洞的理，而乃是内容丰富，无所不具，求知有所着手，涵养有所用力的心了。他所说的尽心以知性知天，以究夫理之自然，乃是一种求形而上真理的工夫，与斯宾诺莎之知天爱天有同等崇高的理想。他所说的存心以养性事天，以顺理之自然，乃是一种极高深的道德涵养或宗教的工夫，可以不放弃人伦庶物，不放弃真理的探求，而给人一种究竟法或安身立命之所。所以朱学一方面可满足科学上哲学上理智的欲望，一方面又可满足道德上，宗教上，艺术上情志的要求。我所谓朱学可满足艺术上的要求者，盖因宋儒根本认为文以载道，内而能见道，则流露于外便是文章礼乐。用新名词说，宋儒认为"艺术所以表现本体界（道或太极）之现象"（蔡孑民先生语）。试看宋儒之咏道体的诗及其洒脱自得的艺术化的生活，可见一般。当然个人对于道或太极的解释或界说不同，则发出来的艺术亦随之而异。朱学的根本精华在此，朱学之所以能抵制佛老另辟一种局面在此，朱学之所以引人入胜，在中国礼教方面与思想方面，维持六七百年以来的权威也在此。

总结起来，我上面已指明朱子的第一种太极观认太极为理，谈理附带谈理所凝聚的气。因此建筑他的宇宙观，中间经过一短时期，认太极为天命流行之机，或理之赋予人与物的性。朱子立即修正此说，而过渡到他认太极为心的根本学说。而这个具有太极资格的心，并不是泛泛的心，乃是主乎身，一而不二，为主而不为客，命物而不命于物的心，又是天地快然生物，圣人温然爱物的仁心，又是知性知天，养性事天的有存养的心。且看他形容此种心体的诗道："半亩方塘一鉴开，天光云影共徘徊，问渠那得清如许，为有源头活水来。"

我们现在已明白看出朱子有所谓第二种太极观，认太极为心，或内心最高的境界。我现在要问的就是：既然据此说则朱子与黑格尔同有太极，同认太极为心，那么，黑格尔是否也有与朱子相似的太极观呢？这实很难说，我只好勉强答曰然，曰否。因为黑格尔与德国狂飙时代的浪漫主义者相同，认性非外铄，太极并非邈远不可企，即显现降衷于个人的内心生活里。又说太极之显现于吾心必是整个包涵万有的系统（朱子谓心一而不二，心之德无不备具）。又说：唯在哲人或思想家心中，或任何洞晓人生之至理者的心中，太极方可得最圆满之自觉。黑格尔又认为“内而能达天人合一的境界则流露于外，便是艺术，宗教或哲学”。我想凡此说法都与朱子有吻合处。不过朱子以为心能存养得仁，“则其发也，事物纠纷而品节不差”。较注重人事的活动与生活的艺术而已。至于黑格尔认绝对理念（Absolute Idee）或神思为一切物性之总思想，自决而不他依；又认“太极为一切判断之主词”（The subject of all judgements is the Absolute or Reality——布拉德雷语），亦与朱子“心也者为主而不为客者也，命物而不命于物者也”等语之意旨相似。不过黑说较注重知识的来源，而朱说则较重道德的自主罢了。

至于讲到主敬涵养，存心养性观喜怒哀乐未发气象一步工夫，黑格尔简直可以说是莫明其妙。他虽然观察别人的精神生活异常深刻精到，而他自己却甚缺乏内心经验。据鲁一士说黑格尔“个人本身实极少可以称道之处。喜争好辩，辞气粗率，……自始至终，他是一个善于自己打算，耐劳而有决心，严刻而寡恩情的人。能尽职守，能睦室家，忠于雇主，而刻于敌人”。固然，鲁一士有故意与黑格尔开玩笑之处，特地把他写坏些，但足以见黑格尔对于朱子所谓“涵养工夫”实不大讲究，而朱子所谓“急迫浮露，无复雍容深厚之风”，虽系自道其短处，但亦未始不中黑格尔的弊病。黑格尔学说之易招致反响，也许与此不无关系。

黑格尔还有一点与朱子不同。朱子的“心”虽说是无不备具，其实只是装些四德四端的道德名词，且特别提出仁为心之德。因此认宗教，艺术，玄学，政治，皆为道德的附庸品，好像只要一个人道德一好，有了涵养，他便万知万能，而黑格尔却只认道德为社会意识，而非绝对意识。在道德中善恶是相对的，唯超善恶之宗教、艺术、玄学方算绝对意识。朱子的太极是纯粹蔼然爱人利物的仁心，而黑格尔便有些怀疑这种纯滢的绝对的善，所以他的太极是恶被宽恕或恶被征服后的心境。换言之，黑格尔的太极是向外征服恶魔的战士，而朱子的仁心是向内克治情欲的警察（朱子有“中原之戎寇易逐，而自己之私慾难除”语）。朱子认包四德而贯四端的仁心为一切的根本。而黑格尔只认政治为道德之用，道德为政治之体，宗教为道德之归宿，道德为宗教之阶梯。所以黑格尔说："道德生活乃政治的心髓或实质，政治乃道德生活的组织与实现，而宗教又是政治与道德生活的根本。是以政治基于道德，道德本于宗教。"① 所以黑格尔认道德为相对，认太极是超善恶的绝对意识之说，朱子也许要斥为异端。

朱子与黑格尔还有一最大区别，就是朱子认太极为个人由涵养而得的当下的内心境界；而黑格尔是个理想主义者，他有时称尚未实现的社会理想，或时代精神（Zeitgeist oder Weltgeist）为太极的下凡或轮回投生。在历史上他认为野蛮人之自相残杀、封建时之奴隶制度、斯多葛之节欲顺理、法国革命之争自由平等和日耳曼民族之忠爱国家都是绝对精神或太极的次第表现。世界历史就是这太极自己表现，自求解放发展的历程。而他归结到人生理想在于"在一个自由民族，一个有组织的社会的总意识里，寻着我们的真职责和真自我表现。足以代表全国民的真生命的国家，就是每一个忠实公民的客体自我。所以国家就是个人的真正自我，也可以分配各个人应有的职责，指定各个人相当的职业，赋予各人的德行以意义和价值，充满各个人心坎以爱国热忱，并且保持各个人生活的安全与满足"。黑格尔在西洋实际影响之大几全在他注重于太极之表现于社会理想，而朱学在中国影响之大乃在其注重自个人内心涵养而得之太极。所以朱子有"一物一太极"之说，几似莱布尼茨之单元的个体主义；而黑格尔太极只能承认凡物皆太极的表现，而不承认一物一太极的说法了。所以朱子和黑格尔虽都可以说是东西谈太极的大师，但至此不能不分道扬镳了。假如，朱子与黑格尔会面的话，两人辩论的激烈，恐怕比他与陆象山在鹅湖馆的争执还会更厉害呢！

以上解释朱子的第二种太极观并与黑格尔的比较，所占篇幅特别多，因为在两家学说的地位特别重要。此外朱子还有第三种的太极观。此种太极观虽直接与他的形而上学系统无关，但一样值得我们讨论。大凡哲学家用纯理求出他形而上学的道体后，他总免不了把他的道体具体化，以求应用于人生实际方面。譬如黑格尔逻辑学中的太极是抽象的，是无人格的，是超时空的；但他的精神哲学，历史哲学及宗教哲学上的太极，就多少被他具体化，而具有几分人格，而且在时间上有盛衰消长

① 黑格尔《精神哲学》，瓦拉士英文本，第 282 页；拉松德文本，第 464 页。

之可言了。又譬如《易经》上所说的天或天道，乃是一无人格的理（宋儒“天即理也”之说自此出），但孔子在《论语》上所说的天，如“天厌之”、“天之未丧斯文也”、“天丧予”等均应用于人生及感情方面的天，故是被他具体化为有意志、有人格的天了。至关于朱子的太极是否被他具体化为有人格有意志的存在，我们现在姑且不论。我现在要指出的朱子的第三种太极观，就是朱子于其诗歌中不知不觉地把他的太极具体化作一种神仙境界，此实具体化道体之一种刷新办法，故值得我们大书特书。他与袁机仲的诗有云：

武夷连日听奇语，令我两腋风泠然。初如茫茫出太极，稍似冉冉随群仙。

读者一看就知道此处的太极，既非统天地万物之理的抽象太极，亦非同张南轩所超然会着的太极，因为那是得仁见道的滢洁的心境，决不会“茫茫”；而乃是一种被他具体化了的太极，被他用诗人的想象活用，而他可以飞进飞出的太极。这种太极乃是一种想象中的仙家境界或蓬莱宫阙。此四句诗的大意是说，连日在武夷山听袁机仲谈奇妙的形而上道理，致令他觉得遗世俗超形骸，如列子之泠然御风而行。起初好像是茫茫然自蓬莱宫中飞出（出太极），一会儿又好像是随群仙逍遥遨游于天空之中。就无须我加这种笨拙的解释，原诗意思亦甚明了。我们须得知道的就是，朱子的太极是可以活用的。我想他一定还有别的活用太极的地方，不过他不肯形诸言诠罢了。虽然我只搜得这一条孤例（也许还可寻得出别的），但亦足见朱子活用太极之一般了（见附释）。

至于黑格尔之活用太极，具体化太极，尤其厉害。他虽很少做诗，但他的《精神现象学》书中富于诗意之处极多。据鲁一士说，若不是因为书中的奇奥的玄学名词太多，此书在德国浪漫文学史上要占位置的。黑格尔因为不像朱子有道家的思想作背境，可以把太极想象化成蓬莱宫阙或蓬莱仙子。但他最好的办法是把他的太极人格化成德国神话中的神仙或耶稣教的有人格的上帝。所以他的太极或世界精神（Weltgeist）之在人世，就好像德国神话中的浪游仙武丹（Wotan）一样，历山川之迁变，经人事之沧桑，漫游历史，从古至今，以至无穷。有时黑格尔又把他的太极人化成战将式或霸王式的上帝。他心目中所有的霸王或战将是谁？当然就是他1806年在耶拿时所亲眼看过的“马背上的世界灵魂”拿破仑了。所以鲁一士再三说：“黑格尔的太极或上帝乃毫无疑义的是个战将。……而绝对自我（即太极）是那绝对强壮的精神，能耐得住人生一切的冲突，而获永久的胜利。”又说：“我可以重言申明黑格尔的太极是一个战将。万古以来所有人类精神生活的精血，全都在他身上；他走到我们面前已是鲜血淋漓，伤痕遍体，但是凯旋而来。简言之，黑格尔的太极，是征服一切矛盾冲突的天理，是精神生活的全部，是人类忠义之所贯注、坚忍之所表现、情感之所结晶、心神之所体会的对象。”

朱子的太极是仙佛境界，黑格尔的太极是霸王威风。朱子的太极是光风霁月，黑格尔的太极是洪水猛兽。朱子是代表东方文化的玄学精，黑格尔是代表西方精神的玄学鬼。今年（1930 年）旧历九月十五日是朱子生后八百年纪念，明年（1931 年）11 月 14 日是黑格尔死后百年纪念。我们把这两位谈太极的大师请出来对勘比较，也许于了解两家思想不无小补。

附释：近来查出朱熹诗集[①]中，有不少活用“无极”一概念之处：如（1）有“不遇无极翁，深衷竟谁识”的诗句，这表明对新创“无极而太极”哲学原理的周敦颐，特把他尊崇为“无极翁”。（2）“珍重无极翁，为我重指掌”，“无极”本是抽象概念，在这两处朱熹都因情感上崇敬“无极而太极”之理，于是以诗人的想象，把它人格化为“无极翁”。（3）此外朱熹还有一首诗，题为《作室为焚修之所》，焚指焚香默坐，修是修玄虚之道、诵幽玄之道经。因这期间他还写有《读道书六首》、《诵经》、《宿武夷山观妙堂二首》以及许多“恋仙境”、“绝尘缘”之类的诗句。由于这首诗对无极一词的用法很特殊，文字较晦涩，而透露的情思意境又较真切，故多解释几句。“归命仰璇极，寥阳太帝居。……愿倾无极光，回驾俯尘区。”首句意谓仰望玉宇式的太极（璇极作玉宇、玉宫解，即形象化了的太极，归命即性命的归宿）为自己性命的归宿。次句意谓寥廓昭朗的（寥阳）太帝居，为天帝（惟皇上帝）所居住的宫阙。三四句意谓甚愿倾注无极（无限）的光明，使自己可以回驾俯瞰下界的尘埃区域。——写这些诗时朱熹不过三十多岁，正是出入于佛老，但偏重道家的时候。同时，我感到，我国哲学家多半都能作诗，如果从表现形象思维的诗歌里去理解他们的思想感情，也是可行之路。

---

① 见《朱文公文集》，四部丛刊本，第一至第三卷。

《黑格尔学述》译序*（1931年）

为使读者对于此册翻译有同情的了解起见，我不妨首先将我所据以从事的三条原则直率提出：

一、谈学应打破中西新旧的界限，而以真理所在实事求是为归；

二、作文应打破文言白话的界限，而以理明辞达情抒意宣为归；

三、翻译应打破直译、意译的界限，而以能信能达且有艺术工力为归。

这一册翻译就是我实行这三条原则的初次尝试。因为要破除中西、新旧的界限，所以本书中便有不少的不中不西亦新亦旧的材料和名词。你若于本书中发现宋明理学的气味，请勿嫌其陈腐，你若探得赤化的根苗，也勿畏其过激。但以求真、求是的眼光去评判可也。因为要实行打破文言白话的界限，所以我的译文便充满了“不成文的文言，不成话的白话”①。我既然不拘泥于直译意译的限制，所以我的译文既算不得直译，亦算不得意译，只勉强可以说是有时直译以达意，有时意译以求直。信达二标准盖本诸严复。但我所谓“艺术工力”却与严复的雅不同。严氏大概是以声调铿锵，对仗工整，有抑扬顿挫的笔气，合桐城派的家法为雅。而我所谓艺术工力乃是融会原作之意，体贴原作之神，使己之译文如出自己之口，如宣自己之意，而非呆板地、奴仆式地徒作原作者之传话机而已。费一番心情，用一番苦思，使译品亦成为有几分创造性的艺术而非机械式的“路定”（routine），就是我这里所谓的艺术工

---

* 本文系1931年作者为纪念黑格尔逝世100周年而作，原文发表于《国风》半月刊1933年第2卷第5、6号。作者选译之鲁一士《黑格尔学述》一书于1936年9月由上海商务印书馆出版。本书中所用版本系根据《黑格尔哲学讲演集》（上海人民出版社，1986年）而整理。

① 这是语言学家赵元任老师的话。

力。当然，我这种标准是为译文哲书籍而设，非谓译科学方面的书籍亦必须采此法。而且我提出的乃是理想的标准，当然不能要求任何人，包括我自己在内，满足这种理想标准。

黑格尔的学说颇以艰深著称。要了解他，要介绍他使别人也了解他，实非易事。我之所以翻译鲁一士这几篇东西，这是因为我认为鲁一士很能够满足这两个条件。鲁一士是一个最善于读黑格尔，而能够道出黑格尔之神髓，揭出黑格尔之精华而遗其糟粕的人。他之特别表彰黑格尔早年少独断保守性且富于自由精神的《精神现象学》一书，与其特别发挥黑格尔分析意识生活的学说，都算得独具只眼。而且鲁一士自己所期许的就是要揭穿"黑格尔的秘密"，把他的学说从晦涩系统的坟墓里以流畅而有趣致的笔调表达出来，所以鲁一士叙述黑格尔学的几篇文章比较最少教本式或学究式的干枯之病，足以使人很有兴会地领略到黑格尔学说的大旨。

鲁一士（Josiah Royce，1855—1916）是美国最伟大的新黑格尔主义者，是美国系统哲学成立的柱石。他与詹姆士齐名，是詹姆士的好友，同时是詹姆士的对头，美国现代的哲学几有不归詹则归鲁的趋势。[①] 他们两人的关系，当詹姆士在英国作《宗教经验之类别》时给鲁一士的信最足活跃表出。詹姆士信有云："鲁一士呀，我一面提着笔著书，我一面便想着你，我唯一的目的就是把你的学说推翻。我希望我永同你扭成一团，抱着在历史上滚。"果然，现在在美国哲学界，詹姆士、鲁一士总是相提并论，但在中国呢，却只是詹姆士一人孤零零地被拉过来，他的学说甚至有时被人误解，被人滥用，而他的老朋友鲁一士却遭冷落，没有扭着同他一齐滚来。我想詹姆士死而有知，也应替鲁一士抱不平，而骂那瞎捧他的人道："你们不了解我的好友，你们也不会了解我的!"

鲁一士《忠的哲学》一书十几年前，日本即有译本。还有四五种已被译成意大利文。因为在意大利现在新黑格尔学最盛行。我之翻译此册，也就是想附带介绍鲁一士的思想。因为鲁一士此书虽述黑格尔之学，而他于选材与着重之间，已暗示他自己的主张之大凡了。所以我们不妨说黑格尔有三。一为少年之黑格尔，自由浪漫；一为老年之黑格尔，独断保守；一为新黑格尔，亦即美国化或英国化之黑格尔，为前二黑格尔之综合与修正。兹册所载，可以说是新黑格尔对于少年黑格尔之

---

① 参看《美国现代哲学家自述》（两卷），特别是柏雷（R. B. Perry）教授一文。

绍述。

中国学术界有一个显然的趋势，就是大家都以新兴趣、新眼光、新方法去治中国历史。如果史学与哲学间的隔阂不至太甚，当然不难产生以历史为基的新哲学。而且如果能根据纯正的哲学眼光以治史学，则史学中也不难得新收获。黑格尔哲学就是以历史为基础的系统。他认为哲学就是世界历史所给予吾人的教训。因此他的见解和他的方法实有足资吾人借鉴之处。太史公所谓“究天人之际，通古今之变，成一家之言”，几可以说是描写黑格尔哲学的最好、最切当不过的话。史家最要的是识度（insight or vision），而黑格尔最擅长的也就是对于宇宙人生的识度。即最攻击黑格尔学说不遗余力的詹姆士，也不能不佩服黑格尔的识度，谓黑格尔能置身变动不居之宇宙中而得一活的印象。① 而杜威不唯早年曾当过黑格尔的信徒，论者皆称杜威初期的思想为黑格尔时期，即至今他亦称道黑格尔“一天人合主客”之识度不置，谓除柏拉图外，彼所最欣赏之哲学家当推黑格尔。②

黑格尔对于知识论的识度，一言以蔽之曰，“主客合一”（知与所知合一）。黑格尔宗教哲学上的识度，一言以蔽之曰，“天人合一”。他的社会哲学的识度，一言以蔽之曰，“人我合一”。而他对于自然哲学的识度，一言以蔽之曰，“内外合一”。东西古今谈一天人合内外与物我一体的圣哲，曷可胜数。而黑格尔哲学最大的特点就是他那彻始彻终贯注全系统谨严精到的哲学方法——这就是他的矛盾法（dialectical method，普通一般人皆采日译作辩证法，兹余改译作矛盾法，理由详后）。黑格尔提出矛盾法的用意就在反对当时走简捷的路径去求囫囵苟且的假合一的趋势。他认为须经过艰苦磨炼，矛盾冲突，才能调合那极生硬极不相容的矛盾现象，使成为有机的统一，才是真实。因为真实的东西必是整个的、合一的有机体。他指斥谢林式的含糊的同一哲学（die Identitätsphilosophie，也勉强可译为齐物哲学）为“夜间观牛，其色皆黑”③，以为这种囫囵吞枣的合一论，势非至于言诠路绝，文字道断，弄成真伪是非善恶皆泯无分别之境不可。虽然他指斥得未免过火，不过也足以见得他用意之所在了。所以鲁一士说客观唯心论是以古代之神秘主义为材料（指其注重合一而言），而以近代之理性主义为方式的（指

① 参看詹姆士《多元宇宙》第三章。

② 参看美国《现代哲学》第二册，杜威的自述。

③ 见《精神现象学》序言。

其注重理智、注重矛盾法而言）。

至于黑格尔所谓矛盾法的性质和内容，为方便起见，可分作三点来说明：第一，黑格尔的矛盾法可以说是一种矛盾的实在观。所谓矛盾的实在观，就是认为凡非真实的东西必是不合理的，自相矛盾的。凡是真实的东西必是合理的，必是整个的、圆满合一的。[①] 黑格尔以为凡是实在皆经过正反合的矛盾历程以达到合理的有机统一体，所以他以为非用正反合的矛盾方式不能表达实在之本性。据此成立他正反合三分的范畴方式（triadic scheme of categories）。他这种呆板的三分方式，虽有其精颖独到之处，但究不免有几分徒排列着好玩的武断性。所以即使有许多赞成黑格尔的实在观的人，而对于他这种三分的范畴方式也取讥笑态度。英国新黑格尔派健将布拉德雷称这种三分为"死范畴的摆布"（a ballet of bloodless categories），而哈佛的怀特海教授在班上演讲，甚至斥之为一种"儿戏"（child's play）。我想任何人如再想步黑格尔之后尘，去制造些呆板的三分范畴，当然无聊；但如果细察黑格尔三分范畴之所以然，却也并非如他们所指斥的那样毫无意义。

黑格尔用以表示实在的三个一串的范畴亦有三种的不同，兹为明了起见，条列如下：

一、相反的矛盾。如有（sein）无（nichts）之相反其合为"变"（becoming）。又如质量之相反，其合为尺度。因有质无量、有量无质，均属抽象，实等于无。真的存在必为有定质、有定量之尺度。

二、递进的矛盾。如《精神哲学》中之主观意识（正）进而为客观意识（反），再进而为绝对意识（合）。又如《理则学》[②] 中之三大纲领，由存在（sein，正）进而为本性（wesen，反），再进而为总念（begriff，合）。亦为递进的矛盾。

三、相辅的矛盾。如在《精神哲学》中艺术、宗教、哲学均同为绝对意识之表现。艺术为正，宗教为反，哲学为合。盖艺术宗教用象征或寓言以表现绝对实在，而哲学则用理智以表现绝对实在，故均属于绝对意识而有相辅的关系。

但有与无、质与量之相反，谓为矛盾，倒还说得通。为什么既曰递进矣，既曰相辅矣，又复称为矛盾呢？这就是因为递进的或相辅的三分

① 参看布拉德雷《现象与实在》论实在之性质两章。

② 现译为《逻辑学》。

间仍有矛盾的关系存在。譬如，客观意识为社会之公意，虽较高于主观个人的见解，但无个人主观的意识，则客观意识无由形成；反之，若无客观意识则主观意识亦无由表现。换言之，主观意识可以否定客观意识的绝对性，客观意识可以否定主观意识的绝对性。至于客观意识与绝对意识的关系，也是一样。三者之间层次虽属递进，但否定原则仍通行于其间。三者相合则彼此相通，并存而俱真；三者分离，则自相矛盾，并亡而俱幻。所以这种递进的三分，其关系也是矛盾的。

至于相辅的三分如艺术、宗教、哲学的关系，亦是合则俱存，离则俱亡。霍金教授云"宗教为艺术之母"[①]。西洋许多伟大的建筑、戏剧、诗歌、美术等几莫不出于耶教。中国屈原之诗宗教色彩极浓，李白之诗可以说是道教的产物，杜甫的诗是儒家的产物，北京的天坛也可以说是儒家信天的宗教观念的表现。中国唐、宋二代宗教最盛，而艺术亦最发达。说到这里，则蔡孑民先生以艺术代宗教之说，若作为提倡科学、艺术，反对迷信及独断的神学，与愚民保守的教会之挽救时弊的方策倒还很好，若执此说以为无神论张目，根本认为任何宗教可以废除，人类精神上的宗教要求可以完全用艺术代替，且认艺术绝无宗教的基础，可以离宗教而绝对独立，则未免昧于艺术与宗教间之矛盾关系了。简言之，艺术、宗教、哲学都是本体界绝对精神之表现。三者间的关系就是合则彼此相辅，分立则自相矛盾。这种地位相等的三分而彼此间有休戚相关的关系，便可称为相辅的矛盾。

第二，黑格尔的矛盾法又是一种**矛盾的真理观**。此点鲁一士于太极与矛盾法章已说得很详。鲁一士说真理的本性就是矛盾的，并不是说真理是互相矛盾而且不通之理，不过是说真理是包含有相反的两面的全体，须用反正相映的方式才能表达出来。譬如，"死以求生"，或庄子所谓"方死方生"就是黑格尔所谓矛盾的真理（章太炎氏以释家轮回说来解释庄子的"方死方生，方生方死"、"生也死之徒，死也生之始"等语，未免因昧于老庄矛盾的真理观之故，牵强附会了），老子的"无为而无不为"也是矛盾的真理。又如布拉德雷说"道德的责任在于不道德"（It is a moral duty to be not moral）或老子的"上德不德是以有德"也是一种矛盾真理。换言之，只执着片面的生或死，片面的为或无为，道德或不道德，均不足以见真理之全。不过为世人说法，不可说得

① 见所著《天在人类经验中之意义》一书。

太显露太玄妙，致引人误会。因此许多淑世的道德家不欲把矛盾性的真理点破。譬如，不用死以求生的矛盾玄学语，我们不妨说“杀身成仁，舍生取义”或“苟且偷生的生活无意义”等，如此便平实多了。又如要免掉世人对于“无为而无不为”的矛盾真理之误会，我们不妨说：“宁静所以致远”。盖“宁静”有“无为”之意，而“致远”有“无不为”之意。或说“欲速则不达”。盖“欲速”有“为”之意，而“不达”则有“无所为”之意。若试将“欲速则不达”译成矛盾语，便是“为而无所为”。足见孔子与诸葛的话，不唯不悖于《老子》的矛盾真理，而且平实易于了解（梁任公释《老子》“无为而无不为”为“无所为而无不为”，释前“为”字为“贪求”之意，显系以梁漱溟氏不计较厉害之直觉说牵强释老，有失《老子》矛盾真理之本旨了）。又如布拉德雷“道德的责任在于不道德”一语，意思是说“道德的目的在于超道德”或“道德的最后归宿在于宗教”。如此说来，虽失了原语之矛盾方式，便少语病，而不易引人误会了。所以黑格尔派的学说之所以招注重常识的哲学家的误解与反对，也许由于黑格尔本人或有几位新黑格尔主义者把矛盾的真理说得太玄点得太破之故。兹试将黑格尔《精神现象学》的第一章里所层见迭出令人头昏目眩的矛盾之理写几条于下，以见一般：

一、当下赤裸裸的见闻即是最虚幻、最不可靠的见闻，最具体即最抽象。

二、现在就是过去，过去就是现在；此地即是彼地，彼地亦即此地。

三、我即非我，非我即我；为己即所以为人，为人即所以为己。

四、一物感官接之可以万殊，万物理性致之，可为一物。

五、自以为最富，实即为最贫；常识貌似切实，实乃抽象概念之播弄。

六、分即为合，合即为分；绝对相反之物，即为同一之存在。

黑格尔对于矛盾法之特别应用，以及他所指出的矛盾之理之多，以上各例想是代表其大概了。

第三，黑格尔的矛盾法又是一种**矛盾的辩难法**，也可以说是以子之矛攻子之盾的辩难法。此法始于西方的坚白同异辩难家芝诺。苏格拉底也惯用此法。他最会盘诘别人，然后察出别人的破绽。即用对方的前话来攻击后话或用后话来攻击前话，一直问得对方辞穷理屈，以启发他的道德。有时他也许指出前后两说矛盾之所在，而提出一折中的答案。有时他仅以指出别人自相矛盾之处为止，并没有具体的结论。这样的矛盾辩难如合于逻辑，且辩者实志在求真理，则称为矛盾辩难法，或简称矛盾法（dialectics）。如不下定义，不合逻辑，为辩难而辩难，徒以取快一时或求辩胜他人为目的，便叫做诡辩法（Eristic）。由此足见诡辩法与矛盾法间之界限实甚微，普通人甚至于将二者分辨不开。而那最善应用矛盾法的苏格拉底竟被诬为诡辩家而丧命！兹试举几个浅近的例子以表明诡辩法与矛盾辩难法的区别：

诡辩法举例：

一、正面：求学的人必是聪明人，因为求学可以使人聪明，而且必聪明人方求学。反面：求学的人必愚昧，因为必愚昧方求学，聪明的人何须求学？（见柏拉图 *Euthydemus* 对话）

二、正面：孔家店应打倒，因为孔子维持吃人的礼教，阻碍进步。反面：孔家店不应打倒，因为孔子于中国学术思想有益，孔子的存疑的理性主义，足以抵制外来一切迷信妖妄或独断的宗教。

三、正面：东方的精神文明应打倒，因为算命、扶乩、缠足、打麻雀牌等是东方的精神文明。反面：西方的精神文明应提倡，因为汽车、轮船、一切机械、工业、科学、组织等都是精神文明。

四、正面：哲学的前途有无限的光明，因为中国系哲学与西洋系哲学接触后，或许能发生新的世界哲学也未可知。反面：哲学已走到末运。因为哲学与科学冲突，科学已能给吾人以永久普遍的真理，没有哲学家说话的余地。

如果一人执以上各例以难不同的对方就是诡辩。诡辩家妙诀在不下定义，拨弄字眼，两面取巧。结果名实混淆，是非无从辨，真伪无从识。如果哲学家没有别的功用，只消他能廓清诡辩，破除矛盾，使人思想明晰，其功便属不小。只要诡辩不息，谬论横行，则哲学至少便有其存在之价值和使命。其实苏格拉底的功绩就在廓清诡辩，而提出比较有普遍性的概念以作真善美的标准而开柏拉图范型说之先河。

矛盾辩难法举例：

一、鲁一士说：我很喜欢听别人反对理想主义，因为他反对理想主义愈烈，则他走入理想主义的领域愈深。因为他反对理想主义就是根据他自己认为合理的理想来观察这世界。①

二、约翰·开尔德反对唯物论道：唯物论者谓心思为物质的作用，

---

① 述鲁一士《近代理想主义演讲》，第240页大意。

实不啻谓心思为自身的作用。因为他们把物质以及万有的存在所必须［需］的先决条件——心思，当作物质的产物。①

三、新实在论者斯鲍丁证明知不能影响被知说：无论哪一派学说莫不以“知不能影响被知”为先决原则。因为一个主张或学说便是一件事，一个被知的对象。假如知能影响被知，那你的学说先就不能成立。你既以你的学说为真，那不啻谓你的学说是不受影响的。他又攻击柏格森道：柏格森反对理智，他的书却完全用理智作成，岂不是自相矛盾?②

以上几条就是通常所谓矛盾辩难法的实例。此种辩难，理论上虽没有错误，可以驳倒对方，使他难于回答，但总觉不能令人心服。而且此法有时用得不当几与诡辩法不分皂白，普通人所谓咬文嚼字的逻辑，除了指抽象的形式逻辑外大概是指此。所以反对此法的人也很多。但大概哲学家既不能全根据实地的经验或独到的识见说话，又不能全根据形式逻辑或几何方法以立论，总难免偶尔采用此种以子之矛攻子之盾的哲学武器。譬如，哥伦比亚大学的伍德布里基（Woodbridge）教授批评杜威，说他虽然高谈实验方法，而他自己的学说实在仍是建筑在矛盾法上。杜威也只好解嘲道：“没有人可以著关于哲学的书而不用矛盾法的。”③ 但英国新黑格尔派的首领格林却反对矛盾法甚力，认为矛盾辩难乃文人故意作难对方以满足其夸大狂的伎俩。④ 所以现在我们须得知道的就是：第一，矛盾辩难法乃各派哲学家所通用的武器，并非哪一人或哪一派所专有。第二，黑格尔学派中人有用矛盾辩难的人，如鲁一士、开尔德，也有反对此法甚力的人如格林。第三，我要说明的就是，黑格尔本人也是讨厌类似上面那些例子的咬文嚼字的矛盾辩难的。他的矛盾法不是用来与人辩难，乃是用在分析意识生活，观察实际现象的矛盾点上面。他只是指出好东西有其坏的方面在，或我中有人、分中有合、苦中有乐、死中有生的矛盾之理在，而徐求解除或调和此矛盾的综合一贯之总原则。换言之，他人用矛盾法以作辩论的武器，而黑格尔则用矛盾法来解释经验，解释宇宙人生，而求得一简易一贯的识度。这是黑格尔的矛盾法的特色，也是黑格尔对于矛盾法空前的妙用。

以上我已经分作三层来说明黑格尔的矛盾法。我们知道黑格尔的矛

---

① 见约翰·开尔德《宗教哲学导言》，第 189 页。

② 根据友人谢幼伟君上斯鲍丁课并读他的《新理性主义》后来函所述。

③ 参看 1930 年 1 月美国《哲学杂志》木桥教授批评杜威答辩之文。

④ 见《格林全集》第三册，第 240 页。

盾法乃是一种矛盾的实在观和那三分式的范畴，又是一种真理观，指那用反正相映以表达出来的矛盾之理。我们又知道黑格尔的矛盾法之实际妙用乃在于分析意识、经验、人生、宇宙之矛盾所在，而指出其共同之归宿点，与普通哲学家用以驳倒对方之矛盾辩难法不同。当然，黑格尔的矛盾法本来是整个一贯的东西，不过因为其用有不同，我们也不妨分开来解释，以求方便而易于明了，其实不分固可，即要更加细分也未尝不可。至于这种分析既是我为方便计的武断，而许多名词如“相反的”、“递进的”、“相辅的”矛盾等，又是我个人所杜撰，当然免不了挂漏疵谬的地方。

现在还有一点须得补明的，就是黑格尔的 Dialektik 或 Dialektische Methode 既是指矛盾的实在观，矛盾的真理观及意识生活之矛盾分析等，则其含义与普通所谓“辩证”实显然隔得很远。若依日本人译西文之 Dialektik 为“辩证法”实在文不对题，令人莫明其妙。即译普通哲学家用以驳倒对方之 dialectics——即译近于诡辩而实非诡辩的矛盾辩难法为“辩证法”，虽勉强讲得通，但亦欠确当；因为“证”字含有积极地用实验以证明一个假设，或用几何推论以证明一个命题之意，而矛盾辩难法的妙用只是消极地寻疵抵隙，指出对方的破绽，以子之矛攻子之盾，并不一定要证明一个命题或假设。所以我将 Dialektik 一字统译为“矛盾法”，而可以通贯适合于各种不同的用法：如矛盾的实在观，矛盾的真理观，矛盾的辩难法，矛盾的分析，矛盾的进展或历程（dialectical progress or process），先天的矛盾（transcendental dialectic，或先验的矛盾，如理性偏要发宇宙起源的疑问，但又不能回答），矛盾的境况（dialectical situation，凡两难的境况就算是矛盾境况，如狼之与狈，如既不乐生又复畏死的境况等）等等。读者试将本译文之“矛盾”或“矛盾法”一一代以“辩证”或“辩证法”，便足以显出新译之较为适当，而旧译之凿枘不合了。而且我们试一探黑格尔的生活与性格，则知他自幼即喜欢注意矛盾的现象。如他在日记中常记载些“年轻之时，想吃不得吃；年老之时，有吃不想吃”和“晚间应各自回去睡觉，白天再来观看星宿”等矛盾趣谈，便是好例。所以他后来在哲学上所用的方法便叫做矛盾法，实极自然的趋势。

至于马克思的 Dialectic 与我这里所说的黑格尔的矛盾法的关系如何，异同如何，因为我对于马克思所知甚浅，所以对此问题不能作肯定的答复。不过据我揣想，马克思的方法大概不是我所谓矛盾辩难法，因此与辩论或辩证仍隔得很远。黑格尔是用矛盾法以指出精神现象之一正一反一合的矛盾进展，而马克思则似乎是用矛盾法以指出经济状况之一正一反一合的矛盾进展。黑格尔认历史为精神循矛盾之法则以自求解放的历程；马克思大约是认历史为经济循矛盾之法则以变迁进步的历程。所以他们两人对矛盾法的根本认识实相同，不过其所应用之范围稍异而已。就好像同是一把刀，老师拿来解剖病人的脏腑以医内症，而学生便拿来割疮去瘤以治外伤[①]，只有精粗内外之别，并无根本不同之点。而且解剖脏腑与割治疮瘤皆各有其用，可以并行不悖；同样的道理，用矛盾法以研究经济现象，用矛盾法以分析意识现象，亦各并行不悖，各有其用。所以只要不涉及形上问题，不追问到心物之根本关系，马克思用矛盾法以分析经济现象，不惟不与黑格尔背道而驰，而且是黑格尔所嘉许的。这就是我的黑格尔、马克思关于矛盾法之应用的异同论。因为马克思的矛盾法既出自黑格尔且有与黑格尔相反相成之处，难怪近来俄国共产党人也发生研究黑格尔学的新而且浓的兴趣。请看下段记载：

在前一号的 *Souremenniya Zapiski*（在巴黎发行的俄国杂志）里，有 P. Prokofyev 一篇文章，叫做《苏俄哲学之危机》。此文是根据本年（1930）四月内全俄马克思列宁科学研究院会议，及 1929 年在哈可夫（Harkov）举行之马克思列宁主义研究院会议之报告而作。在哈可夫会议的讨论里，很多反对该研究院主任 Semkovsky 之言论。他们攻击该主任，说他没有给他们丝毫关于矛盾逻辑的许多范畴的知识。他们又说“该主任唱言谓黑格尔不值得研究，因为马克思主义已吸收黑格尔之精华而无余，其实这话并不对”等等。有一个从 Semkovsky 主任治哲学的学生说：“我在研究院四年的工作，并没有把我训练成一个学者，但成了一个不关痛痒的宣传员。”

苏俄思想界对于黑格尔之新兴趣，乃由于马克思学者新出版的两本书所引起。一为恩格斯的《自然之矛盾性》[②]（*Dialectics of Nature*，1925 年出版），一为列宁之《黑格尔理则学注释》[③]（*Notes on Hegels' Logic*，1928 年出版）。列宁的注释据说比他粗疏浅近，关于经验批判

① 我早就感到，应一律用“辩证法”最好。我所谓马克思用辩证法以治外伤，黑格尔则用来医治内症的错误之处，在《中国哲学》第 2 期《康德黑格尔哲学东渐记》一文中，我已作了自我批评。请参看。

② 今译为《自然辩证法》。

③ 今译为《黑格尔〈逻辑学〉一书摘要》。

的书真有大进步。他似乎切实领会到黑格尔相反相成（Unity in Opposites）的根本观念，但此观念之应用及实施如何，他却尚未想出。列宁曾令将白派哲学家 I. A. Ilvin 释放出狱①，因为那时他正读到这位哲学家关于黑格尔学的书，赞赏异常。则列宁对于黑格尔学之热烈于此可见。列宁的注释引起对于黑格尔之热心研究，其结果，许多受过“红哲学”训练的人，反而得出许多结论使他们的老师惊讶。一个很有声望的苏俄哲学家德波林在会中抱怨道：“就是马克思学说的根本要义，也被许多同志们认为可疑而成问题了！”他又承认此种可惋惜的事实，实不能认作受了资本家或绅士们的影响。

布哈林、普列汉诺夫以及其他马克思正统派的柱石所教的机械的实在观与粗疏的唯物主义，已为新进的红派“哲学家”所严刻批评。因为从他们的著作之如此粗陋看来，足见他们对于哲学的知识实异常有限。但无论他们对于哲学的预备是如何浅薄，究竟他们也尚知道用思想，且胆敢攻击他们所认为圣经中的教训，也颇值得注意。他们从列宁与黑格尔的著作里对于黑格尔的一知半解，遂使他们猜想以为大概除了时空中摸得着看得见的物质外，或有别种的实在之可能……②

我所引这一大段，也许与我所论译名不全有关系，跨出题外之处。总而言之，我的意思以为黑格尔与马克思之矛盾法其用虽殊，其本则一。了解黑格尔可以促进对于马克思之了解，所以苏俄方面有研究黑格尔之新兴趣，实极自然的趋势。我既坚持黑格尔的 Diailectic 应译为矛盾法，那么，我当然也认马克思的 Dialectic 亦应译为矛盾法了。

上面既已简略地解释黑格尔的矛盾法及附带与马克思的矛盾法的关系，并且说明我所以译英文的 Dialectic 为矛盾法的理由了，现在我将进而说明我译英文的大写字 The Absolute 为太极的原因。英文的 Absolute 即绝对无上之意，中文的太极也是绝对无上之意。朱子与陆象山书解释太极说：“圣人之意正以其究竟至极，无名可名，故特谓之太极，犹曰举天下之至极无以加此云耳。”太极和英文大写的或当作抽象名词用的 Absolute 皆表示形而上学的道体，故我以太极译之。而英文小写的或当形容词用的 absolute，只是表示极端，无限制，无以复加或着重

① 按我曾问过苏联哲学史教授，他们否认有此事。我曾查过苏联哲学史，也没有 I. A. Ilvin 其人。

② 以上节译自 Natalie Duddington 所作之《俄国的哲学》一文，见英国著名的《哲学杂志》（*The Journal of Philosophical Studies*）第五卷第二十号，1930 年 10 月出版。

语气之意，且不一定有形而上学的含义，则较相当于中文“绝对”二字的意义和用法，不可译为太极。所以我仅以太极译表示形而上学的道体的哲学专门名词 The Absolute，而从众以“绝对”译用处较广的形容词 absolute。既可以用太极译 The Absolute，当然可以用“无极”来译 The Infinite 了（但数学上的 Infinite 或 Infinity 则不可译作“无极”，因为无极乃哲学上的专门名词，非数学名词）。盖在西洋哲学上，The Absolute 和 The Infinite 皆用以表示形而上学上同一之究竟实在，大体上可以互释互用。周子“无极而太极”一语，朱子释谓太极、无极不过形容道、体之二名，并非两个不同的本体。故朱子与陆氏弟兄书有“不言无极则太极同于一物而不足为万化根本；不言太极则无极沦于空寂而不能为万化根本”之语，用以互释。而他注周子太极图说，复力辟“自无极而太极”之说（此说认无极在太极之先，以无极与太极为二物），谓“非太极之外，别有无极也”。足见以太极译西洋形而上学之 The Absolute 以无极译 The Infinite 之切当，无何牵强附会之处。

至西人之治中国哲学者除德人察恩克尔（Zenker）于其《中国哲学史》第二卷译周子之无极为 Das Ungrund（有“无本”之意）外，其余各家几无一不译无极为 The Infinite 或 Das Unendliche 者。今西人既可译中文之无极为 The Infinite，则我们又曷尝不可反译西文之 The Infinite 为无极呢？至于太极二字，仅翻译庄子书的翟理斯（Giles）译作 The Absolute，其余各家皆不作如是译。麻克那齐（Mc Clatchie）于其《孔家的宇宙观》一书译作 The Great Extreme（即“大极端”之意）。法人《朱熹之学说及其影响》的作者勒嘉尔（Le Gall）大半仅译太极二字之音，有时亦兼义译作 Grand Extréme（亦“大极端”意）。五经翻译者李格（James Legge）则有时译作 Th Great Extreme（大极端），有时译作 The Grand Terminus（太端）。而最近之朱子学专家布鲁士（J. P. Bruce），著有《朱熹及其师承》并翻译有朱子《性理论》，则译太极为 The Supreme Ultimate（意云“无上究竟”）。而察恩克尔（Zenker）则译作 Das Urgrund（太［大］本）以与 Das Ungrund（无本）相对。而哈克曼（Hackmann）于其《中国哲学史》中则译作 Das Erhabene Aeusserste（意云“崇高的极端”）。足见他们几乎各人有各人的译法，莫衷一是。而前同文馆馆长马丁（W. A. P. Martin）与其《翰林论文集》里译太极为 The Definite of the Conditioned（意云“有定或被限制的”）便可谓大错特错了。我对于以上所列的各种译法除了同意于翟理斯外，对于其他各家不满之处约有数点：

第一，以“极端”（Extreme）译“极”字根本就不对。因为极字虽含有极端之意，但同时又可训中。如皇极、屋极之极皆作中字解。陆象山与朱子辩论，坚持太极应释作“大中”，不可又释作无极。朱子亦承认太极可作大中，但坚以为又须释为无极。所以若译太极为“大极端”则失掉原来之“中”的意思了。且以力倡执中、守中、用中、中庸的儒家的理学首领朱熹，今为他所认作形而上学的道体，叫做“大极端”，也未免可笑。

第二，他们把解释太极的名词或形容词，用来翻译太极，也是致误之由。譬如释朱子之太极为“无上究竟”（Supreme Ultimate）可，为大本（Urgrund）达道亦可。但直译太极为无上究竟、为大本则不甚妥当，就好像我们称柏拉图之范型、斯宾诺莎之本体、黑格尔之绝对精神为无上究竟可，为万化之大本亦可；但若吾人译柏拉图之 Idea，斯宾诺莎之 Substautia，黑格尔之 Absolute Idea 为无上究竟或大本，那就不通而且好笑了。

第三，他们共同的错误就在于他们皆拘泥去直译太极二字分开的单义，而西文中足以单独表示“太”字或“极”字的单字又很多，因此他们便各有各的译法。殊不知有时英文一字应译作中文数字，而中文二三字一组的成语，只应译作英文一字。此种例子甚多，无待枚举。

第四，他们只知道生硬地去新造些名词来译太极，而忘记了在西洋形而上学上去找现成的且含义相同的名词以译之，所以未采取 Absolute 一字。他们知道用形而上学名词 Infinite 来译无极，而不知道采用与 Infinite 可以互释互用的形而上学名词 Absolute，也可以算得知其一而不知其二。也许因为西人之治朱学者没有一个人看出朱子的太极与黑格尔的 Absolute 间，在形而上学上的地位有相同或近似之点，所以他们所著关于朱子的书，持朱子与希腊哲学比，持朱子与笛卡尔比，与斯宾诺莎比，与康德比，与费希勒（Fechner）比，与柏格森比，与唯物主义者比，牵强傅会几无所不用其极，但没有一人曾经把朱子的太极与黑格尔的 Absolute 拿来比较讨论过，所以除了瞿理斯外，其余无一人译太极为 The Absolute。其实严格说来，朱学虽算不得绝对唯心论，但确是一种绝对论（Absolutism）。凡绝对论者莫不有其太极，认之为究竟实在。所以西方学者虽少有人译中文之太极为 The Absolute，而我亦自有理由译西文之 The Absolute 为太极。

而且太极乃思想上的根本概念，哲学上的主要范畴，鲁一士说得最好：哲学上的许多范畴，可以说是学术界通用的货币，没有一个哲学家可以不用的。所以谈哲学一深究到形而上学的道体，是不能不用太极一范畴的，当用太极一名词而不用，或不当用而滥用，都无有好处。譬如侯官严又陵氏，对于译名总可算得矜审了。但其所译《天演论》中便有滥用太极二字之处。赫胥黎原文仅为“……with absolute goodness”三字，承上文而言，意谓宇宙的真宰或上帝“不仅有超越之智，无限之力，而且具有绝对的善”。此处之绝对（absolute）乃用来形容至高至极的善，并无有表示形而上学的道体的太极之意。而严氏竟傅会起来，大放厥词，译作“不仁而至仁，无为无体物，孕太极而无对”。原文三字，被严氏译成三句，原文的普通形容词“绝对”，被严氏译成形而上学名词“太极”了。而且形而上学的太极，乃宇宙的本体，孕育一切，至高无上，即上帝亦在太极之下，今谓上帝“孕太极”，亦且昧于太极与上帝的关系，和太极在哲学上的地位了。太极一名词与其被他这样滥用，不如像我这样紧严的使用较为好些。但严氏知道英文的 Absolute 一字，可译作太极，就算得有独到的见解了。

又如孙中山先生对于中西学术名词也颇用了一番精思，他译 Socialism 为民生主义，译林肯之 of the people，by the people，and for the people 为民有、民治、民享等，均可算得独出心裁，甚为精当。他力持应译 Logic 为理则学（见《孙文学说》第三章），又称 Imperialism 为霸国主义或霸道，似均较其他译法为切当，我的译文亦曾参酌采用。但他于《孙文学说》第四章译西文的“以太”（Ether）为太极，则未免稍欠审慎。中山先生原文说：“元始之时，太极（此用以译西名‘以太’也）动而生电子，电子凝而成元素，元素合而成物质，物质聚而成地球，此世界进化之第一时期也。”中山先生见到此处以太与太极有关系，且用周子《太极图说》的笔法来说明物理学上所谓世界演化的次第，其融汇中西新旧的精神自是可佩。但姑无论以太仅是旧物理学上的假设，自爱因斯坦相对论出后，以太的假设已渐被取消；因此以太既只是科学的假设，不是形而上学的道体，故不得称为太极。即据旧式唯物论者的说法，谓以太为万化的本体，或依宋儒中之气一元论的说法，谓气为万化的根本，但亦只能说以太是太极或太极是以太，气是太极或太极是气。就好像朱子也同样可以说太极就是一个理，或总天地万物之理便是太极；同样唯心论者也可以说绝对精神就是太极，或太极就是神圣理念。

因为太极一名词乃哲学界通用的货币，无人可得专占。我们只能说理是太极，但不能把朱子的“理”字译成英文的 The Absolute；只能说神圣理念（Divine Idee）是太极，但不能译黑格尔的“神圣理念”为太极。同样的道理，我们最多只能照旧唯物论者说以太是太极，但不能译以太为太极。不然太极便为一家所独有，而非哲学上通行的范畴了。所以我们几可以说严又陵氏译形容词的“绝对”为太极，未免稍失之滥用，而中山先生译“以太”为太极亦似觉稍失之误用，但从他们两人的暗示与前车之鉴，我们可以知道，若此后再不以太极译西文的 The Absolute，当用不用，反而不好。

也许有人说西文的 The Absolute 与中文的太极含义诚有相同之处。但我们一提起中文的“太极”二字便联想到两仪、四象、五行、八卦、卜筮、炼丹以及其他的古怪妖妄的东西。这些东西是应当廓而清之的。所以若用太极二字以谈西洋哲学，实无异于提倡方士谶纬的迷信。我则以为太极、两仪、四象、五行、八卦等乃中国哲学上的范畴，为昔日中国哲学家所通用的货币，就好像斯宾诺莎的两属性、康德的十二范畴、黑格尔的许多三个一串的范畴一样。黑格尔的太极在理则学上是最高范畴，万事万物的总则；而朱子的太极也是“总天地万物之理”，也是“两仪、四象、八卦之理”，也可以说是总范畴。故周子所谓“五行一阴阳也，阴阳一太极也，太极本无极也”，其意实即谓无极的太极为最高范畴、最后原则、统贯一切的有机体之意。足见太极在中国哲学上的地位与 The Absolute 在西洋哲学上的位置实颇相当。如果从比较哲学史的眼光看来，太极等名词实中国哲学上的范畴或专门名词，不可与道士的迷信妖妄混为一谈。且据最新的范畴说[①]谓哲学上的范畴是随时变易的，是无限的，是不可规定一定之数目的。据此则知不惟中国的两仪、四象、五行、八卦等范畴不尽适用，即康德的十二范畴、黑格尔的三分范畴，皆可以说是有武断性的，皆在修改甚或推翻之列。所以如果有人自己要创造新哲学，也许他可不用太极两仪等或西洋哲学史上的旧范畴而另因时制宜创造新范畴，就好像我们不用大清银币而用新式银行的钞票一样。但治哲学史翻译哲学书则不能不给已有的旧范畴以相当应有的地位。固然中国因为缺乏科学，许多很好的哲学名词，不免被流俗滥用，甚或被道士、和尚滥用，如太极拳、太极饼、太极阵和同仁堂的太

---

① 参看哈佛路易士（I. C. Lewis）教授《心与世界秩序》一书。

极丸之类，但我们须作一番扒疏的工夫，不可因噎废食。就好像西洋昔日也有"根据哲学原则"以"保护头发的艺术"的广告①，难道我们也可以因此便不用"哲学"的名词吗？

我不惮费词，如是叨絮般解释我所以译英文的 The Absolute 为太极的理由，实因太极一范畴在哲学上地位极重要，故须郑重矜审以用之。又因朋辈中怀疑我这种译法的人也不少，我不能不详细申说，以免误解。至于西洋的绝对主义与中国的绝对主义的比较研究，朱子的太极与黑格尔之太极之异同如何，当然非此处所能说明，但为使读者因对勘反映而更增了解，且更足以见我以太极译黑格尔的"绝对"之所以然起见。②

我以上差不多用全力在解释矛盾法与太极的大概含义和译名的讨论，实因这两观念在哲学史上的地位甚重要，而且特别是了解黑格尔哲学的关键。此外我还有一点微意，就是我认为要想中国此后哲学思想的独立，要想把西洋哲学中国化，郑重订正译名实为首务之急。译名第一要有文字学基础。所谓有文字学基础，就是一方面须上溯西文原字在希腊文中或拉丁文中之原意，另一方面须寻得在中国文字学上（如《说文》或《尔雅》等）有来历之适当名词以翻译西字。第二要有哲学史的基础，就是须细察某一名词在哲学史上历来哲学家对于该名词之用法，或某一哲学家于其所有各书内，对于该名词之用法；同时又须在中国哲学史上如周秦诸子宋明儒或佛经中寻适当之名词以翻译西名。第三，不得已时方可自铸新名以译西名，但须极审慎，且须详细说明其理由，诠释其意义。第四，对于日本名词，须取严格批评态度，不可随便采纳。这倒并不是在学术上来讲狭义的爱国反日，实因日本翻译家大都缺乏我上面所说的中国文字学与中国哲学史的工夫，其译名往往生硬笨拙，搬到中文里来，遂使中国旧哲学与西洋的哲学中无连续贯通性，令人感到西洋哲学与中国哲学好像完全是两回事，无可融汇之点一样。当然，中国翻译家采用日本名词已甚多，且流行已久，不易排除，且亦有一些很好的日本名词，无须排除。但我们要使西洋哲学中国化，要谋中国新哲学之建立，不能不采取严格批评态度，徐图从东洋名词里解放出来。

此册翻译里，有许多名词，或尚无现成译名，或中国、日本已有译

---

① 见黑格尔《小逻辑》导言的小注。

② 参见《大公报·文学副刊》发表过的拙著《朱熹与黑格尔太极说之比较观》一文。

名，而我认为不妥当的，我皆尽行自铸新名，有时且有注释说明。有许多地方采用国内已有的名词，其重要者，我亦注明出处。一文中有费解处，我亦略加诠释。此外我还有用两三个不同的中文名词以译同一之西字的办法，亦应于此特别声明。譬如 Idealism 一字，我有时译作理想主义，有时译作唯心论；Logic 一字，我有时译作理则学，有时译作逻辑；Finite 一字，我有时译作有限，有时译作相对，有时又译作限于形器。诸如此类的例子甚多。其目的大都在适合上下文的意思，使译文畅顺；有时亦因原字含义实多且歧，非用两三个不同的名词不能表达出来。凡此皆不可不省。

翻译本是难事。此稿译成后，曾经两三位朋友校阅过（吾国研究黑格尔学先进张真如先生曾校阅大部分，哈佛同学友谢幼伟君曾对照原文看过一遍，又《黑格尔之为人及其学说概要》一篇曾经张素痴君校改数处，特此志［致］谢）。我自己又反复阅过两三遍，但我相信疏忽和错误之处仍必难免，如读者能有所指正，实为至幸。

译者识

德国三大哲人处国难时之态度*（1931年）

序

本篇作于民国二十年"九一八"事变以后，曾先后在《大公报·文学副刊》第一九八、一九九、二〇〇、二〇三、二〇四、二一三、二二七各期登载。兹加以修订增补，印成单行本。计增补部分以关于黑格尔的科学造诣及艺术修养处为最多，取材系根据克诺肯纳（Glockner）新出之《黑格尔哲学之渊源》（*Die Voraussetzungen der hegelschen Philosophie*），至于别的地方，则只有字句间的修改和错字的改正。

此篇之作虽系由于国难当前有所激发而成。而主旨却在于客观地描述诸哲之性情生活学说大旨。希望此书不仅是激励爱国思想一时的兴奋剂，而且可以引起我辈青年们尚友千古，资以作求学与修养的良伴，与指针。

梁任公先生是吾国第一个阐述费希德学说以激动国人的人。而任公先生笔端常带感情的文字，用以表达费希德辞锋常带感情的演说，实再适当没有了。兹特将任公先生菲斯的（即费希德）人生天职论评述一文采作附录；先生此文作于日本提出二十一条要求时，亦系由于国难当前

---

* 本文系1931年"九一八"事变后，作者应《大公报·文学副刊》编辑吴宓的邀请而作，原名《德国三大伟人处国难时之态度》，分7期连载于当年的《大公报·文学副刊》，宣传爱国主义，鼓舞抗战士气。后将"三大伟人"改为"三大哲人"，于1934年由大学出版社出版单行本。

而发，愿读者合而观之。

此篇原题为《德国三大伟人处国难时之态度》，因友人张荫麟先生，那时他尚在美国，来书指出"伟人"二字，以易为"哲人"较妥当，故今特改正，并致谢张先生。

《大公报·文学副刊》编者吴雨僧（宓）先生，于本文之作成，多方鼓励催促，实有接生之功，而以《文学副刊》宝贵的篇幅来发表此种长篇文字，并时加按语恳切有力地介绍于文副读者之前，尤令我感激。特此深致谢意。

贺麟　民国二十三年七月

引言

大凡一个人衡鉴人品，必有他自己的标准。中国人普遍多以"阳刚"、"阴柔"作判别人品的标准。詹穆士则分人为硬性与软性二种，其说虽甚粗浅，却与中国常识有暗合处。我想为方便起见，我们不妨把人的性格大别为"诗的"、"散文的"与"戏剧的"三种。最显著的例：如在中国，则老子的为人，据史记及传说，便是富于诗意的。他的生活好似一首冲淡闲适的小诗。至于孔子的人品则显然是散文式的（prosaic）。他的一生是一篇有抑扬顿挫的古文。而墨子的性格与耶稣相似，便是戏剧式的，因为他的生活富于惊心动魄的情节，有壮阔的波澜，令人精神兴奋紧张。试本此三大标准以衡量任何有个性的人物，差不多全可适用。如希腊的苏格拉底是戏剧式的人格，柏拉图便有诗的风趣，而亚里士多德的性行，就是我所谓散文式的。至于说到本文所欲叙述的德国三大哲人，一见即不难知道：葛德的人品是诗的人品，黑格尔的性格是散文式的，而费希德的生活便富于戏剧意味。因为各人的性格不同，所对对于同样的事变，各人各有代表他全付性格的特殊反应。我们且看当一八〇六年秋天，拿破仑重兵压德境，普鲁士兵一败涂地时，德国的大文豪葛德，大哲学家黑格尔、费希德的遭遇及他们处国难时彼此不同的态度。

（一）葛德（Goethe，1749—1832）

葛德的生活是多方面的，而且是极谐和的。他的诗、散文、戏剧都好，他的生活亦兼有诗、散文、戏剧的意味与情节。若仅狭义地说他的人品是诗的，未免有欠公允。不过论者多谓葛德的生活比他的著作还更美，所以我们也不妨概括地说他的生活是美的生活，诗的生活，或戏剧的生活。葛德一生共经历过两次战事，而且两次都是法国与德国间的战事。第一次是一七九二年秋，德兵攻法，目的在扑灭或制止法国革命的恐怖现象。时葛德在魏玛公爵幕中，正从事于光学的研究，思欲求出光与颜色的性质。这统兵的魏玛公爵总要葛德同到军中去帮忙，此事虽违葛德本意，但他也想藉此领略一些新奇的经验，所以也乐于同赴军营，但他去时却仍带着光学的仪器图书同去。他于八月初离开魏玛（Weimar），复便道回故乡福兰克府去省视他违别了十三年的母亲。虽然他们母子的感情很好，但他在家中还没有住上十天，便发生了“家乡非我久居之所”的感慨，立刻离开母亲，于八月底抵德法交界处的战场了。葛德很能适应军营的生活。闲暇时他还作了一些光学的实验以娱乐那些军官。头几天战事似很顺利，他同他爱人写信，还说“不久我们便可见面，见面时我还可从巴黎带些东西给你”。那知后几天军事日益吃紧，晚上他同普鲁士王子在室中踱来踱去，不能成寐。但守到天明时，他还有兴致与王子解释他研究颜色所得的新学说。有一天（九月二十日）即著名的 Valmy 大战的那一天，葛德忽然感觉得老住在后方的无意思。当两军交绥正烈，炮声正浓，火焰滔天时，他突然骑着马直驰入阵地。虽半途遇着几个德国军官，尽力劝阻，他也不听，一直到他在枪林弹雨中平心静气把恐怖现象战斗情形观察领略饱满了，才慢慢的骑马回大本营。我们须得注意的就是此时的葛德年已有四十三岁了。此后德军愈益败退，又逢着连绵的秋雨，葛德曾久在露天潮湿的阵地上住宿，因而得了痢疾，狼狈困苦的情形，为他后来所未经历过的。及他在后方将病养好后，乃退出军营，便道往莱茵河上游的老友家中，住了一个月。继又在一个潜心于宗教哲学与艺术的探讨的某贵族夫人处作客一个多星期，直至十二月中旬才回到魏玛。葛德第一次的战事经验大约如此。王阳明所谓“险夷原不滞胸中，曷异浮云过太空”的道学家的襟怀，而葛德凭着科学的兴趣和诗人的修养，也殊途同归地达到了。

上次他们去打法国，虽未见得胜，却也算不得耻辱。第二次便是一八〇六年十月，拿破仑亲领重兵，席百战之余威，直打到葛德自己的国土，搅乱到诗人自己在魏玛的幽居了。原来拿破仑统率起他的革命军士，以自由平等博爱为旗帜，要想征服一切反法国革命的国家。他已于一八〇六年尊称为皇帝，打败了俄奥英三国的联军，继又势如破竹般的征服了意大利荷兰瑞士及德国莱茵河左岸的地方，到一八〇六年夏秋之交时，只剩下普鲁士一邦算是独立完整的了。先是葛德曾建议于魏玛公爵，认为把德国各邦联合一起，很有战胜拿破仑的可能，不然，便爽快自己解散联邦，取和平态度，避免战祸，保全元气。但当时德国各邦皆彼此持观望不理态度，不能联合一气，致遭拿破仑宰割，使普鲁士势成孤立。而法军愈迫愈紧，普鲁士当局无路可走，虽明知不能敌法，但为爱国自尊起见，亦只有不顾成败利钝，出于一战。葛德见战事爆发，明知于德不利，但亦无可如何。当时魏玛公爵幕府中人，皆莫不各顾性命，走避一空。惟葛德有镇静不动，处之泰然。果然，十月七日普法正式宣战。十月十日拿破仑便打下沙尔霸（Snalfeld），十四日普法军在耶拿大战，普军又大败。耶拿距魏玛仅半小时的火车路程，所以十四日下午便有法国兵十六人闯进葛德的住宅住扎，但举动尚有秩序。晚间又来了两个法兵，起初强迫宅主同他们饮酒，到夜深人都睡去时，他们又打进葛德的卧室，以牺牲他的性命相恫吓，藉以榨出财物。幸亏葛德的爱人克理斯丁娜（Christiane）在侧，唤醒别的在葛德宅里避难的人，才把这两个法兵赶走。第二天法军的长官到了，因素仰"葛德是一个可尊敬的诗人"，才下令予葛德以特别保证。后来法军留下英策尔（Jentzel）副将军住守魏玛。恰好英策尔从前是耶拿大学的学生，也是个葛德的崇拜者，于是他特别致书葛德，请他一切放心，对于个人及住宅的安全，他愿负全责保护，同时他又派一个巴黎的艺术检查长葛德的旧相识敦朗君住在葛德宅里。在几天内他制了葛德和魏兰的铜像模型各一而去。葛德告诉敦朗，说耶拿大学是他三十年来苦心经营而成，望他们切勿破坏。果然，耶拿大学，竟得于十一月三日继续照常开学。（按德国大学秋季照例于十一月初方开学）。而且学生的人数反比往年增多。因为别处的大学，有因战争停办的，其学生多转学于耶拿。葛德在魏玛公爵幕府，名义上是一个参议或顾问（Geheimrat），事实上是附带替公爵负责管理文化事业。他在耶拿大学的职权，有似现在所谓董事的性质。此外葛德又董理有一艺术学院及魏玛剧院，此二处经战乱后仍进行如常。

及耶拿战后第四天，葛德乃发出访问书，遍询他在耶拿的朋友战后的概况，才查出"在战事区域内的黑格尔教授"也是"被劫者"之一，颇感经济困难。因此他还接济了黑格尔几十元钱。

这次患难的经验，还使葛德解决了一件终身大事。他同他的爱人克里斯丁娜已经有几年的关系，感于她历年来对他的忠爱，早已有心与她正式结婚。但总因种种顾虑，迟疑一年多尚未成为事实，此次炮火声中，战乱期内，性命危险之际，克里斯丁娜能与他共甘苦，他不免更觉有知遇之感，乃毅然决定与她结婚。婚礼是十月十九日正式举行的。但戒指上却填的十四日，大概因为他十四晚被法兵恐吓性命危殆，而克里斯丁娜有救护他的功，故以是日作纪念。

及战事平定，葛德婚事已毕，一切布置就绪后，乃于次年春往喀尔温泉浴（Karlsbad）地方休养，同时复继续进行作他的长篇小说《威廉麦斯德传》（Wilhelm Meister）。于是从此他又渐忘却战时的纷扰，洗脱人世的烦恼，归还缥渺［缈］的诗境，把过去种种痛苦经历，炼化成优美普遍的文艺了。

综观葛德身当此国家大难的前前后后，我们知道他事先于战与和双方均预有主见，虽因格于情势，未能见诸实行，但他以一文人地位而能出此，总可算得“谋国以忠”了。及眼见大难当前，别人莫不奔避逃命，而他以一参议的闲职，乃能镇静以待，无所恐惧，为本地维持幸福，不可谓非“临难毋苟免”了。在这种道德的有政治家风度的行径中，又穿插些夜间被厄、爱人相救的轶事，和受法军官之礼遇与法艺术家之制铜像的美谈。遂使我们感觉得葛德随时随地都是在诗的或剧的境界里生活。本来，使抽象的真理具体化，使严肃的道德艺术化，是葛德的人格的特征，也是葛德的文艺的特征。至于法国军人之崇拜文人，尊重艺术，也是法国军人文明程度很高的表征。

（二）黑格尔（Hegel，1770—1831）

黑格尔于一七七〇年八月二十七日，生于德国南部之苏边区（Swabia）武登堡省（Wurtemberg）斯突噶城（Stuttgart）。他比葛德小二十一岁，比费希德小八岁，比谢林大五岁。葛德是德国中部人，而性亦中和；费希德是北方人，而性亦较严厉；黑格尔是南部人，与席勒和谢林都算是小同乡。据说苏边地方的人有种特性，就是一方面工于实际打算，一方面又虔诚信天，且富于玄思与幻想。以年龄及接受康德学说之先后论，费希德均在黑格尔之先。不过本文目的在叙述他们当国难时之经过与态度，而黑格尔是当时法军侵德之被难者，费希德乃事后之救难者，故以先叙黑格尔为较适宜。又因据普通关于艺术的分类法，多以诗歌为时间的艺术，以散文及小说为空间的艺术，而认戏剧为兼时空的艺术。故依逻辑次序，以宜先叙代表时间艺术的生活的葛德，次叙述其性格代表空间艺术的黑格尔，然后方及其性行代表时空艺术之合的费希德。还有一层：要领略诗歌，我们有时只须读其一二首或二句即行，但是要了解一篇散文或欣赏一个剧本，我们就非明了其整个的结构，或全体的关系不可。所以我们要想了解黑格尔及费希德处国难时的态度，我们须得通观他们全部生活之前前后后。不然，假如仅就事论事，恐怕难免仅见其偏不见其全，而不能看出该事之意义与价值。

我们说黑格尔的为人是散文式的，意思是说他这个人是足踏实地，平常无奇，不好高骛远，不浪漫，少风波。但我们须知这种性格的人每易流为凡近，甚或构成卑鄙的俗人。而黑格尔于平常中庸之中，复有其奇特伟大者在，因此就特别值得我们注意了。若仔细追溯起来，我们可以察出黑格尔这个寓奇伟于平常之中的人品，实很有深长的渊源的。原来黑格尔生于德国浪漫高潮的狂飙文艺的空气中，自幼即喜欢希腊的文艺。苏封克里士的《安体歌尼》一剧，他在中学时代即曾两度译成德文。后来进图宾根大学时，又与艺术的理想主义哲学家谢林及诗人赫尔得林（Hölderlin）为友。赫尔得林更是一个著名的希腊迷，于是他们共同研究希腊的悲剧及柏拉图的对话。诗之为物，本来是有传染性的。因为他的友人做诗，而这位论文式的黑格尔也跟着做起诗来。他的诗并不全是打油，而其谈泛神和人神合一的道理实谈得很深。他平时于席勒的艺术书信集及《大钟歌》（*Das Lide der Giocke*）一长诗最赞赏服膺有心得，颇受其影响。

至于黑格尔对于葛德的人品与文艺尤其有深刻的欣赏与亲切的接触。他自一八〇一年在耶拿当讲师以来以至于晚年皆不断地与葛德有来往关系。于一八二五年他有信给葛德说："我返观我全副思想进展之历程，实际见得你处处皆在纤维中。……我内心中反对抽象的倾向因受你之教训而益趋强硬，而渐道入正轨。"所以葛德对于黑格尔最大的影响即在于使他的哲学思想渐趋于具体而有内容。黑格尔平日简直把葛德的人格与生活当作一个哲学问题来研究，要想追究出一个所以然的道理来。他所创造的新的活的哲学范畴与理论，其目的可以说是在使我们藉以认识了解葛德式或浮士德式的人品与伟绩。克诺肯那说："黑格尔只需把葛德为人的经验用哲学的方式写出来。"（Hegel brauchte nur pbilosophisch zu formulieren was Goethe menschlich gewesen ist.）此说虽未免过分，但至少足以见黑格尔与葛德的关系之密切了。此外黑格尔最喜亚里斯多番里士（Aristophanes）的喜剧和莎士比亚的悲剧。而于莎翁尤特别服膺有心得。彼于八岁时即有友人以魏兰译莎氏全集见赠。黑格尔之理想不离现实和现实具有理想处，尽颇得力于莎翁。他的《精神现象》一书，许多人公认中间有很多地方是颇富于诗意的。据说此书若不因为其中的哲学术语太多，在德国文学上是要占一地位的。而且在此书中，他描写时代精神之隆污升降，思想样法之变迁转移，简直是用的戏剧笔法。而且从他遗集里的几厚册艺术哲学演讲录看来，尤足以见得他对于东西的艺术之研究与识见，和鉴赏力。至于说到贯注黑格尔全哲学系统的矛盾法 Dialectical Method，普通采日译作辩证法，毫无道理。兹拟改译作矛盾法，理由详拙著《〈黑格尔学述〉译序》。所谓矛盾法者，即以子之矛攻子之盾的辩证法，亦即觑出事物中冲突矛盾之点，而调和其冲突矛盾以求有机合一之思想方法。亦可称于相反中求相成，于殊途中求同归之方法），据最近黑格尔研究家哈特曼（Nicolai Hartmann）说，并非干燥的形式逻辑，乃是一种艺术。他说，矛盾的思考只能与艺术家的天才相比：一方面非呆板的方法，不能模仿的，而一方面却又有其定律与必然性，一如艺术的创造（见所作《黑格尔》一书，页十八）。据此，我们可以知道黑格尔的朋友，思想，著作，和思想方法，都是富于诗意或艺术意味的。所以虽然他的生活缺乏诗味或剧味，但至少他的精神富有诗的或艺术的陶养的。若用旧话说来，我们可以说黑格尔是“有诗教”的哲学家。

此外使黑格尔寓伟大于平常的本源，就是他的宗教修养。黑格尔的父亲曾当过牧师。而他自己在大学所专修的是神学。他最早的著作是一本耶稣传及其他几篇关于宗教的东西，主旨在使宗教合于理性［参看狄尔泰（Dilthey）著《黑格尔少年历史》一书］。至于他死后才出版的宗教哲学演讲录及所附加的门人笔记三大册里，我们更可以知道他对于东西的宗教涉猎之博用力之勤和造诣之深了。我们可以说，他的思想是希腊精神与希伯来精神的结晶，是理知与宗教的有机合一。而他心目中所谓宗教，大体是指中国所谓“礼者理也”的礼教。在《哲学大全》里，他说过：“哲学的对象与宗教的对象大体上是相同的。两者的对象都是真理。就其最高的意义而言，天（Gott）就是真理，而且惟有天才是理。”（纳生本，页三十一）所以与其说他是虔诚信仰宗教，不如说他是竭力维护中国所谓天即是理，礼即是理的礼教。譬如他说：“道德生活乃政治的心髓或实质。政治乃道德生活的组织与实现。而宗教又是政治与道德生活的根本。”（见《哲学大全》纳生本，页四六四）这里所谓宗教，亦大体是指有理性基础的礼教。因为如果宗教是指遗弃人伦的出世宗教，则此种宗教决不能为政治与道德生活的根本。所以我们可以说黑格尔不止有诗教的薰陶，而且他注重“礼教”的学养。因为他有了诗礼的陶养，于是便有了内心裁制，不能像那些狂飙时代的浪漫主义者那样狂诞奔放，出些奇特而不近人情的行径以惊世骇俗。黑格尔为人之所以散文式在此，其平常处在此，而其伟大处亦在此。其实不仅黑格尔个人如此。大凡平常中行之人，其能脱去凡近，免于下流，以登高明之域，而有奇伟之绩者，皆诗教与礼教交养并陶，有以使然。

黑格尔因为有了艺术及宗教（或诗教与礼教）的基础，但他既不欲作诗人，亦不欲作维持礼教的宣教师或道德家，而他最终的目的乃在作一个慎思明辨的哲学家，所以他对于哲学的性质也有特殊的认识：他认为艺术宗教哲学三者皆是绝对精神的表现，但三者中哲学是艺术与宗教的综合。因为哲学能于艺术宗教丰富复杂的内容中，求出一贯的精神的识度（geistige Anschauung），而成为自觉的思想（参看《哲学大全》第五七二节“论哲学”一段），换言之，据黑格尔看来，哲学是艺术生活与宗教的结晶。也可以说哲学所以集诗教与礼教的大成。这种有大气魄的话，恐怕只有像黑格尔这样与“绝对精神往来”，镕艺术宗教哲学为一体的人才说得出来。而黑格尔所谓哲学，其主要部分就是“理则学”[Logik，兹从孙中山译为理则学，见《心理建设》第三章。我个人偏见，以为“逻辑”二字，如欲义译，应以译为“理则学”为最善。“理则学”三字含有研究推理或思想的法则、原则、方式，或范畴的科学（The science of the rules forms-principles, or categories of reasoning or thought）之意]。而他的理则学，乃是研究纯粹理念的本体论或道体论。我们也可称之为“理学”或“道学”。他的理则学（或理学）上的最高范畴（或本体），就是他所谓绝对理念或绝对精神，也就是他所谓“太极”（das Absolute）。而太极就是绝对真理，同时也就是“心”或绝对意识。因为黑格尔从认识论的立场，根本认为心与理一，心外无理（请参阅《大公报·文学副刊》拙著《朱熹与黑格尔太极说之比较观》一文）。所以黑格尔的理学，同时又是“心即理也”的“心学”（ldealismus）或唯心哲学。总结起来，我的目的在指出黑格尔思想所取的途径。用新名词讲来，是欲融汇艺术的及宗教的经验，以建设他的形上学或心哲学。若用旧名词讲来，则黑格尔是欲根据诗教及礼教的陶养，以成立他的理学或心学。换言之，至少我们可以说黑格尔是维护并理性化西洋的诗教与礼教的人，同时也是西洋的理学或心学集大成的人。

黑格尔的心学或理学之最大特色，就是他并不蹈空谈玄。其所以然之故，就是因为（一）上文已经说过，他自己本来就是个足踏实地的论文式的人。（二）他的唯心的哲学，是有了经验的事实和科学的根据的。（三）他的全部思想，是彻始彻终建筑在他的紧严的矛盾思辨法上。记得詹穆士曾分哲学为“厚的”与“薄的”两种。厚的哲学是指有充分的科学事实与经验材料的哲学而言。薄的哲学是指只凭干燥的逻辑分析及空洞的主观玄想的哲学而言。他虽然素来反对黑格尔，但亦不能不承认黑格尔的哲学是很“厚”的。黑格尔的自然哲学，虽是他全部哲学中最薄弱的一部分，但亦足以表示他对于当时的自然科学，有了“赶得上时间”（up to date）的知识。

据我们所知道的，当黑格尔在大学研究神学时，他同时又选习一种解剖学的功课。因病告假家居时，他又自己作植物学的研究。他的科学方面的朋友也很多。他听过爱克曼（Ackermann）的生理演讲，且打算把一本法文的生理学书译成德文。他与谢尔福（Schelver）研究过植物学，与同乡友西贝克（Seebeck）讨论化学，与卡斯勒（Kasner）深讨医学。他曾经参加过地质考查的旅行，游历哈尔慈（Harz）山脉及哥廷根一带。此外他又屡次被举为各处科学社的会员及名誉会员。他对于葛德的颜色学也曾细心研究，且曾亲身实验。有人且曾亲眼看见他有一天伏在书室中的地板上，望着窗口，观察颜色与光的关系。难怪葛德有次对耶拿大学一位教授叫做保罗的闲谈，谓就数学与物理科学而论，黑格尔实优于谢林。当他初到耶拿大学时，致函葛德，表示愿担任植物学的课程，但未蒙允许。而他对于数学曾有很深的研究，更是无可疑的。一八〇五年冬季和一八〇六年夏季，他都曾在耶拿大学讲授过“纯粹数学”的课程。他在课程指导书内已宣布于一八〇七年夏季再继续讲授“纯粹数学”一科，但因耶拿之战，把他的教授饭碗也附带的打破，竟没有教成功。听说他关于数学还著有专书，不过可惜稿本已经遗失，今已不复可得了。至于他的历史知识，特别文化史如哲学宗教艺术史等知识之渊博，几乎可以说无人能及，而他能够从如许纷繁散乱的历史事实中去求出一个一贯的条理来，成就他“通古今之变，成一家之言”的历史哲学，更没有人不承认他有极充实的事实的和科学的——历史科学的——根据。

至于黑格尔所用的哲学方法我于上文已略为提及，就是矛盾的思辨法，即是以子之矛攻子之盾的方法。此法一方面是一种艺术，非呆板地可以学习模仿，而一方面又有其紧严性与必然性，一如音乐中音调之高下疾徐皆有一定准则，不可丝毫移易的。此法贵在用慧眼观认出事物间矛盾冲突之点。然后于殊途中求同归，于相反中求相成，以达到有机合一的真理或实在。此法也可以说是从远处或全局着眼，以解除并调和局部间之矛盾冲突，使之各如其分各得其所的方法。黑格尔对于此法之特别妙用，在于觑出精神生活及历史事实中矛盾冲突之点，而解除之，以求得贯通一致的历史识度。他又惯于用之以分析哲学上的范畴。譬如他最能于有中看出无来，无中看出有来，而成立他有无相合的有限存在（Dasein）说。他又看出物不能离心而独立，心亦不能离物而独立。物无心则盲，心无物则空，因而成立他的心物合一的学说。他又知道生中有死，死中有生，因感得生死之矛盾性与相对性，而求得超脱生死，解决生死问题之至理，叫做"死以求生"。他每次解除一矛盾而求得一综合，便获得一正反合的三分范畴。普通人只看见黑格尔一串一串的三分范畴之呆板无聊，殊不知他每一正反合的三分方式都是每一次发现矛盾，征服矛盾的收获。因为真理既是由于调和矛盾的双方而获得，所以他求得的真理总是带有似非而是的"矛盾隽语"（paradox），如"我即非我，非我即我；为己即所以为人，为人即所以为己"，又如"当下赤裸的见闻，即是最空虚的见闻，最具礼即最抽象"等，都可算作矛盾的真理（dialectical truth）。中国的哲学家虽无有启发的矛盾思辨法，但老子也有矛盾思辨的艺术天才，所以他知道"正言若反"，意谓"真理好像是矛盾的"的道理。因此他发现，许多如"后身身先，外身身存"、"大智若愚，大巧若拙"、"不自大故能成其大"等矛盾真理。王阳明也有"有而未尝有是真有也，无而未当无是真无也"的矛盾隽语。而黑格尔所发现的最根本的矛盾真理，就是"死以求生"一语。据开尔德（Edward Caird）说，"死以求生"（to die in order to live）一语，足以代表黑格尔学说全副的神髓，亦足以代表耶教最高的精义，盖耶稣之死于十字架，三日后而能复活的神话，即是死以求生的至理之具体的象征，亦即是牺牲肉体、保持精神、杀身成仁、舍生取义的至理之具体象征。

总结起来，我上面所讨论的结果，可分五层：

①黑格尔的艺术学养——他的诗教。

②黑格尔的宗教学养——他的礼教。

③黑格尔合艺术与宗教为一体的绝对唯心论的哲学——他的理学或

心学。

④黑格尔哲学的科学基础——自然科学，数学，最基本的乃是他的史学。

⑤黑格尔的矛盾思辨法，和用此法以求得之代表他的精神和耶教精神的人生至理——死以求生。

我想耐烦的读者，如果从篇首细读到这里，一定忍不住要生气责备我道：

据你所标的这个题目，说要告诉我们黑格尔处国难时的态度。然而你说了一大篇，尽说些抽象的哲学，连国难二字提都不提。我知道原来你乃在故意假借新颖的题目以引诱我们来听你谈干燥无味的黑格尔哲学。我们真是上了你的大当！谈黑格尔哲学还罢了，你又复傅会一些诗教、礼教，心学、理学的一套陈腐古董，更使我头疼！我恨不得立刻请出一位捉妖打鬼的洋博士，来医治你的头昏，同时也可以医好我的头疼。总之，闲话少说，请即赶快直截了当，归到本题，告诉我黑格尔处国乱时的态度究竟如何，当法军占领德土时，黑格尔曾打电报没有？曾发宣言没有？他曾公开演讲若干次？他抗法救国的标语如何？想来，至少他曾散过传单无疑？不然，他总少不了要发出一个重要的快邮代电，以表示他爱国赴难的决心，而解释别人对他的误会？诸如此类的问题，请你快快答复。

那么，我只好答道：

我也是眼见得妖怪鬼魔邪说诡辩的横行，而有略尽廓清扫除之棉［绵］薄的苦衷与微意的人。我总觉得用中国哲学史上的名词及学理，以解释西洋哲学，实最正当的办法。至少总比不批评地辗转抄袭生硬无当的东洋名词，甘心作学术界贩卖劣货的奸商的办法，要适当多了。

至于说到黑格尔对国难的态度，我须得首先告罪一声，然后答道：

我早已重言申明黑格尔是一个很平常的足踏实地的散文式的人，像你所举出那些轰轰烈烈的壮举，当然是他所望尘莫及，万做不到的。据我们所知道的：当一八〇六年普法战事将爆发时，他正忙于写他的《精神现象》一书，欲藉以卖点稿费来维持生活。拿破仑于是年十月十四日打到耶拿，而他的《精神现象》恰好于十月十三晚夜半写完毕。这倒是很凑巧的事，不过有些神经过敏的人故意把这事神话化，说黑格尔于炮火声中得天神保佑与启示，居然把《精神现象》杰著完成云云，未免有些无聊。第二天清晨两军快要开战前，法军已开始抢劫，有几个兵士竟撞入他的住室，加以种种威吓。黑格尔于无法可想之际，忽发见一个法兵带有“荣誉军”三字的胸章。于是黑格尔便操他素来谙熟，在福兰克府当塾师时颇受东家赏识的法语，用理性来打动他道：“向一位带荣誉章的军士，一个毫无抵抗的文人总该有要求以礼相待的权利。”他果然因此得免于难。及战事正烈时，黑格尔于百忙中把“精神现象”的底稿，塞在衣袋里，便逃往耶拿大学校长的住宅里躲避，因为该宅有法兵保护。到战毕时他还亲眼看见拿破仑骑着马耀武扬威地打耶拿城中走过。几天后黑格尔于致友人的信中，对于拿破仑尚表冷笑式的同时又极诚挚的钦佩之意，并祝他万福，称之为志在制驭世界的“马背上的宇宙精神”(Weltgeist auf dem Pferde)。但是我们须知道当说此话时，黑格尔心中也许自负的暗忖道：“你是马上的宇宙精神，但不才乃是书室中的宇宙精神呢。我们且看宰制世界的思想的人，与宰制世界的地皮的人，谁的功绩较为悠永伟大罢!”过了很久之后，黑格尔对人说道：“拿破仑以盖世的天才来捊取武力的胜利，实正所以表示徒恃武力之究竟不值一文钱。”我们要知道黑格尔本来是一个同情法国革命力争自由平等的先觉之士，当他在大学时代，他曾与谢林诸人组织了一个政治团体，鼓吹革命，还遭学校当局的干涉。有一天他同谢林两人，还偷着跑到图宾根附近的一个园地上，去种植了一棵“自由树”。但是他却认为武力及恐怖政策非实现革命理想的工具。所以他之反对和轻视拿破仑，实具深意，非同小可的。黑格尔有一位朋友对德国前途深抱悲观，黑格尔曾有信安慰他道：“只有知识是惟一的救星。惟有知识能够使我们对于事变之来不致如禽兽一般之傻然吃惊，亦不致仅用权术机智以敷衍应付目前的一时。惟有知识才可以使我们不至于把国难之起原认作某某个人一时智虑疏虞的偶然之事。惟有知识才可以使我们不致认国运之盛衰国脉之绝续仅系于一城一堡之被外兵占领与否，且可以使我们不致徒兴强权之胜利与正义之失败的浩叹。”听说黑格尔为爱国心所激发，也曾写了两本小册子，说明德国衰弱之原因及复兴之途径。但因找不到出版处所，因此从未发表过。战乱后他承友人介绍在斑堡（Bamburg）藉办报以糊口。但在法人监视之下，言论不得自由，他连发表社论的机会都没有，只能记载些官样文章的事实以塞责。但他与朋友写信还要说俏皮话。他说：“我现在阅历既深，才知道真正奉行圣经中的教训，就是先寻着了衣与食，天国自会加上与你。”

据此足见我虽尽力描摹黑格尔处国难时的态度，充其量也不过如是而已。就是：（一）对胜利者拿破仑表示佩服，（二）与朋友写信发牢骚说俏皮话，（三）作小册子不得发表，（四）当新闻记者不敢作社论，还有（五）向着军人讲礼义，（六）抱起稿本避难……如是而已。此外他对于当时德国的大难，实在没有什么了不起的态度，如刚才所假设的那位读者所悬想，足以供我们大书特书的。就是因为这个原故，我才借题发挥，谈谈他们的哲学思想。但我现在须得取庄严郑重的态度申明的，就是黑格尔全副的热情、志气与精神，差不多尽贯注在他的学说里，而并未十分表现于外表的末节上。所以我相信聪明的读者当不难从他的学说中或从他著作的字里行间去认取他对国难的态度。而且我相信我们不但可以察出他对国难的态度，其实，小之他对于解决个人精神的难关的态度，大之他对于应付世界的来日大难的态度，也不难认取：他注重诗教，使人有美的陶养；注重礼教或宗教，使人有道德的陶养（宗教为道德之本，道德为政治之本）；注重确认理性的无上尊严有征服一切不合理的事物的最后能力的理学，与从内心深处出发以创造自由的理想世界的心学；注重科学知识，特别注重文化历史的研究，以明了祖国的民族精神、立国根本，以及古圣先贤所遗留下来的国粹或文化之所在；注重根据殊途同归、相反相成的原则，从远处大处及全局着眼，以解除并调和局部间之矛盾冲突，使之各安其分，各得其所的思想方法，并注重据此方法以求得的“死以求生”或“死中求生”的信心、希望、拼命精神与人生至理。这就是黑格尔认为对个人，对国家和对世界的大难应持的态度，而且这就是黑格尔个人彻始彻终，数十年如一日，所身体力行，可以质诸天地神鬼的态度。

（三）费希德（Fichte，1762—1814）

我们若是把费希德的一生当作戏剧来欣赏，那么，这个剧本可分为四幕：

【第一幕】时间是自一七六二年费希德之生起，至一七九二年费氏之《天启论衡》一书出版名震全国时止。地点，飘流不定。主要的剧中人有费氏之父母，和他的恩人弥尔体慈、爱人阮约翰娜、老师康德。

【第二幕】时间一七九四年任耶拿大学教授时起，至一七九九年被革职时止。地点在耶拿。人物有耶拿大学教职员学生，该地维持礼教之绅士，及葛德、席勒、魏玛公爵等。

【第三幕】时间一七九九年七月至一八〇八年三月二十日《告德意

志民族演讲》毕时止。地点在柏林。人物有德国的浪漫主义诸领袖、法国军队、德意志民众等。

【第四幕】时间一八〇八年至一八一四年费希德死时止。地点柏林。人物费希德之妻约翰娜。

第一幕可以说是曲折很多的开场。第二幕是费希德学术生涯全盛时代。第三幕是费希德热烈的救国运动，可以说是全剧的顶点。第四幕费氏为忠国爱妻而得悲壮之死，可算作全悲剧的尾声。只有第三、第四两幕才是他对国难时直接的态度，其余两幕仅间接与处国难时的态度有关。兹为一窥其全部生活之梗概起见，分别叙述如左：

第一幕

费希德是个乡下人，他生平也颇以生于乡村，出自民间自豪。在德国东北部 Oberlausitz 地方一个小村庄叫做 Ramenau 的，于一七六二年五月十九日费希德生。他是行大，此外他还有六个弟弟、一个妹妹。他的祖若父都是纺织工人。他的父亲高攀了一个棉纱商人，得娶其女为妻，而生我们的哲学家费希德。这位有钱的棉纱商人的女公子，下嫁一个贫微的织工，于是对人总不免有傲慢态度，对家务也是专横把持一切。据说费希德日后之为人，也多少受了他母亲傲慢专横的脾气的影响。他小时在乡间成天便在纺织机前帮他父亲的忙，并在田园中饲养鹅儿。有暇时，他父亲还教他读书。就中以他父亲所授他的侠义英雄西克福雷特（Siegfried）故事，感动他最深。他最喜欢进教堂去听牧师宣教，听时，他不惟专心一志地听，而且他要模仿那说教者的声音容态。因为他有了异人的记忆力，他每每于听后能够将全篇演说背诵出来。这个孩子虽然聪明，但是他的父亲总无有能力送他进学校读书，一直到九岁时，他还在乡间养鹅，碰巧有一星期日，一位邻村七株橡地方的富绅叫做弥尔体慈（Miltitz）的，来费希德村子里看访他的舅老官，并且想听村牧师的说教，但他来得稍迟，礼拜已毕，殊悔不能听讲了。于是他的舅老官告诉他道，这不要紧，只须把那养鹅童子费希德叫来，他不难将全篇演说重背诵一遍给你听。后来，小费希德果然被唤前来，将那天所听过的讲词在这位绅士前重述诵一遍。这位绅士不仅惊佩费希德记忆力之强，而尤其欣赏他背诵时的神情姿态。因见他家贫不能入学，乃慨然允许资助他求学，并立即带他到七株橡那里去进学校。他先把费希德托付给七株橡地方的牧师夫妇，授以基本经书，在这里住了三年后又进中学六年，至一七八〇年方毕业。当他一七七四年进中学之时，弥尔体慈即逝世，经济的来源似亦随之断绝，家庭方面虽亦偶有接济，但极为有限，则他在中学五六年所感受经济的压迫，亦就可想而知。费希德刚进中学不久，就经了一番大风波。因为照那个中学的规矩，每一新生都有一高级生照管。而这位照管费希德的高级生将他管辖得特别严实，有时甚至于虐待他。费希德受不过这种虐待，于是便私自逃出学校，跑到附近一城市中另谋独立生活。逃走几天后，他忽然想到这种办法有违父母本意，将使他与父母永远脱离关系。因此他又毅然折回学校，坦直地向校长说明他所以逃走的原因、逃走后之计划和回到学校的理由。他的坦白直率的态度，不仅能得到学校当局的鉴宥，而且自此以后他便有不受高级生压迫的自由了。中学毕业后于一七八〇年冬他便升学进耶拿大学神学院。一年后又转学到莱布齐希大学。住了三年，已将应选习的课程选习完毕，但是仍寻不着相当职业。无法，只能在莱布齐希城东奔西跑，当家庭教师，藉以糊口。在他的书札集里，我们读到他发出许多封自道身世，向阔人求事的书信，不难想见他当时颠连困苦的状况。甚至连要求些须津贴再继续作神学研究，以应国家考试取得候补文凭的计划，也归失败。整整的过了三四年这种轗轲的生活，直至一七八八年秋天才被友人荐往瑞士的楚里西（Zurich）作专任的家庭塾师，担任教导该处一个富绅的一子一女。这是费希德一生第一次得着一个固定的职业，也就为这事使费希德第一次离开德境，客居异乡。在这里教书，生活比较安定，他还有余暇自己读书，特别法文书，于卢梭、孟德斯鸠之书皆曾涉猎，并且还翻译了一些法文书成德文。此外他还作了一篇关于圣经的史诗的评论，送往杂志，但竟被拒绝。有时该处的教堂也请他去说教，他也曾藉此略显了一点演说的技能。他在楚里西最大的收获，就是他经友人介绍，得与大诗人克鲁布斯托克（klopstock）之姻戚阮（Rahn）家来往，而认识阮约翰娜，由认识而恋爱，由恋爱而结婚。约翰娜此时年已三十上下，相貌并不算得好看，也没有什么特殊才干，只不过一有温柔伶俐之妇德的女子罢了。据说她的口很大，唇很厚，而脸上还有一些雀儿斑。那知费希德一见倾心，还写些肉麻的情书，说她有一种说不出的魔力，可以捉住他的心神。而她呢，总算得第一个爱费希德、认识费希德的伟大的知己。于是他这个彷徨无依的精神便算稍得着安顿，至少他一天有思爱人写情书的称心事可做。老实说，他在约翰娜前也曾的确吐了几句心坎中的话，他说："我这个人太耿直，缺乏容受性，没有委曲求全，对付坏人或与我性情不投的人的手腕，就因为这样，只要有机会我更须入政界，与人周旋，藉以补我之不逮。我知道什么样的人才配当一个学者。但以学问为专业仍然非我所长。我不应徒思，我必须行，行得愈多，则我此心愈感快乐。难道这番理想也徒是梦幻吗?”

费希德不能久安于塾师之位。因为他固执他个人的教育主张。厉行他与旁人不同的教授法，颇为东家所不满。到了一七九〇年春天，他决意辞去。临行时，曾暗中与约翰娜订有婚约。他们所以不公开订婚，是因为费希德以一穷措大而高攀一富家女，恐引起外界的阻碍。

离开瑞士，回到莱布齐希后，他的前途更是渺茫。从瑞士友人处携来几封荐书，没有一封发生了效力。作了几篇文章投稿，但也无人登载。无聊赖中，打算写一部小说，也没有写成功。惟一的生路只有仍作家庭教师。在这家教授希腊文，在别一家又教授数学。最奇怪的就是，有一天忽然有一个学生来问他，愿否帮助他读康德的《纯理论衡》（此时已是一七九〇年冬，距康德此书出版时已有九年）一书。费希德此时虽只听说过康德曾经著了几本人人都说看不懂的书，但他却从未读过。但为想多得学费起见，他只好应允下去。于是便开始读康德的书，因而无意间走上了哲学的道途，发现他一生的使命。从此以后，他可以说是寝馈于康德学说，成了一个康德迷。他简直移其前此爱约翰娜的热忱以爱康德哲学。恰当此时，他的未婚妻有信给他，劝他回楚里西，他回信道：“我的精神已寻着平安了。谢天谢地，在一切绝望的境况中，我现在居然能够泰然忍受一切痛苦了。一件好似偶然的事情竟使我投身于康德哲学之研究了。这个哲学能约束我不羁的想像力，给理智以威权，而无限地提高我的精神使超出一切尘世计较之上。在获得一高尚的道德，不惟不忘己骛外，且更能认识自己真我所在。由此而得到的平静心境，实为我前此所未有。在这前途渺茫而不安定的境遇中，我曾经度过了我最快乐的日子。我至少也要费几年工夫来专研此学，并且在最近几年内凡我的著作也必是关于此学的东西。”于与他兄弟的信里，他说：“请告诉亲爱的父亲，我现正埋头钻研康德哲学。我现在知道人是自由的了。我知道人生的目的，不在于享受幸福，而在于值得享受幸福而无愧了。”他又有信给友人道：“自从读过康德的《行理论衡》以来，我即在一个新的世界中生活。前此我所信为为颠扑不破的道理，现在被他推翻了。前此我所深信不疑，但无法证明的东西，如天职及绝对自由等概念，现在他为我透澈证明了，所以令我感觉得无限快愉。其对于人类之尊重，其系统所给予吾人的精神力量，真是不可思议!”即在这年（一七九〇年）冬天，他立即作成一书以注释康德新出版的《品鉴论衡》。但辗转递寄，竟寻不着地方出版，后来连稿本也给散失，未曾收入遗集。

约翰娜见得他在莱布齐希失业困顿的情形，颇为不放心，因此才写信劝他回到楚里西先行结婚，再作别计。那知费希德回一封信，得意洋洋地夸他研究康德哲学的乐趣，而置婚姻问题于度外，实不免令她嫉妒康德哲学之夺其所爱。实际上他们间的情书自此时起，果然打断了一两年。及一七九一年，他乃应一贵族人家之聘，于六月内到瓦沙（Warsaw）任家庭塾师。但不幸这位东家太太摆起伯爵夫人的架子，把塾师当听差看待。而且她又嫌费希德的法文读音不好。还没有住上几天，费希德便提出辞职，并要求赔赏［偿］路费。差点打一场官司，后来他才领得路费，由瓦沙便道往空里斯堡来拜谒康德。

他于七月一日到空里斯堡，四日便得见他所热烈崇拜的康德，但康德对他的态度却异常冷淡。他又去听康德的演讲，但亦觉无精打采，令人入睡。眼前的康德与书中的康德好像完全是两回事，他不免有些失望。我们须知费希德正当热烘烘的壮年时代，而康德已是年近古稀的老翁。而且我们知道，康德乃是一个玉洁冰清的人，他的生活可以说是洽然超出人世之外，冷然居于人世之中。他的心如万仞深潭，沉然无波；他的学似涧底清泉由巉岩峭壁的石罅中流出，琤琮作响，犁然当于人心。自负自大的青年狂生遇着像康德这种有德貌的人，有如张良之遇圯上老人，真不知可得多少教训。但可惜费希德只闭着眼睛，作“大我”的梦。（按：费希德之为人，平时每自负不凡，不把别人放在眼里，愈经挫折，反愈为自大。而平日讲学亦常用我、非我、大我等名词，因此葛德、席勒等加他一“大我”的绰号。他们两人通信，有时提到费希德，大都不称他的名字，而称之为“大我”。）故只能接受康德的学说而丝毫未受康德人格的感化。不然，他当可有较醇熟的涵养，免得他后来许多无谓的风波。

这位“大我”既受康德冷眼相看，乃下了决心要作些惊人的举动，以引起这位老头子的注意。于是他费了五个多星期的工夫，独自在旅舍里一气著成了三百多页一本书，叫做《天启论衡》（*Kritik aller Offenbarung*），目的在发挥康德的批导哲学而应用之以研究宗教问题。大意是说，宗教基于理性，及人性之道德要求。天之启示人，不由外之神秘奇迹，而由内之理性。知天及与天为一之关键厥为理性。理性所昭示吾人之道德律（Slttengesetz），即是天理，即是天意，即是神圣的。除本理性而出之道德律外，天启或宗教实不可能云。他著成之后，又写了一封信表示他对于康德之仰慕，并述他特撰是书以为请见之礼的旨趣；且又于稿本封面上题“献给康德教授”数字，然后于八月十八日送呈与康德，请求教正。康德接到一看，立即将他的名字涂去。只看到第八页为止，因为别的工作所占据，他便将稿本放在一边，没有细心再读下去了。但为表示谢意，他又曾请费希德吃过一顿饭，并介绍几位朋友与他相见。虽他对于费希德的著作未赞一辞，但总算对于他有了友谊的表示，勉强可令“大我”先生满意了。但隔不几天，他因为欲谋归计，而旅费无着，乃又写一封长信给康德，详述他家境的贫寒和身世的艰苦，并告以打算归里去作乡村牧师并闭户治批导哲学的计画，但苦于无有旅费，而又告贷无门，愿以人格名誉担保，请求借一笔路费。那知康德竟加以拒绝，未允借款。但一方面他又要尽他的道德责任，以解除费希德的经济困难，乃建议设法使他的《天启论衡》一书出版，藉售得稿费以自给；一面又托友人介绍他在丹麦（Danzig）地方任家庭教师之职。这次倒碰着一位贤惠东家，诸事满意。但出版事却费了不少周折。起初他将稿件交给本城一家书贾，书贾将原物退还。后来康德才介绍他自己的出版家哈东君在哈勒（Halle）城出版。哈东君虽承受此事，但稿件经哈勒大学神学院主任的检查，查出书中有乖违圣教的地方，不准付印。于是有的朋友劝费希德将被批驳处略加修改，但费氏坚执不从，乃写信请示于康德，谓是否有违圣道，愿得一言以为决。康德回信说，我虽没有读过你的全书，但就来函所言，天之启示吾人不在于奇迹之信仰，而在于理性之尊崇之说，实为不刊之论。但他又用他自己分现象界、本体界，区划科学、哲学的领域，以掩世人耳目的故智，劝费希德顶好将独断的信仰与道德的诚学分开，谓二者不相涉，自可以塞审查者之口。费希德是个耿直人，那［哪］肯采取这种妥协的办法。幸而恰巧这位守旧的神学院主任因事去职，新主任乃慨然批准。于是他的《天启论衡》一书乃得顺遂出版。但不知何故，也许是手民之误，竟于书首未将著者之姓名印入，而费希德的有自传性的短序，也脱漏未载入。及此书一出，真是一鸣惊人，大受欢迎，报章杂志，交相称许，公认为有裨世道人心的杰著。甚且有许多人揣测此书系出老批导哲学家康德的手笔。结果还亏得康德在报上发表声明，解释误会，宣布此书作者费希德的姓名，并对作者之造诣表示敬意。自此以后费希德的大名便传播全德学术界，公认为能继康德哲学的第一人。

费希德声望雀起，而经济困难似亦随之解决。于是辞去家庭教师之职，于一七九三年夏往楚里西去会未婚妻约翰娜，十月内即正式结婚。婚后在瑞士作蜜月旅行。旅中得晤注重生活的教育思想家白斯多罗尔(Pestalozzi)，多所启发，为他日后德意志复兴运动，建设新教育的张本。同时，因法国革命的风潮已澎湃，他于此时曾匿名发表了几篇论文，大旨是应用康德的道德学说以解释卢梭的民约论，鼓吹自由革命思想，但认为争政治上之自由固重要，而维道德上之自由为尤要云。费氏第一期的生活，至此可算告一段落。这时他正三十一岁。我们眼见他困心衡虑，备尝艰苦，而终能拨云雾见青天，出崎岖登坦途，我们也不禁替他庆幸。但那知此后还有更大的使命，更棘手、更艰险的途程，等候着他呢。

第二幕（费希德在耶拿）

一七九三年全冬天费希德皆住在楚里西，比较算是过的宁静深思的生活。经当地友人之邀请，他曾于是冬给了一些哲学演讲。及十二月得耶拿大学之聘，为哲学教授。耶拿距魏玛咫尺，魏玛为当时德国文学艺术中心，葛德、席勒都同在那里。而耶拿大学那时学术的空气亦特浓，于康德哲学之接受与发挥尤为能得风气之先，今费希德被聘来此有“新雅典”之称的环境里讲学，总可算得恰得其所了。而同时耶拿大学方面欢迎费希德的空气亦甚紧张。他们不仅欢迎他对于康德哲学的贡献与发挥，而且欢迎他是一个有开明的政治主张，能够替人类争人权的人。

次年（一七九四年）五月他方到耶拿正式开讲。据说他演讲时耶拿大学讲堂里拥挤得无有隙地。听讲者人数之众多，其盛况只有前几年大诗人席勒，任该校历史教授时之就职演讲可以相比。费希德所谓讲授的功课只有两种：一种是通俗性质，内容大都关于伦理宗教及学者之修养等；一种是纯哲学性质，所讲的内容就是他所谓“知学”（Wissenschaftslehre，按此字直译应作知识论或科学论，但其内容含义既非批评科学前提之自然哲学 Naturphilosophie，亦非讨论狭义的认识问题之知识论 Erkenutnis-theorie，而是从知识论出发以讨论形上学问题的学问，故可称为知学，费希德认为哲学即知学，知学即形上学，亦即知行合一之理学或心学)。在耶拿这几年教授时期内是他的著作最富，于纯哲学上的贡献最大的时期，他又与人合办了一哲学杂志，而耶拿的文学报也差不多变成“知学”的机关报。兹将其此期重时［时期重］要著作胪列于下：

（一）《全部知学之基础》（*Grundlage der Gesamten Wissenschaftslehre*，1794）。

（二）《知学之特殊点大纲》（*Grundrisz des Eigentumlichen der Wissens ohaftslehre*，1795）。

（三）《天赋权利之基础》（*Grundlage des Naturrechts*，1796）。

（四）《知学导言二篇》（*Zwei Einleitungen in die Wissenschaftslehre*，1797）。

（五）《伦理学系统》（*System der Sittenlehre*，1798）。

要讨论费希德之学说及各书的内容，当然不在本篇的范围以内。概括起来，我们可以说费希德的著作有三特点：第（一）著作大都是演讲体裁，因为费氏擅长演讲，而各书皆汇集演讲稿而成。第（二）各书虽系谈纯哲学，但于实际大有关系，因为费氏是注重实际活动实际生活的人。第（三）书中道德气味甚浓，每每多教训人的话。所以葛德尝说，读费希德的书没有别的，只是被他教训一番罢了。而费希德此期对于哲学的主要态度可以说是在超过康德的批导哲学以组织他自己的新的形上学系统，而仅认康德哲学为真正哲学系统的预备与导言（Propaedeutic）。而他的学生复推波助澜，张大康德与费希德学说间之异点，致酿成二人之恶感。后来康德竟在报纸上公开宣称费希德之学为一种抽象的逻辑，虽系有方法之思想，但与实在隔得很远，并否认他自己的哲学只是导言性质。费希德亦正式答辩，辞锋犀利，于是他们师生的感情遂尔破裂。这不能不说是康德和费希德友谊史上很可遗憾的一件事。

费希德与葛德的关系确比较好些，但亦算不得圆满。葛德知道他有自大和教训人的脾气，也很能含容，只是戏称他为“大我”罢了。对于他的著作，葛德也还读过一些，且表示赞许的意思。但后来他也激怒了葛德，为他被革职之一原因。席勒起初对于费希德也表示好感。他还请费希德为他所主办的 *Horen* 杂志撰文。费希德写了一篇《精神与文学》以应。但篇中措词不慎，致令席勒误会以为此文目的在讥诮他自己，因此压住不登载。并且两人还写信互相攻击。后来虽经调解，但两人的友谊间终存裂痕。此外同耶拿的一位心理学教授叫做希密德（Schmid）的费希德也打了一次有恶感的笔墨官司。希密德著文从心理学的立场以反对一切超出经验事实来说话的哲学，常然意中是指着费希德的“知学”而攻击。费希德立即著文答辩，分别心理学与哲学所研究的对象之不同，而称希密德对于哲学乃是个门外汉，并谓他根本认为希密德之反对知学为不存在，且认为以哲学家自称的希密德本人亦根本不存在。

除了个人龃龉外，费希德在耶拿五年教授任内，曾引起了三次团体的攻击，终于被革去职。第一次是因为排功课的时间问题。上面已经说过，费希德在耶拿共任两门功课，一是专门哲学性质，内容讲的即是他自己的知学，须有相当哲学程度的学生方能选习，人数较少，时间是星期一早晨六至七钟。一种是公开的通俗的道德演讲，内容与他后来所出版的《学者之性质》及《人之天职》等书所具的材料差不多。此种演讲介于专门的学术演讲与带有神学味的宗教演讲之间，可以说是为他日后《告德意志国民［民族］演讲》的预备，因此颇受人欢迎。全校各系的学生以及校外人士皆可听讲，人数甚多。时间当第一学期内是星期五下午六至七钟。及第二学期费希德感得此种演讲无论排在何时，都免不了与别的功课冲突。乃商诸当局改在星期日上午十至十一钟，庶与他科时间不冲突，而亦与教堂礼拜的时间不冲突，且已邀当局允许，以为并不违背校章。那知快到第二学期开学之时，耶拿及魏玛两处的教会均先后提出抗议，在公爵处控告费希德，谓此举有渎星期教堂礼拜的尊严。而有一家报纸亦攻击费希德是有民治与无神倾向，崇拜理性而不崇拜上帝的人，今于星期晨作公开演讲正是有意与宗教作对之表示云云。而学校的评议会中，替费希德辩护的固多，但主张应罚费希德款以示警，或认费氏有失礼嫌疑的亦复有人，于是乎聚讼纷纭，害得他的公开演讲停止了一个多月。后来还亏得魏玛公爵明判费希德无过，准其演讲时间改在星期日下午三至四钟，这件事才算结束。但是一波刚平，一波又起，学期未完，他的演讲又被风潮打断。

原来费希德是想根据他哲学上的见地，以促青年道德上进步和学风的改良。因此他注意到当时学生的秘密弟兄会之组织，认为实有恶的道德影响，因为会员须得服从密秘［秘密］会中种种特殊的纪律，而失掉了个人道德上的自由抉择。于是他于公开演讲及私人谈话中皆痛切陈辞，主张取消此种秘密团体。后来果然有三个兄弟会派代表见费希德，将会中之章程纪录等交给他，表示他们愿宣誓自动解散。费希德则以为此事不能如此私下由他个人解决，须呈明学校当局采正式公开的手续办去才是。于是他将此事正式报告学校当局，而学校复派员调查，致使此事声张出来，颇干各秘密团体的忌讳。他们以为费希德是在愚弄他们，使学校来干涉并调查他们会中的秘密活动，乃大起骚动。即于是年

(一七九五年)元旦夕有一大批学生包围费希德的住宅，将窗门打破，咆哮叫嚣而去。当他公开演讲时，班上也有学生捣乱致不能继续讲下去。甚至他的夫人经街上走过，亦被学生侮辱。结果费希德须请求政府保护，移居在耶拿邻镇暂避了几个月，到风潮平息后才回到耶拿。

比上两次还更严重的风潮就是无神案问题。此事发生于一七九八年。费希德有一个学生叫做福尔伯（Forberg）的，时任沙尔壩中学校长，撰有《宗教观念之发展》一文投登费希德所主办的哲学杂志，此文大意是发挥康德之意，说宗教实基于道德。除实际道德行为外无宗教之可言。用不着用理论以证明上帝的存在亦用不着信仰什么东西，此信仰二字只含有道德意义，而无神秘意义，而宗教信仰与无神论间实亦有可调和之处云。费希德一方面想把他的高足弟子此文发表出来，但一方面又觉文中所论有怀疑的无神论趋向与己之论神的信仰有未尽合处。因特撰《吾人信仰天道之根据》（Ueber den Grund unseres Glaubens an eine gottllche Weltregierung）一文，以发挥已说而微纠正福尔伯说之偏，谓宗教之实质在于道德行为，福尔伯与彼如合符节，但道德行为实源于相信一超官感界之道德的宇宙秩序（eine über sinnliche moralische Weltordnung）而此道德的宇宙秩序非他，即天或天道是也。于是两篇文章同时在哲学杂志发表。此文发表不久，一七九八年年底，即有匿名小册子出现，题曰《父与子论费希德福尔伯之无神主义书》。书中将他们师生二人之文断章取义，指为持无神论违反宗教，有害青年思想。而此本匿名小册竟引起撒克逊区（Saxony）政府的注意，下令将哲学杂志查封，并饬知魏玛公爵对于持无神论之教授之行为加以检查，俾受正当处罚，不然则将禁止撒克逊区之学生前来耶拿入学云。费希德以处论攻击，又受政府压迫，为辩护计，乃于一七九九年一月发表《为无神论事告公众书》，又于是年三月初上一《依法辩护》的呈文与魏玛公爵。除说明其学说大旨，力辩其无无神倾向外，并直揭攻击者之动机，并力请为尊重大学教授之言论自由起见，此案一切须经法律手续，认真公开办理，不能苟且妥协，必彻究是非，达到言论自由之目的而后已。此事费希德之处处在理自不待言。但当时他的朋友，总觉得他做事太直率，乏手腕，公开宣言和上公爵呈文，措词有太耿直露骨的地方，使人难堪，反将局势弄僵。所以工于实际打算的苏边人席勒曾有信告诫费希德道：据此间有力者言，执事之言论自由，当丝毫不能限制。但此事私人接洽，似较易有功。公开张扬，恐反致实事。此间政府诸公，以当局权限内即可解决之事，而足下乃诉诸公众，咸引为遗憾云云。同时又有许多谣言，谓魏玛政府将指派一审查委员会以审查费希德事云。于是费希德乃写一私函致耶拿大学校长，谓他将绝对拒绝审查，不然，彼将提出辞职。末又谓已有许多同事与彼有约，如此干涉言论自由之审查果成事实，则彼等亦将与之同辞职他去。并谓辞职后彼等将另成立一新大学，而可享受充分之言论与活动之自由云。其实他们打算在麦因芝（Mainz）创设大学的计划终成画饼，而口头上允许与他同去就的人，后来也没有见诸实行。及此函一经公布，魏玛政府才毅然决定褫革费希德之职，而主张最力的人就是葛德。葛德虽知道费希德的伟大，但他坚以为费希德那些反对政府的话，实不能宽恕。所以有人告葛德说，费希德去职恐将为耶拿大学一大损失，他答道："一星西沉，他星东升。"（Ein Stern gehtnnter. Ein Anderer geht auf.）他又说："若是我的儿子有这种反对政府的言行，我也要投票反对他。"于是三月二十九日魏玛政府令学校当局审查哲学杂志编撰者费希德之言论，并准其辞职。这就是费希德在耶拿五年轰轰烈烈的教授生涯的下场。事后虽也有学生联名上呈文请求挽留，但终归无效。

第三幕（费希德在柏林）

费希德因无神案事免去耶拿大哲学教授之职后，一方面政府当局限制他此后一切言论的自由，一方面他好像也因此声名狼藉成了众矢之的，有时连生命的安全都难保证。在耶拿本处他当然不能安身。他起初打算避往一邻邦 Rudolstadt 居住，但该邦拒绝他入境。最后因得友人弗列得力·希雷格尔（Friedrich Schlegel）的帮助，乃于是年（一七九九〈年〉）七月离开耶拿来到［在］普鲁士的首都柏林得一容身之所。他一到柏林可以说是便置身于浪漫主义派诸领袖之间。他与希雷格尔及其不婚而同居的女友陶乐泰（Dorothea）过从最密。每天都在他们那里一同用午膳，下午还一块儿出去散步。同时他又被介绍与浪漫派的神学大家希雷马哈（Schleimacher）及浪漫文学家体克（Ludwig Tieck）相见。因为费希德自己的思想里也有些浪漫成分，所以当初他们颇为相得，他对于希雷格尔与陶乐泰间的不法关系也持容忍态度。他们那时还想再把住在耶拿的谢林，及其妻加罗林（Caroline）与加罗林之前夫威廉·希雷格尔（A. W. Schlegel）约来柏林，大家住在一起共同生活，并计划创办一种杂志以发挥大家的共同主张。但是这种种浪漫的计划，尽成泡影，因为第一，加罗林与陶乐泰素不相能，决不能同居，而费希德之妻约翰娜乃是朴实的家妇，当然也不能与这些浪漫的才女为伍。第二，谢林前此的思想虽然与费希德很近，但此时他却在耶拿正计划与黑格尔同办一哲学杂志，以发表他自己的新说。第三希雷格尔弟兄自一七九八年起即办有 *Athenaeum* 杂志以倡导他们的浪漫主张。而费希德也渐渐感觉到这些主放任感情、蔑弃道德的浪漫主义者，与他自己之重道德与理性，并不是同道。不几个月后，他差不多便与他们完全脱离关系。而他们也嫌费希德迂阔而乏诗意。

费希德与希雷马哈亦觉不很相投。及一八〇〇年他的《人之天职》一书出版，希雷马哈曾发表了一极苛刻轻蔑的书评。他又于一八〇三年著有《道德学说批评》一书，内中于费希德的学说亦抨击不遗余力，幸而费希德似乎并没有读过此书，不然，他们两人定会有一番大笔战，后来费希德奉命起草《建立柏林大学意见书》，希雷马哈也是推翻费氏草案之一人。总之，希雷马哈可算得费希德的一个对头。其实他们两人都同样的注意宗教，其根本不同之点只在于费希德主张把宗教理性化、道德化，而希雷马哈则主张把宗教感情化、艺术化。但这位神学大家究竟是神通广大，他与费希德表面上的感情倒还始终敷衍得很好。

费希德与谢林的友谊其结局更坏。自一八〇〇年起，他们两人曾通信论学两三年。但谢林的思想愈趋愈独立，而他们的友谊也因之愈趋愈坏。黑格尔那时与谢林同住在耶拿，他与谢林不仅是同学，而且是学同，于是乎也于一八〇一年（时谢林仅二十六岁，黑格尔已三十一岁）发表他一篇处女作叫做《费希德、谢林哲学系统异同论》，显然是左袒谢林以攻击费希德。费氏亦很愤恨地于他的《现代之特点》演讲录里，曾暗中指斥谢林之自然哲学为浑沌堕落的时代之必有现象。谢林亦于一八〇六年著《自然哲学与修正后的费希德学说之真正关系》一文，痛驳费氏的思想。费氏复立撰文攻击谢林，斥之为头脑最不清楚的人（但此文并未发表，只见于遗集中）。则他之痛恨谢林可以想见了。他们两人争论的焦点在于，一重人为，一重自然；一持道德的唯心论，一持艺术的唯心论。费希德认为太初有我，由我之“行”（Tat），而建立非我，在此无穷的我与非我对峙之历程中，征服非我使为己之一体，即是天行，亦是天职。而谢林所持的乃是自然哲学亦称“同一哲学”（Identitatsphilosophie，亦可叫做齐物哲学，即认天地与我并生，万物与我为一的同一哲学或齐物哲学），他对于我与非我不欲有所轩轻于其间。他认为我与非我，精神与自然乃太极或绝对我之两面，而自然既是太极之表现，故其自身即是神圣的，即具有创造发展之精神能力，用不着我们像煞有介事地去执着自我以建立之。——你看，谢林的学说来得多么洒脱自如而富于诗人风趣，持此语以攻击那执着自我横冲直撞的费希德，真可谓恰中要害，无怪乎气得费希德对他破口痛骂。但是我们须知道谢林这种齐物我一内外的学说便叫做神秘主义。其见解当然很高，不过这种很高的见解，要用慎思明辨的方法求得才好，而谢林的同一哲学乃纯是用的天才艺术家审美的直觉方法得来，似不可为训；且仅知物我内外之同一，而盲不见其同中之异和异中之同，亦未免只见一偏而失之含糊。所以费希德斥之为浑沌而后来黑格尔亦讥谢林为“夜间观牛，其色皆黑”，实不为无因。总之，谢林自己建设一颠扑不破的哲学系统虽不足，而指出费希德哲学之弱点而抨击之则有余。所以当时德国哲学界的趋势，显然是由费希德的知学，而过渡到谢林的自然哲学，由谢林的自然哲学而过渡到黑格尔的精神哲学。费希德此时眼见得他的哲学思想被人推开，大势所趋，无法挽回。虽然他在社会上的名望很大，他的通俗演讲很受人欢迎，但他在德国纯哲学界的地位却已被谢林等取而代之了。所以普通关于哲学史的书大都只述费希德在耶拿时代的知学，而于他到柏林后的通俗演讲如“人之天职”、“现代之特点”、“告德意志民族演讲”等皆一字不提，亦足见西人之看重纯哲学，而轻视名流的通俗演讲了。不过下文立即可以看出，就是费希德的通俗演讲比起我们中国近年来所谓玄学思想来也不知道要玄奥若干倍。

以上是叙述费希德到柏林后感情上与他人的龃龉，和学术上与他人的争执。现在略述他几年内的生活和演讲著书的工作。他到柏林后第一件工作，就是将《人之天职》（*Die Bestimmung des Menschen*）一书写成，一八〇〇年春出版。继又作成《闭关的商业国》（*Der Geshlossene Handels-Staat*）一书，于是年冬出版，是主张禁止国际贸易而带有社会主义性质的书。次年他复著有《昭如白日的解说》（*Sonnenklare Bericht*）一书，以解释他的知学的要旨。同时他又应柏林许多青年及政学界领袖之邀，作个人的哲学公开演讲多次。最重要的是一八〇四年冬关于《现代之特点》（Die Grundzuge des Gegenwartigen Zeitalters）的几大演讲，当时普鲁士的政治家如 Schrotter Beyme、Altenstein 等均列席听讲，而当时奥国驻柏林的公使，日后维也纳会议的主角梅特涅（Metteruich）更是按时来听讲，没有缺席一次。旋经曾听过他的演讲的那几位政府要人之举荐被聘为 Erlangen 大学的夏季教授，于一八〇五年夏季在该校授哲学，并公开讲演《学者之本质》（Das Wesen des Gelehrten）一题，讲稿即于次年出版。于一八〇六年春，他又在柏林讲《到幸福生活的指针》（Anweisungen Zum Seligen Leben）以发挥他的宗教学说。以上这种种公开的演讲都可以说是为年余后他的《告德意志民族演讲》的预备。

及一八〇六年九月，拿破仑兵临普境，普法之战行将爆发时，费希德乃自告奋勇于普王，愿在军中当宣讲员以激励军士。普王很轻佻地回答他道，谢谢你的好意，也许当我军凯旋后，或有借重雄词之时。意谓用不着他的口才以鼓舞军士于未战之先，或许用得着他的口才以颂扬军功于既胜之后。而费希德也真是热心，军士宣讲员的头衔尚没有得到，而他《告军人》的演讲词却已经预备好了。至今我们尚可于其遗集里读到他《告德国战士讲词》的残稿。中间有一段他说他自己未曾习过战术，不能执刀荷枪偕军士们出死入生，陷阵冲锋，致不能兼有学者与军人之完备修养，实为一大憾事。又谓他愿与诸军士随祖国之自由以俱生，随祖国之败亡以俱亡云云。

及十月七日普法两军正式宣战后，普军着着失利，十月二十七日拿破仑便进了柏林。而费希德已见几［机］于十月十八日即离开柏林躲避战祸了。他先逃至距柏林仅十八英里的斯塔噶（Stargard）地方。该处也有一大学。最使这位以“大我”自命的费希德惊讶不已的，就是他发现这个大学里的教授们没有一人知道他的大名的。因此他才感到他的声名传播得并不很远。此后他更远避到空里斯堡。该处的大学即请他作那年冬季的临时教授，他还是讲他的知学，暇时复研究白斯多罗齐的教育思想，慨然认之为救有病态的人类的良药，且可为了解他自己的思想的先决条件。在空里斯堡住到一八〇七年七月，因丹齐城失陷，他又被赶往丹麦住了月余；及闻和议已成，他方于八月底回到柏林。此时和议虽成，但因赔款尚未付足，所以法兵仍未有退。

他这次一回到被敌人占领住的柏林，就好像被什么天神鼓舞着似的，一心一意想献身国家，寻一死所。眼见得前不几天德国有位出版家因发行一本爱国的小册子，干犯法军忌讳，被拿破仑枪毙，他也毫不畏慑。此外还有许多青年组织种种密秘［秘密］团体，暗中作救国的活动，而费希德是个素喜在光天化日下作顶天立地的事的人；他要作公开的爱国运动，不采任何密秘［秘密］行径。于是乎他乃在敌军的环伺中，公开宣布作《告德意志国民［民族］演讲》（Die Reden an die deutsche Nation)。演讲的地点在柏林科学学院的大礼堂，时间，是每星期日晚间，自一八〇七年十二月十三日起，至一八〇八年三月二十日止，共十四讲。当他演讲时空气异常紧张，法军派有侦探多人侦察，外间虽不时传出费希德被捕的消息，但他仍本着他大无畏的精神，与视死如归的决心，竟平安地将他全部激昂的爱国讲演讲罢。据说他所以未被逮捕的原因固然由于法军行动文明尊重学者，其实也大半由于他自己公开的无畏的精神，和他所讲的内容之貌似空洞迂远与实际无甚关系。殊不知这些演讲正奠定了德意志复兴的精神基础，而为战败法国最有力的利器，与司坦因（Stein）之改良德意志政法，及夏尔浩斯将军（Scharnhorst）之改组军备，有同等重要。故世公认费希德与司坦因及夏尔浩斯将军为培养教育、政治、军事之根本以复兴德意志的三杰。

现在我们可略讲《告德意志国民［民族］演讲》的内容了。我们在这浅薄忘本的学术空气里住惯了的人，试一猜想他此次救国难的演讲的内容，一定会以为他大概第一讲首先就要宣布哲学的破产，于第二讲里他就要宣布德国文化的破产，然后根据实验的证据，提出如何模仿法国文化和挽救国难的临时办法。那知他的演讲却句句话差不多都是从他的全部哲学思想出发，而且他认为发展自己的民族性，光大自己的文化，以求精神的与道德的复兴，为复兴德意志民族的根本要图，这就更足以见得他对于哲学之深造自得，不随时变震摇，和他对于民族精神的自信力与对于本国文化根本之认识了。

他开首承他年前关于《现代之特点》演讲的大意，分理性之发展为五个时期：（一）理性初表现为盲目的本能，可以说是愚夫愚妇的理性；（二）理性继表现为外界的权威，可以说是专制时代和风俗习惯中的理性；（三）人类从本能的和外界的理性解放出来，放纵情欲不受任何理性的束缚；（四）人类渐知理性为何物，且于理性之法则有了明白的系统的了解；（五）人类自觉地自由的依照理性的律令以为一切行为之指针。他认为他那个时代的特点，恰到了理性发展的第三个时期，就是大家不顾理性，放纵情欲，自私自利，堕落到了极点的时期。他很沉痛的说——年龄愈长的人，自私愈甚；地位愈高的人，道德愈卑。他胆大地宣称他那个时代是“恶贯满盈的时代”（Das Zeitalter der Vollendeten Sündhaftigkeit），他又继续说，自私的本身即具有自戕之种子。其结果就是全局瓦解，国家堕地。但是他转说道，救亡的唯一初步办法就是力求明了致亡之真因。德意志民族之堕落既由于道德太坏，罪在自己，则德意志民族之复兴当然亦须全凭自己之力量以谋道德的再生。要培养个人的道德，其道在于尽性或复性。要复兴民族的道德，其道亦在于发展民族性，恢复民族性，因为他根本认为，德意志民族的民族性之本身即具有复兴之能力（Das deutsche Volk trägt in seiner “Deutschheit” das Vermögen der wiedefherstellung）。

认定了德意志民族复兴之关键在于德意志民族性之自觉，恢复与发展，他乃进而问什么是民族？什么是德意志民族或民族性？他以为土地，经济或政治的组织皆不是形成民族的要素，所谓民族乃是一个神圣的道德的组织，而为各分子之真我的表现、精神生活的泉源和安心立命的所在地。一个人要想实现自我，满足精神要求，获得长生久视（Unsterblichkeit）之道，只有尽忠于他的民族或祖国，使之永远屹立于宇宙间。换言之，费希德认为民族不是建筑在经济的或政治的基础上，而乃是筑在道德与宗教的基础上。忠爱祖国乃是一种神圣的宗教的生活。至于他对于什么是德意志民族一问题的答复简单说来可以说是——德意志民族是富有“元气”的民族（“元气”二字原文作 Geistesursprunglichkeit，直译应作精神的原始性，英文无相当译名，义恰当中文“元气”二字。费希德认为德意志民族的元气丰富饱满是即德意志民族复兴之本源）。因为德意志的言语与法文比，是有元气、有生命的语言，德意志的宗教（路德新教）与旧教比，是有元气、有生命的宗教，德意志的哲学如康德之批导哲学和他自己的知学，与英国经验哲学比，是有元气、有生命的哲学；德意志的精神教育运动，与带破坏性的法国革命比，亦是较富元气、较有生命的运动。换句话说，费希德平日自诩己身为一切人中之“大我”，而此时则自诩德意志民族为一切民族中之“大我”。

对于德意志民族性有了真切的认识与自觉，对于德意志民族的复兴有了透澈的自信，他乃进而讨论精神教育的实施以求民族道德之再生。讲到精神教育他也是大声疾呼地提倡宗教与诗教。他说：“使人有真正的宗教修养乃是新教育的最后职责。……宗教乃是对于任何外界束缚的完全解脱和超拔。在极腐败极恶浊的社会里宗教尤有其特有的势力范围。”（第三讲）他的意思第一，当然认为据理性以为自己，为全民族争自由是一种宗教生活。第二，他还含有恶人太多，社会太坏，非政治法律之末节所能制裁，惟有提倡宗教或礼教以感化薰陶于无形，才是根本要图之意。他又论诗教道：“要使个人的思想充满生命，最好而且最高尚的方法就是诗歌。诗歌又是使全国人人的生活都洋溢着精神教育的最好而且最高尚的方法。”（第五讲）此外他又采白斯多罗齐之说，提倡一种注重直觉的儿童教育。此种教育第一，注重感情教育，使儿童首先对于他们天然的感情，意欲愿望等有明切的认识。第二，注重外界有形体有颜色的实物之认识，使儿童先知具体实物，后知抽象观念，不可先有抽象观念，后习具体实物。第三，注重身体的活动与体力的锻炼，使手足健捷，动作活泼。对于道德教育费希德特重自我的认识，以养成一种自尊心。至于费希德于教育之实施的办法，也费了三四次演讲来描写他的理想计划，恕我此处不能叙述了。

总之，费希德的全部演说可以说是在发扬民族精神，定新教育的根本方针以培养新道德而为德意志复兴建立精神的根基。他的演说差不多篇篇都可以说是词锋常带情感，用以激发国人，而其最末一二篇内辞意尤为恳切。兹试译出一段如左，以见一般：

> 我们现在是失败了，但是我们究竟是否要受人轻视，究竟除了别的损失之外，我们是否还要失掉我们的人格，这就全看我们此后的努力如何了！军械的战斗已经结束了，但是新的理性的战斗，道德的战斗，与人格的战斗，却正在开端呢！（第十三讲）

他的全部演讲直至一八〇八年三月二十日才讲毕。到了此时，他总算结束了他生平第一件大事：他的演说艺术得了一最好的表演，他好教训人的性情得了一最痛快的满足，他爱国的热忱得了一最有效的的宣泄，他的深邃的哲学也得了一最大的应用，致使他在德意志民族道德生活上的地位，为马丁路德以后第一人。大概因为他在演讲期间兴奋太过，讲完之后立即得了一场大病，在一个温泉浴地方休养了好几个月才复原。他戏剧式的生活至此也可算告一大段落。

至今德国柏林大学可以容两三千学生的新大讲堂的墙壁上，尚画有费希德《告德意志民族演讲》的像，演讲者激昂的神气和听众们紧张兴奋的态度皆活跃如生。当任哲学概论的老教授讲到哲学对于实际生活的影响时，便举出费希德来作最有力之例证；当他提到费希德的姓名时，他回头向着壁上的画像一指，全体学生登时便拍掌顿足起来，以表示向往钦仰的意思。

第四幕（费希德在柏林）

我们已经知道费希德于《告德意志民族演讲》毕后，即大病一场，休养了好几个月方才痊愈。正当此时，普鲁士政府忽有在柏林新创建大学之议。而且当时的教育当局又特别委任费希德起草建设新大学方案。

于是他便得一良好机会使他的教育理想得一个实际的应用，立即草就一个独到的详细的柏林大学计划书，以供当局采择。在计划书中，他首先说明大学的目的不是用课堂讲授以传递知识，乃在于使个人的全付才力得充分的训练与最高的发展。大学的要务是在训练学者使之能够科学地使用其知力，因此他主张废除演讲制，而代之以师生谈话、考试、作论文等事。所有学生应完全公费，使之不为衣食问题分心，庶可屏除外务专心于学，使大学成为纯粹的学术机关，为训练成教授的处所。至于课程的编制，他认为学生应首先研究哲学，使之知道各部别科学的概要，及各科学之所以由哲学化分而成的历程。有了概括的哲学基础，然后再分文字学、哲学、史学、自然科学四项而专研究之。旧日大学，分为神学院、医学院、哲学院、法学院的制度，应即取消。因为神学一部分属于文字学，一部分属于史学，一部分属于哲学、医学乃自然科学之一种，法律乃是一种职业，就其学理部分而言，半属于历史，半属于哲学，皆不应独立成为一学院。大学的学生又须分为两种：一为正式生，纯粹以研究学术为职志，为大学之柱石，亦即大学生命之所寄托。费用概由学校供给，且须着特殊之校服，教育人才均于此中选拔。一为附属生，以受大学教育为社会生活或政治生活之预备者属之。他又拟定大学须发行三种刊物；一种刊布学生之论文及其他成绩报告；一种刊布教授之科学讲稿，该大学中对于任何科学之新贡献；一为性质近于书报批评及指南之出版物，以批评介绍一切新的科学著作。此外对于学校的管理与经费的筹措，费希德都有详细的计划，兹不赘述。

结果费希德的计划书虽经教育当局会同许多教育专家予以郑重的讨论，但大部认为失之理想迂阔难于实行，未曾接受。而他的老对头希雷马哈氏另草一德国大学刍议以反对费氏主张，而其后柏林大学的组织，似以采取希雷马哈之意见为多。但是我们须注意的，就是费希德的实际计〈划〉书虽未被采纳，但他的教育理想如注重训练科学思想、注重纯粹学术、治科学须先有哲学基础等，至今犹实足以代表德国大学教育之根本方针。且他以热烈爱国的志士，又当此国家大难的期间，而所拟的教育计划，却眼光如此远大，如此注重根本，如是提倡纯粹学术，更足以给彼毫无永久远大的见解只图目前一时的实用的教育家一个很深切的教训。

一八〇九年德政府派洪波尔特（W. von Humboldt）筹备开办柏林大学。费希德及其他教授数人即于是年开始讲授功课。至一八一〇年柏林大学方正式宣告成立。校长为前哈勒校长某氏。费希德则任教授，先后讲授意义之事实、知学、先天逻辑、法理论、伦理学等科目。于一八一一年费希德方被选为柏林大学校长。但任职不过四个月，因为他性情执拗武断，不善于对付人，颇为评议会所不满，只得辞去校长之职。

到了一八一二年冬天，欧洲政局发生了一大转机，因为那时拿破仑在俄国打了败仗，他的军队被俄方追赶得狼狈经过德国境界后退。拿破仑的威名也似乎大受挫折，被他压迫在铁蹄下的普鲁士当然想乘机起事，图谋恢复。即于次年一月底普鲁士王便离开首都柏林，而逃至西南部布勒斯罗城（Breslau），因为此地比较不受法军支配，他可以自由行使职权。二月中普国即与俄国成立条约，联合抵抗法国，三月十六日普鲁士便正式向法国宣战。同时他又发出召令全国人士共赴国难的诏书。于是各地义勇军风起云涌，以应王命。各大学的学生几乎全部动员，就是中学校里的高级生也多送〔奔〕赴前线。其他老弱的人，或因别的职务不能赴前线的，便都得加入本城的后备兵训练处，按时操演，以备最后的抵抗。

费希德对于此次救国运动之抱无穷希望，热烈参加，当为意中事。他于二月十九日冬季演讲结束时，大声疾呼地鼓舞学生参加战争，他认为此次战争不仅足以振起积弱，促德意志之统一与复兴，且有裨于人类之幸福及精神教育之进步。至于他个人究竟应如何利用此次机会发挥他的能力以献身于国家和他的道德理想，他真费了不少的苦思。他伏在案头手执着笔管，寻思正反两面的理由，以求取决于他的智慧之最深处。结果，他决定再提出当一八〇六年拿破仑打普鲁士时他的旧计划，即是请求加入军队中去作宣讲员。但他的第二次的请求，仍然没有得着当局的准许。所以他只得留在柏林，参加后备军训练处的操演。我们试想费希德此时年已五十有一，以德国当代大哲曾任柏林大学校长的声望与地位，而奔走呼号欲求一军队宣讲员而不可得，复加入军事训练，躬自到场操演，其忠爱国家的热忱，就可以想见了。

据说当一八一三年二月末，有人暗中图谋于夜间在柏林举事攻击法军机关。有一知道此事的人曾泄露此消息于费希德。费氏认为此举于全城的治安及幸福大有妨害，立即通知柏林警察当局请其暗中取缔防范，后来果然没有暴动的事发生。

到了那年夏天的时候，他复在大学里公开演讲《战争之真意义》一题。力言此次战争不是为一人一姓而战，乃是为全民族而战，为共同之自由而战。自由是人所不可少的，除非一个人自己否认其人格，若果没有自由，他是决不愿意生存的。所以每人必须拚生死以从事战争，为自己的人格奋斗，丝毫不容假借的。他说："一个民族之所以成为民族是从战争得来——从为共同目的而斗争得来。凡不参加现在的战争的人就没有资格算作德意志民族的一份子。"

虽然因为普军打了几个胜仗，柏林城本身得免于直接受战祸，但是柏林的军医院都充满了由前线抬回的伤兵，显见得看护人员不敷分配。于是当局乃征求城内妇女帮忙。费希德的夫人——约翰娜，就是首先应征而且最热心的前去看护伤兵的一人。她在伤兵医院工作了有五个多月之久，渐觉精力不支，且因在病人拥挤，空气不良的医院中劳作，致于一八一四年一月三日骤染得热病。病势显恶，医生都说无救。费希德那天眼见得他的夫人在几点钟内就有性命的危险，但一面他又须暂为离开她往大学里去讲两小时的知学，心里当感到万分的难受。但那知当他两小时课毕回来看视时，他夫人病症的危险时期已经渡过，不至于死。他感动欢喜之余，不能自胜，跳到病榻上去拥抱着他死里回生的爱妻狂吻一阵。据说，就因为这样一来，他的夫人的病菌便传染到他自己这大病新愈的身上。第二天，他的病态就呈现危险的征象，压倒他全付的力量。他便昏闷地睡在床上，大半的时候不醒人事。只有在极短的清醒时间内，他听得普军胜利的消息，知道普军已打到莱茵河的对岸，普俄的联军已进展至敌人的领域，他表示他因胜利的快感而发出的最后的微笑。他死的时候是一八一四年一月二十七日夜间。死时他才五十二岁。他的戏剧式的一生便这样结束了。他死得这样突兀奇特，我们说他是殉情可，说他是殉国亦可，即说他是殉道亦无不可。他的遗骸埋葬在柏林城内国会附近阿兰尼堡门（Oranieuburgtor）前面的坟地内。五年之后，他的夫人亦去世，即葬在他的下头。现在于费希德的墓旁我们还可以瞻拜黑格尔的墓。费氏的墓碑上镌有《旧约》中《但以理书》的一段经文：

教师之炳耀千古，
如像昊天的光明。
他们之指导世人向善，
如像那永垂不朽的星辰。

附参考书

（一）关于葛德的

Bielschowsky，Ahbert：Das Leben Goethes. 此书英译本名 The Life and Works of Goethe，translated by Lane Cooper. Gundolf，Friedrich：Goethe，1927，Georg Bondi，Berlin。

（二）关于黑格尔的

Hegels Samtliche Werke：Jubilaumsausgabe，edited by H. Glockner，Stutt gart，1927—1932. 全书共二十三册，现已出至二十一册。

Hegels Sämtliche Werke，erste kritische Gesamtausgabe in 24 Banded，herausgegeben von Georg. Lasson. 现已出至第二十册。

Hartmann，Necolai：Die Philosophie des deutschen ldealismus，Ⅱ Teil Hegel，1927. Walter de Gruyetey &Co.

Glockner，H. Hegel，I. Die Voraussetzungen der hegelschen Philosophie 1929 Stuttgart. 即庆祝本黑氏全集第二十一册。亦有单行本发售。论黑格尔学说之渊源及其人品，颇详细而明白。

Dilthey，W. Die Jugendgeschichte Hegels，1921，Leipzig Kuno Fischer：Hegels Leben，Werke und Lehre. Heidelberg，1911. Gaird，Edward：Hegel，1883，Blackwood's philosophical Classics. 此为英文中论黑格尔之生平及其学说尤旨最简明扼要之书，北京大学出版部有影印本，每册价大洋七角。此书已由作者译成中文，在印刷中。

Royce，Josiah；Lectures on Modern Idealism，1919，Yale Press. 此书中有五篇专论黑格尔学说，最能得其精神与旨要。余早已译成中文，并加有长序及附录，名为《黑格尔学述》，不久可以出版。

（三）关于费希德的

Fichtes Werke，6 Bde，1911，Felix Meiner in Leipzig，The Popular Works of J. G. Fichte，translated，with a memoir，by William Smith. 2 vols，2nd edition，Trubner，1873.

Fichte. R. Adamson. Blackwood's Philosophical Classics，London，1881. Kuno Fischer：Fichtes Leben，Werke und Lehre. Heidelberg，1906.

Addresses to the German Nation，translated by Jones and Turnbull，Open Court Co. 1922.

Fritz Medicus：Fichtes Leben. Leipzig 1914.

Hans Schulz：Fichtes Briefwechsel，2 Bde. Leipzig，1925.

论意志自由*
(1932年)

意志自由不仅是哲学上——特别西洋近代哲学上的重要问题，而且是个最足以代表西洋近代精神的问题。西洋自文艺复兴以来之所以能渐渐从教权与君权里解放出来，都是种种争自由的运动的收获。宗教改革、法国革命、美国的独立战争与为解放黑奴而起的南北战争，以及欧美其他的许多革新运动，不论其经济背景如何，但理论方面总是以争自由为目标。试读西洋近代的许多戏剧小说，甚或看他们比较有深刻意思的电影，不论其内容如何曲折复杂，差不多结尾总常寓有争自由的意思。至于西洋人的新宗教、新信仰，不是崇拜自由之神吗？西洋新诗人所讴歌的，不是撞自由之钟、击自由之鼓吗？葛德在他《瞿支》(*Goetz von Berlinchingen*)一剧里形容主人公瞿支之维护他自己的自由，好像一个狮子，是的，近代西人之争自由，其猛烈的程度真好像兽王狮子。说到哲学方面，若果有一哲学家能够组织一系统，建立一学说，证明人的意思是自由的，是不受命运、环境或科学定律的支配的，那么，他就可算是有功世道人心的哲人。所以当费希德读了康德的书后，从他过去相信的决定论里惊醒转来，恍然觉悟到人生的意志的自由，他差不多喜欢得发狂。他写信给家人说："我现在知道人是自由的了。我发现我的真我了。我觉得我的精神力量增加了。我认为无法证明的意志自由问题，现在康德给我证明了！"因此他由向往感激之余，不辞辛苦跋涉，而去拜访康德以求亲炙，而后来自由观念便成为费希德的中心思想。其实意志自由一问题之在西洋近代哲学史上，其重要几不亚于知识论，其

---

* 本文系1932年作者在燕京大学哲学系演讲的讲词，讲稿后以《我之意志自由观》为名，发表于《大公报》现代思潮周刊第36、38期，后将题目改为《论意志自由》，收入《近代唯心论简释》(独立出版社，1944年)。

足以代表西洋的近代精神亦不亚于知识论。（其实有许多哲学家之对于知识加以批评的研究，其目的也就在为意志的自由预留地步。）因为自伽里留、牛顿以来科学的新知骤然增进，因而引起哲学家的特别的注意与追问，他们要追问知识所以成立的道理，追问知识何以可能，欲为知识建筑一形而上学的基础。其答案，简单的说，因为人有先天的知性范畴，所以知识可能。因为西洋近代争政治自由的热烈，而引起哲学家去为政治论自由寻求道德自由的基础，并进而追求道德自由何以可能，以为道德的自由建筑一形而上学的基础。其简单的答案可以说是这样：因为人的意志是自由的；所以道德自由可能，所以道德可能。所以知的方面，西洋近代哲学之注重知识论，是西洋科学精神的表现；行的方面，西洋近代哲学之注意自由意志问题，是西洋争个人自由的精神的表现。政治思想家、人权论者，所鼓吹的是政治的自由，而哲学家、伦理学家所发挥的便是道德的自由。道德自由是政治自由的根本，而政治自由可以说是道德自由的组织与实现。政治自由是向外去奋斗争夺而得，道德自由便出于内心的学养与自主。就大体上看来，政治自由的消长可以说是与道德自由的消长成正比例：一个社会里，有政治自由的公民多，则有道德自由的个人亦必多；反之，有道德自由的个人多，则有政治自由的公民亦随之多。但就个别情形而论，有道德上自由自主之豪杰，如印度的甘地，而在政治上有时反无有自由；有政治上享受充分自由的公民，而道德上为情欲或环境的奴隶，并不自由。但就价值而论，道德的自由比政治的自由较根本、较重要是无可否认的。而西洋的近代之政治自由实有道德自由的基础，而西洋人之谈道德自由又有极深厚的形而上学的基础，也是很彰明较著，值得我们注意的事实。

回看我们中国自新文化运动以来，也走上西洋近代争自由的大道，而其猛烈的程度，与所争的自由的多方面，和牺牲之大、代价之高，比起开明时代的西洋来，实有过之无不及。西洋人几百年才争到手的东西，我们恨不得在极短的时间内，便全部如愿以偿。但是我们须注意：争自由不是容易的事，自由既不是抄袭模仿可得，亦非徒虚骄咆哮所能收功；尤其须注意的就是政治自由须有道德自由的基础，而道德自由又须有形而上学的基础。所以为道德自由建立形上的基础以充实政治自由的根本，使争政治自由不致流入蔑视法律纲纪的无政府主义和浅薄的理知主义与狭义的个人主义；使争道德自由不致成为反科学、反理性的神秘主义；同时争近代西人所共争的自由，但又不要忘记了我们自己特殊的文化背景，抛弃中国几千年相传下来的中心伦理思想。这就是我们研究自由问题所欲达到的理想，也就是我们提出意志自由问题来商榷的旨趣。

老实说，我们若是从理智的立脚点，用科学的机械方法或是斯宾诺莎的几何方法来研究宇宙和人生，我们便不能不坦白地承认万物皆不自由。“意志自由实仅是世人的幻想”，斯宾诺莎很质实地告诉我们。每一个意念，皆为别的意念所决定。人的喜怒哀乐，皆有必然的因果法则可寻。他并且毫不留情地用谨严的几何方法，把人的行为和嗜好当做数学家之研究点线平面或体积的态度去研究；他虽然承认唯天有绝对的自由，但天之绝对自由乃在于天之能永久地循其自性之必然法则而行，天也没有违反其自性的必然律而妄为的自由。譬如天就没有创造出一个正方形的圆形的自由，天亦没有使三角之和不等于两直角的自由。至于普通人对于天或上帝的观念之受当时当地之生活情形和知识程度的影响，斯宾诺莎于《政教究源》书中，也有详细的说明，开后来唯物论者如费尔巴哈的上帝论的先河。而近来用研究动物行动的方法来研究人类行为的行为派心理学，其彻底否认意志自由的程度，也未能超过斯宾诺莎。总之，不论你用演绎的几何方法来研究意志自由问题也好，不论你用实验的动物学方法来研究意志问题也好，只要你彻底用理智、用科学方法，你就可以发现人的意志之绝对不自由，不惟人的意志不自由，即神的意志也不自由，简言之，万物皆不自由。

反之，假如我们用诗人的同情的审美的眼光，或形上学家超功利忘物我的识度来观察宇宙人生，我们又不禁感觉到万物皆莫不各遂其性，各乐其生，而享受一种令人不胜羡慕的自由。庄子濠上观鱼而知鱼乐，他便感觉得鱼有一种自由自在的乐趣。周茂叔觉“庭前春草，生意一般”，程明道有“万物静观皆自得”之诗，也可以说他们似觉感到一花一草欣欣向荣，自然万象自得自由的有道之士的达观。其实我们也不必妄自菲薄，而斥此种见解为中国玄学家特有的梦话，因为西洋以维护科学著称的哲学家，也多有类似此种的见解。譬如康德在他的《品鉴论衡》一书中便说过：“从先天的原则看来，每一有组织之物都可说有其内在的目的与人造的机器不同。”他并谓自然物象之所以有其尊严，并值得我们赞美，即以其自身好像有其内在的目的，而非徒供人用的工具。足见康德亦承认在某种观点下，自然万物亦有其自身的目的与自由。即现在英国的亚历山大教授也说过：“若从神的立脚点看来，一根草一块石也是自由的。”所以我们只须换一付［副］眼镜，由理知的科学的观点改变为同情的艺术的与形上学的观点，我们便不难由令人感觉得局促不安的万物皆不自由的决定论而转到令人觉得爽然自释的万物皆自由的目的论。

这种诗人的、道学家的万物自由说，虽足使我们胸怀开阔洒脱，但我们亦用不着因此欢喜，而自诩为得着真正的意志自由。因为那种诗人的超世俗游物外的自由，究竟不是我们在人世中奋斗努力所欲取得的自由；而且那种不是由困心衡虑而得，乃是人与物生而共有的自由，也不是为人所特有的经自觉的奋斗而得到的道德的自由。但同时我们也不必因为科学家把人的意志当作几何命题去研究，或把人的行为拿来与动物的行为一样地实验，而成立万物皆不自由说，便垂头丧气喟叹人的意志之不自由，因为科学的机械定律实丝毫不损害我们道德上的意志自由。因为人究竟是人，与几何学上的直线与平面，及动物心理实验室中的老鼠究竟有不尽同之处。意志自由乃是关于全人格的问题，用几何方法、实验方法得来的关于人的行为的定律，即使确切不移，但总是抽象的部分的、部分的抽象的科学定律，不能支配全人格的道德活动。而且人之意志自由与否乃内心的道德问题，必自己直觉内省方能知道，或自己的知己朋友用同情态度来了解他、体贴他，方可知其大概，用理智从外面去分析研究，如医生之验温度，那是不能知道的。假如一个人自己觉得潇洒超脱，雍容自如，心安理得，作起事来问心无愧。那么，他的意志就算自由，即或用科学去研究他的一言一动都是有原因的，都是可用机械定律解释的。而且我们还可以进一层说，知道机械事实，发现科学定律，就是一种道德努力的收获，就是一种解脱，一种自由。

所以有许多的道德家认科学的机械定律为意志自由的障碍，好像科学愈不发达，人的意志愈是自由似的，固然是一种错误。但又有许多的时髦的科学家，引用新物理学上的“不决定原则”，或故意张大科学方法之欠精密、科学假定之临时性等以为意志自由张目，也是不明意志自由的真意的说法。因为科学定律欠准确，科学方法欠周密，只能证明科学尚未臻圆满之境，决不能反证道德上意志的自由。此外认绝对没有原因、莫名其妙、不可理解的行为为自由，也是神话。换言之，偶然、反常、失性、发疯、绝对不可知，只足以证知识之有缺限，不足以证意志的自由。愚昧、偶然、无理性不是意志自由所从出的根据。因为道德上的意志自由乃是出发于内心的深处及性格的发展，是自觉的、理性的、自主的努力争得的成绩，而不是盲目的、偶然的外界赐与的恩惠。

此外对于意志自由还有一种错误观念，就是以选择范围之广狭，定意志自由的程度之高低。认可供我选择之事物愈多，则我之自由愈多，若可供我选择之事物愈少则愈不自由。此说表面虽似合于常识，其实仍不足以证道德的自由。因为一个人有许多东西供他选择，他每每感觉徘徊歧途，犹移不定的痛苦，如何算得自由？且就道德而言，有五声五色五味可供选择的财主贵族，比起那每顿吃窝窝头、每天穿蓝布大褂的平民来，也算不得更为自由。又如有的人，其行为有一定规律，如日升月恒，其取径如何事先别人几可预测。如康德之每天晨五点起床，晚十点睡觉，下午四点出外散步，可谓机械已极，毫无选择可言，而乃正是他自由人格的表现。如朱熹之将见宋孝宗，事先有人知他必谈正心诚意，于中途拦阻，讽劝他勿谈正心诚意，恐皇上听久生厌。他答道："我生平所学，惟此四字，岂可隐默，以欺吾君乎？"而他这种无有选择的谈正心诚意，乃愈是他人格伟大意志自由的表现。由此足见意志之自由不自由不在于供选择的事物之多寡了。并且若认自由的关键在于可供选择的外物之多寡，是不啻认意志之自由与否不系于内而系于外，不系于内心道德的努力，而系于外界之环境形势，不系于形上之原则，而系于形下之事物，根据此说而谈意志自由，实无异于根本否认意志自由。

也许我们可以修正此说，认意志之自由不系于在外的"所择"，而系于主观的"能择"。因为人主观上于外物之来，有去取的能力，于意欲之起亦有抉择的能力，所以人的意志是自由的。人之能择，固是心理事实，无可否认。但欲执能择的心理事实以证意志的自由，则我们又不得不加以审慎考虑。因为第一，能择有时仅为生理作用，如选择食物等能力，猫鼠鸡犬亦有，不仅人能择，禽兽亦能择。第二，主观的能择，每被客观的所择所限制。不有所择，何有能择？且有时两欲相冲突，每择最强烈之欲而行之，两物相竞比，每择最有引诱性之物而取之，如是则并非主观的自动的自由的"能择"，而乃是被情欲的引诱，被外物的压迫，"而不能不择"。第三，能择是中立性的，人能择善，亦能择恶，择善而从，固可算是意志自由，择恶而作，亦一样算得意志自由吗？舍生而取义的烈士，固可算意志自由；弃义而趋利的小人，亦可算得意志自由吗？人的自暴自弃作奸犯科，都可以说是"能择"，但我们也能说他的意志是自由吗？由此我们似乎可以看出，（一）生理的能择，（二）被限制诱迫而不能不择，（三）择不道德的有损人格的事物而作，均不足以证明意志的自由。反过来说，必须能择与所择合一，能择者良心，而所择者不背良心，能择者真我，而所择者足以实现真我，扩充人格，才可以算作意志自由。换言之，必能择者为不可失其本心的“道德我”，而所择者又足实现此道德我之道德理想或道德律，方能满足意志自由的条件。意志自由建筑在能择的道德我及其所具之道德理想或道德律上。

此外要明了意志自由的真性质，我们还可以从分析极浅近的道德经验入手。不管意志自由不自由，我们自己要对自己的行为负道德的责任，同时也要别人对于他们自己的行为也负道德责任，总是显明普遍的事实。换言之，不管人意志自由不自由，只要他作了不道德的事，社会总要责备他，法律总要裁制他，同时他自己也难免不忏悔自责。但是我们试追问要人负道德责任的道理，那么，我们可以得种种不同的答案：第一，因为他有道德意识，知善，知恶，并且知善好恶坏。“是非之心，人皆有之。”换言之，不管他意志自由不自由，只要他有道德意识，有良心，我们就要他对于他的行为负道德责任，同时他自己也愿意对他的行为负道德责任。第二，因为他自己承认他是他的一切行为的主动者（the author of his own action）。即使有些出于他的下意识或一时糊涂的行为，他也承认是他事前所默许放任，而事后他也愿加以追认。除非在极反常的情形下，他总不否认他是他自己的行为的主动者，即使事实上他的行为是被人操纵指使。这就无异于说，他的意志是自由的。第三，我们还可简单直切地说，因为他是人，他是有个性、有人格的人，我们尊重他的人格，故要对于他的行为负道德责任，而他自己尊重他的人格，故亦自愿对于他的所言所行负道德责任。大凡人格愈伟大的人愈对于他自己的言行负完全道德责任。野蛮人、疯狂人、奴隶、傀儡，自己对于其行为便可不负道德责任，别人亦不期望他们自己负责，因为我们根本不承认他们的人格。

换言之，只要他是人，有人格，他的意志就是自由的。意志的自由就是人之所以取得人格的基本条件。

但天地间随处都是人，随处都是我们假定为有相当人格要他负道德责任的人，那么，足见人人的意志皆有相当的自由。所以意志自由乃随人格以俱来，是一个普遍的事实。至于诗人乃能更进一步去人格化自然事物，他认为花草木石皆有人格，所以他觉得花草木石皆是自由的。自由是事实，因为人无自由犹如鱼之无水，必不能生活。现在人既相当可以生活下去，那么，他必有相当的自由无疑。

但自由固是经验中的事实，同时又是一个超经验的理想。自由一方面是人人皆有，与人格俱来的本性，但同时又是一生所追求不到，望之弥高、钻之弥坚的理想。若用德文讲来，自由是 gegeben（given as a fact，给予我们的事实），但同时又是 aufgegeben（set up as a task，尚未完成的职责）。因为同样，人格乃人人都有，固是事实，但同时人格亦是一个理想，因为人人随时都在完成他的人格的历程中。

自由既是与人格俱来的本性，那么，要保持扩充这种本性，需要些什么条件？自由是人人所必须努力追求的理想。那么，实现此种理想的关键何在？一提到这个问题，我便附带想起另一有趣的问题，就是：意志自由既是西洋伦理学的中心问题，道德之是否可能既全系于意志之是否自由。中国民族既号称为最重道德的民族，中国对于哲学的大贡献，据说大半在于伦理思想方面，但何以中国哲学家对于意志自由问题从未提过，而自由二字也竟不见经传呢？岂有自诩为对于伦理思想最有贡献的人而对于伦理学上的中心问题竟置之不理吗？原来中国学者盖早见到自由是个理想，不是根据科学实验或逻辑分析所能解决的问题，乃是一个实际地内心修养方能达到的理想。因此中国哲学家所谈的大都是如何注意修养以发展自由的本性与实现自由的理想的先决条件与根本关键。所以我们一谈到如何扩充自由本性、实现自由理想来，我们便不能不提出古圣先贤的教训，而阐发出来使具新意义。据我个人看来，昔贤所耳提面命，为求道德上的意志自由之基本原则，而又与西洋名哲之论自由意志可以相互贯通发明者约有三端：

第一就是“求放心”。意志之所以不自由，其主要原因，即由于心放在外，心为物役。换言之，心为外物的奴隶。求放心就是消极地使意志不为奴隶的工夫。大概心放在外，一方面好像是神不守舍，我们自己的心飞越在外边，而一方面实是外间的东西或别人的思想意见钻进我们自己的心里，霸占住我们的脑筋，使我们不能自己做主，意志不自由。因此我们的思想言行，不能代表我们的真我，而乃是传达别人的意志思想的工具。但因为我们具有人的外形，具有一副假人格，而我们精神受外物支配传达别人的思想意志的行为，又须我们自己负道德的责任，所以人生最大的不幸，精神最大的痛苦，实莫过于意志的不自由。所以欲求放心。知的方面，必须随时提醒自己超经验的真我，行使自己的先天的知识范畴，以组织感官的材料而形成真知识；行的方面，必须本着自己与人格俱来的意志自由的本性，于复杂的意念与欲望中抉择其能发展自性，实现真我者而行。换言之，自己每得一知识，不是被动的接收外界的刺激，而乃是自己精心组织而成，自己每一个动作，不是受外物之引诱，徇情欲的倾向而被动，乃是经过自己决定签字而出发，认为足以代表真我的。自己为自己的知识之组织者，自己为自己的行为的主动者，就是求放心。

但是老空守着枯寂的心，绝对不使之放出于外，或绝对不许外间的东西得钻入此心，亦非求意志自由之道。必须有时故意使此心放出，故意忘掉自己，或故意将此心开放，让外物自己闯进来，然后再将此心收回，将外物赶走，使此心的内容更见丰富，使自己的人格更为扩大。对着大自然，欣赏艺术，钻研深邃的学术，过庄严、神圣、壮烈的宗教生活（爱国运动亦属于此项），均可以使此心暂为放出，忘掉我们自己的小我，而结果可以使此心更为高洁丰富，使自己觉得自己更超脱、更伟大、更自由。简言之，使此心放于悠久高明博大之域，也就是求放心的一个法门。葛德一生从矛盾中求谐和的生活，就是自己故意放心，引起冲突与困难，而后复收回放心，得到谐和的最好具体的例证。黑格尔论太极之在自己（ansich），为纯粹理念，太极之自外自放（aussichsein），为自然，及太极之在自己为自己（anund für sich），为绝对精神的矛盾进展的历程，可以说是理论上谈放心的好例证。由心之自在自守，经心之自外自放，而回复到心之自在自为，就是我所谓求放心的历程。

第二就是“知几”。这就是《易经》上的“知几其神乎”的知几，也就是察微知著、见显知隐的知几。自由即是主动，被动就不自由。知几就可以先物而主动，不致随物而被动。大政治家能够知道民意所在，预为设施，就算知几，亦算自由，与迎合潮流、随风转舵的政客，其主动与被动、自由与不自由的界限就显然分明。军事家能知道有时战争不可避免，而预为准备，开战时于敌人的布置的战机，皆能预察其战略，继之由“知己知彼”而得到胜利，也可以说是由知几而得到的自由。大概天地间有许多职分上不可规避的职责，义理上不得不办理的事务，能够事先自己自动地欣然担当负重，而不临事希图推委苟免，就是知几，就是自由。

其实我所谓“知几”的观念，可以说是得自《易经》者少，而得自以倡意志自由说著称的柏格森者多。柏格森曾由欣赏艺术的经验来说明意志的自由，我觉得实含有知几即自由的意思。他说：当我们听音乐或看跳舞时，我们总感觉到一种精神的自由，原因是由于我们能够审知音乐或跳舞中一定的节奏，而不期然地与之谐和。当音乐高的时候，我们差不多预知其将低；急的时候，预知其将徐；当跳舞者向左跳的时候，我们几可知其将右：当他前进的时候，我们几可预知其将后退，所以音乐之高低急徐、跳舞之左右前后，都有一定的节度，几乎为我们所预料得到，好像受了我们的指挥，我们可以与之合拍。因此于此种经验中，我们能得到一种意志自由的感觉。其实我们可以推演此义来说，宇宙历程人事变迁，不论如何复杂，但总有相当的规则、相当的节奏，只要心思没有被利害物欲所蒙蔽的人，如能用同情去体会，自然有看得出此种宇宙或人世的规则与节奏的可能，因此有得到如柏格森所谓欣赏艺术的自由经验的可能。

第三就是“尽性”。尽性就是《中庸》所谓尽人之性，尽物之性，也就是现在所谓“自我实现”。认识自我，发展自我，实现自己的本性，就是自由。中国及西洋正宗派的哲学家，差不多皆持此说。而使我对于尽性即是自由一说最得到明确亲切的见解的，乃是葛德。葛德谈自由意志问题有句极简单而富诗意的话道：“难道你禁止蚕子吐丝吗?”是的，据他看来，蚕子吐丝，就是依本性的必然而活动，就是尽性，就是自由。同样，鸟儿唱歌、蜜蜂酿蜜，就是尽性，就是自由。同样，人能顺其天性，发展他创造真美善的本性，就是尽性，就是自由。中国学者讲尽性总是讲到“知命”——知道自己神圣的使命，知道自己在宇宙，在社会国家的地位和天职。同样，葛德也说过：“我们作我们在任何情形下所不得不作的事，便是意志的自由。”换句话说，行乎其不得不行，止乎其不得不止，纯由于本性之必然，依天理之当然，就是自由。这样由尽性，由自我实现而达到得天理相合与宇宙意志为一的境界，就可以说是绝对的意志自由。所谓宇宙意志就是中国所谓天理或天意，宇宙意志之表现于自然界的就是万物欣欣向荣、行健不息的生意，宇宙意志之表现于人事界的就是民意、民族性、社会理想或时代精神，宇宙意志之表现于内心生活的就是良心、天性、天理或康德所谓道德律。只要我们个人的意志外而能顺天地生生不息之机、中而能代表时代精神社会理想、内而能纯发诸本性合于道德律，那么，我们的意志就能与宇宙意志合一，我们的意志就是绝对自由。

斯宾诺莎的生平及其学说大旨*（1933年）

"Zu sterben filr die Nabrdeit sei schwer-sehwerer istes, fiir sie zu leben."（Windelband）

"为真理而死难，为真理而生更难。"——这是文德班纪念斯宾诺莎逝世二百年时的演说辞。是的，斯宾诺莎就是随时都有像苏格拉底泰然饮鸩，为真理而死的气概，而且又凡事皆斯须不苟地为真理而生。他是为寻得一个圆满的生活而追求真理，他是为追求圆满的真理而认真生活。朱熹说："圣人与理为一。"斯宾诺莎就是把生活与真理打成一片的人。他以真理为生活的指导，以生活为真理的寄托。所以斯氏的生活人格，与他的思想哲学，简直不能分开，因此我们要了解他的学说，我们不能不知道他的生平。

提到斯宾诺莎的生平，给我们印象最深，而且最令我们感动。其崇高，其凄楚，其孤洁无瑕，其陶写吾人情感，有似一出古典的悲剧之处，就是他那三度放逐两重隔绝的身世。所谓两重隔绝者，就是就种族言，他是东方的犹太人，被欧洲人作为化外的异族；就思想与信仰言，他又被居住在荷兰国安姆斯达丹城（Omsterdom）的犹太人集团驱逐出境，认为不肖的败类，禁止同种族的人与他来往。所谓三度放逐者（Thrice-exiled），就是（一）大批的犹太人（斯氏祖先在内）于一四九二年被西班牙驱逐至葡萄牙，（二）后于一五九三年由葡萄牙而迁流至以信教自由容忍异族著称之荷兰国的安姆斯达丹城，（三）斯氏个人复因思想信仰的特异而开罪于这两度迁逐的犹太人集团，于一六五六年被驱

* 本文原名《斯宾诺莎的生平及其学说概要》，发表于《大公报·文学副刊》1933年第264期，后曾作为作者译著《致知篇》（商务印书馆，1943年）的译者导言，另又收入《近代唯心论简释》（独立出版社，1944年）。

逐而离开安姆斯达丹。所以他为一个被放逐集团中之被放逐者，也可以叫做三度放逐的人。他的遭遇实在是不幸中之不幸了。

斯宾诺莎之被放逐，是决定他一生命运的最大关键，那时他才二十四岁。至于他之所以有甘做一无国无家无教的孤栖之人而不辞的决心。就是因为他要保持他思想和信仰的自由，不愿意屈道以阿俗。至于为何他于二十四岁时思想便那样坚卓特立，举世非之而不惑呢？我们就不能不追溯他幼年的环境、教育和其思想之渊源了。

斯宾诺莎（Spinoza）名巴鲁克（译言幸福，希伯来文作 Barueh，拉丁文作 Benedietus），生于一六三二年十一月二十四日。生长于安姆斯达丹城自西班牙及葡萄牙被迁流而来之犹太人集团中。他的父亲是一个安分的商人。他自幼就学于当地犹太人所办的学校，服膺犹太教经典。熟悉犹太先烈为保持信仰之自由而流亡迁徙、从容就义的故事。当他十二岁时，曾亲眼看见同种中有一个虔诚信天著称的犹太人，为天主教人焚死；当他在火焰中时，犹口吟“上帝呀，我以全灵魂献给你”之圣诗不绝。此种为宗教信仰而成仁的壮烈行为，实深印入少年斯宾诺莎的脑海，愈使他悟到信仰和思想的自由与独立，须用生命去换取。

斯氏自幼思想锐敏，又遇着生平最得力的老师，更使他天才得充分发展，思想成熟很早。他初从莫泰罗（Rabbi Saul Morteira）研读希伯来文圣经法典，继从以色列（Rabbi Man asschben Israel）学，进而研究许多中世犹太思想家的书籍，并学习法文。最后于樊恩登（Francis Van den Enden）处学拉丁文，并得到许多新医学和物理学知识，且涉猎到笛卡尔的哲学。莫泰罗是当时犹太人集团中维持礼教人心的权威，起初极力夸奖他的学生如何的品学兼优，使十四五岁时的斯宾诺莎名满全城的是他；后来认为斯氏背师叛教，作审讯斯氏的大会主席，坚持放逐斯氏的也是他。以色列的常识富，交游广，兴趣多方面，为人又方正认真，据说他曾介绍斯氏与许多开明的基督教中人相见，且又介绍与荷兰最伟大的画家阮博朗（Rembrandt）相见。斯氏开首习画，当在此时。闻当斯氏死后，于其书桌内发现一斯氏手绘意大利革命家某氏像。樊恩登是一思想很新而有无神论倾向的人。斯氏之精通拉丁文，略知希腊文，且通新学，皆此公之力。

斯氏既然自己颖敏好学，又加以如此良好的教育背景，所以他追求真理的兴趣愈浓，献身学术的志向愈决，必不能满足他父亲的愿望。因为他父亲要他从事商业，且以他那种锐敏的头脑，又受过新学的洗礼的人，当然不相信教会中含有迷信成分的信条。不过因为有父亲在，许多违反正教的见解他都很少说出。但是及一六五四年他的父亲去世后，他的灾难就徐徐降临了。首因他父亲死后，他已出嫁的姐姐由海牙赶回同他争遗产。他姐姐的意思，以为斯氏平日不听父亲的话，不信正教，似不应承继遗产。且她家境甚苦，斯氏可以自立谋生，斯氏亦应将遗产让与她。斯氏气愤不过，乃诉诸法庭，结果他官司打赢了，应承袭遗产。但他念其姊生计艰难，于胜诉后仍将全部遗产让给她，自己只留一榻以栖身且作纪念而已。斯氏自以为打官司以求“理直”，让遗产以求“情安”，孰知他的不信正教和他的与胞姊诉讼的消息传出时，致惹起人言啧啧，愈使他不理于众口。但究竟斯氏有何异说，何以不信正教，尚无确切凭据。

恰巧此时有两个好事的青年，装作虚心领教的神气，前来向斯宾诺莎探听他的异说的证据。他们问斯氏道：你的父亲虽然死去，但你总相信他的灵魂是永不磨灭的？斯宾诺莎答道：《圣经》上并无灵魂不灭之教，“灵魂”之本义为“生命”，生命断绝，故灵魂亦随之断绝。他们又问道：那么，你相信无有肉身，但可导人之灵魂升入天国之天使吗？斯氏答道：天使亦不过世人臆想中之幻象，其实并没有那回事。那么，你相信上帝的存在吗？他们又问。斯氏答以上帝亦并不存在于虚无渺茫之天国内，超越在外；上帝即在自然里，即在形气中（God is extended），是吾人可用理性去体察认知的。于是他们便算得了斯宾诺莎三大异说的亲口供：（一）不信灵魂不灭，（二）否认天使的存在，（三）认上帝有形气。他们更张大其词广为宣传，遂使众人皆认斯氏为离经叛道之罪人。而且斯宾诺莎自与姊诉讼，让出遗产后，即搬入樊恩登学校，寄食其中，为樊氏助教。但樊氏学校亦素有宣传无神论的嫌疑，且斯氏加入后，更与其他开明基督教人往来，不复遵守犹太教人饮食方面的禁忌，更招同种族、同教门的人之訾议。

当初犹太人集团中首事人，曾予斯氏以利诱，劝他勿宣传异说，且至少外面须对于宗教仪式略取遵守态度，每年可以给津贴若干，但斯氏不为所动。后又加以威吓，谓不听则将赶他出境，斯氏亦毫不畏缩。最后复召斯宾诺莎于众犹太教长老之前，斯氏之老师莫泰罗为主席，并传集质明斯氏异说之证人，加以审讯，促其改悔。斯氏不惟不否认其异说，且当众解释辩护其说。于是他们遂决议姑暂放逐斯氏三十日，以观后效。但三十日后，斯氏仍不悔过，于是一六五六年七月二十七日正式宣布将斯氏永远放逐。除责其怙恶不悛，痛加咒骂外，并禁人与他言谈往来，禁人帮助他或与之同屋居住，且教人勿得与他接近约四码之远，亦勿读他所著作之任何文字。

斯氏被放逐后，只能迁往安姆斯达丹附近一小村叫做 Ouwerkerk 地方去避居。住了几个月后，见众人的忿怒已渐平息，他复回安姆斯达丹销声匿迹地住下，直住至一六六〇年方迁往莱茵堡（Rhynsburg）。我们试想斯氏被放逐后，便成为一个声名狼藉、言无听、歌无和、独行无侣的人。这时他生活中有两大问题呈现于前：第一，如何解决他精神上的烦闷。第二，如何解决他个人的生计问题。他对于第一问题的解答，就是看破人世之虚幻，认世人所谓善恶，所谓毁誉，皆不足动心，更勇猛精进，以追求真理而获得无上快乐。至于他对于个人生计问题的解决，就是操磨擦镜片的技艺，以自食其力。要知道他这几年内，经过内心的冲突，精神的苦闷，而达到追求真理的决心，并可以看出他全部哲学的出发点，最好是参读他《致知篇》篇首的自白。因为此篇就是他新离开安姆斯达丹的苦闷环境而迁到莱茵堡那两年内作的。他说：

及余亲受经验的教训之后，方深悟得凡日常生活中所习见之物，皆属虚幻无谓。因我确见得凡令我眩骇之物，其本身既无所谓善，亦无所谓恶，不过但觉此心为其所动罢了。因此最后我乃决意探究世间是否有真正可以喻人入善，单独地可以涵养此心，屏绝他物。这就是说，我要探究世间究竟有无是物，一经发现获得之后，我便可以永有连续无上的快乐。我说“最后我乃决意”如此，因为初看起来，放弃眼前的实物，去追求那不可捉摸的至善，未免甚不值得。我明知荣誉与资财之利益，倘若我要想专心致志于别的新的探求，我必得放弃这种种利益，假如真正的最高幸福在于荣誉资财，那么，我岂非交臂失之？但假如真幸福不在于荣誉资财，而我用全付精力以赴之，那我也不能如愿以偿。……故反复思索之后，我确切见得，若我能彻底下决心，放弃迷乱人心之（1）资财，（2）荣誉，（3）肉体享乐三者，则我所放弃的必系真恶，而我所获得的必系真善。所以我知道我实到了生死存亡的关头，我不能不强迫我自己用全力去寻求救济，就好像一个病人与重病挣扎；不能不尽全力去寻求药剂一样，因为他的全付希望只在此一点。……而救济之道不在爱好变灭无常之物，如资财、荣誉、肉体快乐等，因爱好变灭无常之物，适足以使吾人嫉妒、恐惧、怨恨，简言之，内心烦恼。而反之，爱彼永恒无限之物，则足以培养此心，长使此心怡悦，不容丝毫苦恼之阑入。

请看斯氏是如何用全付的决心与毅力去解决理与欲和人世的计较与理想的追求的冲突，而得到胜利呀！他竟把对于永恒无限的真理之追求与爱好，当做人世苦海的超脱和极乐世界的获得。

至于斯氏操磨擦镜片之业以自谋生计，固有其实际的效用，亦有其理想的意义。好像葛德临死时，叫一声“Mehr Lieht”（更多的光明），虽他的意思只在叫侍者卷起窗幕，多见点光亮，但说者均谓葛德临终时之念念不忘追求更多的光明，实具有深意，为他给世人的最后遗言。所以斯宾诺莎一生之磨擦眼镜、望远镜及显微镜的镜片，似亦含有象征的意思，欲使世人眼光看得更清楚，更远大，更精微。记得德国的诗人海涅（Heine）曾很诙谐的说过：“所有我们现代的哲学家，也许常不自知觉地，借斯宾诺莎所磨擦过的眼镜以观认世界。”（Alle unsere heutigenPhilosophen，vielleicht ohnees zu wissen，sehen sie durch die Briuen，dieBaruch Spinozageschliffen hat.）他不是也把斯宾诺莎所磨擦的眼镜来象征他的世界观吗？我们亦何尝不可以说他之磨擦镜片，就好像印度的甘地之亲手造盐、亲手纺纱，固有实际的经济的需要，亦有理想的象征的意义呢？

其实斯氏不仅把磨擦镜片当做技艺，他并且借此以研究光学。他虽操磨镜小技，亦不仅技术精巧著名，且以对于光学有研究著名。致引起物理学大家如 Huygems 的注意，且使当时学术界名流莱布尼兹闻名而致函斯氏讨论光学，并寄赠他关于高等光学的论文，请求教正。不过，不论他的镜片磨擦得如何好，他借此而得的金钱报酬，究竟甚少。所以他仍得过清苦撙节的日子。有人查过他的账单，知道他有时每天只吃三便士的东西，有时每天也费四个半便士。而他又从不向人借贷。虽有朋友愿招待他吃饭，但他也不愿常去。后来斯宾诺莎很忠实的朋友和信徒，名德福里（Simon de Vries），系安姆斯达丹城商人，于一六六七年临殁时，欲以斯氏为其财产之继承者，斯氏恳辞不受，乃归其弟接受遗产，但德福里仍嘱其弟每年付斯氏五百 florins（每 florin 约值英币二先令）。斯氏因情不可却，但亦只允每年受三百 florins，足见其耿介的性格。此外斯宾诺莎因受当时荷兰大政治家德伟特（Jan de Witt）之特殊知遇，自一六七一年起，复受德氏每年津贴二百 florins。所以到晚年他已不感经济的困难，用不着靠磨擦镜片以自给，而他之终身磨擦镜片，出于科学的兴趣，且借以练习劳作聊以自娱的用意多，而迫于经济的需要的原因少。但斯氏因生来体质就很弱，再加以平日磨镜片时呼吸些玻璃灰末进气管，更有损于健康，因此他竟于一六七七年二月二十一日死于肺病之下。时年尚未及四十五岁。斯氏本恃磨擦镜片为谋生之具，孰知后来反成为他致死之由，命运之播弄人如此，也就不禁令人长叹息了。

以上所叙，大体不外三点：（一）斯氏大胆说真话，不因利诱威迫便与传统的迷妄宗教信仰妥协；（二）被放逐后决意以追求真理为脱离苦海安心立命之究竟法；（三）磨擦镜片之生活及其意义，以及斯氏一生之经济状况。此外斯氏生平重要的事迹，大概都与他追求真理的生活或著作密切相关。兹以他所居住之时地为纲，以他著作完成之次第为领，分别叙述其概略：

一六六〇年至一六六三年斯氏住莱茵堡

奥登堡致斯氏书曾说过，斯氏的学识与品格好像有一种吸力，能使“颖敏好学之士，闻风兴起，敬爱亲近”。所以他虽被放逐，但仍有不少的学友。而这些向他请教益的学友，却大都是些商人、医士或书贾等人。他的第一本著作《天人短论》（*Korte Vebandeling Vaun God, de Mensch, endeszelfs Welstard*）大约就是当他在安姆斯达丹城时，与这些学生们讲论过的，而他一到莱茵堡时便整理成书，复将稿本给他们研究讨论（不幸此书竟被散失，不见于斯氏遗集中，直至一八六二年方发现出来，出版行世）。他们有似一秘密研究斯宾诺莎学说的团体，而以德福里为领袖。所以斯氏于书末告诫他们勿轻于示人，因为真理决不会因领受的人少便失其真理。继此斯氏又进行他的《致知篇》（*Tractatus deintellectus emendatione*），目的在指出其个人困心衡虑之经验，深悟得追求真理为企求至善之究竟法，并昭示致知之方及真理与实在之系统一贯性。可惜此文只是残篇，并未完成。同时有一青年名Caruarius的，特来从斯氏习哲学。斯氏以此人年轻，情性未定，不欲授以自己之学说，乃授以笛卡尔哲学，不久遂成几何方法证明《笛卡尔哲学原理》（*Prineipia Philosophia Cartisianae*）二卷，复汇集他年来讨论和思索所得之结果，成《形上学思想》（*Cogitara Netaphlpca*）一小册，作为附录，经友人之怂恿，复由友人迈尔（L. Meyer）作序申明此书仅阐述笛卡尔思想，作者并不完全赞成笛氏之说，而自有其未曾发表之独立思想，方于一六六三年出版，此为斯氏生平用真名出版之唯一著作。

一六六三年夏至一六七〇年斯氏住乌尔堡（Yoorbnrg）

斯氏于一六六三年夏迁居至乌尔堡时，即着手写他的《伦理学》一书，是年将第一编初稿写成。至一六六五年间，且已将第四篇写就。据说此书原名不叫作《伦理学》（*Ethiea*），而名为《论天及人之理性的灵魂与最高幸福》（*De Deo*，*anima rationali*，*summahominis felicitate*），因为书中内容实包含（1）论天道，（2）论心性，（3）论修养三部分，而不仅限于伦理，其性质范围与天人短论同，不过较系统、较深邃，且系用几何方法证明罢了。但不知最后他何以又采用《伦理学》的书名。他本来可以即在此时将《伦理学》一书一气呵成，但因种种关系把著《伦理学》工作抛开，原来此时，斯氏结识了许多荷兰国政界很开明有学术兴趣的领袖，如安姆斯达丹城的市长胡德（Hudde）等，因乌尔堡距海牙很近，他又常常有机会与外交界人士认识，最要紧的是他与政府要人议会会长（Grand Fenaionary）的德伟特结莫逆交。德伟特是主张教权与政权分开，提倡思想与信仰自由的大政治家。他除自己撰著文字与发挥政见外，并鼓励斯宾诺莎著书讨论政教问题以争自由，而赞助他的政见。因此之故，斯宾诺莎年受德伟特二百 florins 资助。而斯氏因（一）欲廓清普通神学家的成见，使宗教信仰无碍于哲学之探讨，（二）欲一洗刷世人认彼为无神论者之误会，（三）欲发挥言论思想应自由的理论，所以他于一六六五年着手著《政教究源》（*Tractatus Theologico-Pohticus*），直至一六七〇年方出版，因恐触忌讳，未署姓名。但此书一出，轰动全国，并远及欧洲各国，在短时间内即五次再版。攻击此书之论著遂风起云涌，而各教会各法团要求政府取缔此书的呈文亦层出不穷。但德伟特当政，此种守旧派皆不得逞，斯氏之书仍得销行无阻。但德伟特之敌人皆知此书"为叛逆之犹太人及魔鬼在地狱中杜撰而成，且经德伟特之默许而出版的"，因此迁怒于德伟特，且又因内政外交以及其他事件，对于德伟特之忿恨，于一六七二年八月，鼓动群众将德伟特杀死。斯宾诺莎此时已住在海牙，闻德伟特之死，异常哀恸，且气愤不过，立书一条告以攻击群众之最下等野蛮举动，意欲张贴通衢以伸正义。幸而斯氏的房东谨慎，将他锁在室内，不让他外出，不然，他恐反将因此遇难。

一六七〇年至一六七七年斯氏住海牙

斯氏大概因徇海牙友人的要求，最后乃迁居海牙。当他在海牙时已成为名人。且时有政府要人如德伟特等出入其门。而他与人讨论学术的通信，也愈为增多。鲁伽士（Lucas）于其《斯宾诺莎传》中，甚至谓斯氏乃当时海牙名胜之一，游历海牙的人多以一瞻斯氏丰采为荣幸。当时法国与荷兰间战事发生，法军统帅为恭德亲王（Prince Conde），兵临荷境（Utreht）。恭德亲王见解开明，对于艺术科学哲学皆有兴趣，听说斯氏为《笛卡尔哲学原理》及《政教究源》二书之著者，乃差人召斯氏入其军营以资研讨。斯氏一方面感于亲王的一番好意，一方面亦欲借此机会以促成法国同荷兰和议，乃于一六七三年五月应召到 Utrecht。但彼时恭德亲王已因事返法国。斯氏在此亦甚受法军官优待。候了数星期后，亲王仍不能来，斯氏只得废然而返。法人曾要求他著一本书献给路易十四，但斯氏谢绝不为。哪知海牙民众听到他造访敌军军营的消息，疑他必有卖国行为，及斯氏回到海牙时，群众喧嚣不已，预备以石子投击他。斯氏乃从容不迫，持之以镇静，群众的疑团乃释，因无意外的事发生。

斯宾诺莎的声誉所播，不仅引起法国亲王的召见，而更重要的即是同年二月接到德国海岱山（Heidelberg）大学请他担任哲学教授的聘函。此事的背景大约是这样的：海岱山大学在德国王子鲁德威（Prinse Karl Ludwig）的封地内。王子是眷顾笛卡尔的伊利沙白之弟，思想尚开明，且注意文化学术之提倡。王子有一幕宾法人 Urbain Chevreau，常在他面前称道斯宾诺莎，有一天且曾将斯氏《笛卡尔哲学原理》一书诵读了几段与他听，听了后，他决定聘斯氏为哲学教授，乃命他的参议海岱山大学教授 Fabritius 致函斯氏，征求同意。斯氏以一有无神论嫌疑而被放逐的异族人，今一旦受德国知遇，聘为哲学教授，有公开讲学的权威，自觉对此十分欣羡。不过聘函中有“君将有极端自由以从事哲学，深信君将决不致于滥用此种自由以动摇公共信仰之宗教”一句，却使斯氏踌躇为难。他辗转考虑了六星期之久，结果他只得回书婉辞谢绝。宁肯闭户潜修，不愿公开讲学，惹出风波。论者多谓斯氏此举，实为最聪明、最妥当不过的办法。假使彼果承受此职，则（一）有无神论嫌疑，和以《政教究源》作者之斯宾诺莎而公开讲学，必引起以卫道自居之各教会各法团的激烈反对，使之不安于位。（二）即使万一不遭攻击，但次年德法战争，海岱山即为法军占领，大学被解散，斯氏亦必被赶辞职。所以我们替他打算，亦以勿当教授较为得计。

此外，斯氏在海牙与莱布尼兹的关系也值得略为叙述。当一六七一年他们曾通过一次信，莱氏以所著关于高等光学的论文赠斯氏，斯氏亦以其《政教究源》赠莱氏。当一六七五年莱氏在巴黎，友人即力言莱氏之才智，请斯氏以其《伦理学》稿本寄示。但斯氏对莱氏之行为，似有种本能的怀疑，不允所请。但莱氏于一六七六年秋，路过海牙，亲访斯氏时，斯氏之疑虑顿释，曾出其《伦理学》稿本以示莱氏，彼此聚谈多次，且谈论甚久。及斯氏死后，莱氏亦曾趁先得读其遗书，精心研究。自读斯氏书后，他的思想为之根本改观。论者甚至谓以莱布尼兹之多才，但他终身未摆脱斯宾诺莎之圈套。不过彼对人从不承认他同斯氏的关系，著书亦完全不道及斯氏，偶尔提到时，也含蔑视的意思。所以莱氏之对斯氏，似欠缺一点学者态度。

关于著作方面，斯宾诺莎于住海牙期间的最大工作，当然是于一六七五年将《伦理学》一书全部著成，且最后写定。此后他除着手著《希伯来文文法》一书未曾完成外，复进行著《政治论》《*Tractatus Politicns*》一书，为他鼓吹民治，争思想言论自由，求个性之发展与公共之和平的最后呼声，惜此书仅写至第十一章即辍笔。又当斯氏辞世前半年内，他曾携《伦理学》稿本，亲往安姆斯达丹城一行，接洽出版事宜。但谣言四起，说斯氏著有一关于上帝的书付印，但其书目的在证明无有上帝的存在云云。因此有许多神学家，也许即此种谣言之制造者，立即要求当局设法取缔此书。所以斯氏不得不放弃生前印行他的不朽的名著计划。总之，斯氏的思想超过他所生长的时代太远，那时的世界尚没有成熟到可以接受他的学说的程度！

但伟大的哲学系统，也好似古董或艺术品一样，经历年代愈久，反愈显光芒，其价值反愈高。譬如斯宾诺莎的学说，不惟不为当时的人士所接受，即他死后. 也复无声无臭地埋没了一百多年。直至一七八〇年前后，德国的大文学批评家雷兴（Lessing）及思想家耶柯比（Jacobi），方渐次重新发现了斯宾诺莎。雷兴称“除斯宾诺莎的哲学外，没有别的哲学”（ Esgisbt keine andere Philosophieals die Philosophie des Spinoza）。因耶柯比与 Mendelssohn（为雷兴作传之人）通信，公开讨论雷兴对斯宾诺莎之态度，而斯氏之名益彰扬于德国思想界。自此以后，斯氏与康德同为支配德国哲学界相反相成的两大柱石。所有后康德派哲学家，几无一不受斯氏的影响。费希德先受斯宾诺莎影响，后方研究康德。谢林更是很显著的斯宾诺莎派人。而黑格尔且言“作一斯宾诺莎派人，实为一切哲学研究之真正的开端”（Spinozist ist Sein der wesenthche Anfang Alles Philoso Phierens）。至于神学家如雷马哈（Schleirmacher）其宗教思想可谓纯出自斯宾诺莎。大文学家如葛德，一生曾数度研究斯氏学说，且其对于斯氏之深切的了解实与年俱进。英国浪漫诗人雪莱，曾发愿翻译斯氏的《政教究源》一书，拜伦亦允替他作序。虽终未成事实，但亦足见其兴趣所在了。唯物论者如费尔巴哈，实证论者如赫胥黎，亦复自承认其受斯氏影响。最近三年前，美国波斯顿有一主教大肆抨击爱因斯坦相对论，斥为替无神论张目。有人因此致电与爱因斯坦询其是否相信上帝。爱氏回电说“我相信斯宾诺莎的上帝”——凡此种种例证，可以见得斯宾诺莎学说虽晦于当时，而实无时间性且无空间性，并可以满足兴趣各不相同的人的要求。

要了解斯宾诺莎的学说，我们不可忘记了斯氏祖宗庐墓所在的西班牙国中发见新世界的老英雄哥伦布（1436—1506），和与荷兰商务最密切的意大利国人，大物理学家伽利留（Galileo，1564—1642）。哥伦布可以说是开拓物质世界的英雄，伽利留可以说是开拓物理世界的代表，而斯宾诺莎便是承袭此精神，更进一步开拓天理世界的先觉（天理指 divine order of the universe 或斯氏所谓 Natura Naturans，“造物”。造物对“物造”而言。造物指自在自知之天或天理，物造皆自天理之必然性而出之仪象或分化）。

原来欧洲自文艺复兴以来，渐渐从独断的神权与专制的君权里解放出来，向着（一）开拓新宇宙，（二）作新人的方向迈进。新［所］谓（一）新宇宙，是指地球绕着太阳走，不是太阳绕着地球走的宇宙。是吾人可以向东方出发，绕着这个圆形的地球一周，而能由西方归家的宇宙。也是人可以离开传统的信仰与习俗而跨海过洋到亚美利加洲去开垦新地，到极东的国境里去搜求珍奇的宇宙。所谓（二）新人，是指那生理学生物学或心理学可以研究的人。是那逃不出物理化学的定律，可以用数学的方法研究的人。也是那自私自利、有情有欲、好大喜功（The will to power）的人，换言之，也就是不复在上帝的恩典和教会的权威下讨生活的人。

哥伦布及许多大海盗驾起有新发明的罗盘针以定方向的海船，又载上有新发明的火药的枪炮，真是乘长风破万里浪般去开拓新地，攫取财宝。伽利留以及其他的科学家，一面利用新发明的望远镜以仰观星象之大，一面利用新发明的显微镜以俯察万物之细，复进而将他们实际观察实验的成绩，用数学的方程式组织起来，使成为普通的、必然的科学律令。在这种伟大的新物质宇宙与新物理宇宙之下，斯宾诺莎一面埋头钻研犹太人文的经典和中世纪的旧籍，一面涉猎那受了这新物质与新物理的宇宙的振荡，而自己形成一哲学的新宇宙观和人生观，如培根（1561—1626）、笛卡尔（1596—1650）、霍布士（1588—1679）等人的新学，且又直接间接探求到泛神论者如布鲁诺（Bruno，1548—1600）、神秘主义者如波墨（Jacob Boehme，1575—1624）等人的学说，了悉自然即神，神即自然，上帝即在自然之内，即在吾人内心深处的见解。一面除研究科学之外，他又操磨擦望远镜及显微镜的镜片的技术，以供给科学家的仪器。但他自己除偶尔暇时一用显微镜察看园里的小昆虫以自娱外，却很少利用过他自己所磨擦的科学仪器。这并无别的原因，只因斯氏的工作和问题更为重大繁难，非只靠望远镜与显微镜所能解答。望远镜所见虽大，但不能见“无外之大”的本体或天；显微镜所察虽细，但不能察“无内之细”的本体或天。所以斯氏必得自己求得一种比科学的仪器还要更精密准确的新仪器，新方法以建设他的新宇宙观，新人生观；使以求真为目的的科学的探讨与求安心立命的宗教的生活调合一致；使神秘主义的识度与自然主义的法则贯通为一；使科学所发现的物理提高为神圣的天理，使道德上、宗教上所信仰的上帝或天理自然化作科学的物理。

究竟斯宾诺莎用以开拓天理世界的新工具、新方法，可以与开拓物质世界的哥伦布所用的罗盘针，开拓物理世界的伽利留所用的望远镜的实验和数理的推论方法差相比拟，而且较进一步的方法是什么呢？粗浅点说，这就是他的几何方法。伽利留用几何方法以研究星象、体积等等，斯氏便用几何方法以研究天或上帝、伦理问题、心性情意等。换言之，伽利留用数学方法以研究“物理”，而斯氏则用数学方法以研究“人生”或“天理”。这也足见斯氏已比伽利略更进了一步。因为斯氏根本把人也，天也，物也，等量齐观，而伽利留只限于研究物理物象，没有达到斯氏一天人、齐物我的境界。但若果我们更仔细勘察，则知斯氏的几何方法仅是他的学说的外壳，而不是他哲学系统的核心。“依几何次序证明”，仅是他著书所采取的形式，而不是思想的方法。斯氏盖深知数学方法的限度，所以他在他的《虹之代数测算》一文中，特引用西塞罗（Cicero）的名言作卷头语："在各种科学中，几何学最有高贵的地位，所以没有比数学家更著名的。但是我们曾经划定这门艺术的范围以求度量及测算的实用为限度。"斯氏之所以用几何次序以发表其学说的原因，一则因为此法在当时甚为通行，中古的神学家以及霍布士、笛卡尔均曾试用此法；而斯氏之应用此法也不过较前人更熟练更系统罢了。一则斯氏以为吾人研究心理、伦理、天理，总期以几何学为模范，以寻求同样客观的普遍的悠永而确定的真理。

而他自己所用的思想方法，可以称为典型的哲学方法，就是可以求得他所谓最高级的——第三种的知识的直观法。他的直观法我们可以叫做形而上学家所用的罗盘针望远镜或显微镜，这就是可以认识其大无外和其小无内的天，或实体或物性的望远镜或显微镜，这就是可以使人逍遥游于天理世界的罗盘针。这个方法的妙用在于从大自然从全宇宙，也可以说是从超人或超时间的立脚点来观认"物性"（Essence of Things，按 essence 一字应作性性或本性，亦称自性，性即是理，物性即物理）。这种直观法他又叫做"永恒的范型之下"（sub Specie aeternitatis）以观认一切物性的方法。他这种的直观法就是佛家所谓以"道眼观一切法"的道眼或慧眼，就是庄子所谓"以道观之，物无贵贱"的"道观法"，也就是朱子所谓"以天下之理观大下之事"的"理观法"。因为斯宾诺莎认定了这种从整个的宇宙或永恒的天的立脚点的直观法是认取笛卡尔所谓明晰确定的观念的根本思想方法，所以他用全力来攻击那执着我见，从狭义的人的立脚点来研究事物之目的因及其对于人有何用处的思想方法。从这种执着我见所得来的知识，斯氏叫做意见或想象，这就是他所谓第一种知识，这种知识是一切谬误的来源。这种谬误的思想方法，斯氏很着重的说："若无数学以救治之，实足为使人类陷于永不能直见真理之一大原因。因为数学不研究目的，仅研究形相之本性与特质，可以供给我们另一种真理的仪型。"此种数学的知识，以及其他数学方法所得的科学知识，由于吾人对于物之特质（properties of Thing，注意与物之本性 essence of Things 不同），有了共同的概念与正确的观念而成的知识，就是他所谓理性或第二种知识，此种知识可算作客观知识，但与第三种的直观的绝对客观的知识不同。总之，第一种知识为斯氏所极端反对，第二、第三两种知识，皆斯氏所认为必然的真理，可以作吾人辨别真伪的准则。

讲到这里，我们可以讨论斯氏独到的真理标准说了。普通对于真理标准的见解，大约不外两说：（一）为能知与所知符合说，（二）为知识自身圆满贯通说，而斯氏乃包含两说而又超出两说，以自成一种“真理即真理自身之标准说”。斯氏有一名句说：“一如光明一方面表示光明之为光明，一方面又表示黑暗之为黑暗，所以真理一方面是真理自身的标准。一方面又是鉴定错误的标准。”这话初看似乎是一种毫无意义的循环论证，但细玩却很有道理。因为即使真理另有标准，则此标准必仍系一种真理，一如在价值论上我们可以说，价值如有标准，则此可作价值的标准之物，必系有价值之物，必另系一种价值。所以真理即是真理自身的标准，一如价值就是价值自身的标准，皆圆满自足，不假外求。而且如笛卡尔式的数理的自身明晰确定之观念，更是一种自明之理，既是真理自身的标准而又可以作鉴定错误的标准。换言之，真观念必符合真观念，但不是钞模（copy）外物，符合外物。譬如今天关于犬的真观念可以与我昨天或他人关于犬的真观念符合，但犬能吠，而我们关于犬的真观念则不能吠。若谓犬的观念与真犬符合，岂非迂拙可笑？所以斯氏的真理标准观，亦可称为符合说，但乃真理与真理之符合，而非真理与外物的本身符合，此种真理自身的符合与自身的标准，亦可称为贯通说，但“贯通”二字只能表出真理之系统性，圆满而无矛盾性，而其实真理的标准仍是真理的自身。根据上面的见解，我们可以解释斯氏《伦理学》第一篇第六定则，真观念必符合其念象（ideatum）了。此语单就字面讲来，好像即是普通所谓符合说或钞模说的界说，而且显然与他自己真理即真理自身之标准说冲突。但须知斯氏所谓真观念乃指对于天、天理或物性物理的观念而言，所以他所谓真观念的对象（ideatum），亦不是物质，而是天理或物性（参看第二篇命题三十二及三十四）。换言之，真观念的对象即是真理。“真观念必符合其念象”一定则的意思，即在肯定吾人的知力或理性可以对于天，天理或物性形成明晰确定的真观念，这就是说，知天是可能的。所以斯氏的真理标准说，前后都是一贯的：真理的标准就是真理，就是天。要追求真理，首要之务就是知天。知天后，即有了真理的标准，亦有鉴别错误的标准。因为天就是本体，就是一切存在、一切知识的本源。而知天或认识本体的方法，就是直观法——从永恒的范型之下以观认万物的数学式的直观法。如是说来，则斯氏的知识方法论与知识标准论，便成了引导我们去研究本体论或宇宙观的最好津梁，也可以说是（如果我们继续我们上面的比喻）指示我们去开拓天理世界的罗盘针或望远镜。

我们记得培根已早在斯宾诺莎之前，提出其所谓“知识的新工具”（培根名著的书名），大声疾呼地攻击他所谓四大偶像，而揭示出他的归纳法，他的目的其实与理性派人相同，均在廓清基于我执的成见与幻想，以求客观的真理。那知他这种方法，只能得到零碎的实用的知识。既无普遍性，又无必然性，且仍逃不脱求实用的我见。所以伽利留、笛卡尔（霍布士亦与有功）一般人才修正此法，而益之以数学方法，于是科学知识才更客观化、系统化，而可形成必然普遍的定律。斯宾诺莎取同样的途径，进而求关于心性伦理及形上学的知识之具有普遍性、必然性、客观性，乃提出他的超时空，超人我，从天的立脚点或从永恒的范型之下以观物的直观法。以此种直观知识为自明的定则（Axioms），为数学式的推论演绎的基本原理，为以理推理的方法建立一牢固不拔的基础。所以我们与其称斯氏的直观法为几何方法，不如称之为几何式的推论的基本认识法，换言之，他的直观法即为几何式的演绎寻求基本原理或第一前提（first premise）的方法。总而言之，他的方法，是比培根归纳式的客观，伽利留式的数学的客观更为客观，更为根本，更为超脱我执法执的绝对客观法。此种绝对客观法亦可叫作绝对主观法（以示有别于执着我见的主观而言），因为此种的直觉知识究系自知自明，自为真理的标准，而非假借外物旁证可以形成的直观知识。所以斯氏由培根之提出客观，乃更进而求出绝对客观；由培根之反对主观，乃更进而寻出绝对主观以代之。必这样比拟陪衬，才更可以反映出斯氏的知识方法与标准论之深邃处，与直证知识之本源处。不过我们须得补说一句的，就是所谓绝对主观与绝对客观的直观法，实即超主客的直观法，即从天或永恒之范型下以观物的直观法。

我们又记得培根曾说过“知识即是权力”，又说过“要征服自然须服从自然”。我们可以说斯氏亦全盘接受此说，但更进一层，使此说的意义更深刻化。培根所谓知识即权力，大意不外认知识为一种物质力量，可以征服自然，漂洋过海，开拓殖民地等，而斯宾诺莎则进而认知识为一种精神力量。因为最万能的莫过于天，最能增加我们的力量的莫过于知天，与天为一。人生诚有求权力之意志，但欲求最大之权力，莫过于知天。人生最大的力量莫过于征服自己的被动情感（Passion），以解脱人世之束缚而得大自由。但知天就可以引起一种刚健的情感（active affect），此种刚健的情感，即可使情感退听。而且情感乃起源于观念之混淆（confused ideas），若吾人能知天，认识真理，对于情感之性质，形成明晰之观念，则吾人自可解除情欲之束缚而不致动心了。人生最大的精神力量，莫过于自由与永生。什么是永生？知天理就是永生。什么是自由？行天理就是自由。其次培根所谓征服自然须服从自然，大约不外两层意思：（一）其意不过谓遵守生理的定律可以增进健康，遵守电学的定律可以避免触电等。（二）其意不过谓吾人须虚心观认自然，不可参杂主观的成见于其中。斯宾诺莎亦一样的主张服从自然，但他的自然即天。服从自然就是中国所谓乐天安命（善意的解释，斯氏不曰“乐天”而曰“爱天”），就是以天理为生活的指针。这种知天理，爱天理，行天理而达到的自得自慊（self satisfaction）实为最高的满足（参看《伦理学》第四篇命题五十二）。知天理即是天之自知，爱天理即是天之自爱，行天理即是天之自动。这就是斯氏运用直观的知识方法，由知识即权力说，由服从自然说，而达到最高的精神力量与天为一的关键。

所以由此我们可以看出斯氏（一）由直观的知识方法而引导到本体论宇宙论，（二）由直观的知识方法以指示修养论或人生观。兹因限于篇幅，不能详细发挥斯氏所开拓的新世界——天理世界的内容，和他所理想的新人的楷模，但希望从斯氏的知识方法论与标准论可以进而略窥斯氏所昭示我们的新世界与新人生的端倪。

近代唯心论简释*
(1934年)

心有二义：一、心理意义的心，二、逻辑意义的心，逻辑的心即理，所谓“心即理也”。心理的心是物，如心理经验中的感觉、幻想、梦呓、思虑、营为，以及喜、怒、哀、乐、爱、恶、欲之情皆是物，皆是可以用几何方法当做点线面积一样去研究的实物。普通人所谓“物”，在唯心论者看来，其色相皆是意识所渲染而成，其意义、条理与价值皆出于认识的或评价的主体。此主体即心。一物之色相意义价值之所以有其客观性，即由于此认识的或评价的主体有其客观的、必然的、普遍的认识范畴或评价准则。若用中国旧话来说，即由于“人同此心，心同此理”。离心而言物，则此物实一无色相、无意义、无条理、无价值之黑漆一团，亦即无物，故唯心论一方面可以说是将一般人所谓物观念化，一方面也可以说是将一般人所谓观念实物化。被物支配之心，心亦物也，能支配心之物，物亦心也。而心即理也的心，乃是“主乎身，一而不二，为主而不为客，命物而不命于物”（朱熹语）的主体。换言之，逻辑意义的心，乃一理想的超经验的精神原则，但为经验行为知识以及评价之主体。此心乃经验的统摄者，行为的主宰者，知识的组织者，价值的评判者。自然与人生之可以理解，之所以有意义、条理与价值、皆出于此心即理也之心。故唯心论又尝称为精神哲学，所谓精神哲学，即注重心与理一，心负荷真理，理自觉于心的哲学。

大凡最重要、最根本的东西，在认识的程序上，每每最后方为人发现。自然律的发现，已经是人与自然接触很久以后的事。人格、心、理、精神的发现，也是人类生活进化很高的事。由物质文明发达，哲学

---

* 本文原发表于《大公报》现代思潮周刊1934年3月，后收入《近代唯心论简释》（独立出版社，1944年）。

家方进而追问征服自然、创造物质文明的精神基础——心；由科学知识发达，哲学家方进而追溯构成科学知识的基本条件——具有先天范畴的心。故唯心论是因科学发达知识进步而去研究科学的前提知识的条件，因物质文明发达而去寻求创造物质文明、驾驭物质文明的心的自然产物。故物质文明与科学知识最发达的地方或时代，往往唯心论亦愈盛。当一个国家只知稗贩现成的科学知识，只知崇拜他人的物质文明，为之作被动的倾销场时，当然无暇顾及构成科学知识的基本条件和创造并驾驭物质文明的精神基础，则此国家尚未达到精神的独立与自觉，而其哲学思想之尚不能达到唯心的阶段，自是必然而无足怪。譬如原始人或原始民族，穴居野处，生活简单，用不着多少工具，故不感觉物的重要，更不感觉制驭物质的心的重要，而他们无思无虑受本能或自然环境支配而活动，亦不感觉具有理想和评价力量的心的重要。在此情形之下，唯心的思想绝不会发生，换言之，无创造物质文明、驾驭物质文明的需要，无精神上的困难须得征服的自然人，决不会感觉精神的重要，决不会发生唯心的思想。

严格讲来，心与物是不可分的整体。为方便计，分开来说，则灵明能思者为心，延扩有形者为物。据此界说，则心物永远平行而为实体之两面：心是主宰部分，物是工具部分。心为物之体，物为心之用；心为物的本质，物为心的表现。故所谓物者非他，即此心之用具，精神之表现也。姑无论自然之物，如植物、动物甚至无机物等，或文化之物如宗教、哲学、艺术、科学、道德、政法等，举莫非精神之表现，此心之用具。不过自然之物乃精神之外在化，乃理智之冥顽化，其表现精神之程度较低，而文化之物乃精神自觉的活动之直接产物，其表现精神之程度较高罢了。故唯心论者不能离开文化科学而空谈抽象的心。若离开文化的陶养而单讲唯心，则唯心论无内容。若离开文化的创造、精神的生活而单讲唯心，则唯心论无生命。故唯心论者注重神游冥想乎价值的宝藏，文化的大流中以撷英咀华、取精用宏，而求精神之高洁，生活之切实受用，至于系统之完成、理论之发抒、社会政治教育之应用，其余事也。如是，则一不落于戏论的诡辩，二不落于支离的分析，三不落于骛外的功利，四不落于蹈空的玄谈。

要免除“唯心论”一名词之易被误解，可称唯心论为“唯性论”。性（Essence）即事物之真实无妄的本质，亦即事物之精华。凡物有性则存，无性则亡。故研究一物贵探讨其性。哲学家对于事物的了解，即所以认识其性，而对于名词下界说，即所以表明其性。如“人是有理性的动物”一命题之理性，即人之本性也。理性是人之价值所自出，是人之所以为人的本则。凡人之一举一动无往而非理性的活动。人而无理性即失其所以为人。性为代表一物之所以然及其所当然的本质，性为支配一物之一切变化与发展的本则或范型。凡物无论怎样活动发展，终逃不出其性之范围。但性一方面是一物所已具的本质，一方面又是一物须得实现的理想或范型。如生命为一切有生物的本性，自播种、发芽、长躯干枝叶、开花结实，种种阶段，都是发展或实现生命的历程。又如理性为人之本性，在人的一切活动中，如道德、艺术、宗教、科学的生活，政治、社会、经济的活动，皆是理性发展或实现的历程，不过程度不同而已。

“性格即是命运”（Man’s character is his fate），“性格即是人格”（The character is the man）是唯性论者对于人格的两句格言。由于为理性所决定的自由意志应付环境而产生的行为所养成的人格即是一人的性格。也可以说人性中最原始的趋势与外界接触而愈益发展扩充，足以代表一人的人格特点即是性格。故性格为决定人之一生的命运的基本条件，如人之穷通成败，境遇遭际，均非出于偶然，而大半为其本人的性格所决定。故小说家或戏剧家最紧要的工作即在于描写剧中人的性格。而哲学家亦重在认识人的性格，以指出实现自性的途径，又在于认识物之性格，以资驾驭宰制。

唯心论在道德方面持尽性主义或自我实现主义。而在政治方面唯心论则注重民族性之研究认识与发展。所谓民族性即是决定整个民族命运的命脉与精神。必对于民族性有了充分的认识，方可寻出发展民族的指针。但生命是自研究整个生物发展历程中得来，理性是自研究整个人类文化活动中得来，故民族性是自研究整个民族的文化生活和历史得来。故本性（Essence）是自整个的丰富的客观材料抽拣而出之共相或精蕴。因此本性是普遍的具体的，此种具体的共相即是“理”。如“人”、“物”之性各为支配其活动之原理。故唯心论即唯性论，而性即理，心学即理学，亦即性理之学。近来德国的胡塞尔（Husserl）有所谓“识性”（Wesenssehau）之说，美国的桑提耶纳（Santagana）有所谓“观认本性”（contemplation of essence）之说，其注重本性与唯心论或唯性论者同，若他们能进一步不要离心而言性，使其所谓性不仅是抽象的性质，而有如炼丹、炼盐般之自文化生活、自然物象中抽炼其永恒之本质，以得到具体的共相，则与唯心论者之说便如合符节了。

唯心论又名理想论或理想主义。就知识之起源与限度言，为唯心论，就认识之对象与自我发展的本则言，则为唯性论，就行为之指针与归宿言，为理想主义。理想主义最足以代表近代精神。近代人生活的主要目的在求自由。但自由必有标准，达到此标准为自由，违反此标准为不自由。如射箭，必须有鹄的，方可定射中与未射中之标准；若无鹄的，则任意乱发，皆可谓之中，亦皆可谓之不中。自由亦然，若无理想为之标准，则随遇而安，任何行为皆可谓之自由，亦可谓之不自由。故欲求真正之自由，不能不悬一理想于前以作自由之标准。而理想主义，实足以代表近代争自由运动的根本精神。

理想乃事实之反映。要透彻了解事实，我们不能不需要理想的方式。必先有了了解或征服自然的理想，然后方发生了解或征服自然的事实，先有改良社会的理想，然后吾人方特别注意于社会事实之观察与改造。吾人理想愈真切，则对事实之认识亦愈精细。理想可以制定了解事实之法则和方式，使吾人所搜集之事实皆符合理想的方式，而构成系统的知识。理想不唯不违背事实，而且可以补助并指导吾人把握事实，驾驭事实。

理想为现实之反映，必有理想方可感得现实之不满，而设法改造现实。故每当衰乱之世，对于现状不满之人增多，则遁入理想世界以另求满足之人与根据理想以改革现实之人，亦必同时增多。普通人每指斥理想主义者之逃避现实，殊不知逃避现实亦系对于现实之消极的反抗。对于现实的污浊和矛盾无深刻认识者，将永为现实之奴隶而不能自拔，虽欲消极的逃避亦不可能，遑言改造。柏拉图之洞喻，言必出洞观天，方知洞中之黑暗牢狱生活，而思所以超拔之，即是此意。所谓弃俗归真，由真反俗是也。英哲鲍桑葵（Bosanquet）尝言，人之所以异于禽兽，实由于人能主观的构造一理想世界，而禽兽则为现实所束缚，不得解脱。由此足见理想为超越现实与改造现实的关键，且是分别人与禽兽的关键。

理性乃人之本性。而理性乃构成理想之能力（Reason is the faculty of ideals)。故用理想以作认识和行为的指针，乃是任用人的最高精神的能力，以作知、行的根本。

根据科学的研究，对于人生和宇宙的认识大约不外下列各观点：一、机械观。此即由物理化学的立脚点，见得自然之完全受理化上之机械定律支配，遂应用其机械方法和“原子”、“数量”等概念进而解释人生或精神现象，将价值自然化。采用只承认数量的差别而否认价值的差别的观点以研究人生问题，如认心灵为原子式的观念联合所构成，认社会为原子式的个人所构成等说，均系机械观应有的结论。二、生机观。由生物学的研究见得一切生物的各部分皆互相关联，有自生力与内在目的以适应环境而维持并延续其生存，并发见“发育”、“进化”、“机构”为生物学上的重要概念；遂扩大此有机原则为宇宙原则，见得全宇宙是充满了生命的有机体。三、经济史观或唯物史观。此种见解是自 19 世纪以来，社会科学，特别经济学，盛大发展的产物。此说认生产的方式或经济的组织的变迁为决定历史演化的主力，以人类适应社会生活、对付经济困难所产生的工具作为解释人类精神活动的关键。四、精神观或理想观。此即由对于人类精神生活和文化历史的研究，不免见得人类文化为人类的精神力量创造而成，因而应用其精神的或理想的观点以解释人生和自然，认自然为自由精神的象征，认历史的进化为绝对精神的自求发展，认精神为陶铸物质的力量且必借物质始得充分的表现。

以上各种观点，皆各有其依据的科学背境，皆各予吾人对于宇宙以一种一贯的根本看法，因此亦各有其范围与效准：机械观不失为研究自然科学有用的假定。经济史观亦不失为解释社会现象历史变迁之一种适用的假定，生机观在哲学上尚不失为一种不彻底的精神主义（哲学史家称生机主义为自然的精神主义或精神的自然主义。盖此说偏重本能和生命，而不知理性和精神更为根本），但若用此种观点来作研究生物学的前提，如杜里舒一般人所为，便未免滥用精神科学的方法与范畴以治自然科学，而弄成非哲学非科学的怪物了。至于根据精神科学——亦称文化科学以作哲学的基础，应用人类最高的精神能力以观认世界，规定机械的唯物观与经济的历史观以应有之地位与范围，使勿逾越权限，发挥精神生活的本质，文化活动的根基，批评自然科学和社会科学所依据的范畴、原则和前提。调解自然和精神的对立，而得到有机的统一，使物不离心而独立，致无体；心不离物而空寂，致无用，便是理想的观点所取的途径，也即是真正的哲学——不论唯心与否——应有的职务了。

时空与超时空*
(1940 年)

罗素所谓“一个人在思想和感情里，能够感觉到时间的不重要，乃是入智慧之门”，似即多少有注重“超时空”的意思。而亚历山大反罗素之意，谓“能认识时间本身的重要，才是入智慧之门”，似乎是要指出，对于时空的问题认真研究，于哲学实最关紧要。一个认养成超时空的精神境界为入智慧之门，一个认〈为〉注重时空问题的研究为入智慧之门。两人的根本意思，也许并不冲突；因为对于时空问题的认真研究，也许正足以使我们有超时空之感，使我们在思想和感情里感觉到时间或空间的不重要。不过罗素如果因为严重超时空之感，竟至认为对时空问题的研究也不重要，那就错了。而亚历山大因为感觉到认识时间本身的重要，遂根本否认超时空，而认时空为实在，为构成真实宇宙的基本质料，即神也是在时空之内，这又未免太缺乏哲学识度，较之罗素更陷于严重的错误。

大概讲来，西洋人注重时空，东方人注重超时空。(罗素素喜东方的老庄，所谓能够感觉到时间的不重要为入智慧之门，亦颇富东方意味。)古代人注重超时空，近代精神则注重时空。宗教、艺术、哲学中注重超时空，科学、政治、经济、实业则注重时空。时空重要，超时空亦重要。对于时空问题的研究不可忽视；对于超时空问题的研究，对于超时空襟怀的养成，亦不可忽视。研究时空以与超时空留地步，研究超

---

* 本文原发表于《哲学评论》1940 年第 7 卷第 4 期，后收入《近代唯心论简释》(独立出版社，1944 年)。但 1942 年初版和 1944 年再版的《近代唯心论简释》一书，均只有上篇而无下篇，1959 年商务印书馆出版《资产阶级学术思想批判参考资料》(第四集)时，增补了下篇，有“此系手稿，未曾发表”的说明，并附有“论时空(答石峻书)”一文(原载《思想与时代》1944 年第 35 期)。本书选用 1944 年独立出版社的版本。

时空以为时空奠基础，就是本文的旨趣。

上篇 论时空

时空问题是很困难、很专门的哲学问题之一，也可以说是最哲学的哲学问题之一。因此在注重目前实用的人看来，也许会说时空问题只是少数哲学家的问题，而不是人的问题。但我希望这篇讨论可以表明时空问题乃是每个人已有的切身问题，我们只是把一般人所共同承认而不自觉的见解，提出来加以发挥。时空问题之所以成为哲学上的重要问题，就因为它是关于人的重要问题。哲学的职责就是要对人的重要的、根本的问题加以专门的研究。

又时空问题似与数学、物理有关。中国过去哲学家对此问题似不感兴趣，很少谈到，少有贡献。但若要中国哲学界不仅是西洋哲学的殖民地。若要时空问题成为中国哲学"底"问题，而不仅是中国哲学"的"问题，或西洋哲学问题在中国。我们必须将中国哲学家对于时空问题的伟大识度，提出来加以发挥。使人感觉到这原来是我们心坎中、本性内、思想上或行为上的切身问题。时空既是与我们心性知行有密切关系的问题，故我们有权利，也有义务加以考察，加以解答。蕴于我们心中，出于我们本性与知识行为都有关系的问题，亦即是人类普遍的问题。解答我们自己切身的与心性、知行有关的问题，亦即是解答人类精神上思想上的普遍问题，为人类争取光明。我们的思想也许与西洋古代的或近代的哲学家有相同处，这只是由于他们先得我心之所同然，他们启发我，这并不妨碍我们的亲切自得，我们也不能说是袭取稗贩。

关于时空问题，有许多正相反对的说法。兹先将这些对立的说法，加以陈述，并概括表示我们的看法，然后再详加发挥。

一、物与理对，或事与理对。有的人认时间和空间为实物或实事。又有的人认时空为先天的理则而非事物。大概一般人的常识，多认时间或空间为实际可以捉摸的事物或东西。譬如，"以空间换取时间"的说法，就是认时间和空间是可以彼此掉换的东西：又如"浪费了五年的时间"的说法，就认为时间是与财物一样的具体东西，可以浪费，也可以节省的。又如说，"请让出一些空间给别人来往"，也含有认空间是可以占据，也可以出让的实物。物理学家如牛顿，便认时空为实物或实有(Entity)，不过是绝对的无限的实有罢了。相对论以及许多受相对论影响的哲学家，大概不认时空为物，而认时空为事（Event），不论认时空为物也好，认时空为事也好，皆认时空可以作为物理学研究的对象，皆不认时空为理，而与认时空为理的说法对立。隐约认时空为理的哲学家也许很多，但明白地指出时空是理的哲学家，当首推康德。康德的先天直观学之不朽的伟大发现，就在于指出“时空者理也”；他自己曾明白说过，时空是感性的先天原则（原则即是理），又说时空为感性所具有的两个纯范型，或构成先天知识的原则。著名的哲学史家新康德学派领袖如文德班亦明言，康德所谓时空为“对感觉加以综合的整理的原则”（Principles of the synthetical ordering of the sensations），又谓“时空为吾人心中用以把握或整理（Vorstellen）复杂之感觉，使有综合的统一的关系的法则”（Laws of relations。见氏著《哲学史》英译本，页五二九至五四〇）。总之，说时空是先天原则，是纯范型，是使复多之感觉材料有综合的统一性、关联性的法则，即是很明显地指出时空是理，不是经验中的事物，而是使经验中的事或物可能的先天之理或先决条件。[1]

究竟时空是理呢？抑是物或事呢？这两种对立的说法，究竟哪一种说法是对的呢？要解答这个问题可分两层来说：第一，从哲学的立场来说，应认时空为理。因为哲学就是理学。因为时空是理，是使经验的事物可能之理，故哲学可以研究时空，可以成为哲学研究的对象。如果时空是经验中的自然事物，则只有让科学去研究，哲学家对于时空可无容置喙。第二，从科学的立场来说，只能把时空当作事物去研究去衡量。注意，科学家只须把时空当作事物去研究，至于时空的本质，时空之所以成为时空之理，乃是科学的前提，可让哲学家去研究，科学可以暂不理会。所以把时空当作事物去研究是可以的。若硬断定说时空是实物或实事，那就是未经过知识论的批导研究的独断玄学。一如不管人是不是机器，科学为方便计，把人当作机器，把人的情感欲望当作几何学上的点线面积一样去加以研究，也是可以的。但若硬断定人是机器，根本否认意志自由，那就是独断的玄学。所以有许多获取相对论的结论的时髦哲学家，硬从哲学的立场，从宇宙论的观点，认时空为纯事变，为客观实在，那就是非科学、非哲学的独断玄学，而是我们所要排斥的。

二、客观与主观对立。有许多哲学家认时空是离人类意识而独立存在的物或事。有的说时空是客观存在，运动就是衡量时空的尺度。有的认时空为事物与事物间的客观关系，这种关系，意识可以认识，但非意识所能决定的。牛顿以及现代许多实在论和唯物论的哲学家多持此说。但又有许多哲学家认时空是主观的，只是心中的状态、抽象观念、原则，不是离心而独立的存在。持此说的人也很多，如亚里士多德说，就时间之为衡量运动的尺度而非运动的本身言，则时空必在心内（in the soul）。又如新柏拉图学派的创始人浦罗丁说，“心灵的活动，构成时间，而世界是在时间之内”。近代哲学家中，持时空主观说最有力者当推斯宾诺莎及康德。斯宾诺莎认时间为理智之物（res rationes），而不是实物。又说“时间是帮助想象的工具”（auxilium imaginationis）。斯宾诺莎所谓想象，含有三层意思：一是感觉，二是记忆，三是联想。他认为如果没有时空这些抽象概念的帮助，则感觉、记忆、联想都不可能，至少不会那样活泼。但他认为想象（经过时空概念帮助的想象）不是真知识、不是科学知识可能的条件，反之，乃是混淆的错误的知识、意见等可能的条件。换言之，时间的型式（under the form of time）只是意见或第一种知识可能的条件，而永恒的型式或超时间的型式（under the form of eternity）才是观念或他所谓第二、第三两种知识可能的条件。至于康德，可以说是集主观的时空观之大成。康德的思想可以用我们自己的话概括为“时空者心中之理也”。心外无（可理解的）理，心外无时空。心外无（经验中的）物。离心而言时空，而言时空中之物，乃毫无意义。用康德自己的话来说：时空是心中的先天型式，是先于一切经验而为决定一切经验中的对象的纯直观，是使人类一切感官知识可能的主观条件。康德所谓时空之主观性可概括为三层意思。第一，时空的主观性即等于时空的理想性，认时空非离意识而独立存在的实物或物自身。第二，时空的主观性是指时空是属于主体方面的认识功能或理性原则，而非属于客观现象方面的性质或关系。第三，所谓时空的主观性的学说，正是要时空在经验方面之所以是必然普遍而有效准的原则奠立基础，而不是认时空为个人主观的、无常的意见或幻想。康德是要批评地透过主观（人类意识）去建立客观（有必然性、普遍性的理或知识），而反对独断地离开主观去肯定客观。

要批评客观的时空观与主观的时空观的对立，我们可以说关于时空与意识的关系问题，科学是不应说话，对于两方皆不置可否的。站在哲学的立场，如有人说时空是离意识而独立存在的实有或唯有在认时空为离意识而独立存在的实存之前提下，数学、几何学方可能，先天综合的知识方可能，那就是不知反省自己的认识能力，而陷于独断，不知道接受康德的教训。故我认为大体上我们必须接受康德的不朽见解，自己加以补充与发挥，而不可对康德之说盲目不理会。[2]

三、不确定的（indefinite）时空说与确定的时空说对立，无限的时空观与有限的时空观对立。我们现在用不着将对立双方的说法再加以历史叙述。解除这种对立的途径，主要的在将名词分析清楚，范围规定清楚，然后方可见得各种说法都可并行不悖。其次，再将独断的缺乏知识论批导的说法，加以排斥。第一，就时间之为不确定的存在的持续言，为不确定的时间，不确定的时间称为绵延（duration）。就空间之为大小不确定体积言，即是不确定的空间，不确定的空间称为扩张（extension）。不确定的时间与空间为感觉的对象或内容。绵延与扩张是可加以衡量，但尚未经衡量的量（unmeasured measurable quantity）。就时间之为衡量绵延（不确定的存在的持续）的准则言，为确定的时间。就空间之为衡量扩张（大小不确定的体积）的准则言，为确定的空间。确定的时间或空间是主体整理或排列感觉材料的型式或准则，是理智的产物。是主体所建立的确定的、有限的客观标准。故确定的时空即是有限的时空，有限的时空即是确定的时空。第二，说到无限的时空，意义就比较混淆。但只有三个可能的含义。（一）无限的时空即是无定限不确定的时空，相当于希腊哲学家所谓无限制未经范型规定过的物质（unlimited or formless Matter），为构成感觉中混沌复杂的材料。故无限时空即等于不确定时空，此为第一种可能的含义。（二）无限时空普遍多表示无穷（Endless）的时空的意思。表示有限空间的无穷伸展，有限时间的无限延长。此种的无限时空既非感觉的材料，亦非出于理智的规定，而乃是由于想象的作用，及理智之不依规范的滥用。这叫做直线式的无限，起于理智之无限制的、直线式的、无穷的推论。这种无限的时空既非感觉的真实内容，又非科学可能的前提，更非哲学研究的准则、型式，乃是我们所要排斥的说法。（三）无限的空间指普遍性（universality）而言，无限的时间指永恒性（eternity）而言。譬如说某种真理在任何时任何地皆真，意即说这是一种有普遍性、永恒性的真理。又如说某种真理在一切时一切地，无限时无限地，举莫不有效准，亦是说这种真理是有永恒性与普遍性的意思。又如说“放诸四海而皆准，俟诸百世而不惑”，所谓四海亦是指无限的空间，所谓百世亦含有千世、万世、无限世之意，两语即是指普遍性与永恒性而言。譬如程明道“道通天地有形外”一语，天地有形外亦即可说是指无限空间言，亦是指道是有普遍性的意思。照这样说来，无限时间＝一切时，任何时＝超时间＝永恒性，无限空间＝一切地，任何地＝超空间＝普遍性。本段全部意思可用下表表明：

无定的时空	有定有限的时空	无限的时空
绵延，扩张	时间，空间	永恒，普遍
感觉的对象	理智的准则	理性的理念
感性的直观	知性的直观	理性的直观
自然的事变	权断的尺度	实在的性质
混一	条理	统一
客观（属于对象方面，但仍与意识或感觉相对）	主观，相对	超主客，绝对
具体的事物	抽象的共相	具体的共相

对这个简单的表，我们可以从下列几点再加以引申发挥：

（一）绵延是永恒之现象，永恒是绵延之本体。时间是把握现象之工具，衡量绵延之尺度。普遍与扩张，空间与扩张可以此类推。绵延亦称变化。凡一扩张体持续其存在之一动一静的过程，称为变化，亦称绵延。就一物之“变易”言为变化，就一物之“不易”言为绵延。就“逝者如斯夫”言为变化，就“不舍昼夜”言为绵延。凡绵延之物必变化，凡变化之物必绵延。故绵延包括有动静及变化之意在内。故无动静，无变化，无绵延之永恒物为本体，而有动静有变化之绵延物为现象。柏拉图有“时间为永恒之变动的影像”（Time is the moving images of eternity）的名言，彼所谓时间亦系指此处所谓绵延。故其意亦是说绵延是永恒的现象。以注重时间著称的现代哲学家柏格森，认真时或绵延为实在，其主要的错处，即在于未将永恒与绵延的区别划分清楚，未接受柏拉图的教训，故其所谓真时，似有形而上之永恒的意味，又似有形而下之现象的意味。

（二）布拉得莱（F. H. Bradley）在他的《现象与实在》一书中，提出许多关于时空的矛盾。如果大家能把握住绵延、时间、永恒及我们前面所排斥的想象的无限制的时间之区别，则他所提出的矛盾，皆不难迎刃而解。我们试随便举几个他所提出的关于空间和时间的矛盾作例子。他说：“空间是无极限的（endless），但极限乃是空间之所以为空间的本质。”极限是空间的本质，是指我们所谓有定有限的可以作准则的空间而言。他所谓空间无极限的，是指我们所要排斥的无限制的空间而言。这样分开来说，何是何非，了如指掌，有何矛盾。又譬如他说：“时间和空间是一种关系，但反之，又不是一种关系，而归结起来，除了是关系外，时间和空间又不是别的东西。”所谓时空是一种关系，应指时空是规定经验事物间的关系的抽象的尺度、准则言。所谓时空不是一种关系，应指就时空之为未经关系的范畴规定的绵延，或为超出有限关系的永恒而言。所谓归结起来，时空仍不外是一种关系，即系谓仍以尺度、准则、型式的说法解释时空，方是正解。又如他提出关于时间的有趣的矛盾说：“一件事发生在时间里，但这件事又不占时间。或则可说，这件事不发生在时间里，但是发生于某一日期。”这个矛盾困难可以这样解释：甲时间的型式以考查一件事发生的次序，这件事当然发生在时间里。但时间只是主观的型式、尺度，不是事物，故这件事不能占时间。而且说一件事发生在时间的型式里，也有语病，因为严格说来，一件事不惟不能占据时间的主观型式，而且也不能在主观型式里发生。故最好是说一件事发生于某一确定的特殊的日期。因为时间是衡量事变的概括的尺度，而日期如某年某月某日某时，乃是衡量事变的特殊尺度，必要以特殊的尺度去衡量特殊的事变，所得的结果才精密准确。总之，布拉得莱思想清楚，见解透辟，而所用名词不清楚，绝少为名词下界说（也许是他故意如此），而又以清楚的思想去分析那含义不清楚的名词，以致发生许多矛盾。至于布拉得莱所谓：“时间是一个自相矛盾的现象，而不是实在的本身，只是表现其自身为‘无时间的事物’（The timeless）的属性，或形容词。”亦即是柏拉图所谓“时间是永恒之变动的影像”的另一种说法。

（三）康德所谓经验的或感官的直观即是此处所谓感性的直观。如关于颜色苦甜香臭直观是。此处所谓知性的直观即系指康德所谓纯直观而言，如关于数的、几何的、逻辑的（如 A＝A）直观均属之。时间与空间即是知性活动所产生的直观。而此知性的直观或纯直观，先天的用来作为感性的型式。故称时空为感性的型式可，为感性的纯直观（纯直观为理，故可谓型式）亦可，若称时空为感性的直观则不可。至康德所谓理智的直观（intellectual intuition），即是此处所谓理性的直观或理念，如关于上帝灵魂之直观或理念是。但谓理性的直观为无限可，为绝对亦可，今谓知性的直观为无限则不可。盖知性的直观，乃是清楚明晰的自明的原则，如关于数的或几何的直观是，不能谓为无限。而就知性的直观，时空之为整理感觉材料之型式或尺度言，则只能谓为有限。盖惟有限的原则方可作尺度也。若就对于整个的扩张或绵延之感觉的直观言，则此感觉的直观，只能说是无定限的（indefinite）全体，亦不能谓为无限的全体。康德所谓“空间是呈现于吾人意识之前的无限的体积（infinite magnitude），又谓我们所说许多空间，其实是指同一空间之许多部分而言，不同的许多时间，亦是指同一时间之部分言。又谓每一确定之量的时间（every definite quantity of time）乃是单一的无限时间之限制。据此则康德认空间有体积，可分，似指我们所谓“扩张”而言；认时间有量，可分，似指我们所谓“绵延”而言。虽然绵延及扩张在某意义下，可认为无限或永恒，但就时空之为知性的直观言，则只能谓为有限，就其为感性的直观言，则只能谓为无定限。故我怀疑康德认时空为无限的纯直观之说，似未能将绵延和扩张意义的时空，与型式和尺度意义的时空，分辨清楚，是受了牛顿的影响而尚未解脱者。因此我们不能不拒绝接受康德认时空为无限的体积或量的说法。

以上是说明我所以要认时空为有限，认绵延与扩张为无定时空，认永恒与普遍为无限时空，但应以有限的时空为时空之正解，为时空之本义的道理。再回溯我上面三大段讨论空之为理或为事物，为主观或为客观，为有限或无限，乃是批评讨论前人已有的对立学说，并附带提出我自己的见解。至于我所以赞成时空是主观的、有限的理，尺度或标准的理由或证据，将于下面阐明。

我关于时空的思想分开来说，可用四个命题表达，总起来说，可用一个命题表达。

一、时空是理。理是一个很概括的名词，包含有共相、原则、法则、范型、标准、尺度以及其他许多意义。就理之为普遍性的概念言，曰共相。就理之为解释经验中的事物之根本概念言，曰原理。其实理即是原理，理而不原始，不根本即不能谓之为理。就理之为规定经验中事物的有必然性的秩序言，曰法则。就理之为理想的模型或规范言，曰范型或型式。就理之为经验中事物所必遵循的有效准则言，曰标准。就理之确定不易但又为规定衡量经验中变易无常之事物的准则言，曰尺度。理虽然包含有这许多意义，但当我们说时空是理时，我们比较着重时空之为标准或尺度二义。

二、时空是心中之理。这句话实在是上句话的重述。因为据界说理即是指心中之理。理即是普遍的根本的概念，概念当然是意识内的概念而不是意识外的滋味。理既是理想的范型，即是理是心中的范型的另一种说法。理既是规定经验中事物的必然秩序或法则，既是经验中事物所必遵循的准则，既是衡量经验中事物的尺度，则必是出于经验的主体，即规定者、衡量者所先天因有的法则、标准、尺度，而不是从经验以外突然而来，自天而降的奇迹。理是心的一部分，理代表心之灵明部分。理是心的本质[3]，理即本心而非心的偶性，如感觉、意见、情欲等；换言之，理是心之性，而非心之情，而心是统性情的全体。理是思想的结晶，是思想所建立的法则（Das Gesetz ist etwas Gesetzges），是思想所提出来自己加给自己的职责，不是外界给与的材料（Es ist aufgegeben, nicht gegeben）。理是此心整理感官材料所用的工具，是此心用先天工具在感官材料中所提炼出来的超感官的本性或精蕴，而不是感官材料的本身。我们说，心之有理，犹如说刃之有利，耳之有聪，目之有明。我们说，心外无可理解之理，犹如说，刃外无利刃，耳外无耳聪，目外无目明。换言之，理即是心的本性，一如利是刃的本性，聪是耳的本性，明是目的本性。此乃是据心的界说而自身明白的道理。这个例子和这例子中所含的道理，我皆采自朱子自己的说法。故凡彼认理在心外的说法，大都只见得心的偶性，只见得形而下的生理、心理意义的心，而未见到心的本性，未见到形而上的“心即理也”的心。

三、时空是自然知识所以可能的心中之理或先天标准。前两条意谓时空如果是理的话，必是心中之理。此条则更确定指明，如果时空是理的话，时空只是自然知识可能之理，而不是使别的知识，譬如价值知识，可能之理。自然知识指感官知识，亦指关于吾人所经验到的自然界或现象界的知识。这就是说，时空只是使基于感觉的知识，自然界或现象界的知识可能之必然的、普遍的、内发的条件或原理。换言之，就时空为心中之理言，可称为“心之德”。德能也，性也，谓时空为心之功能或德性也。就时空为使基于感官的自然知识可能之理言，可称为“感之理”。即是吾人行使感觉机能时所具有之两个内发的原理或标准，据此原理或标准，吾人可以整理排列感觉中的材料，因而使得感觉也不是纯全混沌而被动，乃亦有其主动的成分，而自然知识因以形成。科学知识即是自然知识，但自然知识不即是科学知识。自然知识尚须经过一番理智的整理后，方可谓为科学的自然知识。朱子说：“仁是心之德，爱之理。”我们则说：“时空是心之德，感之理。”我们完全采取朱子界说仁的方法和态度来界说时空。朱子认为仁是使爱的行为或道德行为可能的心中之德性或原理，我们则认为时空是使自然知识可能的心中之德性或原理。

四、时空是自然行为所以可能的心中之理或先天标准。就知识论言，时空是自然知识所以可能的理。就行为论言，时空是自然行为所以可能的理。知、行本不可分。知道时空与知识的关系，自易推知时空与行为的关系。但康德在先天直观学中专讲时空在知识论上的地位。而他在《行理论衡》中，对于时空与行为的关系，竟只字未提及。总之，康德于《纯理论衡》及《行理论衡》中，对于知识与行为并未作平行的批评研究。而时间与空间（特别时间）对于行为关系之重要，实不容任何哲学者忽视。且中国哲学家每提到时空问题时，又大都完全注重时空与行为的关系。用康德的方法以补充康德所遗漏未讨论的问题，并发挥解释中国哲学家对于时空与行为之关系的见解，就是我们所以要特别标出此点来讨论的目的。此处所谓自然行为包括三层意思，一是指基于本能要求、自然欲望而产生的行为；一是指出于理智的计算、实用的目的而产生的足以适应生存且有经济实用价值的行为；一是指艺术化或美化的自然行为，盖自然本含有本能的、实用的、美的三层意思也。

总结上面四点，可以说“时空是自然知识和自然行为所以可能的心中之理或标准”。若试采用朱子的语气，换句话来说，可称“时空者，心之德、感之理而自然行为可能之标准也”。但以上四点，只能说是释题，只能说是武断地提出来须待证明的命题，以下我们再根据理论和事实加以证明。

关于“时空是理”一命题，可以提出两个外在的证明。一为从哲学的本质或界说以证时空是理，一为从中国和西洋哲学史的发展以证时空是理。今不从时空的本质而乃从哲学的本质及哲学史的发展以证时空是理，故不能算作内证，只可算作外证。盖哲学即是理学，以研究理为对象之学。今时空既是哲学研究的对象，故时空必是理。不然，哲学家即不应把时空当作重要的哲学题材，加以专门的研究，可用三段论法推证如下：

正面的说法：

凡哲学研究的对象必是理，
今时空是哲学研究的对象，
故时空必是理。

反面的说法：

凡不是理的问题，即非哲学研究的对象。
今时空不是理的问题，
故时空非哲学研究的对象。

根据这两条推论，我们可以判断如下：凡任何哲学家讨论时空问题时，他必须首先承认时空是理。假如他否认时空是理，则他便不应站在哲学的立场研究时空问题。

兹请进而从哲学发展的趋势以证时空是理。哲学的历史即是理性发展的历史，亦可说是理性化一切的历史，哲学愈发达，则理或理性的势力范围愈推广。哲学史的起源可以说是在于首先承认物之有理。理是物的本质，理外无物。《诗经》上“天生烝民，有物有则，民之秉彝，好是懿德”四语，应是中国哲学史开宗明义的第一句纯哲学思想。头两句说明，凡物莫不有理；次两句说明，凡人莫不性善。性者，人所秉赋之理故善。彝，据古义，法也，常也，物有理，故须从知的方面以研究之，性本善，故须从行的方面以扩充之。故此处已隐约包含有“物者理也”、“性者理也”的思想。其次当推《书经》上“人心惟危，道心惟微”的几句话。“道心”二字为后来所谓“义理之心”、“本心”、“良知”的本源，约略相当于希腊哲学家所谓理性的灵魂。且已隐约包含有宋儒所谓“心者理也”的思想。又如“天”字本来系指有人格、有意志可以作威作福的上帝，只是宗教信仰的对象，而非哲学研究的对象。而《易经》上所谓天，则系指理、道或宇宙法则而言，常称为天道。而程朱竟将“天者理也”一语揭穿，天遂成为哲学观认的对象了。总之，我的看法，以为“物者理也”、“性者理也”、“心者理也”、“天者理也”就是扩充哲学的领域，将物、性、心、天皆纳于哲学思考之内，使哲学正式成为理学的伟大见解。但这些见解，都已在先秦的儒家典籍中，隐约地、浑朴地、简赅地通通具有了。到了宋儒才将这些伟大哲学识度重新提出来显明地、系统地、详精地加以发挥。而朱子对于心与理的关系的问题，尤甚费踌躇，而陆象山直揭出“心者理也”一语，贡献尤伟。盖前此之言心者，皆不过注重（1）正心诚意之涵养问题，（2）以吾心之明去格物穷理的方法问题，（3）明心见性的禅观问题。自陆象山揭出“心者理也”一语之后，哲学乃根本掉一方向，心既是理，理既是在内，而非在外，则无论认识物理也好，性理也好，天理也好，皆须从认识本心之理着手。不从反省本心着手，一切都是支离骛外。心既是理，则心外无理，心外无物，而宇宙万物，时空中的一切，也成了此心之产业，而非心外之傥来物了。故象山有“宇宙即是吾心，吾心即是宇宙”之伟大见解，而为从认识吾心之本则、以认识宇宙之本则的批导方法，奠一坚实基础，且代表世界哲学史上最显明坚决的主观的或理想的时空观。所谓“宇宙即是吾心”意谓时空或时空内的万物皆吾心之中的观念，时空是吾心之理、之德，心外无时空，亦无时空中之事物。所谓“吾心即是宇宙”，乃孟子“万物皆备于我”之另一种说法。意谓吾心中具有宇宙（时空中事事物物）之大经大法，吾心掌握着时空中事事物物的权衡：以理解自己的本心，作为理解时空中事事物物的关键的先决问题。所以由“物者理也”、“天者理也”、“性者理也”的思想，进而发展到“心者理也”的思想，是先秦儒以及宋明儒的大趋势。而由心即理也的思想发展为认时空为吾心之理，吾心掌握着时空中事事物物的权衡的思想，乃是自然的趋势，宋儒思想的顶点。“心者理也”，“宇宙即是吾心，吾心即是宇宙”，真是陆象山千古不灭的心得。

我上面这一番意思不十分清楚的话，实表示思想的必然次序，哲学发展的必然历程。中国哲学史如此发展，西洋哲学史发展的次序亦并无二致。希腊最初一期的自然哲学家，虽说要寻求解释宇宙的法则，但他们并没有发现物之理则、物之本性，只是以物释物，以水、空气、火等元质之聚散来解释宇宙，结果走到 Leucippus 之原子论，以原子的运动解释宇宙及 protagoras 之感觉论，以个人主观偶然无常的感觉，作为权衡万物的原则，直至苏格拉底方正式走上研究物性或物理的途径。由对于 Physis（自然）的研究，转而作对于 Ousia（本性）的研究。物的本质是性，性即理。离开理或理念的规定外，无事物。人的本质是心，心是理性，或理性灵魂，灵魂与理念为一，理念神圣不灭，故灵魂亦神圣不灭（心者理也）。上帝即是善的理念，上帝即是纯范型，换言之，天者理也，上帝（天）已非传统宗教信仰崇拜的对象，而为哲学思想的顶点。总之，据我看来，物者理也、性者理也、天者理也、心者理也种种见解，已隐约地、浑朴地、平正地、美妙地、简赅地通通具于从苏格拉底到亚里士多德时期的正统哲学思想中了。近代哲学中，笛卡尔可以说是第一个正式提出物与理、性与理、天与理、心与理的关系的种种问题的人，他对这些问题虽辟开一条新路，且有不少的启示，但究未提出至当不二的答案。惟斯宾诺莎方才系统地、明白地、精密地达到天者理也、物（自然）者理也、性（essence）者理也的伟大形而上学见解，而加以有力的发挥。对于心与理的关系，斯宾诺莎亦有不少的启示，如认真观念为观念之观念（idea ideal），换言之，即理，认心灵的部分即心与理之部分是永恒不灭的，但究未直切明快提出“心者理也”之说。英国经验主义自洛克到休谟，真可以说是离理而言心的心学。对于性、天、物差不多都纯用原子式的心理经验中的观念的联合以解释之。但他们对于方法上有一伟大的贡献，为哲学开辟了一个新方向，即是须从意识现象，须从内心经验去研究物、性、天、理等哲学范畴。换言之，他们指出唯有考查意识历程，分析内心经验，才是了解外界自然的关键。康德崛起，一方面，把握住理性派的有普遍性、必然性的理。一方面又采取了经验派向内考察，认识能力的方法，但以先天逻辑的方法代替了心理学的方法，对于人类心灵的最高能力，纯理性，郑重地加以批评的考察。因而成立了他的即心即理、亦心学亦理学的批导哲学或先天哲学。他把心所固有不假外求的纯理加以系统的推演；他指出时空二型式，因果等十二范畴，上帝、心灵等理念，都是此理性之我，或人类的本然意识自身原有的性能或原则。康德与陆象山一样，接受哲学史的教训而集其大成处有三：1. 系统地发挥心者理也的学说。2. 微妙地指出时间与空间为心中之理则，非心外之实物，由把握住时空因而掌握住排列在时空中的事事物物的权衡。盖现象界万事万物既不能逃出时空的范围，即不能逃出此心此理的宰制也。3. 就方法言，康德指出要了解宇宙须批评地从了解自我的本性、认识的能力着手。不然便是无本的独断，无根的玄谈。总之，无论中国或西洋哲学史的发展，由达到心者理也的思想，进而发挥为时空者心中之理也的思想，哲学的研究因而建筑在一个新的知识论的基础上，对于宇宙万物的理解，因而另辟一新的由内以知外的途径。若果我们要领取哲学史的教训，我们必须承认时空是心中之理的说法是有深厚基础的真理。这就是我所谓从哲学历史的发展以证时空是理——心中之理的论据。

以上所讲的两个论证，都是外证，外证虽可聊备一说，但究乏逻辑的必然性。今请试一讨论内在的证明，内证之一为形上证明。从经验中形而下的事实中去分析时空的本质，而证明时空不是心外的形而下的事物，乃是心中的看不见、摸不着的理则，是为形上证明。

最原始的空间观念，莫过于“此地”（here），最原始的时间观念莫过于“此时”（now）。但“此地”可以指一切地，“此时”可以指一切时。足见“此地”、“此时”并非特殊的固定的实物，而乃此心所建立，用以指谓任何当前之地、当下之时的普遍概念。外界的自然中，因无有一地，可单独称为此地者。在事物绵延的过程中，亦无有任何刹那可单独称为此时者。是以足证此时此地乃主体固有之准则，用以排列或确指任何当前之地、当下之时者。此时所指者可以是具体的特殊的绵延，此地所指者可以是外界的特殊的扩张体，但此时此地，只是普遍的主观的“指”，而非客观的特殊的所指也。譬如说，此地可以是讲堂，亦可以是操场。但讲堂或操场却非此地。此时可以是早晨，亦可以是晚间，但早晨或晚间却非此时。换言之，此时此地乃心中的共相，非外界的殊物，乃思想所建立用以确指或衡量当前的扩张体当下的绵延历程的标准，而非有扩张有绵延的实物。“此地”的性质如此，则“彼地”的性质，可以类推。“此时”或“现在”的性质如此，则“彼时”、“将来”及“过去”的性质，可以类推。

其次最具体、最确定的时间观念，莫过于年月日时。最具体、最确定的空间观念，莫过于东南西北。而东南西北只是指示一物在空间所占的位置，或一人或物行走或运动的方向的标准，并不是外界的实物。而且这些标准随主体地位的变异而变异。东南西北等概念，本身既非实物，亦非实物本有的性质或实物与实物间固定的关系。乃是主体建立起用以指示外物的方位的法则或标准。[4]同一个地方，譬如武汉，在北平的人可以说它在南方，在广州的人可以说它在北方，在重庆的人说它在东方，在南京的人说它在西方。足见我们虽可依我们的立脚点的方便，提出标准去指出或排列武汉的方位，且武汉本身亦逃不出方位的标准与范围。但东南西北等空间的方位概念，乃是主观的相对的标准，不是离心而独立的实有。但此种标准却自有其客观性与有效性，因为它们乃是建立在主观上的或透过主观的客观标准。其实任何客观的标准或法则都是这样建立起的，而不是离开主体而独立的实物。至于年月日时等概念更好似具体的实物，如百年、十月、二十日、十二时的说法，简直是可以积聚的量，有时称为时间的体积（time magnitudes）。其实细分析起来，这些概念只是主体所建立起来，衡量事物持续其存在的尺度，排列我们感官材料（说确切点，内感官材料）的标准。譬如，“我们浪费了五年的时间”。这并不是说“五年时间”与“五块洋钱”一样，同是实物，可以浪费掉，也可以节省起来，严密地说“我浪费了五年的时间”，应该翻译为“我耗去了我的生存的持续的过程的一段，我这一段生存的过程，如果用年的时间标准去衡量，恰好五年”。时间是共同的标准，主体用以衡量或整理感觉材料的尺度，是不能耗费的。所可耗费者，事物或人的不确定的生存的持续耳。例如，我可以吃完三个苹果，但我不能吃完“三个”。同样，我们可以耗费我们五年的生命的持续，但我们不能耗费“五年”。同样的道理，可以推知月日时等之皆为主体所建立用以整理感觉材料，衡量事物存在的持续或绵延的标准或尺度——主体所建立的客观的有效的而为任何感觉事物所不能逃的标准或尺度。这些标准或尺度就是主体理性所固有，所资以掌握在时间内变化的事事物物的权衡的关键。

此外如时间上的在先或在后，空间上的前后、左右、上下等概念之为主体所建立，用以整理或排列感觉材料的客观有效的标准或尺度，理甚显明。不用详为解说。

根据上面这些说法，我们可以证明时间与空间，是主体（此心）整理或排列感觉材料的总法则（理或原理）。依据此法则我们可以说，凡感觉中有扩张的物体，必在空间中排列着，凡感觉中有绵延的事变，必在时间中排列着。但此只是概括的原则，尚不能给我们以具体的自然知识。必经过时间和空间的分法则、分标准、较精密的尺度加以整理排列后，方可得确定有效准的自然知识。此时，现在、过去、将来，先后，久暂，年月日时等即是时间的分法则，分尺度。此地，前后，左右，上下，内外，长宽高，东、南、西、北、中央等即是空间的分法则，分尺度。所有这些时空的种种法则或尺度皆非外物本身的性质，而乃基于主体的理性或理性的主体的纯思的活动建立起来的，也可以说此心本有之条理，先天的准则。[5]

以上证明时空及关于时空的概念不是有形体的实物，而是主体所建立起的公共标准，用以整理、排列、衡量感觉中的材料的尺度，换言之，时空不是感觉的对象或材料，而是使感觉的对象或材料有条理成为自然知识或现象所以可能的原则或标准。此种证明我叫做形上证明。以下我将证明时空何以为使自然知识可能的普遍的、必然的先天条件，何以任何感觉的事物均必然地、普遍地受时空的准则的规定。此种证明我称为先天证明。

论时空为自然知识所以可能的先天之理或标准

此段的目的在指出时空为先于一切自然知识或现象，而为自然知识或现象所必须遵循，所以可能的原理或准则。

（一）时空为自然知识所以可能的自然之理

一个人一有了感觉材料，他必然地，自然地，不自知觉地，便用时间和空间的准则，加以排列。时空可以说是人人排列感觉材料所用而不自知的自然标准。他排列感觉材料最原始、最直接的标准，就是“此时”和“此地”，此为初步的暂时的（tentative）对于感觉材料之整理。亦可称为先感念的时空整理。由模糊的感觉进而为明晰的观念，谓之感念。代名词这或那只是代表感觉，名词如桌子、树子等便代表感念。当我们只能说这是在此地时，感觉的内容尚只是无名之朴。当我们能说这桌子是在此地时，我们的感觉便进而为感念。桌子一名词本是一概念，用概念去指称一感觉，则这感觉进为感念。当我们对于这当前的感念的对象的数量和性质弄清楚了，并对于这感念的对象的周围的事物也有了感念了，于是我们便可用较确定的时空的标准再度加以排列或整理。譬如，这一个黄色的木料的桌子今天是在屋子之内，讲台之上，黑板之前。这样一来，我们对于这桌子的了解比之单说现在这是在这里，就更清楚更客观了。这种较清楚较客观用了较确定的时空标准的排列或整理，我叫做感觉材料之后感念的时空整理。任何感觉材料，必然的、普遍的必须经过这两度的时空标准之整理排列，方得成为自然知识，方得成为自然现象。假使你说你有一个感觉，但你对于你的感觉内容连是否此时此地在此都说不出来，那就是未经过最原始、最直接的时空标准之整理，那就等于说你没有感觉。承认你有感觉内容，假使你对于你的感觉内容又不能加以后感念的整理或排列。譬如你只是说：“我看见一个黄色的木料的桌子。”但别人问你在何时在何处看见一个黄色的木料的桌子，而你又说不出时间和地点来，那我们也只能说你是在虚构、在撒谎，而否认你对于那桌子有了清楚客观的自然知识。但对于感官事物之加以先感念和后感念的两重的时空排列，乃人人所不虑而知，不学而能，自然能如此，必然须如此的先天的认识功能。所以我说时空为自然知识所以可能的自然之原则或标准。这两重的自然的时空排列，是感觉材料或对象成为自然现象之所必经过，主体得到自然知识之所必施行的程序。这种自然知识之获得，是自然的，不费思索的，有时为主体不自觉，有时且为主体所不能拒绝、不能排斥的知识。这种知识之获得，也许于主体有利，但也许于主体有害的，是未经过主体的意识的选择的。

（二）时空为自然知识所以可能的权便［断］之理或标准

就时空之为自然的标准言，是比较原始的、简单的、无实用目的的标准，但就时空之为使自然知识可能权断之标准言，则是人为的、复杂的、有实用目的的标准。如年月日时分秒，大至光年小至千万分之一秒的时间标准，可以说是人为的权断的时间标准。东、南、西、北、中央，长宽高的度量，经度纬度的厘定，及其他规定方所的标准，都可以说是人为的权断的空间标准。但对于任何感官的材料，若不经过这些权断的时空标准，加以整理排列，则凡关于实用的，一部分是科学的自然知识就不可能。故许多适用的有科学的准确性的自然知识之所以可能，完全因为认识的主体能够主观地先天的建立这些权断的时空标准。[6]这种权断的时空标准可以先天地作为衡量一切可以衡量的时间的量（绵延）和空间的量（扩张），而无物可以违背或逃遁。

（三）时空是自然知识可能的理性的原则或标准

就时空之为整理感觉的材料之自然标准言，是以感觉的次序为次序，而感觉是随感而变是偶然的，故依感觉的次序而排列的时空次序，常有不合事物的本来次序之处。譬如天空中的星球，就感觉而言，它们在空间的大小好像都差不多，它们与我们距离的远近好像也差不多，但他们本来的大小，各个星球与我们本来的距离，与感觉依自然之时空的标准所排列的结果，就相差得异常之大。又如事物发生的真正时间上的先后次序，与我们所感觉到的时间次序，亦每每相反，就时空之为整理感觉材料的权断标准言，依照这种标准所排列的事物的时空次序亦与其本来的真正次序未必符合。换言之，要想得着纯科学的自然知识，要想把握感官材料本来的真正的客观的时空次序，尚须用理性的时空标准，另行加以排列，方可达到。就时空之为自然知识可能的理性原则或标准言，则为自然律或因果律。单对感觉材料加以理性的时间排列，所得各因果律。“因”为时间上在前者，“果”为时间上在后者。对感觉材料加以理性的时间排列，兼加以理性的空间排列，将事物在空间的本来的真正的部位和关系亦加以客观合理的排列，统称为自然律。因果律或自然律之获得，基于用感觉校正感觉，用理智或理论校正感觉，用理论校正理论种种认识历程[7]，以决定感觉材料时间的和空间的本来的真正的次序。故因果律所昭示我们的自然知识，可以说是：real or objective order of nature determined by rational time，为理性的时空标准所决定的真正的客观的自然秩序。假使不经过这一番烦难的手续，不经过理性所决定的时空标准对感官材料加以排列整理，则我们便无法求得为因果律所规定的自然知识，换言之，则因果的自然世界的知识为不可能。故因果律可以说是以理性的原则（凡物莫不有因）为体，而以时间的标准为用的把握自然的法则。而这个法则是先天的法则，无感官事物可以逃遁的法则。我此处所谓就时空之为理性的原则或因果律言，可以昭示我们事物的本来的客观的真正的时空次序，这也并不是说事物的真正的本来的客观的时空次序是离感觉或意识而独立存在的，乃是指建筑在主观上的客观次序，建筑在理性上的事物的本来的真正的时空次序而言，非谓感觉之外、时空标准之外、理性法则之外尚有所谓本来的客观的真正的时空秩序也。

总之，自然知识为方便计，不妨分为三种：(1) 感觉的自然知识为自然的时空标准所决定。(2) 权断的实用的自然知识，为权断的时空标准所决定。(3) 科学的或因果律的自然知识为理性的时空标准或因果律所决定。因此足证有不同意义的时空标准为规定不同意义的自然知识的先决条件。自然知识愈精密，愈有条理，而使此种知识可能之时空标准亦愈精密，愈合理性。此为时空为自然知识可能之条件的先天证明。此下再提出时空为自然行为可能之条件的先天证明。

论时空为自然行为所以可能的先天之理或标准

此段目的在指出时空为先于人类一切自然行为，而又为人类一切自然行为所必须遵循所以可能的原理或准则。

(一) 时空为自然行为所以可能的自然之理或标准

一个人无论作什么事或有什么行为，他必然地自然地不自知觉地要遵循时间和空间的准则。“日出而作，日入而息，凿井而饮，耕田而食。”就是原始的自然人所依据的行为的时间和空间的准则。单说一个人作了一件事，但不能说出他作那件事在什么地方、什么时候，那就等于说他没有作事。不惟积极的行为，作事，要遵循时间、空间的准则，就是消极的行为，如睡觉休息也逃不出时空标准的规定。这种遵循自然的时空标准的自然行为，就是本能行为。此种本能行为与候鸟、候虫之依时间的变易而变易其处所，而变易其活动，可以说是一样的性质。故不仅人的自然行为遵循时空标准，禽兽的行为亦遵循自然的时空标准。行为遵循自然的时空标准，乃人人所不学而能、不勉而中的必然如此之事。这种自然的时间标准一方面固是主体意识所建立的规定行为的标准，一方面又好像即是感官的直观所揭示的大自然运行的自然节奏。因此当一个人遵循着自然的时间标准而行为时，他会觉得他的行为的次序与大自然运行的次序如季节等相谐和，而有内外合拍、自然与我为一之感。他不惟不觉得他的行为为时空的准则所决定，反会觉得他的生活活泼自在而有朴茂的生气。他这种原始的、天真的、淳朴的境界，反为那些厌恶文明社会提倡归返自然的诗人们所欣羡歌颂。这种遵循自然的时空标准的行为，在某种意义下也可以说是不遵循时空标准，而只是享受自己生存的纯绵延，而无所谓时间、空间的观念。这种的自然人的行为，既不能表示道德的人格，亦不能达到实用的目的，在生存竞争文明进步的社会里，这种自然的行为，终在被淘汰之列。

（二）时空为自然行为所以可能的权断之理或标准

实用方面的知识，须以权断的时空标准为前提。而同样，任何有实用意义的行为，亦须以遵循权断的时空标准为前提。若无权断的而一面又是客观的、公共的时空标准，则社会事业、群体生活就不可能。社会事业之发达，群体生活之有秩序，完全建筑在权断的时空标准之有效上。能够创建权断的时空标准，而此标准又能增进社会大众的方便与利益，为社会大众所接受遵循的人，就是伟大的社会事业家。商人营业的时间与地点、学校上课的时间与地点、一切公共机关办公的时间与地点，就是我们所谓权断的时空标准。若不遵循这些时空的标准，则任何公共事业均无法进行。任何公共的集会，每人入场的次序、座位的次序，均必依权断的时间、空间的标准加以排列，不然则会场的秩序不能维持，集团生活不可能。当一个社会的公民，到公共场所买票，如买剧场入场券，买公共汽车票、火车票之类，不依时间的先后，到场后不依规定的座位，常有争执的事发生时，则那些人民尚不能过近代化的社会生活。所以遵循权断的时间与空间的标准，实为近代化的社会生活必然的、先天的条件。

总之，权断的时空标准的建立，是建筑在个人实用的目的，行为的方便，与社会效率的增进，秩序的维持上。至于权断的时空标准之何以有实用性及其与自然的时空标准之区别，可举简单的例证如下。譬如，哲学讨论会定于某月某日下午四点钟开会，或有人请我于某月某日晚七点钟赴宴会。所谓下午四点钟或晚间七点钟，并非实物亦非实事，只是人为的权断的标准，不过用钟表的规律运行以表示此抽象的标准罢了。假使我迟至下午五点钟方去赴讨论会，或迟至晚九点钟方去赴宴会，则我便错过时间，失掉赴会及与宴的机会。就失掉机会言，于我不利有损失。假使我每事都这样失掉机会，我便会失掉信用，一事无成。就错过时间言，则错过的只是确定的权断的时间，而并没有错过自然的未经规定的时间，盖下午五点钟，晚间九点钟，仍然是时间，不过于欲赴会、赴宴之我，只是自然的时间罢了。于此足见人容易错过权断的时间，而决不能错过自然的时间。遵循权断的时间，有利益，事可成；反是，有害，而不能作预定之事。而遵循自然时间的行为则无甚实用意义，有时反于己有害，更足证权断时间实为使实用行为可能之必然条件。

(三) 时空为艺术化的自然行为所以可能的理性的原则或标准

一般的哲学家不是从宇宙论的观点去讨论时空问题，就是从知识论的观点去讨论时空问题，几乎没有一个哲学家讨论到时空与行为或道德的关系。而一般伦理学家也绝少有人讨论到行为，特别道德行为之时空的条件。亚里士多德虽曾指出情欲之感发能合于适当的时间与适当的地方为道德的特质，但他亦是语焉不详[8]，而中国哲人早已把握住时间、空间（特别时间）的标准与道德行为的关系。他们不抽象地讲道德律、道德价值、自由意志等，而着重具体的礼。礼教是中国的道德思想道德生活的中心，也是中国文化的特色。遍察西洋各国的文字，要找出一字其含义其内容与中国的“礼”字或“礼教”字相当的，简直不可能。但“礼时为大”，“礼者理也”，故礼不仅是抽象的道德律，也不仅是符合时空标准的自然行为与实用行为，而乃是理与时之合。礼就是代表道德律之实施而符合适宜的时间标准的行为，同时又表示遵循为道德律所决定的时空标准的行为。礼一方面是符合时空标准的道德行为，一方面又是由时空标准去节制情欲，使符合道德律的理则或尺度。道德而不进于礼，则道德永远不能艺术化，不能与当时当地的人发生谐和中节的关系。

“礼时为大”之时，是指为理性所决定的时间标准而言。盖无论冠昏丧祭之礼，祀郊祀天之礼，日常应接酬酢，动容周旋之礼，皆有很重要的时间成分。若错过此转瞬即逝的时间成分，就是违礼或失礼。但此种时间标准乃出于理之所当然、情之所不能自己［已］，故与出于本能的自然的时空标准和出于实用目的的权断的时空标准不同。细究起来，礼亦有其人为的权断的成分，亦有自然的成分。但礼之自然乃合理的自然，礼之权断乃合理的权断也。盖礼理也，履也，虽是出于道德意志的建立，实亦具有与自然合拍与天为一之要求也。

时与空不可分。说“礼时为大”即包含有“礼空为大”之意。盖礼的行为不仅是符合理性的时间标准，且须符合理性的空间标准。不过以时间的标准为重、为主罢了。礼而能不爽其时，自可不误其地。所谓动容周旋中规矩，本质上固是指行为之合理性矩度言，但实际上仍指合于适宜的空间标准而言。盖当执礼之时，进退周旋，出入立坐，均有一定的空间的矩度，一如跳舞的步伐之有节奏，且须与音乐合拍。故行动之失礼，与跳舞之失节奏，均可以在美感上引起不良的印象，在情绪上引起不谐和、不舒畅之感。

“礼时为大”诚道出礼之特质。但我们亦可以说“乐时为大”。盖礼乐常相须。时间为礼之主要成分，同时，时间的准则亦为任何音乐所不可缺。时间的准则，实为使音乐之为音乐，音乐之有节奏的惟一要素。但音乐上的时间乃是为理性，为审美的规范所决定的时间。有其自然处。但是美化的自然，有其权断处，但是以美为目的而权断。道德律与时间的准则合一而产生“礼”的行为，即是道德行为音乐化，艺术化之别一种说法，盖礼与乐、礼与艺术实根本不能分开。离乐而言礼，则礼失其活泼酣畅性，而成为束缚行为桎梏性情的枷锁。离礼而言乐，则乐失其庄严肃穆之神圣性，而成为淫荡人心的诱惑品。就艺术中之音乐、诗歌言，以时间准则为重。就艺术中之图画、建筑、雕刻言，则以空间的准则为重，故此种艺术有称为空间艺术的说法，即以其注重艺术品之空间部位排列之谐和与匀称也。总之，我的意思认为，礼基于为道德律所决定的时间、空间的准则，而艺术则基于为审美的规范所决定的时间与空间的标准。时空的准则与纯道德律合一而产生“礼”，时空的准则与审美的纯规范合一而产生艺术。“礼”即是艺术化的道德，而艺术化的道德，就是不矫揉造作而中矩度有谐和性的自然的本然的道德，也可以说是与时偕行随感而应的自然道德。故我所谓自然行为包含三层意思：1. 本能的自然行为，先天的遵循自然的时空标准。2. 实用的社会化的自然行为，先天的遵循权断的时空标准。3. 合礼的艺术化的自然行为，先天的遵循理性的为道德律所决定的时空标准。任何有礼的艺术化、自然化的道德行为，必然地要通过为理性所决定的时空标准，我们试假想一个人的行为纯粹为道德律所决定，而不遵循合理的时间与空间的标准，则有礼的艺术化的行为就不可能。假使一个人只有绝对坚强的意志，浪漫高尚的理想，而于发出行为时，不能择取一适当的合理的时间与空间的标准，则其结果将至于（1）空有善良动机不能实现出来。（2）时地不宜，动辄发生龃龉，引起反动，终至偾事。所有因缺乏礼的缺乏艺术化的行为所可产生的坏结果，均会发生。

或者可以说，一个人有了高尚纯洁的理想，有了必然普遍的道德律令，只须凭坚强自由的意志，往前干去，打破时代环境的障碍，哪里顾得到去遵守许多时间、空间的标准，以束缚自己。我可以答道，一个人作事无论动机如何纯洁，理想如何高尚，若不准之以时地之宜，只是有理而无礼，有时正足以表示这个人心粗气浮，鲁莽灭裂，对于道德律未曾加以细密的穷究。换言之，一个人的行为，只有纯洁的动机，而不能遵循合理的时间与空间的准则，也许正足以表示他的动机不够纯洁，不够诚挚。费希特论理性的发展，由理性认识阶段，进而为理性艺术阶段。盖在前一阶段里，对于理性的法则，虽有了清楚的认识，尚未能圆融醇熟而发为行为。而到了理性艺术期，则可以产生学养醇熟，动中规矩的有礼的行为，亦即此处所谓艺术化的行为了。一个人并不是有了理性，动机，主义就可不顾一切，任性所之的。因为人性本善，谁没有理想，动机？谁不信救国救民的主义？要在格物穷理，审慎周详，使理而表现为礼，枯燥的道德律具体化作有艺术意味的行为。有如王船山所谓“研诸虑，悦诸心，准诸道，称诸时，化而裁之存乎变，及其得也，终合于古人之尺度”。庶几一言一行，可以如时雨之润花，如清渠之溉稻，宜其时，遍其地，成事于无为，感人于无形。此种境界，非喧哗叫嚣，惊世骇俗欲速助长之道德家所能梦见。

孔子被奉为“圣之时”，即因为就空间言，他的行为可以无入而不自得；就时间言，他的行为可以无时而不自在。他能够注重礼，及礼之因时间的变化而应有之因革损益，并不因为他不顾时空的准则，乃因他能凡事曲当时空的准则。盖时空既是心中的为理性所决定的标准，人能把握住心中之理，则行为自可有当于时空的准则。此正是意志之曲当理性准则，自由自得处，并非为外在的时空条件所束缚，而丧失道德的自由也。盖时空主观说其根本意义即在于，知的方面为知识之自动，行的方面为行为之自主奠深厚的理论的基础。因为 1. 时空既是此心的准则内在的标准，则吾人行为之遵循时空标准，即是遵循出于自己心性之准则，故有其自由自主成分。2. 就行为之遵循个人或社会为实用目的而建立的权断的时空标准言，吾人亦可得一种实际的自由，任性的自由，但不能谓为理性的自由罢了。3. 就行为之为理性的时空标准所决定言，则此正是行为的自由所在。因为此种行为表面上虽似为时空所决定，实质上乃是为理性所决定。而遵理性而行乃是意志自由的本质。离理性的决定与规范外，决无所谓意志的自由。

总结起来，我的意思，第一，遵循理性的时空标准，为有礼的艺术化、自然化的道德行为可能之先决条件。第二，行为遵循理性的时空标准，并不是降低纯洁的动机，严肃的道德律以与外在的时空条件妥协，而丧失意志的自由，反之，我认为基于遵法律纯动机自由意志之道德行为，能曲当于理性的时空标准，由理而实现为礼，正是道德律充实内容、动机诚挚、意志真正自由的表现。

就时空之为主体固有之自然标准言，为感觉知识与本能行为可能之先天条件。就时空为主体所建立权断标准言，为实用知识与实用行为可能之先天条件。就时空之为主体所规定的理性标准言，为合于自然律的科学知识与合于礼的道德行为可能之先天条件，此为我所提出之先天证明所欲证明者。由此足见时间与空间并不是死的标准或格式，而乃随主体知识道德之进步而进步，发展而发展，愈趋于精密与合理之途，直至达到理性的阶段，为理性或精神价值所决定之标准，足以表示理性的法则时，此心的时空原则方发挥其妙用。理性的时空既为科学知识与美化的道德行为可能之先天条件，则欲从科学真理的追求与道德义务的实践中，以求超越时空的限制，而达到永恒普遍之域，当更属困难，且甚至不可能。但从另一方面说，时空既为理性所决定，受理性之管辖与支配，是已成为理性为体、时空为用的局面。故当吾人遵循理性的时空的准则，而产生科学知识与道德行为时，吾人已正在发挥理性的功能以运用时空，决定时空而不为时空所运用、所决定，是则所谓超时空之真义即已寓于其中。盖所谓超时空之真义，不在于超绝时空，知行与任何时空不相干，堕入虚无寂灭之域，乃即在于运用理性以把握时空，决定时空，使时空成为表现理性法则之工具也。

［注释］

［1］康德的措辞虽有时难免含混而易滋误解，但他的先天直观学之主要思想与伟大创见，乃在于指出时空是出于纯理性之自发的理或法则，而不是独立于意识之外的物或事，乃是显豁呈露、不容否认的事实。乃竟有许多专门研究康德的注释家，连这一点基本道理，都不懂得，真令我惊讶。我现在试引著两大本《*Kant's Metaphysic of Experience*》的 Paton 教授，误解康德的时空学说以与 Alexander 之说附会的一段话，来作例子："It seems to me at least possible that space-time is the condition or form of all appearances given to sense; that we can gradually sort it out, by a special kind of abstraction. from the appearance of which it is the form, and study it mathematically as an individual whole, which is intelligible through and through; and that in so doing we can discover laws to which the world of appearances must conform.”(I. P. 163)这一段短短的话，就犯有下列数点错误：一、时空合一(space-time)的说法，乃受相对论的物理学影响的自然哲学(cosmology)或玄学的时空观。依此说，时空合一为纯事变，与康德认时空为两个相关但各自不同之原则的说法，实不可附会混淆。二、康德认时空为一切现象的条件或型式乃是必然的，而巴顿仅谓时空为一切现象之条件或型式是可能的。真是谬以千里。三、巴顿主张对于时空加以数学的研究，慢慢地去发现现象界所必须遵循的法则。(我揣想，他是指物理学的法则而言。)殊不知康德认为就时空之为纯直观言，时空本身已经是法则，是使现象界可能、使数学可能的先天法则或逻辑条件，康德是从逻辑的知识论的立场以讨论时空，而巴顿为亚历山大所误引，乃是从物理学的独断的玄学的立场以讨论时空。康德注重从向内考察认识的能力，反省理性活动的本质，以发现时空的性质，而巴顿则主张从外界给与的感官材料或现象界中用数学方法以研究时空。这简直足以与康德正相反对的说法来解释康德。四、康德通常总是称时空是感性的型式(forms of sensibility)，而只是偶尔一说时空是现象的型式(forms of appearance)。当他说时空是感性的型式时，他是指时空是感性据以整理或综贯感觉材料的本身固有的纯型式或先天原则而言。当他说时空是现象的型式时，他是指时空是认识的主体，用以规定现象，使现象可能的先决条件或逻辑法则而言。而巴顿则只采用“现象的型式”的说法，绝少采用“感性的型式”的说法，揣其意乃是认时空为一切事变发生之客观格式或外在场所。他不说时空是认识的主体用以整理或排列感觉材料的原则或型式，而只说感觉或现象事物(客观地、自然地)在时空中排列着。总之，他把康德的逻辑的知识论的时空观，释成物理学的时空观。把康德基于主体的理想的动的时空原则，释成属于现象的客观的死的时空格式。可以说是处处违反康德的根本思想。

[2] 中国哲学家中陆象山、陈白沙可以说是持主观时空论的人。陆有“宇宙即是吾心，吾心即是宇宙”的名言(宇即空，宙即时)。陈有“天地我立，万物我出，宇宙在我”的话，又说“得此把柄入手，往古今来(时)，四方上下(空)，都一齐穿纽，一齐收拾”。可惜中国哲学文献中，这类材料并不多，他们自己少发挥，别人也很少加以批评、讨论，在不懂得的人也许说这类的话神秘而无意义，但若用正当的哲学眼光，加以同情了解，则这些话不仅饶有深厚哲学意义，且可加以逻辑的

证明，理论的发挥。又诗人中如李白“天地者（空）万物之逆旅，光阴者百代（百代指客观无限之时间）之过客”，颇能美妙地道出常识中认时空为客观实在之见解。而杜甫诗中如“乾坤万里眼，时序百年心”二名句，则颇具主观的时空观之识度。此二语意思本甚含蓄，如要加以哲学解释，则可释为“乾坤万里（空间）与眼相对，时序百年（时间）与心相对”；乾坤万里乃眼底之现象，时序百年乃心中之现象；眼识之外无乾坤万里，意识之外无时序百年。盖李较重外界自然，杜较重历史文化，则两人对于时空有正相反对的看法，亦极自然之事也。

［3］理既是心的本质，假如心而无理，即失其所以为心。譬如禽兽就是无有理性的动物，因此我们不说禽兽有心，只说禽兽有感觉。故理必在心中，而心之为心，即因其“聚众理而应万事”。因理聚心中，因心聚众理，故心是“一而不二，为主而不为客，命物而不命于物”的真纯之主动者（所引皆朱子语）。

［4］没有一个地方可以说是在空间占着有绝对固定的方位。北平可以不在北方，中国可以不在中心，远东可以不在东方。

［5］宋儒常以散钱喻事物，以钱串喻理。感觉中复多散漫的材料即宋儒所谓散钱，而时空的准则，应即宋儒所谓钱串。

［6］权断的、有用的、人为的原则或标准可以称为先天（a priori），是根据 I. C. Lewis 教授概念的实用主义（conceptual pragmatism）的说法。但他的说法也只有在此处可通，用到别处就有问题。

［7］科学仪器基于理智的设计，所以补助生理的感官之不足。故用科学仪器所获得的感官知识，谓为以感觉校正感觉或以理智校正感觉的知识，均无不可。

［8］亚里士多德在西洋哲学家中可以说是最重“礼”的人，故彼特别提出合于适当的时间与地方为道德的特质，实非偶然，彼亦倡持中之说，彼所指出的每一个持中的行为，实为是一个合于礼的行为。

基督教与政治*
(1943年)

大凡一个有深厚基础的宗教必具有精神方面和具体的组织方面。如佛教有所谓佛法僧三宝。僧是属于具体的组织方面，而佛与法便比较属于佛教的精神方面。即以中国的儒家而论，亦有其精神的和组织的两方面。孔子的人格，和《中庸》所谓诚，《论语》所谓仁，代表儒家的精神方面。而中国的礼教，乃风俗习惯的结晶，便属于儒家较具体的组织方面。这两方面的区别与矛盾，在基督教中最为显著而尖锐。因为基督精神即为耶稣基督的人格所表现的精神，或耶教《圣经》中所含的精义，与耶教教会的组织间实有极大的区别和冲突。甚至于有时最能代表耶教真精神的人，反不为耶教教会所承认，反而为教会所压迫驱逐。而自命为正教的教会，以及教会中显赫的领袖，反不能代表耶教的真精神。如果我们于讨论耶教与政治各方面的关系以前，先将耶教精神与耶教组织或教会区分明白，定可以免掉许多混淆与误会。

概括言之，教会的耶教，其功用在于凭藉组织的力量以熏陶后生，感化异族，稳定社会，保存价值，而精神的耶教便是健动的创造力，去追求一种神圣的无限的超越现实的价值。耶教的精神是文化艺术的创造力或推动力，可以说是“艺术之母”。而教会的耶教，如礼拜堂、钟楼、颂神歌、音乐仪式，及许多宗教上的雕刻、塑像、图画等，可以说都是耶教精神的产物，即是“艺术之本身”。耶教组织的代表人物总不外乎主教、牧师、社会的长老，及公正的绅士、公民等，他们随时都准备着惩罚并警诫那些特立独行、离经叛道、不理于众口的青年后生，以维护正教，保卫正道。而许多能代表耶稣真精神的人物，往往违众悖乡，犯

* 本文原发表于《思想与时代》1943年第29期，后收入《文化与人生》（商务印书馆，1947年）。

法革命，为当时当地崇奉正教的人士所诽笑诋毁，所驱逐压迫。若就政治的立场言，耶教的组织可以说即是一种政治结构或至少也是政治结构的一部分。而耶教的精神是超越政治的，是离当时当地的政治组织而独立的。这不啻说，精神的耶教不是对于现实政治组织的一种逃遁，即是一种积极的反抗或背叛。耶教这两方面两千年来，总是相激相荡，相反相成，互为消长，以维系西方的政治组织和社会生活。但平心而论，耶教对于政治之最大而最健全的影响，似在其精神方面。当我们在历史上发现基督皇帝、基督将军或十字军队时，这就是真的耶教精神最微弱之时。所以本文的目的趋重于追溯耶教的精神对于西方政治的影响。

耶教教会与耶教精神区别之根据

在上节里我竭力指出耶教教会与耶教精神应加以明白区别。我可以援引斯宾诺莎、卢梭及近人蒲徕士等人的说法来充实我的论据。斯宾诺莎首先于其《政教论》或《神政论》（*Theologico-Political Treatise*）一书中，指出虔诚的本身与宗教的外表仪式节文、规条的区别。他说："上帝在人类中没有特殊的国家或地盘，它只有借一国的统治者以管辖世人。所以宗教的仪式节文和外表的规条须符合公共的治安和幸福，因此须受政府的裁制与抉择。我单说虔诚的外表仪式节文、规条等，而未提及虔诚之本身，或内心对于上帝之信奉，或个人诚心无二单独内心的对于上帝之崇拜。因为此种内心的宗教乃属于各人私有权利的范围，政府不能剥夺的。"（见《政教论》第十九章）他这里所谓容许个人自由的内心的宗教，当然指宗教的精神而言。他所谓宗教的外表仪式节文，也就是指受政府裁制抉择的教会或礼教方面而言。

卢梭分人的宗教与公民的宗教二种，其看法大要亦与我们所作的区别相符合。在《民约论》中他说：

> 就宗教与一般社会之关系言，可分两种：人的宗教与公民的宗教。人的宗教无庙坛，无神位，无仪文，只限于纯粹的内心的敬事上帝与永恒的道德责任。此单纯的福音之宗教，真正的有神论，也可叫做自然神圣权利或神圣律令。公民的宗教为某一国家所制定，为该国所必供奉之神或教导者与保护者。有教条，有礼仪，有为法律规定的祭祀礼拜之仪文。除了其本国人遵守外，外国人皆被认为无礼之邦，野蛮之族。……

凡原始民族之宗教皆属于此类，可以叫做政治的或传统的神圣权利和法律。此种宗教的好处在于借宗教礼仪，以团结人民，使爱护法律，使尊崇其所属之国家，使人民知道为国服务即是为神服务。这其实是一种神权政治，除国君外无教主，除官吏外无牧师。为国而死，为无上忠烈，干犯法纪即系渎亵神圣。凡扰乱公安纪律，即被认为招天谴受神殛。但就另一方面说，此种宗教亦有其坏处。既建筑在错误与谎话上，实足以欺骗人民使之服从而迷信. 使真正敬天祀神之事沉陷于虚伪的仪文之中。还有一种坏处，就是当此种宗教到了暴虐而排外的时候，使整个民族残忍好战，不容忍，杀气横生，烈于火焰，认杀死那不信仰他们所信仰的宗教的人为一神圣事业。结果，使此民族入于战争的自然状态，而危及全民族的平安。

此外另有一种宗教，即人的宗教或基督教，——并不是指今日的基督教，乃指《圣经》上的基督教，此与今日之基督教大不相同。借这种圣洁的崇高的真正的宗教之力，一切人类皆系上帝的儿子，彼此皆互认为兄弟，此种精神的团结，死后仍然存在。但此种宗教与政治组织没有关系。不仅不能团结公民的心志使为国家出力，反有使他们离开尘世事物的效力。据我所知，最违反社会精神的宗教，实莫过于此种耶教。(《民约论》英译本，一一七至一一八页)

不仅卢梭有此种看法，著名政治学家蒲徕士亦有同样的分别。他说："试察过去十八世纪内精神力量与现世的力量之关系，可以令我们分开两个最纠缠在一起而最易混淆的东西：一为宗教，即人心中之宗教情绪，此种情绪足以使人于其本身与不可见的力量之关系有相同之思感者感到一种特殊的同情之结，但除了共同礼事上帝外，并无别的具体的有目的的组织。一为教会（ecclesiasticism），这就是一种宗教的信条，具体化为典章制度与实际行动，使凡具同一信仰之人，不仅共同礼拜，且复共同行动。此种行动之目的，自有种种之不同，有许多行为自然与现世生活有关，虽于精神生活之迈进，亦不无辅助。"（见氏著：《近代民主政治》卷一，页八一）总结起来，他们三人所谓虔诚的本身，所谓人的宗教，所谓宗教，就相当于我所谓精神的耶教或耶教的精神，他们三人所谓外表的礼仪节文，所谓公民的宗教，所谓教会，就相当于我所谓耶教的具体组织。

耶教精神之特点

耶教的精神可以说是一种热烈的、不妥协的对于无限上帝或超越事物的追求，藉自我之根本改造以达到之。真正信仰耶教的人具有一种浪漫的、仰慕的态度，以追求宇宙原始之大力，而企求与上帝为一。

自我之改造来自耶教的一种人性的认识，认人最初即有罪恶，认人之薄弱无力，认己之无有价值，而唤起人放弃自我皈依上帝以得解救的信心或大愿。换言之，耶教精神在于由卑谦以达大无畏，由自我贬抑，以达自我实现，由上十字架以达再生，或由死以求生。耶教精神同时是人之无限邈小与无限伟大的自觉。自我转变、自我改造、自我再生的历程是一消极的革命态度，而追求无限的上帝或向超越的世界进攻是积极的进取搏战的态度。所以，耶教之宣扬教义常注重两点，一方面使人觉悟自身的弱点和身心疵病，养成人卑谦的态度，力求自我的改造与再生。一方面唤醒人认识一神圣的理想或价值在前面，促其进取和实现，并且进一步力求其所谓善或价值之普遍化，强聒不舍，必使别人接受他所崇奉的价值。这就是传播福音，“己之所欲则施于人”的精神。

至于耶教精神在历史上曾促起自我改造、唤醒再生努力的效验，莱基（Lecky）于其名著《欧洲道德史》上言之甚详，兹摘译几段于下：

基督教曾经以其关于人之罪恶及未来世界的教义完成了一个伟大的革命。……异教哲学家注目于道德，而耶教说教者之眼光则专注于罪恶。前者力言善之光明灿烂以使人兴起，后者力言恶之恐怖阴森以使人悔改。哲学于使人类生活神圣化高洁化虽可赞扬，但于改造人类，却殊感无力。

柏拉图主义者劝人模拟上帝，斯多噶派劝人遵循理性，耶教中人则劝人爱敬耶稣。斯多噶理想充其量不过变成一模范，但决不足引起人向往爱慕的感情。基督教的长处就是给世人一理想的人格，此人格经千余年的变迁中，曾激发人类心情的热烈爱慕。此人格曾证明其自身足以影响一切时代，一切民族，一切性情或环境不同的人物。此人格不单是道德的最高模范，而且是引起实行道德的一大动力。耶稣三十年生活的成绩，其于人类之再生与感化，实超出一切道德家哲学家之理论与劝告，故耶稣的人格实为耶教生活中最美好最纯洁的泉源。姑无论耶教所造成之罪过与失败，教会专制，压迫驱逐，猖狂妄为等等足以使教会信誉扫地之事迹，但耶教之创始者的人格与榜样中，尚保存着一永恒的再生改造的原则。此人格创造出无边的不可计量的自我舍弃与自我牺牲。此种自我牺牲，实为改造人格，变化气质，以及一切道德之母。……敬爱耶稣基督的力量见于英雄义烈的记载，见于凄苦出世的行径，见于博施济众的慈善事业。有的耶教烈士堕入猛兽的爪牙中，临死时犹伸出双臂作十字状，以示其爱慕耶稣。有的耶教烈士遗嘱将铁链与骸骨埋在一起，以作其战争的纪念。有的耶教烈士回顾身上创痕，喜不自胜，因为彼乃系为耶稣而受创伤。也有人欢迎死之降临有如新郎之欢迎新娘，因为死可以使他与耶稣更接近些。

在耶教信徒的眼光中，爱可使世界改观。世间一切现象，一切灾殃，皆从新眼光以观察之，而得一新意义，而得一新的宗教的保证。基督教予人的慰藉之深，殊难比拟形容。基督教使厌倦者、悲痛者、孤独者，抬起头来望苍天说："上帝，你是爱护我的！"

至于基督教精神之处处与希腊精神对立，有以根本改造希腊生活处，德哲鲍尔生于其所著《伦理学体系》一书中，论之甚详。他指出希腊人肯定生活，实现自我，注重理智怀疑及研究，并注重人的德性；而耶教则否定生活，放弃自我，注重信仰感情崇拜，竭力反对人的德性而重神的德性。他又指出希腊人提倡勇敢，政治兴趣极浓，注重公正，欲于政治中求自我实现；而耶教则主张勿抗恶，注重卑谦忍让，解除武装. 不于法律去求直，反对政治，教人摆脱政治。希腊人重荣誉，重辩才，重文彩；而基督教则反对华丽文彩，注重沉默，卑谦，不求世间荣誉，而认人人都称赞他好的人是有殃的人，被逼害的人是有福的人。对于希腊人所重视之自然道德，如勇敢、公正、节制、智慧等，耶稣教只代替之以博爱或悲悯一种德性。这都是鲍尔生尽力指出耶教精神根本反对希腊精神，而有以代替之并改造之的地方。

此外近有魏朗神父（Father Vernon）于其《宗教之心》（*The Heart of Religion*）一书中论基督教的精神，颇有深切动人的描述。他描述耶教中的圣人说："对人认屈弱为荣誉，于悲哀中求快乐，于痛苦中求力量，于泪痕中求欢笑。其感受灾难愈多，其同情心亦愈扩大。于自我牺牲中去求自我实现，认死作生。对此等人你有何办法可以制胜他呢？世俗的方法如何能打败此等异人呢？无怪乎犹太的领袖们曾说过，这些人把世界颠倒转来了。他们接受世人所最厌恶畏惧的东西，如受苦、哀痛、屈辱、死亡，而于此中去寻求快乐、平安、爱和生命。"魏朗又说："只消你一度真正认识了耶稣，你必定要跟从他，不然你必须推倒他。你必须崇拜他，不然，你必须用十字架钉他。"他这里可以说是充分表达出耶教放弃世间一切，以达到超世间的善之彻底不妥协的精神。照他这种说法，耶教徒真可说是常存孤臣孽子之心的人。

原始耶教精神对于希腊罗马政治之影响

法国有一著名的古代社会史家辜朗治（Fustel de Coulange）著有《古代城市》（*The Ancient City*）一书，于基督教教义影响希腊罗马政治的地方，有切实的叙述和透辟的见解。兹揭述其要点如下：

（一）耶教在政治上给人以大同的观念，超出国家、家庭、种族以及阶级的界限。旧日之家庭宗教、系族宗教或国族宗教，均为此普遍大同的宗教所代替。他说："耶教既非某姓之家族宗教，亦非某民族某地方之国教。既不隶属于任何阶级，亦不隶属于任何会社。自初出世以来，耶教即是对整个人类发言。耶稣对其弟子说：走向全世界去，传播福音到任何有生之伦。……耶教提出单一的上帝以作人类崇奉的对象，一个普遍的上帝，属于全人类的上帝，既不偏爱任何民族，亦不分种族姓氏国家。在供奉这种上帝的前提之下，是不会有陌生人的。陌生人对于教堂与神龛亦不复渎亵了。此宗教不复鼓励对于异国人的仇恨。公民的职责已不复是侦察陌生人、欺侮陌生人了。反之，耶教的宗旨乃在教人民对于陌生人对于仇人皆有遵循正义与仁爱的义务。国家间、种族间的界限因此打破。"

（二）耶教对于政治之大影响，在于使宗教与政治分开，使宗教与政治彼此独立，分工互助。辜朗治指出："在古代，宗教与政治混而为一。每一民族崇拜其自己的神，而每一神管辖其自己的人民。处理人与人的关系与处理人与神的关系，皆为同一的法典所规定。正与此相反，耶稣认为天国不是现实的国家。他把宗教与政治分开。宗教既不管现世的事，所以也不管现世的问题。'归还凯撒的东西给凯撒，归还上帝的东西给上帝'，就是耶稣的口号。宗教与政治之清晰划分，此为人类史上第一次。"

辜朗治并进而指出宗教与政治分离，产生了三种好处：第一，政治活动不受宗教权威的限制，政治设施无须恪遵神圣的礼仪，无须征求谶言以定吉凶，无须受宗教信条的束缚。第二，宗教信仰不受政府的干涉。人的精神生活完全属于宗教信仰范围，不受政府管辖过问。他的物质方面的活动，须遵守国家法纪，但他的灵魂是自由的，纯粹对上帝负责。第三，提高人的自由、尊严与内心道德生活。人生最大的职责不在于为国家牺牲。政治与战争不复占据人之灵魂的全部。道德不仅限于爱国，因为人的灵魂是无一定国籍的。耶教既把政治与宗教分开，当亦随之把法律与宗教亦分开。宗教既不干涉法典，遂使法律较少神圣性与束缚性，较适应于自然与社会的需要和道德的进步。《罗马法》之所以可贵，为近代法制之模楷者以此。夫妇在道德上平权，财产权基于工作，不基于神授。《罗马法》中诸如此类的优点，都得力于宗教与法律的分开。

基督教精神对于中世纪政治之影响

基督教原始的精神是出世的，是力求宗教与政治分离的。在开始三百年希腊罗马时期的分离中，对于政治有种种好的影响，有如上面辜朗治所说。但卢梭复指出基督教与政治分离后的种种坏影响，亦特别值得我们注意。在《民约论》中他指出下列三点坏处：第一，宗教中人不能反抗虐政，致永作政府奴隶。第二，宗教中人不监督政府，亦不辅助或指导政府，使一切热烈的道德行为，堕入深山寺院的枯寂清苦的生活中，这足以速罗马之衰亡。这无异于说耶教间接即有以助长政府之虐政与腐败。第三，基督教离开政治，自成一组织一集团，浸假势力涨大与政府争权，败则被逼害，成则宗教专政兴起。中世纪的政治可以说是宗教占上风，宗教专政的局面。耶教在现世得到成功，而耶教的精神反受损害了。

在中世纪中，基督教出世寻天国之动向不变，但宗教与政治却合而为一。中世纪的历史可以两言包括，即由宗教势力之离政治势力而独立，到宗教势力之超越政治势力而代替政治势力。当圣奥古斯丁时，基督教已成罗马帝国国教，君主皆已信仰基督教，乃力倡实现“天国于地上”（The City of God on Earth）之说，他鼓吹若果君主能运用其权力以促基督教之推行，则为上帝之忠仆，其国将成为地上之天国。自十一世纪起，教皇大格雷葛利（Gregory the Great）力持教会即天主的城市之说，因此政治上的君主必须听命于教会。到格雷葛利七世，认教会之权高于一切，教皇有节制政治君主之权。教皇有权取消不服从教会命令之君主。国君即位须履行教皇授冕之礼，方属有效。格雷葛利七世曾取消亨利第四（意大利和日耳曼的国王）的王位。亨利第四赤足立于雪中三日，以求教皇接见。教皇不许。后来亨利第四乃另召集一宗教会议，推翻教皇格雷葛利七世，另立克利孟特三世（Clement Ⅲ）为教皇，此新教皇遂正式授亨利第四以冕。

到十六世纪时，遂有王权神圣之说以抵制教皇之权。一为教权过渡到政权之策略，有政权者即有教权；一为给政治权力一种神圣的保障，不致为教会所夺。

喀尔文（一五〇九——一五六四）乃宗教改革之最有组织力的领袖，建立一神权政府（Theocratic Government）于日内瓦，以与政府联络，以代替教皇专政。他所创立的教派，后来发展成为一种教会的代议制，至今长老会犹保存此制。

凡此种种，都是基督教与政治混合后，所产生的问题，所发生的影响。据蒲徕士说："耶教与政治混合，教会与政府争权，其结果，教会的目的虽在基督化世界，反而此世界现世化基督教。基督教本是纯洁高超的宗教，一经现世化，则基督教失其纯洁化、生力化的精神使命，而与其最高理想渐离渐远。"鲍尔生说得更为明彻。他说："只要基督教与政府分权或争权，不论各旧教之管辖政府或如新教之为政府所管辖，皆足以失掉基督教之宗旨和力量。基督教原来是与现世搏斗的宗教，一个不与现世搏斗的基督教，为政府所承认、所保障、所赞助的基督教，已非真正老牌的基督教了。"基督教与政治混合后，即丧失其真精神，于是教会只成为基督教之躯壳，而基督教之真精神将别寻途径，另有所表现矣。

基督教精神由出世转而趋向入世

基督教初离政府独立，继自成一教会政府。事实虽异，其理想则一：即初欲离政治而追寻天国，继欲即政治而实现天国。方法虽异，出世寻天国之理想则一。但文艺复兴与宗教改革使基督教精神根本改变动向，由出世而入世，新人居于新世界的近代自觉，使基督教徒从他界天国的睡梦中觉醒转来。近代的浮士德精神即转了动向的新耶教精神，但不欲升入天国而欲以灵魂换取现世的快乐知识和权力。换言之，即欲即现世而追求无限，实现神圣。浮士德原本是在寺院中研究神学的博士，其转向现世象征着整个基督教精神之转向。

据说基督教由出世而转为入世的动向，日尔曼人要负大部分责任。日耳曼人当时本一新兴民族，毫无厌世出世思想，但被武力征服，被强迫接受基督教。结果日尔曼人并未基督化，而基督教倒反被日尔曼化了。德国人的史诗《尼伯隆根歌》(Nibelungenlied) 有似荷马的《伊里亚》，崇拜英雄，歌颂战争。德国人的情诗，写青春爱情的快乐与悲哀和人世的可爱。这些都是使得基督教转向的重要因素。所以自十六世纪迄十七、十八世纪以来，代表基督教真精神的人物，已不复是寺院的僧侣，教会的牧师、神父等人了，而是文艺复兴后具有浮士德精神的新人，宗教改革后具有信仰自由的个人。不服从君主，亦不服从教主，个人内心的理性，自然之光，才是各个人所应当服从的。昔日牺牲自我，死在十字架上的耶教烈士，到此时已转变为具有战争思想和信仰自由的科学烈士、哲学烈士了。昔日在上帝前一切人平等的信仰，已转变为天赋人权，人人自由平等的新思想了。昔日老死在寺院里的僧侣，已转变成具有冒险精神、牺牲性命于异域的传教士了。昔日追求无限企仰缥缈虚无的天国的精诚信徒，现已转变成冒险牺牲、远涉重洋、攫取金宝奇珍的探险家了。

基督教精神之表现于爱国主义

欧洲经过文艺复兴、宗教改革及十八世纪之开明运动后，旧的宗教信仰神学思想已根本改观、根本转变动向。宗教思想亦经过理性化，渐由有神论而趋于泛神论。制度方面，则以新兴的社会组织、政治组织，甚或文化组织，代替旧日教会的神圣权威。且由自由独立的个人，进而发展为自由独立的国家。因而基督精神亦多表现在爱国志士身上，昔日之敬事上帝，转变成近代之忠爱祖国。此种精神之最高表现，可以黑格尔之哲学为代表。关于这方面的思想，黑格尔于其历史哲学中发挥得最为明澈。其思想约可分三点条列之：

(一) 上帝即是理性，理性之所在，即神圣之所在，理性之表现，即上帝之工作。他说："理性和神圣的命令是同义的。""现世生活是神圣天国之积极的确定的表现。""世界的历史乃是精神之实现与发展的过程，亦即所以证明天道之公正。惟有这种见解才可以说明人类已往的历史以及现今事变的发展，并不是没有上帝作主宰，而乃即是上帝的工

作。”（见《历史哲学导言》）

（二）日尔曼人是基督精神的代表，教会不能包办上帝，人人都有宗教的使命。他说：“日尔曼人为基督精神之负荷者，不仅当使自由观念具之于心志，且当使之表现于事实。”（同书，页三四一）又说：“普通人与牧师无区别。人人皆有心，人人皆可直接认识真理，教会阶层中人，不能包办真理，不能包办精神生活。”（同书，页四一六）

（三）如果可以说中世纪认宗教为一国家，则黑格尔便是认国家为宗教。凡政治、社会、文化、道德的各种组织，黑格尔认为皆是上帝的表现，均分有神圣性。他说，“法律，宪法，典章制度，皆宗教之表现，皆有宗教的意义与功能。宗教是政治的基础，政治与法律皆宗教之表现于现实世界者。政治、道德、法律等是神圣的。嫁娶是圣洁的。家庭是道德组织，亦有宗教功能。因此由良心或自由意志出发以服从法律，以尽对国家之职责，亦是神圣的天命。……（就一个公民而言）没有比对于国家之忠爱可视为更高或更神圣的职责。”（同书，页四四九）

黑格尔这种思想本质上并不见有何错误，彼欲将宗教纳于理性之内，而且与儒家思想最为接近。如彼认上帝是理性，与儒家天者理也之说，颇有相通处。至认理性的命令即神圣的命令，世界历史，人文进化，皆所以表示天理天道，人人皆可于其本心中知天见道，认识真理，人人皆有传道行道的宗教使命，非独立的教会阶级所能包办。凡此种种看法，皆儒家宗教观应有之义。至于黑格尔欲将宗教与政治打成一片，尤其认家庭为有宗教功能的道德组织的说法，可以说是道出了儒家传统的思想。盖传统儒家即认家庭及国家皆是有宗教功能的道德组织。所以儒家中理想的天子皆奉天命而有其位，替天行道，不仅是政治首领，而且负有精神的宗教的任务。如天子有祭天、祭宗庙等宗教职务，及寅恭虔诚，畏天命，畏天意的宗教修养。（其实昔日中国皇帝之黎明临朝，其仪式隆重，颇富有宗教意味，而与今日之元首循例按时办公之纯基于方便实用者不同。）即大臣亦有“燮理阴阳”的宗教职责。总之，我的意思，中国儒家数千年来的传统，是将宗教与政治及家庭生活打成一片，故仅有礼教之名，而非离政治而独立的宗教。而西洋的传统基督教，乃是离政治而独立，有超出现世使命的宗教。而黑格尔政治与宗教打成一片之说，用来发挥儒家学说却颇有契合处，如用来现世化、国家化基督教，则反而有流弊滋生。试一察看下面所列各事实，便可见一般。

据辛克莱在《宗教的利益》(Upton Sinclair：*Profits of Religion*)一书中所引述，谓德皇菲力克大帝，自己不信宗教，而强迫军士崇奉上帝，绝对服从。菲力克大帝尝说："如果军士开始思想，便不会忠于职守。"他又将新教各派，统而为一，叫做路得教会，路得教会以后可以说是普鲁士国家的一部门，也可以说是政府权威的一分支。俾斯麦说："基督教是普鲁士的坚实基础，没有建筑在别的基础上的国家，可以永久存在。"至于德国旧教的牧师，当其就职时，必须作下列之宣誓："我誓以至诚服从并效忠于普鲁士国王。我将努力养成人民忠爱祖国，服从法律，尊敬国王之忱悃。凡于公共治安有害的结社，我绝不赞助参加，凡有危害国家之密谋，我若有所知，必首先报告国王。"德皇阅军演说曾有这样的话："大家须紧记日尔曼人是上帝的选民。我，德国的皇帝，是直接承受上帝的精神。我是上帝的降衷。我是上帝的宝剑，上帝的武器，上帝的战将。凡不服从、不信仰而怯懦的人，必受灾殃与死亡的惩罚。"当上次欧洲大战时，德国牧师 Lehmann 说："德国是上帝所计划的世界的中心。德国之与全世界宣战，乃是上帝的精神对于世界之污浊，罪过，奸邪的惩膺。"又牧师 Koenig 说："我们之主战，乃是上帝的意旨。"牧师 Rump 说，"我们的失败实不啻上帝的儿子在人类中的失败。我们为耶稣、为人类而斗争。"由此足见此时德国的宗教已成政治的附庸，教会及牧师已成为爱国主义的宣传机构了。不仅德国如此，欧洲其他国家亦莫不如此。所以有人曾慨叹道，当上次大战正酣之时，德国人说，"上帝在我们这边"。法国人亦说，"上帝在我们这边"。但他们都不知道，他们应站在上帝这边。

新教之于德国，一如旧教之于意大利。意法西斯党已认天主教为意大利国家机关之一。意之哲学家克洛齐(Croce)，据历史眼光述说道："在十七世纪时，意国分离散乱，毫无国家意识。但惟天主教会尚多少保留着几许民族精神。"墨索里尼的演说有云："罗马传统的伟大精神，今日惟天主教可以代表。天主教之发展，四万万教民之增加，认罗马为精神中心，实为意大利极感兴趣极可自豪之事。"法西斯政府的法长 Rocco 也曾说过："宗教在人民生活很根本，天主教是意大利很重要的一个组织，一个与意大利国家之历史之使命有密切关系的组织，是绝不可忽视的。"由此足见天主教是意大利民族主义之母，有提高意大利国家光荣的功用，乃是不可否认的事实。其实近代西洋基督教传教士之到各国宣传宗教，至少有宣扬国威、为国争光的附带使命，亦是谁也不容否认的事实。

再就客观事实上说，国旗与十字架有同样神圣不可侵犯之象征意义。国歌，爱国歌，与颂神诗有同样之感人能力。民族英雄、爱国烈士之崇拜，实无异于宗教上对于圣贤之崇拜。至于征服世界之雄心，与夫强迫异族接受本族之文化，实不啻耶教传播福音精神之民族化现实化。耶教之传教士，从开拓殖民地的观点看来，实无异于征服他民族之急先锋。

耶教精神之表现于共产主义

耶教精神之由出世转为入世，其现世化、国家化与政治打成一片之情形，已如上述。但国家并非人类最后最高之组织，仅不过人类政治生活之一阶段，一方式。且由国家主义资本主义之发展，而成为有侵略性之帝国主义，因而引起共产主义无产阶级革命之大潮流，而耶教之精神因而亦寄托其新形式于共产主义中，乃极自然的趋势。且依“政治基于宗教”的原则，若共产主义不能表现耶教之精神，亦不会有盛大的发展。所以认共产主义为一新宗教，认共产主义者为耶教精神之新承继者，的确不失为有历史眼光的看法。共产主义者要想彻底改造世界，要想把世界秩序倒转过来，要把他们的理想强迫全世界接受，及其以白热的热忱信仰主义，以牺牲性命的精神宣传主义，——皆与我们所描写的耶教精神极近似。至于共产主义者之崇拜马克思列宁绝不亚于基督教中人之崇拜耶稣、圣保罗。其信仰《资本论》不亚于耶教徒之信仰《圣经》。其辩证法唯物论的公式，颇似基督教的神学。其宣传员之四出活动，与基督教的传教师同一精神。所不同者共产主义者随宗教政治化、政治宗教化的大潮流之后，以政治作宗教，寓全部宗教精神于政治，而表面上揭起无神论反宗教之旗帜罢了。

至于共产主义之兴起，耶教中人亦有其一段贡献，称为乌托邦的或基督教的共产主义，以示有别于现代所谓科学的共产主义，更是人所共知的事实。上面曾引述过的美国左翼作家辛克莱于其《宗教的利益》一书中曾力言耶稣为无产阶级革命的创始人，并谓“无论耶教种种污秽历史，无论耶教如何受有产阶级利用，但总无法在世人记忆中，淹没此无产阶级革命的领袖——耶稣”。英国名政治思想家拉斯基（Laski）著有一册《论共产主义》的专书，曾很切当地说过：“布尔塞微克党与耶稣会（Jesuits）最为相似。皆有谨严不屈的信条，铁一般的训练与纪律，对于主义的热情的忠爱（Passionate Loyalty），并具有无涯的信心。耶稣会人之到中国传教与共产党人之到被压迫民族宣传相似，其皆为主义、为党服务，无个人目的亦相似。其自信必得最后胜利以至于发狂，为目的而不择手段亦相同。共产主义者与穆罕默德的信徒、克林威尔的铁骑军、日内瓦喀尔文的信徒，其行径皆极相似。总而言之，我们对付共产主义实在是在对付一种新的宗教（Any one who deals with communism is dealing with a new religion）。（见拉斯基著《共产主义》一书，页五一至五三）由此足见共产党之攻击宗教，因为彼自己是一种宗教。共产党人之斥宗教为人民的鸦片烟，其实共产主义亦是一种人民的鸦片烟，有麻醉青年的效力。

结论

以上对于基督教与政治关系之发展的趋势，加以史的叙述，篇幅已属甚多，兹特以最简要的语句，将这番史的研究所得到的教训和结论，综述如下：

（一）基督教，概言之，宗教，是一有机的发展与政治的演变，和其他文化部门的演变一样，皆在不断放弃其旧的形式，而在创造其新生中。有的人只就表面上着眼，说宗教将趋于消灭，基督教已在西方社会中根本衰落。这乃是缺乏文化眼光的话，理论上、事实上均不可通。殊不知，宗教亦随学术文化之进步而进步，之开明而开明。“一个开明的时代即有一开明的宗教”（An enlightened age has an enlightened religion），黑格尔这话确是至论。

（二）宗教与学术相同，皆是超政治而有其独立的领域和使命，但又有指导、监督、扶持政治而为政治奠坚定基础的功能。如宗教、学术完全与政治分离隔绝，则政治失其指导、监督、辅助的基础，而陷于腐败暴虐，庸俗黑暗，而宗教、学术亦陷于孤立、枯寂、失其淑世的效用。如宗教与学术失其超然独立的使命，为政治作工具、作使婢，使人觉得政治之外，无超世俗、脱形骸的宗教，宗教之外，无不受教会束缚，神权支配，基于实际需要人群现世福利的政治，如中世纪的教皇专政，如狭义地以国家为宗教或极端地以共产主义为宗教，皆有损于宗教之超世的尊严，而使政治为狂诞的信仰、强制的信条所支配，而有损于理性之自由行使。欲保持宗教之超世独立的尊严以求人群精神的皈依，则真纯的佛教和耶教，实有其不朽的贡献。欲宗教、学术尽监督、辅导并纯洁化政治之功用，而不流于功利和狂诞，则儒家对政治的态度实提供一极好之典范，而黑格尔的宗教思想，亦大有可供借鉴处。

黑格尔理则学[①]简述[*]
(1943 年)

一、黑格尔的哲学系统

对于黑格尔的哲学系统，可有两种不同的看法：第一种看法，亦即最普通的看法，是以他的《哲学全书》为根据，将他的系统分为三大部门：1. 理则学；2. 自然哲学；3. 精神哲学。这看法当然是不错的，因为他既称他的重要著作为《哲学全书》，当然足以代表他的系统之全。所以格罗克纳（Glockner）教授在他所刊行的纪念黑格尔逝世百年的《黑格尔全集》中，便去掉了《哲学全书》的书名，而代之以《哲学系统》的书名。就内容说，他这个系统的三大部分中，理则学研究精神之自在自为，相当于本体论。自然哲学研究精神之外在存在（Aussersich-sein），相当于宇宙论。精神哲学研究精神之由外在而回复到内在，相当于心性论。确亦足代表完整的系统。所以如有名的韦伯（Weber）的《哲学史》及斯退士（Stace）著的《黑格尔哲学》一书均依据《哲学全书》的三部分来阐述黑格尔的系统。

但是照这看法似不免有两个困难：第一，《哲学全书》以外的其他著作，特别是如《精神现象学》，如《法律哲学》、《历史哲学》、《宗教

① “理则学”现译为“逻辑学”。

* 1943 年，作者于国立西南联合大学讲授“黑格尔理则学”，后根据樊星南所记录的课堂笔记整理成《黑格尔理则学简述》单行本，于 1948 年作为《国立北京大学五十周年纪念论文集》之一，由北京大学出版社出版。本书中所用版本系根据《黑格尔哲学讲演集》（上海人民出版社，1986 年）而整理。

哲学》等，在黑格尔的系统中又占什么地位呢？以上种种著作似不能全包括在《哲学全书》系统的三大部分之内，但又似不便排除在黑格尔的系统之外。第二，如以《哲学全书》代表黑格尔的唯一系统，则除了其中的《小逻辑》，与他的另外两册《大逻辑》内容确甚博大充实外，而他的自然哲学部分，不惟篇幅太少（据拉松［Lasson］本，仅124页），且内容或因科学的进步，至今已显得陈旧过时，或因用辩证法以解释自然，失之牵强附会。又《哲学全书》中的精神哲学部分，内容虽多精义，亦嫌篇幅太少（据拉松本，仅166页）。换言之，如以《哲学全书》中的三大部分代表黑格尔哲学的全系统，则自然哲学失之太陋，精神哲学失之太简，不能与理则学鼎立，遂使全系统中，除理则学外，其余两部分都太薄弱，易受人攻击而感动摇（有人会以为指出了黑格尔自然哲学的疵点，就算打倒了黑格尔全系统三分之一，摧毁了鼎立的一脚）。且令人易于忽视他《哲学全书》以外的重要著作，特别是《精神现象学》。因此我不主张以《哲学全书》去代表黑格尔的真正全系统。

对于黑格尔哲学系统的第二种看法，便不单以《哲学全书》为准，而统观黑格尔全部著作以求其全规模、全系统的重点所在，精神所注。依此看法，便应以精神现象学为全系统的导言，为第一环，以理则学（包括《大逻辑》、《小逻辑》）为全系统的中坚，为第二环，以精神哲学为全系统的发挥，为第三环。不过这里所说的精神哲学不单指《哲学全书》中的那一种著作，而且广义地指他讨论精神活动的各部分各方面的全部著作而言。在这广义的精神哲学之下，即自然哲学亦可说是包括在精神哲学之内，因“自然”乃代表精神之外在化，乃是顽冥化的不自觉的精神。至于心理学、道德哲学、政治哲学、法律哲学、历史哲学、艺术哲学、宗教哲学、哲学史等皆属于精神哲学之范围。照这样看来，则精神现象学的特点是活泼创新，代表黑格尔早年自由创进的精神。理则学的长处是精深谨严，代表他中期的专门艰深的纯哲学系统。精神哲学的长处是博大兼备，代表他晚年系统的全体大用，枝叶扶疏。如是则将黑格尔《哲学全书》中的自然哲学降低成他《精神哲学》中之一环节，《哲学全书》中的精神哲学亦只列作全部关于精神及文化的著作中之一部分，而不认之为支持鼎立而三的系统中的两只脚，因之也不显得简且陋了。

而且就内容来看，精神现象学，由用显体，描述由最原始的精神现象进展到绝对精神的矛盾过程，可以称为全系统的导言。黑格尔于《精神现象学》第一版的封面上大字标出“科学系统，第一部分，精神现象学”（System der Wissenschaft：Erster Tell，die phänomenologie des Geistes）等字样，足见他最初实有认精神现象学为他全系统的第一部分或导言的意思。理则学发挥纯范畴理念的有机系统和矛盾进展，纯粹发挥宇宙本体，故可谓为本体论或形而上学。精神哲学则敷陈本体之发用，流行于自然、人生、社会、政治、文化各方面。若用中国哲学的名词来说，精神现象学描述求道的过程，由用（现象）求体（本体），故称现象学。理则学则直接探究本体，揭示宇宙本然的大经大法，故可称本体论。精神哲学则由体观用，发挥出本体之实现显示于自然人生文化各方面。故称为精神哲学，其实称为“文化哲学”或更较切当。总之，我们须认识黑格尔的精神哲学乃是他的理则学之发挥应用。甚至依我们看来，不仅黑格尔的哲学系统具有由用求体的现象学，直究本体的理则学，发挥出本体之流行发用显示实现于自然、人生、文化的精神哲学或文化哲学，真正说来，任何伟大的哲学系统，不论古今中外，都多少或隐或显、或多或少地包含有这三方面。

以上这种对于黑格尔系统的新的看法，可以说是我们同情地综观黑格尔全部著作所提出较公允、较能表达出黑格尔哲学的精神和气魄的看法。我们迄今未看见别的人明白提出与我们相同的看法。惟有哈特曼教授所著《德国唯心论哲学》第二册《黑格尔》一书（Nicolai Hartmann：*Die philosophie des deuschen Idealismus*. Ⅱ Teil：*Hegel*），揆其内容，确隐约契合于我们的看法。哈特曼书中，除了第一章概论外，其余三章讨论黑格尔整个系统的三方面。第一，精神现象学；第二，理则学；第三，他叫做“基于理则学的系统”（Das System auf Grund der Logik）。细察其所谓基于理则学的系统，内容完全相当于我上面所说的广义的“精神哲学”。共分八个子目：1. 自然哲学与主观精神的哲学；2. 客观精神的理论与概念；3. 法律哲学及道德哲学；4. 政治哲学及伦理哲学；5. 历史哲学；6. 美学；7. 宗教哲学；8. 哲学史。哈特曼这种看法最新颖值得重视之点，即在他不像一般人依据哲学全书的系统，将自然哲学提出来列为全系统中三大部分之一重要部分，而仅将自然哲学与主观精神的哲学合并列为一小节。这一方面表示他确见到自然哲学在黑氏哲学中之适当的地位，另一方面又表示他深见到自然与主观的个人意识之密切接近的关系。盖依黑格尔的看法，自然之矛盾进展由无机而有机，再由有机而进展为意识，即达到主观精神。主观意识之顽冥化（erstarrte oder versteinerte）或陷于不自觉，即是自然。故自然与主观精神甚接近，可以一并讨论，不必将自然哲学与精神哲学加以对立并列地讨论。至于哈特曼所指陈的基于理则学的系统，与我们所说的精神哲学为理则学之应用与发挥，意思似亦相同。所以我们这里所提出的看法，似乎至少可以得到哈特曼的支持。

总结起来，依第一种看法，黑格尔全哲学系统应如下表：

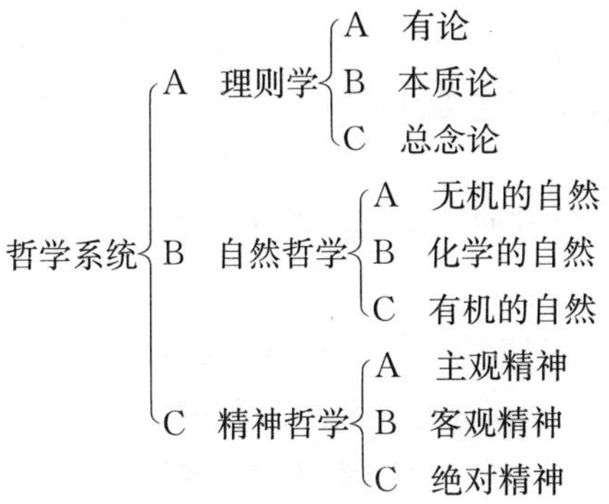

依第二种看法，黑格尔的全哲学系统，应如下表：

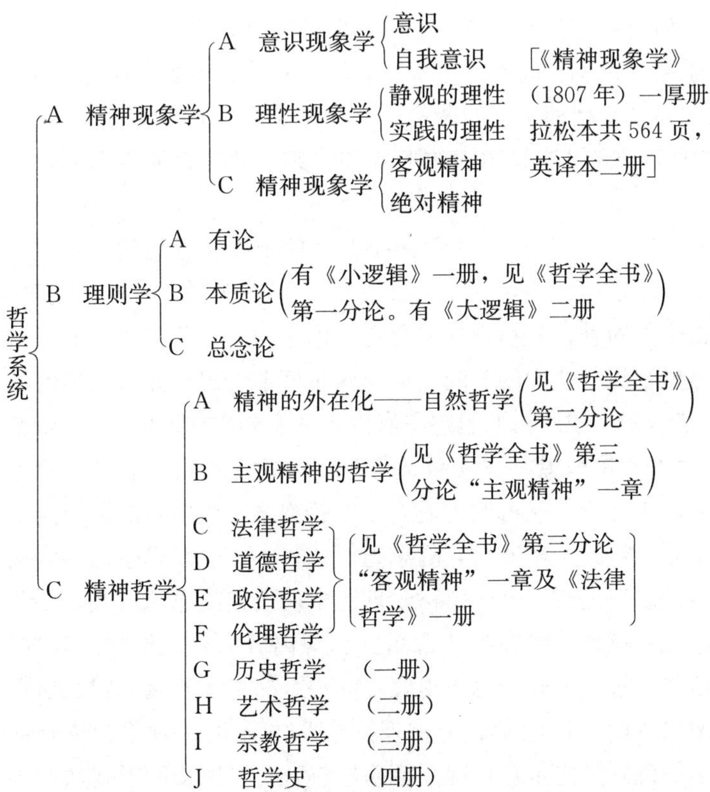

第二种看法的好处：1. 在注重《精神现象学》一书在黑格尔系统中的重要地位。2. 在指给自然哲学在黑格尔系统中应得的不重要的地位。3. 在显示出黑格尔的精神哲学内容之博大丰富，且把黑格尔生平的重要著作（除了早年的几篇论文）都包括在内。同时我们还要牢记着，黑格尔的哲学系统为圆圈中之圆圈（a circle of circles），大系统中包含小系统，小系统中包含较小的系统。

二、黑格尔的理则学

黑格尔的理则学是现象学，是精神哲学，是逻辑，也是本体论或形而上学。这因为：

（一）理则学的内容是从简单的到复杂的，从偏颇的到完全的，从用到体，从原始的到发展的范畴。后一阶段是前一阶段的真理，前一阶段是后一阶段的表现。所以在这意义下，理则学可说是现象学。

（二）理则学可谓为精神哲学，因为：

1. 理则学研究精神矛盾进展的时段，精神的自我建立；

2. 理则学是为道德、政治、艺术、宗教等精神文化建立理论基础；

3. 理则学是基于精神生活的体验，并不是抽象空疏的架格。

（三）理则学研究思想和知识的形式和法则，此与普通逻辑同，故可谓之逻辑。

（四）理则学又研究存在的法则，在黑格尔观之，思想的法则，就是存在的法则，所以他的逻辑又是形而上学。原来理则学所研究之理，为潜伏在万物中的精神，此精神尚未分化，尚未树立对象以资征服。同时理则学也是研究思想法则的学问，但黑格尔所谓思想，并非单纯的思想（mere thinking）。他所指的思想是有内容的，是本体论的（ontological）思想，一方面是思想，一方面又是存在。既主观，又客观。故他的理则学既可谓本体论，又可谓为逻辑。由此观之，黑格尔的逻辑与形式逻辑显然不同。形式逻辑所研究的思想形式，实际上以思想内容为前提，但又不涉及思想内容。至于黑格尔理则学所研究的思想形式，倒真是思想内容的先决条件。故在形式逻辑，思想内容为思想形式之前提。反之，在黑格尔，思想形式为思想内容之前提。黑格尔研究思想之所以为思想，思想之本则。在此意义上，理则学为本体论之意义，格外明显。而黑格尔的理则学之主旨，即要证明思有合一，思想的形式法则即存在的形式法则。因为黑格尔的中心思想以为思想是事物的本质。事物的本质由思想构成。世界上一切事物没有经过思想的把握，即无从得其真理。故所谓思想者，既非单纯的思想，亦非离开事物本质的思想。思想是在事物的深处。这样，黑格尔所取的路线与形式逻辑便大不相同。形式逻辑的路线只是依常识的看法，认存在先于思想，思想先于逻辑。逻辑只是客观地将思想活动的形态加以整理描述。其结果自然会认为思想之外有真实的存在，存在决定思想，非陷于实在论、唯物论不止。黑格尔的路线则是：认思想之外无存在，逻辑法则之外无思想。以逻辑作为存在与思想之基础条件。简言之，黑格尔的研究从理论的立场出发，要把握思想之所以为思想的本质。形式逻辑的研究乃从事实的立场出发，只求描写思想的形式。就以逻辑之为逻辑论，黑格尔的逻辑实比形式逻辑更逻辑。克朗纳（Kroner）以为黑格尔将逻辑收回哲学领域中。在当时，黑格尔的确因形式逻辑之无进步而慨叹不止。就思有合一论，黑格尔之逻辑与柏拉图所谓辩证法（dialectic）有同类地位。

三、黑格尔逻辑与康德之关系

康德曾以先天分析论代替本体论，用先天矛盾论代替理性神学、宇宙论、心理学。因此在康德的哲学中所谓本体论、心性论、宇宙论及神学，纯以先天理则学代之，从前形而上学的问题，都在先天理则学中得到处理。康德是把旧时的玄学转变成为理则学，即以理则学代替玄学。到黑格尔则将康德的理则学深刻化，使之回复到形而上学，回复到玄学。康德的逻辑研究知识的主观形式；黑格尔的逻辑研究存在之客观形式。而知识的形式，实就是存在的形式，知识可能的条件实就是知识对象可能的条件。此命题由康德发端，亦即黑格尔所要发挥证明者。

四、思有合一

思有合一是黑格尔哲学的起点，也是终点。其意义——

（一）思想在存在中，存在在思想中，两者分离后，思想不成为思想，存在不成为存在。譬如做事在表面上是有，不是思；做文章表面上也单是思，不是有，其实两者都是思有合一，做事是思隐行显，做文章是思显行隐，思想和存在老是在一起。此可用思想的内在性（immanence of thought）来表示。

（二）思有合一是矛盾的统一（dialectical unity）。最初思有混一，主客不分，感觉阶段便这样。到第二阶段，思有对立，主客对立，乃有所谓“能思”、“所思”之分；到第三阶段思有合一，此即“思”把“有”的本质把握着。这时候的思想为存在之自知，为存在之自我实现。以黑格尔理则学之纲目言，分为存在（Being）、本质（Essence）、总念（Notion）三纲目，亦可以说是证明思有合一的三阶段。开尔德（E. Caird）以为存在章所研究的是朴素的意识（natural Cousciousness），本质章所研究的是科学的意识，总念章所研究的是哲学意识。再根据康德的学说来看黑格尔的理则学，存在章相当于康德的先天直观论，本质章相当先天分析论，总念章相当先天矛盾论。存在章讨论感性事物的范畴；本质章讨论理智的概念；总念章讨论有价值的理念。所不同者，康德的先天矛盾论是消极的，只破坏旧的玄学，而为建设理性的形而上学作预备的基础。黑格尔即顺着康德的路子，作积极的发展建树工作。

五、黑格尔论“有”“无”

“Das Seln ist Nichts”，“有即是无”。一般的说，空洞之有即无，有无之合即变，但其意义还欠明了。且此命题表面上与常识和形式逻辑都不合。不过黑格尔以为在常识上说有即是无，倒是一种哲学训练，因为非这样，我们不能超脱世俗的区别与执着。懂得有即是无的道理，亦可以知道荣辱得失成败的差别，均无足重视。而哲学即教人以超脱此世俗琐碎的区别。但有即是无决不单单在修养上应用而已，此理论本身实是有待说明的。天地间之至理，不仅有即无，无亦即是有。此可用老子的理论来解释：当其无，有室之用；当其无，有车之用。至少“有”和“无”有同等的功用或价值。所谓“常无以观其妙，常有以观其儌”，“有”可观其现象，“无”可观其妙谛。从另一观点来看有等于无即指无否定有。就无能否定有而言，无还是有。无又可看成为理想方面的东西，有是现实方面的东西。故有即是无，即包含有理想否定现实，思想否定存在的意思。我们可以说重理想者为唯心论，重存在者为实在论，在此意义上，唯心论否定了实在论。就存在方面说，存在不经思想的否定，就不能成其为存在，故思想否定存在，实际是把存在提高了。就思想方面说，知有中有无、无中有有便是破除执着。而黑格尔之论有无即所以破除实在论之形式思想的执着。

但说有即是无，无即是有，绝非混淆名词，以有为无，以无为有；只是说有中有无，无中有有。王阳明曰："有而未尝有，是真有也，无而未尝无，是真无也。"亦即谓真无等于真有。惟王阳明所说似只指太极或理或道。黑格尔所谓有无合一，则是指变易而言。再依克朗纳之说，则黑格尔之"有"，相当于感官条件，而"无"则相当于康德之先天条件。故有无之关系相当于材料与先天条件或形式之关系。有受无的规定。先天条件表面上好像无，实际上是构成经验之条件的有。而经验之有，实含有先天条件之无在内。有无关系更深一层的说法，是认"无"使"有"成问题。无考问有的来源。在无看来，有实际上是被主体所建立的。以善恶言，恶使善成为问题。回到黑格尔理则学本身，有即是当下的存在，无是表面上不存在的思想或抽象的概念，存在通过了表面上不存在的思想概念，存在之本性乃显，此是理性的作用，即有无之合。故我们可以译 Doctrine of Being 为论有，译 Doctrine of Essence 为论无，译 Doctrine of Notion 为论有无之合。只有理性超脱了感性、知性的执着。再以黑格尔的精神现象学论，从感觉出发，所得只是无名之朴，此无名之朴相当于空洞的存在，当下的见闻，赤裸裸的见闻，实是最虚妄不实。最具体，也最抽象。因为没有经过理智的系统去把握，当前的一切现象就毫无意义。譬如人类学家及地质学家在周口店发现北京人的牙齿，因为有了牙齿以外的知识学问或理智系统，故发现此北京人意义重大。若此牙为农夫发现，则只是一空虚的当下而已，由此可见，有无合一的主要意义是思有合一。

六、黑格尔论有无之合为变

"Becoming is the truth of Being and Nothing." Becoming 可译为易，儒家谈易，不谈有无，老、庄喜谈有无。佛学有空宗、有宗两派，亦重有无问题。黑格尔由谈有无，进而谈变化，谈易，故实近于儒。变化有两种意义，一种是化学上的变化，由有变有。由甲物变成乙物，是物体在空间中的运动，在时间中的绵延。此意义从爱利亚而来。此学派以为无不能生有，有不能变无，From Nothing comes nothing。此原则为近代科学所引用。变化的另一种意义，见于哲学，即由有到无，由无到有，方生方死的变化。故变化或变易等于亦有亦无，非有非无，方有方无。低级事物固如是，高级范畴如生命、知识、精神、行为、文化都可作方有方无变化无方的看法。“To be is to become.”这种注重变易的哲学，在现代尤特别发达，如柏格森之变易的哲学，怀特海之实在和过程尤著称。依变的哲学，则上面所讲的有与无都只是变化的一时段。譬如生灭是变化，但生灭均包含有无。在生之中，有显无隐；在灭之中，无显有隐。故所谓有无其实只是变化的两个方面，但真正的实在单是说变化仍是不够。实在的变化必须是特定的、有限的，此即黑格尔所谓“限有”（Dasein）。限有是包含无之有，也即是现有。To be is to be there，故“限有”（Dasein）是有的发展，是有的特定化、限有化。单纯的有是空的，包含时地之有才是实的；单纯的变是不确定的、无止境的、无休息的；特定化于限有之变，则是确定的。故限有是以有来表示变化。英文译为 determinant Being，即限有或有限。此限有为无所限，一如海中之岛为海所包围。限有在时间上为现有，故此有非泛有而为特指之有。所以我们必用限有来说明 Dasein。不但特指之有是 Dasein，即特指之无，也是 Dasein。不过在逻辑上有先于无，肯定先于否定。通常所谓有或无也都是特定的，若不是特定则所谓有、所谓无只是概念或意谓的不同。Dasein 又译作“定在”。

限有既是特定的，有性质的，实在的，那末同时也就是被否定的了。斯宾诺莎所谓“规定即是否定”（Determination is negation），即是此意。譬如说黑板是黑，同时也就否定了它是白或红，故确定一物之性质，同时表示此性质有缺陷，有否定。此缺陷、此否定即此特指之有的特指之无。所以限有一方是某物（Etwas），一方面又是别物（Anders）。一个东西之所以是一个东西，因为他与别的东西有关，如无别的东西，这东西即无法存在，无法被认知，因此有限或限有是他在、他知之物。即是说一个东西，若不与别的东西对立，此东西即不能存在。同时一物与他物发生关系，正所以肯定其本身之存在。易言之，必假定他物存在，此物才存在，才被知，他知他在即此意也。一物为别物而存在，势必否定其自在，但自为自在又否定为别物而存在的存在，而成其自为自在之存在。在表面上看，好像自为不为他，为他不自为，但从理性看来，自为即为他，为他即自为。故根据限有的讲法，可以解答康德之物自身问题。康德以为物自身是自为而不为他的，是绝对的，而非相对的，故虽有但不可知。照黑格尔的看法，无自为而不为他者，故真的物自身必然为他，必然表现为现象，而真正的现象亦必为物自身的表现。故黑格尔以为对于现象有了解，对于物自身毫无了解是不可能的。真正的物自身是自为为他，此自为为他的物自身乃正是理则学所欲探讨的。

七、黑格尔论有限、无限

以上黑格尔所讨论的问题是何者为实在，其答案是以 Dasein 为实在，此实在是限在，限在是为他的，又是自为的。此是分析任何事物性质，或限在之所以为限在的结果。限在，顾名思义是有限的。有限的事物有它内在的限制，有它的命运，限在即为自己的命运或使命所规定，此所谓内在的限制亦即内在的矛盾。因为有了内在的矛盾，乃不能不为内在的驱迫以解除其矛盾，以超出其自己。限在既是有限的，一般人便以为和无限是对立的，其实普通所谓无限，指无穷（endless）而言，并非真正的无限。限有在某意义下亦可说是无穷。Dasein is endlessly finite，有限所要回归的无限，并非无穷，无止境。因为无限不即是无穷，真正肯定的无限吸收了有限，至于无穷仍是有缺陷的，永远达不到目的的，永远超越有限，永不能实现其命运。普通所谓轮回，实际上即是无穷。有限如一根直线，无限如一个圆圈，无穷则如一直线之无穷延长，故无穷仍逃不脱有限。真的无限吸收有限，消融有限，不与有限对立而与有限谐和无间，故真的无限借有限实现其自己。有限不是无限的敌人，而是无限的助力。同时有限也一定要回归到无限才罢休。故无限是有限的真理，万物都是有限，都要达到无限才完成自己。无限包括有限，而非与有限对立。若无限与有限对立，则此无限仍为有限所限而成有限。故归结起来，与有限对立的无限并非真正的无限。

黑格尔以无限有限之矛盾发展，来批评康德的“应该”。康德的“应该”是一无穷的义务，“应该”永远在事实的前面无法完成。费希特亦以自我无穷的征服非我为道德责任。照黑格尔的说法，他们都陷于无穷的追逐。同时中世纪天人对立的思想，也是无限有限对立的结果，天不成其为天，人也无从解脱。通常逃避现实式的追求无限，也必须陷于无穷的逃避。结果明日之我非今日之我，今日之我非昨日之我，真自由永远不能找到。

八、黑格尔论实在与理想

限有是有限，同时也是实在（Reality）。实在有两个意义。一个意义指实现。如说身体是灵魂的实在，即谓身体是灵魂的实现。又如说世界是神圣理想的实在，也即说世界是神圣理想的实现。另一个实在的意义指合于理想。譬如说“真人”等于说“实在的人”，亦即合于人的理想的人。真人将人的真谛、人的模范性、人的理想性表现出来了。故限有为实在，一方面表示其有实在性，同时也表现其有理想性。故限有不单是有限无限之合一，同时也是实在与理想之合一。若以限有为实在，则自为自在为理想，理想与实在不如一般人所想象的那样分离。理想性不在实在性之外。理想是实在的真理，是实在的真谛。把事物潜伏着的实在性明白的发挥，则实在性即具有理想性，在平时将实在之物与理想之物分开的时候，我们并没有认识真正所谓理想性。实在性离开了理想性，亦不成其为实在性了。所以理想与实在是不可分的。我们不能泛指理想，只能具体地指出何种理想，如人的理想，国家的理想。若以自然与心灵之关系言，则心灵是自然的理想，自然是心灵的实在（Mind is the Tidealityruth [ideality] of Nature，Nature is the reality of mind)。自然只有在心灵中方初次达到其目的及真理。心外的自然并非真自然。

自为自在之性质有三：1. 自为性；2. 无限性；3. 理想性。

自为自在最具体的例子是“我性”。自我知道自己存在，知道自己与他物有别，但又知道与他物有关系。当我说“我”时，觉我乃无限，但又是否定的性质。人与动物之不同，即在于人有自我意识。无自我意识的自然事物决未达到自由的“自为的存在”。而永远在某时某地“为他而存在”。自为自在在精神方面是自我，是个人，在自然方面则为原子。再从哲学史上看，巴曼尼德提出“有”的概念，赫拉克利特提出“变”的概念，德谟克利特提出“原子”的概念，至此初期哲学告一结束。原子是一个体、一单位，既成一单位则自己对自己言，就有当下性(immediatey)。同时一原子要排斥别的原子，原子与原子的关系于是发生，此即反抗性（repulsion)。同样在个人方面意欲亦有反抗性。所以自为自在的原子的范围是个体化的世界，每个个体互相反抗。自为自在的世界又是多元的世界。无数的个人，无数的原子构成世界。多元世界在自然方面是原子论，在社会方面是个人主义。不过个体间的反抗性，同时也是个体间的吸引力，个体间彼此的联系，就在于他们的反抗。故抗力即是引力。否定的关系就是肯定的关系。故抗力和引力是把一东西的特殊性、外在性消融的力量。每个原子、每个单位的执着，无形中造成了取消其个人主义的力量，在此意义上，抗力与引力也可看作自为自在之二时段（Moment）。在抗力引力的作用中限有之质不变，但在量的方面起了变化，即当抗力引力维持着存在时，此存在由“质”过渡到“量”。

九、黑格尔论质与量

通常我们看一物，首先决定其为有为无，即首先决定其质。性质表示事物之实在性。当事物之质被决定后，乃进而有量的决定。量的增加在一定限度内，对于存在本身不生影响。所以在黑格尔的哲学中，先有质后有量。同时知量比知质难。知量要用数，而数是一种抽象的概念。知质只要单纯的感觉便可。以质与量比较，其范畴如下：

质的范畴：有　　限有　自为之有

量的范畴：纯量　限量　级量

在讨论质与量的时候，黑格尔所用的仍旧是分析的方法。他的分析是分析矛盾，解除矛盾。他的分析实在是具直观以分析（analyse m [w]ith intuition），而其程序是范畴推演。不过黑格尔的推演和康德的推演不同。康德的范畴主要是从亚里士多德的判断表搬过来，而黑格尔是从一个基本范畴“有”出发，再回到意义最丰富的有中去。康德的范畴量先于质，黑格尔则质先于量。康德的范畴纯粹是知识范畴，黑格尔的范畴则一方面是知识的范畴，同时也就是存在的范畴。不过在黑格尔讨论质与量两个范畴中，仍包含许多知识论的内容，尤其需要对于科学有了解，才能全部明白。因为根本上知识论是批评科学的前提的。

黑格尔以质置于量的前面，或者有人以为这是黑格尔唯心论倾向的表现，但在黑格尔，量的等级是高于质的，足见这种说法是不对的。我们以为就认识的次序言，认识质在先。因为我们最先认识者为存在。必在质的方面承认其存在，然后在引力抗力过程中，乃有量的变化。而量的变化不影响其存在。但在量之后还有一高级的质。高级的质指意义，指目的，指价值。这样，认识量前之质为感觉阶段，认识量为知性阶段，认识量后之质为理性阶段。量的知识比质的知识更困难。知道存在，只要纯粹的感觉。而知道量需要数。数不是“知觉”（perception），数在黑格尔哲学中为直观（intuition），但又非思想。数是思想的外在化。似有而非有。故较感觉为高。再从哲学史的发展上看，也是由质的认识到量的认识。最初用水、火、空气来解释宇宙，不脱质的解释。到德谟克利特才用量来解释，此即原子论。故在思想史上，也是质先于量。从苏格拉底以后方达到真正的哲学阶段，讨论意义，讨论目的。黑格尔承认真正科学的解释是量的解释，谨严的科学是建筑在数量上的。但（1）不能因此认量是最后的实在，因为这样就是唯物论；（2）不能因为精神方面的问题不能加以量的解释，遂退后去以想象情感来解释。所以黑格尔之论质量一方面为科学之基础，一方面为科学限定范围。以质来说：

康德有下列三范畴：实有　　非有　限有
黑格尔有下列三范畴：纯有　限有　自为之有

以量来说：

康德的范畴是：单一　　复多　全体
黑格尔的范畴是：纯量　限量　等级或级量。

量虽比质高，但两者在发展的时段上有相当性。质有纯有，量有纯量；质有限有，量有限量；质有自有，量有级量。

可大可小，不足代表纯量。根据我们对于量的看法的不同，纯量分为两种：一种是连续之量（continuous），一种是分离之量（discrete）。任何东西是连续的，也是分离的。就其连续说，可以无限地分。就其分离言，则有限度。由此亦可答复康德物质世界可分不可分的问题。分离之量就某种意义言即为限量，因其能分离，故为纯量进一步的发展。限量可分亦可数，故与“数”发生关系，黑格尔对于“数”的界说是，“数者量之限也”。同时数是限量的完全发展及明白规定。数是限量圆满的特殊化。因为纯量之分别完全是感性的，数则一方面是感觉，一方面是思想，故黑格尔以数为直观。所以量的感觉是模糊的，数的感觉是清楚的。数有两种成分：一是单位性，一是可计性。就单位论有总数可言，此承限量之分离性而言；可计量则承限量之连续性而言，故可数至无阻。一般无限，实际上是想象中之无限，而在数学中研究者为实际的无限。纯量有连续之量、分离之量两方面。限量有外延之量（extensive magnitude）、内涵之量（intensive magnitude）两方面。所谓外延之量就其“广”而言，内涵之量就其“深”而言。以立体为例，长阔高为广量，重则为其深量。体温计水银之升降，表其广量；因此而能量某人之温度，则表其深量。故广量为量之量，深量为质之量，亦即级量。以数而言，连续之数为广量，而第一、第二……为深量。故级量实即质量之合一，亦即从质到量之矛盾发展的结果。级量亦即度量或尺度（measure），即在某种比例之下之统一，故度量就是有质的限量，任何东西有质有量，故都有尺度（measure）。

十、质量互变之讨论

个体自有之表现，即为质。不因量之改变而影响其性质，也即量之变化与质之变化不相干。这只是片面之词，量变必定伴随着质变。希腊诡辩派即就质量互变的观点提出颇难答复的问题：“一粒米是否构成一堆米？如否，则一堆米如何形成？减一茎发是否形成秃顶？”黑格尔以为除非采质量互变的观点，则无从答复此类问题。再从科学方面看，有许多化合物随氧化程度不同而性质不同。如二氧化碳和一氧化碳之不同，又如水冰之不同，也完全因为温度之量的不同。质量不但是变，且是互变。所以照黑格尔的意思，质量互变可以解释哲学史上诡辩派之问题，又可解释科学事实。但黑格尔之所谓互变并非生物学上之突变。即以水变冰、变汽论，在质方面，实际上并未有变，水热能变汽，水冷能变冰，正是水之所以为水，亦即水之质。另一例如积泉成河。积河水成湖。汇江河湖之水入海。在此例中，因水量之增加，而引起质变，但事实上，此并非质变，不过当某物发展至某阶段我们用新名词去形容它。我们不妨说质变是量变的目的，量变是质变的手段。如像我们日积月累地努力以达到某种成功，此即从量变到质变。不过这只是措辞的方便，实际上所谓质量互变之内容十分有意义。以科学方法论也可说是用量来解释质，即以触觉来解释声色香味。凡不能用量解释的质，不是科学的解释。质量互变之说，在哲学上和科学上都有辩证法意义。质量互变说应用在伦理道德方面，也很有意义。同性质的行为往往因为量的不同，在道德上发生不同的意义。以用钱为例，少为吝啬，持中为俭，过多为奢侈，这是量变过渡到质变。但质变达到之后，又重新开始从量变过渡到新的质变的阶段。就方法讲，从道德方面讲，质量互变都是辩证法的一种形式。故质量互变也可看作是掌握实际的一种譬喻之词。其用意在解释现象的新生，质的变化好像是婴孩之降生，胎儿在母体里经过长期潜伏的营养，继续的增长，此为量的改变，此后即打破以前的情况堕下地来。这是质的飞跃（qualitative jump）。而以前潜伏的营养逐渐的增长，被算作量变。同样时代精神慢慢地沉静的发展成一新的形式，逐渐一片段一片段地解脱其原来世界的结构，故新时代之到来，只是偶尔在此在彼有一些象征。这样逐渐地解体，并不改变全体的结构和概观。乃有忽然而来猝然发生的事变，改变或打破此旧状态，于是产生一新事件的形式或结构，但须知新事件也同新生婴儿一样，并未完全实现起来，只是在萌芽的阶段。同样在革命前的旧社会渐渐解体，可作量变看；革命一爆发，虽可作质变看，仍未完成。所以质量互变只是同一过程的分段，或名之曰质，或名之曰量。质量互变之关系是酝酿和爆发、预备和成熟的关系。所以积恨成仇也可看成由量变到质变。

质量互变在新黑格尔运动中并不被重视。1880 年—1920 年，英国新黑格尔派如格林（T. H. Green）、布拉德雷（Bradley）、鲍桑凯（Bosonguet）、亨莱（Hernlé），美国新黑格尔派鲁一士（Royce）、霍金（Hocking）、康宁汉（Cunningham）及 1920 年—1930 年意大利新黑格尔派如克罗齐（B. Croce）等对于质量互变皆不重视，且绝少提及。

黑格尔谈辩证法只强调一个基本观点，即从消极的理性看出万事万物之内在矛盾。从积极理性看出矛盾之统一。但这不能说是定律。说黑格尔曾用辩证法来研究质量的关系可，说质量互变是辩证法的本质或定律便不可。黑格尔还认为：1. 科学方法无须假定质量互变。但科学可以假定量变决定质变，质的变化为量的变化所产生的作用。这是唯物论的基本假定。科学的假定最重要的当是质量合一，质量共变。无先后之分，平行而不分高下。故由量研究质是可能的，科学的方法，就是以量解释质。这只是一种解释的方便，并非本质的决定，最重要的还是以量解释量。2. 质量合一不但是科学的假定，也是哲学上的根本原则，也是黑格尔的贡献。既合事实，又为原则，故质量合一，同变，并行，是哲学的根本见解。在逻辑上无分先后，也无谁决定谁的问题。3. 质量的研究可从显隐着手。宇宙事物有质显量隐，有质隐量显者。质是潜伏着的量，量是潜伏着的质。质中含量，量中含质。不过质量合一之说有待逻辑的证明。凡孤立的东西，都要陷于矛盾，而要过渡到他的反面。孤立的、抽象的质是没有的。量亦然，只是质量合一才是真实的。当把质认识清楚后，也愈能把量认识清楚。认量亦然。此原则与斯宾诺莎“知果含知因，知因含知果”同理。由于量为直观之质，故认识量亦须认识质。要认识了质量合一，才能认识存在。量变在表面上好像很自然，但细看则是有目的的。其目的在于把握质，故量变以质变为目的。量变在过程中追求质，实现质以发展其自身。同时质变以量变为工具，这也可说是理性的机巧。在不受人注意的变化中，质利用量以实现一种目的。

十一、黑格尔论本质

存在到了尺度阶段，得到比较真实的认识，认识尺度即潜伏地认识了事物的本质。所谓本质即存在之自己否定自己。在另一意义上，也即存在自己的发展。也可说存在自己与自己发生关系，存在在曲折中认识了自己。

（一）Essence as the dialectic of Being（本质是存在的矛盾发展）。本质是存在的超出，同时也是存在之深入。尺度原为潜在的本质，而本质则是显明的尺度。另一个意义之说从自然的质，通过量发展成为本质，以尺度与本质较，则尺度只是直接当下的质加量，而本质是通过了间接过程的质量合一。易言之，存在通过了一个矛盾发展的阶段才达到本质。

（二）Essence as past Being（本质是存在之过去）。过去的存在在逻辑上也可说是未来的存在。总之本质可在过去，也可在将来。但不能在当下。本质可以说是记忆中的存在，记忆中的存在，便是在思想中的存在。存在原是离思而言有，本质则合思而言有。合思言有是有的高级阶段，离思言有则是比较朴素的说法。

（三）Essence as being reflecting light into itself（存在以本质为理想，本质就是存在返观自己）。故本质为存在之曲折发展，本质又如存在之镜子。

（四）Essence is the truth of Being；Essence is the ground of existence（在本质中，存在得到实现）。因为本质代表“本”，存在代表“殊”，本为殊之真理；存在是直接当下的，本质是曲折的、间接的，故本质的范畴是成对的，如同异，因果，本质、现象等都是相对的，这种成对的范畴既不能合一，又不能分离，彼此互相矛盾，互相借光。故本质仍论有，不过合思言有。

十二、黑格尔论同

本质发展经历三阶段，第一，抽象的本质，即纯粹在思想里的本质，只浮现于思想方面的映现或假象（Schein）而不真实。本质较深意义表现在有限存在之中，此即现象。现象为本质借事物存在而表现。再进一步，本质充分地表现其自身于事物中，此即本质与现象合一之现实。在现实中，本质启示其自身，若就假象方面看，则万事万物无现实性、自性，所谓怀疑论即单就假象看事物。在人们的眼光中，本质与事物互相离开，至于认感官世界为超感官世界事物之表现即唯心论。认本质充分表现于事物中则为理想的现实主义，或现实的理想主义。黑格尔即属此类。本质即属思想的范围，故其所用之思想活动，纯粹是反思的活动。反思的范畴，即本质的范畴，故讲本质，不能不讲思想法则。反思的活动注重区别比较，反思的范畴在形式逻辑中即成思想法则。不过形式逻辑若通行有效于一切思想，且规定一切存在，则有两层错误，第一太狭窄，如以同异等范畴形容有，但规定存在的范畴很多，故决不止形式逻辑所列举的那些范畴。第二反思的思想，决非全部思想，故不能以反思思想的定律为全部思想的定律。如辩证思想，即不在反思思想内。

反思思想中最基本的是同（identity）的概念。有具体的同，有抽象的同，具体的同，包含异在其中，在具体的同中，事物和事物的性质在思想中经过了一番消融工夫。故具体的同是异中之同。抽象的同只是知性之同，与异不相干。因为知性主要目的只是区别而不能综合。由抽象的同出发，即有所谓思想律之一的同一律，所谓“甲是甲”者是。而所谓矛盾律也只是用反面的说法来表示同、抽象的同。“甲不能同时为甲与非甲”。可是思想是活的，是发展的，尤其是矛盾发展的，同一律离并矛盾而讨论思想，没有讨论到思想的核心。事实上，没有一个意识是照同一律思想的，也没有一个事物是依据同一律而存在。同一律毫无所说，不但非思想定律，且自相矛盾。因为它的目的原是要对主词加以解释，结果对于主词毫无所说。所以同一律的原则不能满足命题判断的要求。如思想的职务只是在说抽象的同一，那末这种思想是无用处的，这是经院哲学的玩意儿，健康的常识早已不理会它了。真正同一是异中之同。这真同一与假同一的区别是哲学的关键。黑格尔认为形式逻辑千年来并无发展，但又非加以研究不可。当时自然主义的培根、神秘主义的波墨（Bohme）尽管持表面上相反的学说，但两人反对经院哲学思想则一（至于几何学方法与形式逻辑不同）。文学家葛德也常以文学的方式讥笑形式逻辑。康德对于形式逻辑之批评，也有所贡献。此即其先天逻辑是也。亚里士多德本人之哲学，也非用形式逻辑来叙述。其实他提出甲是甲的目的，也只在于确定一共同标准。至于黑格尔并非不要标准，而以为标准之求得，不在抽象的同，而在具体的同。

十三、黑格尔论异

同只是自我关系，同时也是消极的自我关系。同即是自己在自己间划分区别。故由同可以推演出异。异的概念之发展可分三步：1. 纷歧（Verschiedenheit），此即当下直接之异，是外在之异。2. 对立（Gegensatz），此即内在之异，即一物与其反面不同。3. 矛盾（Widerspruch），是本身的不同，是自身的不同。矛盾永远是自相矛盾。同一律以一切皆与其自身同一。莱布尼茨提出不同律，以为一切事物皆彼此不同。天地间没有两个完全相同、毫无区别的事物。以树叶为例，天下就无两片完全同一的树叶。黑格尔则以为不但事物间彼此不同，即事物本身也自己与自己不同。比较此树叶与彼树叶之不同是外在的。自己与自己的不同，则是内在的。此即万物毕同毕异的说法。外表的比较，不能予吾人以根本的满足。

十四、黑格尔论对立

对立即不同发展到尖锐化，将不同予以更尖锐的区别，则此不同转化为对立，思想之第三律为“凡物皆有其对立者”。对于两个对立的东西，非彼即此，非此即彼，不能中立。一东西必定是甲，或是非甲，此即排中律。排中律认为一东西既是甲又是非甲是不可能的。同时又认为一东西既不是甲，又不是非甲也不可能。逻辑上所谓 Antinomy 者，即证明既是甲，又是非甲是不可能的。而所谓 dilemma 者，证明既非甲又非非甲是不可能的。排中律、矛盾律、同一律原是一回事，批评同一律的那些理由，对于排中律也同样适用。此三律都太流于形式化。黑格尔以为对立是同与异之联合，只有在相同的概念下，才能对立。譬如向东六里，向西六里，都是就路径而言。只有在路径的共同立场上才能说向东或向西。即以黑白的对立言，也只有在颜色的范围内才可能，黑色与方形，便不对立。无论什么相对立的东西，都有相同的背景，尤其哲学理论愈是相对立，愈是有共同背景，至少其问题是相同的。对立的双方关系可以消极和积极来表明。凡是对立的观念都是反思的结果，始终成双成对，一方面互相取消、扬弃，一方面互相建立，所以两者互为消极的根据，相反相成。故对立的双方无可分离，成为一体。

思想的路线应该循必然性作出发点，不能提出一些偶然的孤立的不同事物作出发点。必须把事物的对立性揭发出来，才算是真正的思想。如人、山、水、星球、禽兽等是五个不同的东西。今若把它们归结为我与非我的区别，即把它们对立化，其意义乃愈显。虽是对立，它们之间的根本关系却因此而显示出来，以自我为出发点来表明世象之关联。所以虽是对立，却非二元。故对立是一种自相矛盾，并非不同的东西的对立，而是自我的分化。虽对立，并非消灭，且互相建立，既消极又积极。归究宇宙一切都可以自己与自己的对立来看，宇宙一切都是精神自身的分化，建筑在内在关联上。无论上天下地，自然人生没有为抽象的“非此即彼”的原则所执着的现象，凡存在之物那是具体的，皆包含有区别与对立于其自身。矛盾是推动宇宙的根本原则。若以为矛盾不可思想，实在可笑，哲学便是要看出事物间的矛盾。不过矛盾非究竟。矛盾为自己进展，自己超越，最后归于统一。取消一矛盾，得到一统一，而此统一也不再是抽象的了。

由对立之非二元，由对立双方之有其共同的背景或联系，便发展到矛盾或自相矛盾的观念。一切对立，细分析追溯起来，究极均为自相矛盾，自我分化或自身对立。不过矛盾有二义：一为必然的矛盾。如凡有限之物必自我否定，自我超越。自我不能离对方而有意义。皆指必然矛盾而言。必然矛盾为推动宇宙之根本原则。无矛盾，无矛盾的统一，将无变化，无进展，无生命，无精神。一为不可能的矛盾，此指同一概念包含有矛盾的性质而言。如方圆形，木质的铁，直的曲线等均可谓为不可能的矛盾。形式逻辑中所讲的矛盾，大概指这种不可能的矛盾而言。形式逻辑否定这种不可能的矛盾，而黑格尔的理则学所肯定的乃是上面所说的必然的矛盾。即由杂多而对立，由对立而矛盾，愈益内在化，愈益鞭辟近里的矛盾进展。

十五、黑格尔论根据

一矛盾的东西是不安定的、不安息的，在这种情形之下有两种可能，或者是消灭（to go to the ground），或者是从异找到了同。也即从相异中找到了相同的根据（to find the ground in itself），“根据”以内在本质之资格作为事物之根据，所以也是本质之本质（essence of essence）。一个东西的本质其实就是一个东西之所以为一个东西的根据。原来一个东西的根本，倒不在其自我统一（self identity），也不在于异乎他物，而在于其寄其存在之理于他物。此他物即其真正的自身。譬如我之为我，不单在于个我，也不在于他人，如我的父母，而在于真我。一切事物都有所根据，其本身即为此根据的后果（consequence）。根据是建立者，是条件，故说任何东西都有他的根据，即说任何东西，是间接所致，不是直接当下的（mediate，not immediate）。譬如说我，必用我以外的东西来形容。间接的存在就是有根据的存在。

莱布尼茨以为任何存在皆有其充足的理由，此即所谓充足理由律（Law of sufficient reason）。黑格尔对此有两点批评：第一，充足一词是多余的，因为我们一方面可以说凡理由必充足，不充足不成其为理由。但另一方面也可以说任何根据都不充足，因为甲以乙为根据，乙又以丙为根据，如此无穷的追溯，因而根据永无法充足。第二，相据有两个意义，一个是知性的意义，一个是理性的意义。知性的意义指无穷的根据，外在的根据，抽象的根据，机械的根据；理性的意义则指无限的根据，内在的根据，具体的根据，目的的根据。知性意义的根据是一个抽象的概念，不能自身发展的；理性意义的根据是具体的总念，能自动的。知性与理性形成自然与精神的对立。莱布尼茨所谓充足理由或根据究竟何所指呢？知性的根据是科学所讨论的根据，可谓为致动因（efficient cause）；理性的根据是哲学所讨论的根据，可谓为目的因（final cause）。像植物以日光土壤等为其致动因，这属于科学所研究的范围。但植物亦有其所以然之理。其欣欣向荣，似亦有其自身之目的，这是哲学所要深讨的根据。此外黑格尔哲学中又找出另一意义的根据。这是从一般文化着眼。希腊有一种诡辩家，为每一件事找理由，找根据。甚至为最坏的事，也找出其最好的理由。此即一般人所谓理由化（rationalization)。言之成理，持之有故，原是文明社会中人特有的本领。但此种理或故，往往是杂有私意的，是以谋利为目的的，可是它实在表示与权威时代之服从信仰有不同的作风，对于每一件事要找其根据，这是启蒙时代的作风。这种作风，可以启发我们的思想，当时便有苏格拉底建筑在理性上面的总念，来对付这种诡辩。这样，寻求科学的根据，可得科学知识。寻求理由化的根据，可启发思想。综合之以哲学的根据批导科学，批导思想。

十六、黑格尔论实存

有了根据便能有实存，有根据的实际存在，即系有本质的实际存在，也可以说本质者实存之根据也（Essence is the ground of existence）。实存既出于根据，故实存反映实存本身，也反映了实存的本质或根据，也即反映了他物。实存的世界实在是一个互为根据互为后果的世界。因为作为实存的根据，其自身也是一实存。根据扬弃其自己，表现为实存。所以实存与根据不可分。根据包含在实存之中。实存也借许多条件、许多情境的产物表现其自身。这样合根据而言的实存即成一个东西或物（thing）。当说某东西为一东西时，即表明此实存与别的实存有关联，故说它是一个东西，表示它是一个关系结团（a bond of relations）。同时也表示它是具有许多特性的主体，为多物中之一物。离开关系而言物，即有所谓物自身。物自身实在是抽象的物，甲是甲即表示甲自身之命题。不但物有自身，人亦有自身，花亦有自身，人的自身是小孩，是潜在着的自身，没有实现其自身的自身。故物自身实在是一抽象之物。真正的物一定得超出其自身，反映别的东西时才取得其实存。而黑格尔所谓物，或东西，指根据与实存之合之物。这样，黑格尔哲学中所谓有、限有、存在、物或东西四者的区别很清楚。有是最抽象的物自身，限有系无所限之有，而实存为有根据的限有，东西或物则比以上三者的意义都丰富，东西有根据，有特性，参与在现象世界中，而这个聚结所有物的现象世界表现了物的本质。

十七、黑格尔论现象世界

就物之有根据言，即谓之实存，就实存之有本质言，有关联言，即谓物之现象。故物之谓物，为一中之多，多中之一，一为本质，多为现象，本质指物之自我关系，现象指物之与他物发生关系。所以现象与幻象不同，现象是有根据有本质的，幻象是无根据无本质的；现象是关联的，幻象是孤立的；现象是具体的，幻象是抽象的。凡本质必表现于外，凡现象必表现本质，故本质与现象不可分。现象表现本质，亦可谓物之现象性即物之依赖性，所依赖者为其本质。普通常识不分现象、本质。常识认为独立自存者，哲学只认之为现象。在哲学的观点下，现象界事物之实存只是形式或法则的表现，有了这种看法，经验事物中的个体便无足轻重，因为现象是变迁的，法则才是不变的。现象与法则的分别在于现象是表面世界、感觉世界，是变化的、复多的，定律或法则则是内在的、超感觉的、不变的、统一的。不过与现象对立起来的定律，还是抽象的东西，离现象而言定律看不到两者有机的统一。定律还是没有目的的，我们不能说定律就是本体。所以于定律之外，还须探究现象界在定律下的相互关系。这有三方面，即全与分、力量与表现、内与外。既然是相互的关系，那末一定是互相建立的，不能分离的。

第一，先论全与分的关系。无全无分，无分无全。互相建立，互为前提。对于全与分之关系，可有两种看法。一认全先于分，分出于全。如先有祖国，后有祖国的子孙。一认分先于全，全出于分。如认国家为适应人民的需要而产生，先有人民，后有国家。更以人而言，人的有机全体先于人的部分，但若解剖一死尸，则从分到全。所以全先于分是有机的看法，分先于全是机械的观点。科学重分，哲学重全。其实真正的科学不一定视部分为先有的事实，也可承认部分不在全体之外，现象的一切只是全体的自我分化（self-differentiation）。全体包含部分，贯通部分，联络部分，这是动态的看法。动态的看法以部分是从全体的力量里发挥出来的。这种看法比机械的看法进了一步。

第二，试论力量与表现的关系。这也就讨论到力量这一概念在科学哲学上的地位。力不能是本质，力是有限的，力必有所附丽。如磁力与铁之不可分。有时物与力相混。电力与电气之关系不能说电力创作电气，或电力是电气的根本。所以力的意义很肤浅。力成为动力，必须靠外力，如无外力，力便无从表现。力以力为前提，力与力是无穷的相互关系，力无有原始，不能自由，无目的，没有圆满的归宿。所以以上帝为力的说法是不对的。即在心理学上也有所谓力，而此种种力如记忆力、想象力都是相对的。不能作为哲学上的根本概念。“动不自止，静不自动，物也”，这是中国哲人对力的看法。所以力只是科学的概念，不是哲学的概念，真正的哲学概念，是“动而无动，静而无静，神也”之神。

第三，可进而讨论内与外的问题。其实内与外决不是两回事，内就是外，外就是内，有内必有外，有外必有内，知内必知外，知外必知内。不知内，不知外。就自然言，自然便无内外。葛德有名句曰：“自然无核心，亦无躯壳”（Natur hat weder Kern noch Schale）。内外决非双方不同的东西发生关系，只是一个东西的两面。葛德有诗曰：

无物在内（Nichts ist drinen），
无物在外（Nichts ist draussen），
凡在内者（denn was innen），
皆是在外（das ist aussen）。

自然世界与精神世界一样是神圣的启示。天意、天道在自然之内，天意、天道也都表现在自然的外面。即以心灵与自然的关系而论，理念构成心灵，理念构成物质，理念是心物的共同内容。不能说自然中无天道。不但文以载道，实是文化以载道。自然以载道，故天理天道并非不可知，因为根本上天理天道凭借人类、凭借自然显示其自身，灌输在人心和自然中。所以从外可知内，同时从内可知外，因为内中有外，外中有内。格物穷理，以理格物，因为理中有物，物中有理。科学因物知物，从外知外，所以科学的定律是外与外的关系。在人生方面，内与外也是合一的“人即其所作所为”（A man is what he does），“人只是其一串动作”（A man is but a series of his actions）。由行为中可以了解一个人的性格精神（By their fruits，ye shall know them）。根据此原则我们可以批评外无表现，内徒虚憍的人物。凡是精神生活充沛的人，必定表现于外。眼高手低者，不但手低，眼亦不高。外无表现，内亦无修养。所以单有内，等于单有外。以小孩言，他们的精神生活只是潜在的，亦即外在的，因为其理性仅寄托在其父兄的权威上。所以要知道孩子的理性，须从其父兄那里去寻求。普通把内外分开，内不成真正的内，外不成真正的外。可是日常生活中行与愿违，口是心非的例子很多，岂非内外不合一？其实还是合一的。行之所以与愿违，由于愿之不尽诚。口之所是亦非真是，或者心尚未全非，故口尚有所是。所以一个人无法隐藏其内在生活。诚于中形于外是必然的情形。由此我们不能怀疑到大人物的动机。Great men willed what they did，and did what they willed，每个人行其所志，志其所行。以文明言决没有单纯的物质文明，或精神文明。王弼曾以为丧礼不足道，悲哀的情绪，不必恃外表的丧礼，就可表现。王船山斥之为浮屠惟心之论。礼正足以表示悲，无悲决无礼，无礼正因为悲不真。所以认为无外在之礼乐，即可以表示内在之仁义或真情者虚也。内外合一，就是实在（wirklichkeit)。实在是本质与现象的合一。

十八、黑格尔论实在

本质第一步表现其自身在抽象思想中，第二步表现其自身在外物里，到第三步本质自身显现，既不抽象，也不空洞，这便是现实。现实是真正的本质，正像尺度是真正的有。现实的意义指有效果而言。现实也有根据，可不是外在的根据，而是自己的根据，实存表示有根据之限有，现象表示有本质之限有，现实则为内外合一，有效果可发挥，最有效、最现实的现实，是理性。实在就是理性的存在。此即黑格尔所谓“现实的是合理的，合理的是现实的”一语的真义。实在不为外在的东西所否定，实在之“反”、或对方，即其自身，并不过渡到其对方，其自己有正反合的矛盾发展或矛盾统一。它不反映外物，一切外表的东西，都是他的反映。凡认理性和现实不一致的，那末既不知理性，也不知现实。譬如书之所以为书，就因为书充分表现理性、逻辑性、思想性。他物亦然。若认理性为一无从实现的主观的东西，或以现实只是感官的对象，都是肤浅的看法。理性思想即在现实的东西中。理性之于实在，无异钢筋水泥之于房屋。所以理念不只在人的脑海中，亦不太软弱无力，其能否实现，仅依赖我们主观的意志。理念乃是绝对活动的东西。理念非空，现实非盲。现实也不是一班愤世嫉俗的改革家目光中杂然纷陈污浊无理的东西。现实是符合其本质的东西，是符合其使命的。譬如说一个现实的诗人，即是典型的诗人，真正的诗人。

现实自身发展为可能性、偶然性、必然性三阶段。可能性的意义是自我同一，凡有自我同一的东西是可能的。这本是亚里士多德论潜在性的老问题。现实包括一切存在的事物。万事万物都是自身同一的。只要不是自身矛盾的，都是可能的。凡是可以想象的东西都是可能的。这一种意义的可能性是抽象的形式的可能性，是无穷的无数的，可以扩充我们的想象力。但这种可能是反现实的，是无意义的。对一客观的事物认识得不够、不清，便会陷于这种可能性。在知识方面说这是缺陷，从道德方面讲，养成恶意的怀疑人家的动机，同时可养成精神懈怠的习惯，如以为不努力亦有成功的可能。现实的可能或有决定性的可能，指在一范围内，一事有不同的情形，有各种趋势，由此多方的可能，乃想起相反的可能，也就是说有扬弃的可能。所以只要一东西，只是一可能，那末这东西便可有可无、可变，无从确定。把一切相反的可能排斥，把其所具备的条件找到，这时候才得一现实，既已如此，便不能为他，所以真正的现实不能可有可无。所以现实是必然的。现实包含可能性与必然性。

必然性是指现实内的方面而言。偶然性则从现实的外表而言。偶然性只涉及事物的外表。事物外表上的关系和影响构成其偶然性，偶然性只表示事物外表上的接触遭遇。现实非有外表不可，现实必与外物接触，故少不了偶然性。凡是偶然发生的东西在某意义下都没有根据。但是天地间没有一样东西没有根据，不过偶然性的根据，不在于事物之内在的谐和的关系，而是没有定律，没有法则的。偶然之发生乃出于外在情境之碰巧、偶合，是无理可言的。但偶然发生的事仍然是事实，仍然具有事实的特性。不过事实不一定是现实。所以凡是受外界影响而产生的事实，总有几分偶然性。因此，对于现象界的事物便须实事求是，不可先天地去构造一现象界。在精神方面，太注重偶然性等于注重任性，这样的道德，这样的意志自由不会是真的。在做事时，必须有坚强固定的决心，才是自由。所以科学的智识旨在征服自然事实方面的偶然性，而寻求理论方面的必然性。在道德方面，要超出外在情境和冲动情欲方面的偶然性，才有道德可言。

其实黑格尔这里讨论的，几乎全是康德的问题。康德在样式范畴（category of modality）中列出三大范畴，即可能与不可能，现实与不现实，必然与偶然。黑格尔则从可能性、偶然性、必然性三方面来讨论现实。康德以为这三类范畴不能增加概念的内容，只能表示其与知识能力的关系。譬如桌子的概念，我们说桌子是可能的、偶然的、必然的，只是表示知识能力而已。当我说它是偶然的，即表示我们对它认识不完全。所以对于一个完备的概念，我们就可问它是现实的，抑是可能的，或是必然的。康德始终在知识范围内讨论此范畴。黑格尔认为知识的样式，也就是现实的样式。所以这些不单是知识的范畴，同时也是现实的范畴，也是价值的范畴。必然的价值高于可能的、偶然的。所以在黑格尔，知识、现实、价值是三位一体。康德则分开来讲。康德排列范畴的方法是有条理的，所用的方法是分析的。黑格尔则始终看出其有矛盾发展的关系。不过黑格尔承认现实为必然性与可能性合一是从康德来的。所谓必然性就是说凡是已经发生的事情不能使它不发生。一切可有可无，可这样可那样，完全取消。不但已然是必然，将然亦是必然。必然不止是有因必有果的必然，而是自己必然如此。所以必然性不为外界事物所决定，而是出于它自己。必然也有根据，不是以别的东西为根据，而是以自己为根据。若以外界事物为根据的必然性，最多只能说是有条件的必然。所以必然性有外铄的，有内发的。内发的基于心性、外铄的基于事物，所以最高的必然性，基于心性。因果律之必然性是基于外在条件的。康德只在科学知识范围内论必然，黑格尔则进至形而上学以论必然。此即斯宾诺莎所谓 Necessary Rer se 和 Necessary Rer aliam 的区别。斯宾诺莎以为上帝是自身的必然，个体事物则为缘外的必然。黑格尔从康德回到斯宾诺莎，以为必然是内在的，是产生外界的条件，为外界的前提。凡出于本性的必然，即真正的必然，其情形类乎蚕之吐丝。出于本性的必然有目的性。对于外在的必然，原可看成盲目的命运。整个地为外界环境所支配，无法为自己的前途着想。对于这样盲目的命运，只有屈服，不能得到安慰。若以必然出于天理，这必然才是内发的，有主观性的，与人的目的符合，有感情，合理性。人受这必然的支配，精神上可有安慰。若我有痛苦，使其出于天道，则不觉其痛苦。其实，最后把外界事物看成出于自性的必然。罪恶、受苦、错误、失败、贫贱、寿夭，都是命的事，最好从自性的必然性去解释它。其原因是内在的，不是外在的。若不从自己解释则怨天尤人，只觉自身不自由。若从自性的必然来解释，则有自由。自然科学以外在必然释自然，但在精神生活方面当从自性出发，须以自性的必然去解释。这是从道德方面去讲。这样的必然，也不单是知识论方面的东西了。可能性一步步为必然性所扬弃，偶然性也只是必然性的外表，可能性偶然性都是现象，必然性才是最后的归宿，必然性建筑于自性的本然，必然的关系是绝对的关系。

十九、黑格尔论绝对关系

绝对关系有三时段，即：1. 本体与偶性（substance and accident）；

2. 因果关系（cause and effect）；3. 相互关系（action and reaction or Reciprocity）。本体是内在的必然，自性的必然，自身的根据，亦即斯宾诺莎所谓上帝或神动即本体，此自性必然的本体是无限的，是无条件的，只能自己限制自己。如本体的外面或上面，尚有一无限的东西，与之对立，那末这本体便受限制，有依赖，而不成本体了。所以本体独立自在，而为其他一切事物之根据。本体不仅是基质（substratum），且是本体（substance）。本体以外的东西都是依赖的、偶然的。绝对关系中之本体与偶然的关系相当于全与分的关系。本体是无所不包的全体。偶然不仅是全体的一部分，且乃是全体之表现。偶性出于本体，归于本体。本体永恒不灭，偶然性则是变化的、有生灭的。本体是最有力的，也是唯一有力的。一切的生灭都出于本体的力量。本体是唯一必然的存在。所谓必然，乃指自性的必然，或内在意义的必然。由于斯宾诺莎提出自性的必然的概念，黑格尔以为他决不是无神论者，而是有限否定论者（Acosmism）。有限否定论，否定宇宙间一切有限事物的真实存在，独认神是真实的。其目的是在提高神的地位。不过当个体事物依赖、接近、回复到神里面时，此个体事物亦得为真。本体是永恒的，偶然是变灭的，变灭的事物，依赖了永恒，便也成为永恒的了。如真理是本体（或译为实体），各个事实所以真实，就因其是合理合真。黑格尔以为斯宾诺莎这种思想，第一过于强调本体，压抑万物。令人沉醉于一，忘怀于一，而忽视了有限世界的多。第二，斯宾诺莎所谓本体（Substance），只是本体或实体，不是主体（Subject），只是理不是理念，没有自我意识。换言之，斯宾诺莎的本体不是精神，所以他只是一个理性主义者，不是一个唯心论者或理想主义者。只是理学而非心学。第三，斯宾诺莎的本体不是创造事物的真正原因或力量，乃是消灭事物的力量，不能建立事物，且抹煞事物为虚幻为偶然。抹杀现象，抹杀个体事物，以事实之虚幻，来证本体之真实。这种本体是静的本体。

于是黑格尔接着提出了第二种绝对关系，即因果关系来。欲达到绝对必然的自性必然的本体，必须认本体为万物的原因，万物的本原，而认万物都是本体的结果，果出于因，本体是推动宇宙的最后根本原因。这种关系相当于本质范围内力量与表现的关系。原因和根据不同，根据不产生事物，不主动，只要内外条件具备后，自可有事物产生。先有事物之存在，然后逆推其根据。因果方面，则先有因，后有果。原因有创造产生事物之主动力量。原因与力量不同。力量有其外力之引诱。原因是自动的，自己开始的，为独立地产生事物的泉源。就本体之为原因言，本体是有效的能生造的。不过科学的因果关系与哲学上所说的因果关系不同。因果原是相待的概念，因之所以为因，以其有果，果之所以为果，以其有因。原因不能离结果而独立，因果意义不同，内容则一。譬如雨是因，湿是果，可是两者同以水为内容。原因不仅表现在结果中，而且消沉于结果中，果既与因具一样的内容，且表现因，则果何尝不可为因，而仍有其结果。因果联锁可如是推至无穷。因上有因，果后有果，知果必知因，知因含知果，因果是同一的关系，无穷的关系。故必须将有因果关系之事物，认之为有限的事物，只有超出因果律之无限，方得谓为本体。

有限的事物不脱离无穷的因果联锁。超出无穷的因果联锁，乃可进展到绝对关系的第三种，互相决定或交互影响（Wechselwirkung）。无穷的因果是直线式的，无限的存在是圆圈式的，终点回复到起点，无限原因扬弃了无限联锁，而达到圆圈式的相互决定关系。相互决定虽非哲学上最高的范畴，但已由机械的决定论发展到有机的相互关系论。有机体各部分间有必然的谐和的关系，而不是片面的因果关系。这种有机性不但在生理方面是如此，即文化道德亦复如此。科学的直线式的因果关系不能解释较高级的存在。如一民族之文化道德与政治经济的关系，便是相互的关系，彼此互为因果。它们皆是同一民族性的不同的表现。此民族性便是理念，便是精神，便是内在目的。一个民族的兴衰，单用一方面来讲是不够的，就用相互影响的方法讲还是不够。要进一步，发现此不同方面只是同一民族性的表现，才超出了相互决定论而进入理念论。相互决定论只是本质论中之最高概念。由此可以更深一层讲总念或理念。用文化哲学的讲法，我们从文化部门之相互关系中，找出了价值、理念、真美善，而此三个价值理念也无非是同一精神的表现。在价值等级上，价值可有高低，但高的价值不一定就是低的价值的原因。至此黑格尔结束了他的本质论。

二十、黑格尔论总念

斯特林（Hutchison Stirling）在其所著《黑格尔的秘密》（*The Secret of Hegel*）一书中，述黑格尔逻辑范畴的发展，与哲学史的发展有下列之平行关系：

有，无，变——巴门尼德到赫拉克利特
必然，本体——斯宾诺莎
因果——休谟
相互关系——康德——主客关系
总念——黑格尔

据他看来，总念是黑格尔的真正贡献，惟有总念才是黑格尔所提出的超出前人的范畴。总念是有与本质之统一。在有与本质一篇中，一方面分析范畴，一方面即所以批评过去的哲学，相互关系实在已不复是甲物与乙物的关系，不是自己与他物的关系，而是在结果中表示原因，在结果的原因中发现自己，回复自己。实即同一理念在原因中在结果中实现出来。此是从因果观念进至自我实现的观念。譬如，民族精神就实现在民族道德、民族法律、民族经济中。同时，必然的观念也进而至于自由的观念，因为总念不再是强迫的被决定，而是自我发展，故可称为自由。现在，因是自我，果是自我实现。这样自由包容了必然。自由就是自己的活动，以自身为目的的活动，自由就是在一切外在运动的影响中仍能保持自己。自由出于意志，意志本身是自由的。自由是必然的，不是任性的。必然是潜在着的自由，自由是必然的发展。自由是必然的真理。由本体或实体到总念，由必然到自由，由本体到主体，这是从本质到总念的三方面。照斯宾诺莎的讲法实体是自因。既然是自因，当然是自由了。故将斯宾诺莎的本体观充分发展，则一方面是自因，一方面是自由。

本体⟶原因（自因）⟶互因⟶总念⟶主体（自由）。

真理不只要直认本体，且须体验得其为主体。这是从斯宾诺莎（本体）经过康德（互因）到黑格尔（自由）的线索。这也可说是从理学到心学。所以斯宾诺莎是理性主义者，黑格尔则为唯心论者。论有与本质两部分都是客观理则学，论总念部分则属于他所谓主体理则学，必然与命运在斯宾诺莎哲学中本来是很冷酷的，可是此必然经过哲学的思考后，另有一种意义，此即惯常所谓“知必然，谓之自由”之自由。因为所谓思想即在他物中遇见或发现自己（Thinking means that, in the other, one meets with one's self）。思想扩充了自己的范围，实现了自己的本性。这岂不就是说向外格物穷理，即是向内明心见性的自由。而总念式的思想即是此种自由的思想。思想必然，又超出必然。总念式的思想又是一种解放。这种思想，其实就是康德的先验自我（transcendental ego）或自然的立法者（law giver）之详加发挥。总念思想之解放并不逃避在抽象空洞的领域中。就在事物中得自由，就在对象中得超升。在他物中，在对象中，发现自我，建立自我，实现自我。这种思想在不同的情形下，有不同的意义：1. 就其为个体形式或主体言，是自我；2. 就其发展为全体系统言，是自由精神；3. 就其为情绪言，是爱；4. 就其为欣赏境界言，是福祉。这种思想，其实就是实在。总念必然是理性的对象，总念的思想也是形而上学的思想，也即是自由的思想。不自由的思想是思想没入于事物中，如不善泅水者向下沉；或是以对象与思想对立起来，如在水中挣扎，只有总念式的思想是无限无外，即外即内的，如善游泳者之来往自如。由外以发展内，实现内。超出限度没有对立体存在，亦即所谓无限。总念之自由亦即调和正反而合的思想，是矛盾进展的思想，是中的思想，是最高的思想。总念又是一系统性的全体，是一具体的东西。可不是感官性的具体。以与存在本质较，则存在转至其对方，如有即是无。本质反思而使他物显现，总念则自我发展，矛盾发展，由内在发展为外表，由外而回返到内。

二十一、黑格尔论具体共相

总念即是具体的共相，有内容的共相。与抽象的概念相比较，则：

（一）总念有理想性。表示共相所属分子，有应如此、非如此不可的意思。有范型性，为现象所追求。譬如政治家一个概念，假如当作抽象概念，则只是一共同名词，只要是从政者都可称为政治家。但如果当作具体共相看，便有一定的理想内容。只有典型的标准的完满的大政治家，才可被称为政治家。其实政治家的具体共相比实际政治家的意义还要丰富圆满。实际的政治家只是模仿追求此共相而已。所以具体的共相有目的性，有价值性。凡是价值观念都是具体共相，如真、美、善。无目的的观念，如圆、方、红，便不是具体的共相。有目的的是有价值的，值得追求的。无目的的即无价值性，不值得追求。

（二）总念有自身的发展性。抽象的概念是孤立的，抽象的，无自身发展性。个体事物均是具体共相之表现，之发展。美的事物就是美本身的表现：故有创造性。而抽象概念只是称谓，自身发展则别有一种意义，譬如说树之自身发展，指树发展之阶段，而在抽象概念中，树只是一类名，无发展的意思。故具体共相是全体性的。

（三）具体共相是形而上学的实在。抽象的概念只是方便的符号。科学中的概念都可说是方便的符号。

（四）总念就事物的本质立言，抽象概念就主体坐标立言。言事物之本质，是纯粹客观，就主体坐标言，是通过主观的方便说法。

（五）总念内在于事物，先于事物，借事物而表现。抽象的概念外在于事物，后于事物，乃表现事物之符号或名字。

（六）具体共相包括殊性个性。乃不同中之同一，对立之统一。又为许多不同事物的统贯性。以美论，美可包括许多不同的东西。抽象的共相是许多相同事物的共名。具体共相是一个世界，抽象共相是一个名词。

（七）总念即性念或理念。即一事物之本性之核心。抽象概念只能是偶性的质的概念。不是事物所以为事物的理念。The notion is the very heart of things，make them what they are。

（八）总念判断涉及事物之灵魂，方可谓为真理。抽象概念的判断，只涉及部分，只涉及事物的外表。所以对于抽象判断，我们只能说对或不对，只有总念判断才有真与不真的分别。总念判断是价值的判断。

（九）总念是一体验或精神生活。抽象概念只是说话方便。譬如说仁义礼智信，此仁写在纸上，只是一抽象的概念。但“颜子三月不违仁”之仁乃是总念。总念是真理与生活打成一片。仁心表现为仁行，而仁心仁行均由仁性而来，此仁性即具体共相。

具体共相与抽象概念之区别，即哲学概念与科学概念的区别，唯心论与实在论的区别，玄学逻辑与形式逻辑的区别。“由于美，美的事物成为美。”（柏拉图语）这因为由于美之美是美的总念或理念。在经验上讲美之所以为美，可以因为光线好，能悦目，线条匀称，这些都是心理学物理学的讲法，包含了经验的讲法，构成一种经验的结晶。美的抽象概念后于事物，美的总念先于事物，事物不合乎美的总念即不能称为美，理念是一个标准，一个规模。根据此标准，乃可判断事物美否。美的事物实现美的总念。实现是部分的，总念是圆满的，绝对的。抽象的概念只是约定俗成的名词。而具体共相则为根本原则。用这根本原则，我们可以判断美丑。所以“由于丑，丑的事物成为丑”是不必要的。因为由于美，以美作标准，才可分别美丑，丑的事物才成为丑。同样真是真的标准，同时也是错的标准。卢梭分别公意（volcnté génercl）与全体意志（volcnté de tous），后者是经验的，前者是根本的。全体意志是公意的表现，公意是具体共相，全体意志乃是不完全地表现具体共相的殊相之凑合。同一是抽象概念。对立的同一，矛盾的同一便是具体共相。内是抽象概念，无外之内是具体共相。力是抽象的概念，动而不动，静而不静之力是具体共相。机械的必然是抽象概念，自由的必然是具体共相。

二十二、黑格尔论总念的分化

主观的总念讨论着形式逻辑诸问题。这种讨论一方面讨论形式逻辑，他方面发挥形而上学的逻辑。他批评形式逻辑正像形而上学批评物理学。故亦可谓为后逻辑（metalogic）。亚里士多德的逻辑是经验的，自然的，形式的，视思想定律为事实。黑格尔之逻辑是理性的，先有标准规范作为出发点。要找出思想过程必然的道理，思想过程辩证的发展。所以亚里士多德的逻辑可说是 irrational cognition of the rational。这表示逻辑不知服从其自己的教训。不知道逻辑的使命，但是黑格尔不仅将逻辑的各种命题和推论排列起来而已，且要将它们推演出来。由逻辑之只是思想过程的事实之报道的科学，进而发展为理性之自身发展的科学。此种逻辑经过 Rradley 于其 *Principle of Logic* 及 Bosanguet 于 *Logic*，*Mor-phology of Knowledge* 及 *Implication and Linear Inference* 大加发挥。从形式逻辑到形而上逻辑是逻辑的新发展。康德从逻辑判断找出思想的范畴，譬如从“如果……则”的判断中，康德找出因果法则。法则也是普遍的形式。任何事实上的判断都包含逻辑上一个概念。黑格尔先天观念如存在、本质、总念，再来批评判断。所以他是后康德的思想。有了逻辑的观念，对于逻辑乃有新看法。特别能指出判断有价值的关系，发展的关系。他分判断为四种：即——

(有) 质的判断——定在 (Dasein) 的判断

(本质) { 反思判断——量的判断——意见的判断
必然判断——科学的判断 }

(总念) 总念的判断——哲学判断——价值判断

黑格尔所谓判断是有等级的，愈近总念的判断，等级愈高。任何判断的目的都在发挥总念。判断是总念的特殊化（To judge is to specify the Notion），是总念的自我分化。

质的判断：

肯定的判断　这玫瑰花是红的。

否定的判断　这玫瑰花不是黑的。

无限判断　　心灵不是一个象。

肯定的判断是最粗浅的判断，不曾把主词的一切内容都说出来。而红的也不仅是玫瑰花的一个方面，红是一个共相，与玫瑰的关系不深刻。否定的判断比肯定进一步，因为我若不知道颜色，便不知它不是黑，所以否定也是肯定。无限的判断是主词与谓词全不相干。而无限的判断，不是判断，无意识。

反思判断：

单一判断　这房子是有用的。

特殊判断　有些房子是有用的。

普遍判断　凡人皆有死。

质的判断论及的为一个东西本身有的性质，而反思判断表示一东西与别的东西的关系。如有用、无用对人而言。所以质的判断是感觉的判断。反思判断是理智的判断。一个东西，愈和其他东西发生关系，愈能引起反思判断。可是反思判断仍不能指出其本质。单一判断只是表示偶然性，特殊判断有肯定，也有否定，至于普遍判断则已有必然的意义。

直言判断　这玫瑰是一植物。

假言判断　如果这里有一玫瑰花，则这里有一植物。

选言判断　甲不是乙必是丙或丁。

对于类有了研究，直言判断才能成立。我们说玫瑰是植物这句话，是无法否认的。同理 Gold is dear 是反思判断，但 Gold is metal 则是必然判断。若以主词与宾词合一为标准，则假言判断不如选言判断。有种必有类，以种证明类的存在。玫瑰只是一种，不够发挥尽植物类的意义。选言判断才是真正的主词宾词合一，宾词穷尽了主词。不过列举种以说明类仍未把价值说出来。所以进一步便有总念判断。

确然判断　这图画是美的。

或然判断　这图画或者是美的。

必然判断　这图画必然是美的（因为具有美的本性）。

确然判断是从价值着眼而下判断，或然乃是对于确然的否定，必然判断可以说出理由，即是总念的表示。所以总念的判断是最高的判断，根据本质的必然更是圆满的判断。如说：这个图画是美的，由于具有美的本性。美的本性是特殊，图画是个体而美是共相。一个个体符合共相，由于它有种种特殊结构。总念判断是个体，以其特殊性质与普遍联合。所以总念判断是把美的总念表示出来，可以说是总念的特殊化，总念的实现。一方面个体表现总念，一方面总念自身实现。主体是单一的主词，与普遍的宾词完全合一。总念判断说出一东西，是否符合其本性。总念判断把个体的“应如此”说了出来。“是如此”与“应如此”合一，即符合其自己，并非符合外在的东西。说人是理性的动物指人是真正的人，即等于说这个人是人。宾词“人”是共相。所以在总念判断中，个体、特殊性、普遍性得到了统一。

二十三、黑格尔论推论

推论或三段论法是总念与判断之合一。判断是说明理念的过程。To judge is to specify the notion，推论则证明判断。康德以为知性是概念的能力；理性则为推论的能力。概念有具体的概念和抽象的概念的分别；推论也有具体的推论，抽象的推论的分别。黑格尔认为形式逻辑只是用非理性的方式表示推理的过程。推论也有种种不同的形式：

质的推论（或存在的推论）：

绿色令人起快感，
这个苹果是绿色的，
故这个苹果令人起快感。

这推论中只提出苹果的绿色。苹果的其他方面都被忽略了。所以是一个无总念的判断。我们可以提出相反的推论：

腐朽令人不快，
这个苹果是腐朽的，
故这个苹果令人不快。

量的推论：

甲＝乙
乙＝丙
∴甲＝丙

这种推论有普遍性、必然性，可是没有内容。

反思的推论：

全称推论：

凡人皆有死，
孔子是人，
故孔子有死。

这种推论有普遍性、必然性，有具体内容，可是等于没有推论，因为在大前提中已包容了结论。所以是丐词。

归纳推论：

张王赵李皆有死，
张王赵李是人，
故凡人皆有死。

这种推论要把人数尽，所以这种推论是不可能的。

类推推论：

能行能言的我是一个有意识的人，
王君能行能言，
故王君是有意识的人。

这种推论由已知推未知，根据本质以推论，不过只能由一推一，不能由一推共。且可能有不合法的类推，如：

地球是一个有人居住的星球，
月亮也是一个星球，
故月亮上有人居住。

必然的推论一涉及本质或类的概念的推论。

直言推论：

人是有理性的，
孔子是人，
故孔子是有理性的。

假言推论：

如果孔子是人，
孔子是有理性的，

今孔子是人，
故孔子是有理性的。

选言推论：

理性的存在不是人便是神，
孔子是一理性的存在，但不是神，
故孔子是人。

故此种必然推论已可算得最高的推论，但只是形式的推论。

二十四、总念式的推论或本体论证明

在黑格尔书中，讨论推论，到此为止，并不像判断那样，以总念推论结束。不过在总念推论之外，黑格尔讨论本体论的证明。他又批评三段论法，以为从亚里士多德发明三段论法并且对于其种种形式加以描写后，几千年来并无进步。而亚里士多德本人也未曾用有限思想的三段论法来研究哲学。亚里士多德的根本思想还是玄思总念。费舍（Kuno Fischer）在他的两册叙述黑格尔哲学的巨著中，便认为总念判断已经包含着总念推论了。黑格尔本人又复提及理性推论即是绝对推论。大概绝对推论、理性推论、总念推论是同一东西。像“我思故我在”便是总念推论。这种推论基于直观，并非三段论法，也是本体论的证明。从这本体论的证明便可过渡到客观化，总念的客观化。总念的客观化即总念的推论。总念的推论便是本体论的证明。

本体论的证明是黑格尔的中心思想，本来这是神学家所提出的问题，现在变成了唯心论哲学的中心论证。本体论证明最先提出者是St. Anselm“我心中有上帝的观念，故上帝存在”。接着笛卡尔又提出本体论的证明“我们对于上帝的圆满性，有一个清楚明白的观念，故上帝存在”。斯宾诺莎对于本体论证明的贡献是分存在为三种：1. 本质不包含存在，如方圆形；2. 本质包含存在，如上帝；3. 有限事物之本质与存在不符合。黑格尔以为总念的推论就是本体论证明。布拉德雷以为观念与存在是一体两面。知道观念，就可以推存在。鲁一士、鲍桑凯都讲本体论证明。不过康德对于本体论证明态度不同，他在表面上反对本体论证明，其实思想与存在合一就是本体论的真义，并且也是唯一的哲学的观念。康德在《行理论衡》中及在《纯理论衡》中，都证明思有合一，所以根本上，康德对于本体论证明是有贡献的。关于本体论证明的发展，可分三方面：1. 证明上帝存在。安瑟伦之学说是；2. 证明本体之真实无妄。斯宾诺莎的学说是；3. 从道德信仰证明上帝存在，且从知识可能的条件，即知识对象可能的条件证明思有合一。康德的学说是。所谓“存在”有两个意义：第一，存在指真实无妄而言，非指时空中有生有灭的存在，易言之，存在即有效准之谓。第二，存在指时空中有生有灭的存在，上帝永恒自如不生不灭，故不能说上帝存在于时空中，但能说上帝表现于时空中。证明也有两个意义：第一，直接的证明；第二，间接的证明。直接的证明由体验去证明，如求仁得仁，知天即天知，见道即道之自觉。间接的证明，是理智的证明，也是外在的证明，由前提推结论，由因证果。直接的证明又名先天证明，间接的证明是后天的证明。黑格尔指总念的推论是直接证明，形式的证明是间接的证明。直接证明在某意义下不是推论，也不是证明，而是一种直觉或体验。直证上帝，直证本体都是超理智的。康德反对用形式的间接的方法证明上帝存在，因为他认为上帝存在的问题非理智的而是信仰的问题。本体论证明的内容大概是如下的命题：

greatest（Anslem）
We have an idea of God as the the most perfect（Descartes）
Being,　　　　self-caused（Spinoza）
therefore God exists.

此所谓观念，指清楚明白的观念，指理性的理念而言，是一种圆满的直觉的知识。这证明是：1. 从上帝的观念证明上帝的存在，从思证有；2. 从本质证明存在。因为绝对伟大、绝对圆满、自因等皆所以表示上帝的本质；3. 从上帝观念的合理性来证明上帝存在，即从理性来证实在。在常识中，观念与存在是分离的。不过真的观念一定要符合存在的。当安瑟伦提出本体论证明时，高尼罗（Gaunilo）反对之，以为观念与存在是分开的，有观念不一定有存在。譬如我们心中有一美满的仙岛的观念，但不一定真有仙岛存在。安瑟伦乃诉诸良心以答复他。良心有三个意义：1. 大众的意思；2. 心同理同；3. 天启。足见安氏的证明，颇有注重直觉和信仰的色彩。

本体论证明的关键是说“凡理性的就是现实的”。这思想包含思有合一，本质与存在合一，体用合一。因为体用合一，所以有一方面，就有另一方面。用对上帝信仰之真诚以证明上帝之存在。推而广之，也可说由主观之“诚”以证明客观之“物”。《中庸》说“不诚无物”，换言之，诚则有物，由主观之诚，足以推证客观之“物”之存在。由精神条件之充沛以证物质条件之存在。我心有一自由的观念，故我多少有一些自由。这可说是由我有自由观念，以证我有自由行为。都可叫做本体论的证明。但若说我心中有一忿怒的观念，故我有一些发怒，便不是本体论证明，因为忿怒不是理想，而对于忿怒的观念愈清楚便愈不忿怒。若对自由观念愈清楚，则愈自由。故两者不同。本体论证明推广言之，由仁性证仁行，即当我们知道体的时候，一定知道用。由人之性格以证人之行为，由政治家的政见以证他有某种政治作风，由源证流。均可叫做本体论的证明，即由体证用。在此阶段，真理或理性自己发现，自己客观化，自己创造其存在。本体论证明之推广的意义即由思证有，Thought guarantees fact。当思想更透彻更贯通的时候，思想就包含了存在。真观念所指示者必是事实。思想是事实之母，有了真的思想才可表现为事实，发挥为事实。从思想的准确可以推断事实的准确。由思证有，由源证流，由体证用，由知证行。如由自由的观念以证自由的行为，由仁孝之良知证仁孝之行为。由有上帝之良知，证上帝之真实无妄。仍以由于美（的理念），美的事物成为美这一总念判断为例，美的理念是体、是本质、是思想，美的事物是表现、是存在、是事实。故凡总念的判断都是根据一个理想标准、理想价值来推论。

除本体论的证明外，还有现象论的证明，从现象证本体，由用证体，由有证思，由存在证本质，由形而下的现象证形而上的本体，由流溯源。一个哲学家有本体论，亦有现象学。本体论的证明是直证，现象学的证明是间接证明。由仁行证仁心，由仁心推仁性。现象论的证明只能证明人有潜在的仁性，而其借仁行以证仁性之仁行，或许未把仁性充分发挥出来。从不仁之行亦可以证明人有仁性，从不完善证完善，因为没有完善的观念，不能证明不完善。现象论的证明只能证明潜在着的本体。由有限事物之存在以证明上帝之存在。没有现象论的证明只是直观。现象论证明还是要假定对于本体有所认识，若对本体无认识，便无现象论证明之可能。

二十五、黑格尔论客观化

判断发展否定了自己，推论发展也否定了自己。否定判断的是总念式判断，否定推论的是总念式推论。判断和推论可以说是主观的总念。总念发展的第二步是客观化或对象化。客观化是总念的表现，或实现，外在化。也可以说从总念到存在，从主观到客观，从逻辑到现实。所以在理则学中，客观是发展的一阶段，也可以说是主观化的对象，是一个通过主观的对象。没有主体，便没有这种客观，这客观是所思所见的一种东西，一方面出于总念，一方面仍回到总念。此即主客之趋向于合一。这个意义的客观，内容丰富，不同于普通的存在，是一个全体。包含有整个自然界和精神界。所以客观化是宇宙论的范畴。客观化不可离意识而言对象，这明明是受了康德批导哲学的影响。任何东西都可以称为对象，就是上帝也可被认为对象。不过这对象决不可离主体而孤立。我们可以说上帝是一对象，但要紧的是不离自我，若以上帝能离自我而存在，那末这种崇拜便是迷信。迷信的上帝以为上帝与主体不发生关系。我们要认识，上帝是内在的，是我的道德生活，我的人格，我的理想，凡此都是上帝的表现。这样便是在主客合一中理解上帝。再以知识言，知识与对象不能分离。知识的目的，就要取消外在界的生疏。在这意义下，追随外界即恢复自己的内心。主体认识对象是达到主客合一的目的。向外格物穷理，向内明心见性，这也是主客合一的过程。达到这主客合一的过程，黑格尔分析起来以为有三个阶段：即机械性、化学性和目的论。

机械主义是理解无机界的一个范畴。不过机械性可以扩大以机械原则解释存在之结合分散，同时也可以有机械主义的心理学。如以身心合一，即以为人者身加心而成。好像身和心是可以互相独立的。又如以身有知、情、意三种能力，也是机械现象，如寻行数墨的读书，呆板的记忆，即宗教之机械仪式也可属于机械主义范畴之下。机械论也经过三个时段的发展：一种是形式的机械主义，以为每个对象是孤立的，各不相涉的彼此的关系也是外在的。同时以为每个东西有内在的性质，脱离了外在关系，其内在性质仍不变。一切对象是复合体。所以在形式机械观下，对象是独立的、不相关的、外在的、亲和的。机械论是机械主义进一步的发展。一方面每个对象各自独立，与别的东西关系外在，同时又依存于外物。这表示孤立的个体性之有外倾的爱力的依存的机械趋向，如欲望之有待于对象，孤立的个人之有社会的要求。机械观之最高发展为绝对性机械观，以整个宇宙为机械。原子式的个人主义的社会国家观。

机械观自己否定自己即成化学观。普通把化学观与机械观并列，以与目的论对待。在表面上化学性比机械性内在。气象雪雨之变化，男女之爱情，友谊都有化学性。化学性一方面独立，一方面依存。因为化合之后还可以分解，而化合作用也是没有内在的目的。化学的原则不在化合过程之内，化合过程也不能代表总念。仍是机械的盲目的。所以化合只能是机械作用的一方面。也不是内在关系。近来有许多赞成外在关系的新实在论者认 H_2O 之成水为内在关系，殊不知黑格尔早已指责此种化合作用只是外在关系了。

内在关系是有机的关系，发生内在关系后的变化是发展不是变异。这种发展并且是矛盾进展的。主体与对象发生关系，一方面主体投入于对象，一方面主体超出对象，外在关系的知识是机械的知识。怀特海教授持内在关系说，认为宇宙万物息息相关有渗透关系。每一件事皆假定全体，每一事变反映全宇宙。黑格尔以为机械主义不是一绝对范畴，机械的认识不能给我们以合理的认识。科学要成为自然科学，只能用机械方法来解释。机械的解释与辩证的解释是相反的，辩证法是目的论的，即解除矛盾达到合，但目的论者不一定用辩证法。黑格尔以为机械过程只能从属于有机过程。当有机作用受阻碍时，当目的活动不能充分发挥时，机械的活动才当道。所以机械范畴只居于辅助地位。机械性、化学性都是目的性的工具，目的性是机械性、化学性的真理。

二十六、黑格尔论目的观

在目的观的观点下，可以见到机械性、化学性都是达到目的的手段。目的的发展是辩证的过程。目的有外在的目的与内在的目的之区别。外在的目的黑格尔又称作主观目的或有限目的。外在的目的是多的，内在的目的是单一的，外在的目的是无穷的，内在的目的是无限的，外在的目的，以为事物本身无使命，只是实现外在目的的工具。这也是功利的看法。亚里士多德和康德的最大贡献在提出内在目的说，特别讨论有机体时，立说最为圆满。康德在《品鉴论衡》中从审美的观点来看万事万物，莫不有其目的。内在目的观一反机械观，也可以说是精神宇宙观。亚里士多德提出 entelechy，一个观念来解释内在目的。所谓“隐得来希”者即范型化之能力。范型本身有一种力量，凡物都是范型与质料构成的，所以万物都有内在目的。柏拉图以为灵魂中有一种力量名爱（eros），爱是灵魂向上追求的力量。万物中之“爱”或生机向上追求目的之动力即隐得来希。这是一种向上冲动的生命力。亚里士多德之 entelechy 可以说是柏拉图的 eros 之生物学化。隐得来希有三个意义：一是物之希天；一是物之尽性，或自我实现；一是天之感物、天感动万物向上走。所以天是不动之推动者。天是事物之最高范型。万事万物循其内在目的而发展。从“如此”要去追求“应如此”，中国人以为士希贤，贤希圣，圣希天，而亚里士多德以为万物莫不希天。亚里士多德的宇宙观是万物追求上帝，上帝感召万物的宇宙观。黑格尔就以辩证法，从存在经过本质达到总念而证明此种希天之宇宙观。所以黑格尔的内在目的说实是承继亚里士多德之学说。万物既有内在目的，达到目的又非有手段不可，可是在内在目的的宇宙观下，如何循曲折的途径，利用手段，便是问题。黑格尔乃提出“理性的机巧”（die List derVernunft）以答复此问题。

二十七、黑格尔论理性的机巧

理性的机巧的前提是理性、是世界的主宰，整个历史是一理性的过程。理性是宇宙本体，是无限的力量。理性有目的地推动着自己的材料（世界）。这种有目的的动是自发的动，因为理性不是无力的，也不是在现实之外的。理性是无穷事物之真理，理性使事物得一实现。理性也可以说是世界变化之节奏，理性自动，不需要外在的条件。整个世界一切事物都在表现理性之光荣。世界上虽有不合理的事物或罪恶，这只是理性实现的一种手段。当我们研究历史时，我们一方面要认识理性的擘划，同时也要认识理性的擘划已在实现中了。从全体来看，罪恶决不能与理性并立。罪恶是被理性所征服的。罪恶所产生的主要来源是情欲。而情欲是从自私的企图和自私的利益出发的活动。在表面上和理性作对，不过在实际上，世界上伟大的事情都凭情欲而产生。事实上，情欲的发泄、自私的行为是人类行为有力的推动力。自然的冲动每胜过道德法律的束缚。当人为情欲支配时，可以全力以赴。历史上许多伟大帝国之兴起崩溃，都是情欲的结果，但这不足为情欲罪。情欲不得调整时，人世演为悲剧。所以当国家中个人与国家全体利害一致时，那末这国家的组织健全。一方面的利益，因对方而得到满足。总之人类的情绪、欲望实在作为达到世界精神之手段而存在。易言之，理性借情感、欲望而实现其自己。个别的情欲活动，只知道寻求其个别的利益，不知全体的目的，不知其自身的使命。可是普遍的理性法则，已经潜伏在里面了。理性和情欲构成世界历史的经与纬。情欲最强盛的人，是一时代的英雄，是世界史的人物，也就是世界精神的执行人。英雄的特点是满足其个人情感、欲望，但同时也满足了众人潜伏的要求，纵使他本人不自觉。这种英雄乃是这时代里面感觉最锐敏的人。英雄代表世界精神的意志，并不一定是自觉的考虑的结果。英雄的目的是很单纯的，他只有权力意志。他不顾道德的观念，往往把神圣伟大的事物践踏了而无所顾惜。当他竭尽全力去达到其大欲或权力意志时，已经无意间践踏了许多无罪的花草，粉碎了许多道德的束缚。但这种英雄本人的生活，并不是快乐的，他也没有安静的享受，他为其欲望所支配。当其使命完成时，英雄就被理性舍弃了，如亚历山大早死，如恺撒被刺，如拿破仑被幽囚。这些伟大的世界征服者，结果都成为世界精神的工具。而理性则借他们的活动，表现出来了。所以从全体来看，情欲的特殊利益的满足，与理性法则是不可分的。特殊的个别的利益满足了，立刻也就被否定了。留下来的，只是普遍原则的实现。历史公道的发展借个别情欲与个别情欲斗争，在斗争中互有得失，互有损害，而普遍的理性并未牵涉其中。这就是理性的机巧。总之，理性借情欲而达到其本身目的，无为而无不为。理性所以完成其目的者，是现象的存在。现象有一部分被理性淘汰，有一部分被保存。故以个别情欲与理性比较，则情欲太渺小。理性可以牺牲无数情欲以完成其本身，作为理性自身实现之代价。故理性的机巧可说是：1. 假欲济理；2. 假恶济善；3. 假私济公。黑格尔这个理论是历史哲学，也是世界观。在态度上比较乐观。葛德的《浮士德》中也有这观念。魔鬼原来的目的在于作恶，而情不自禁地反做了善事。

理性不仅借情欲以实现其自身，还要借机械作用、化学作用以实现其有目的的行为。有目的、有理想的行为（理性的行为），利用机械的化学的作用以实现其目的。故理性目的为一切自然活动之主宰力量。客观事物需不断的彼此互相消耗，互相推翻，但理性的目的，一方而超出了自然事物，一方面又实现其自身于客观事物中，这种活动黑格尔叫作理性的机巧。从此看来，理性是有力的，又是有机巧的，理性的机巧表现于一种曲折的历程中。理性一方面让事物遵循其自己的性格与倾向，让他们互相影响，互相平衡，互相抵消，理性自身并不干涉其行程。但一方面正所以借此达到其目的。在这意义下，天道或天意之于世界历程亦可说是具有理性的机巧。上帝放任世人纵其情欲谋其利益，为其欲为，但其结果，不是完成他们自私的企图，而是完成上帝的企图。而上帝的企图或天意与个人自私的企图，是不同的。但上帝正是利用世人自私，以达到其目的。这是用曲折的方法来达到其目的。同时这也是目的与手段的合一。故所谓理性，所谓天道，决非抽象的，而是具体的；决非无力的而是有力的。如问：理性为什么要有这种假借？黑格尔的答复是：没有假借，便没有曲折没有意趣，太单调，因而不美。有假借之后，世界才富戏剧趣味。又问：假私济公，假情济理，是否表示理受气的影响，理为气所束缚，表示理性有限制，被否定，从而表示理性无力呢？答复是：理性表面上创造对方以资征服，实际上是克服对方，是转化对方，正所以表示其力量。有时还可说，理性故意创造对方以资克服，假借对方以实现其自身。同时，理性又有回复其自身之力量，这实在也是辩证法的本质。这种理性之辩证的本质，在理念中表示得更清楚。

二十八、黑格尔论理念

从真理的全体来看，无限目的，永远在表现自己。不等待我们的主观的理性而即在那里自己实现其自己。理念是总念与客观性之绝对合一。理念是自在自为的真理。真理客观的符合其总念。所以真理和总念是一非二。理念不但是真，而且是善，而且是美。一个真的国家是一个善的国家，一个合乎国家理念的国家。所以真有等于应有。任何真正的哲学都要认识理念。即是任何一个真实的东西，也表现着理念，表现着使命。理念是存在的真理。离开理念便不会有存在。理念之外无物，理念即本体。我们对于理念可有很多看法，第一种看法以理念为主客合一。凡是理性的是现实的。理念是客体，又是主体，所以能创造工具、利用工具以实现其目的。它自己是一个总念，能客观化自己的主观性。所以理念是主客合一或思有合一。这也是黑格尔哲学系统所要证明的基本观念。主客合一是意识，同时又是意识的对象。主客合一体一方面是对象，一方面是对象的意识，理念又是理想与现实应该合一与完成合一。单重应该，便不完成，理想还没有力量。故单纯的应当，不能是真实的本体。理念又是有限与无限之合一，有限是现实的，无限是理想的。理念又是身心合一，此即生命，所以理念是有生命的。理念又是知行合一的，过程与结果合一的。理念一方面是过程，一方面又是结果。因为理念既是生命，而生命不能是静的。理念是整个矛盾进展的表现，又是主客互相转化的过程。理念是太一之放射，万物之返本。放射是往外决定，向外显示；返本是回到本体。所以理念决不是空的死的东西。这种合一的看法与抽象的思想不同。抽象的是执着的，区分的，不了解矛盾的。黑格尔哲学就要超出这种看法。因为辩证逻辑的目的，就是破执。黑格尔认为“知性”只是执着的看法，强生分别的看法，不能见到合一的看法。辩证逻辑始终在于破执。因为单纯的主体和单纯的客体都不是真的。孤立的无限，孤立的有限，都是不稳定的。只有在对立统一中才能看到全。所以凡是两个相反的东西，合一便并存，相离则俱妄。所以理念本身便是一个破执显真的矛盾进展，在统一阶段显露真相。理念是永恒的创作，是永恒的活力，亦可说是永恒的精神。理念永远借外物而烛照自己，借对象而发挥自己。所以理念是实现在客观事物中的总念，不是一个静的合一体。不是一个抽象的同一。不是已经圆满的，不待努力的。但也不是一个永远达不到的应当。理念在过程中实现出来，理念本身亦是一个过程，主体的过程。

理念不是思有主客的中立体，平分体或混一体。理念以主观性为主，以客观性为从。主体包含客观性。所以理念之主客合一为主包含客，心包含身，无限包含有限，主不沉溺于客中。主有主宰的意义，主客合一之目的在充实主；思有合一之目的，是发展思。这种看法足以破除谢林之同一说。因为谢林只主张同一，结果是中和。而黑格尔之合一主包含客，主通过客而回到主，自由通过必然而回到真自由。合一可以有两种讲法，一种是中和的合一，神秘式的合一，也是黑格尔所反对的合一。谢林的同一哲学就是这样的合一。黑格尔讥之为漆黑一团，如“夜间观牛，其色皆黑”（The night in which all cows are black）。庄子的齐物，也是这种合一。第二种合一是统贯的合一，思包括有，主包括客，无限包括有限的合一。统有三义，即统贯、包括、统辖。统贯的合一不是完全没有分别的合一，而是有主从之别，有隐显之别的合一。有心显物隐心体物用之合一体；有物显心隐之合一体。理念发展分三阶段，即生命、认识、太极。生命为身心合一，认识为主客合一，太极为知行合一。

二十九、黑格尔论生命

生命分三时段：即有生命的个体，有生命的历程，及种族三者。有生命的个体是内部的统一成为一主体。有生命的历程是外界的征服（利用吸收，主宰），即内外合一为实在。种族是延续，群己合一。理念之为主客合一，在生命方面的表现是灵魂与肉体的合一。灵魂是肉体的总念。肉体是灵魂的实现，灵魂的外在化。灵魂弥漫于肉体的各方面。无论何种感官动作都有灵魂作用。灵魂借身体而矛盾进展，灵魂的灵明性借肉体之物体性表现出来。灵魂为一有内在目的的活力。生命因此而成为一有生命的机体。生命的机体有三个特点，即敏感、反感、再生。生命中有灵魂浸透其中，故有敏感（sensibility）、反感（irritability）、有抵抗力的意思。再生（reproduction）有新陈代谢的意思。敏感代表特殊性，反感代表个体性，再生代表普遍性，此三种统一于一个生命的个体中。生命的过程是一战斗的过程，生命与死物相对，生命与非生命作对。生命的本性包括本身的否定在内。生命否定死物而回到其自己，充实其自己。任何有生命的存在都面对着敌人，吸收无机的自然归于自己，而为无机物的主人。有生命的东西可以统贯对方，无机物不能对抗生命的力量。所以生命之为生命，全因有外物与之对抗。当灵魂失其控制力时，无机的力量就成长起来。至于种族，则为延续之要求，个体真己发展之要求。个体成为普遍之要求。生活的个体，照种族的眼光看来是曲折的过程。个体一定要经过种族的阶段，才成为个体。个体不是自生的，是从种族里生起来的。个体是种族的一分子，个体为有生命的个体，其对方为共相之种族，但个体投入于全体中，而为全体所消融。在此意义上个体是矛盾的。个体出于种族，但非种族，可是终归于种族。分出于全是生，分归于全是死。但个体之死是种族之生。死即表示种族的力量最后征服了个体的力量。个体生命的死亡，就是精神的延续，个体必须归到种族中，才能真正生活。个体自己牺牲生命以成全种族，所以生命矛盾发展的过程是生（正）⟶死（反）⟶永生（种族的生命——合）。

三十、黑格尔论认识

理念发展的第二个阶段是认识。生命是理念的直接存在。认识则代表理念的间接表现。在认识的范围内，主体性是精神即思想性。在认识的范围内，一方面是世界，一方面是自我，自我与世界，主与客本来是统一的而且也应该统一的。理念在认识阶段更有绝对信仰，相信理性能有力量使主客合而为一，实现主客合一，以打消虚妄的对立。理性之我，达到统一的过程，是知的过程。认识有两种任务：一种任务是要扬弃一偏之主观性；另一任务是要扬弃一偏之客观性。要把外界的东西，吸收到意识方面来，而成为思想，这是狭义的知识活动，理念理论的活动，这个要求比较偏于被动的。要放弃偏于客观或执着于客观，要把精神的目的，传达于外界。外界表现精神上的目的，这就是表现理念的实践活动。这样就达到了善的理念。这种活动是主观的，改变外界的，所以是属于意识方面的。黑格尔将意志统属于认识之内，意志代表知识之主动方面。所以离开思想不能言意志。这种思想是出于斯宾诺莎以意志为思想之一种形态。

一般人的认识以主客对立为前提，这种认识是有限的。有限的认识有两个方法，一个是分析方法。分析的方法，以具体事实为出发点，以现存的外在的材料为出发点，分析出事物的普遍条件，普遍力量，从个体到普遍，由事实求出抽象的概念来，这种方法叫分析的方法。把客观认作材料，把内心当作白纸，洛克的看法就是如此。分析法所认识的现象，在现象的背后尚有不可知的物自身。所以分析的认识是有限的。理性主义者所提出的方法是综合的方法。在黑格尔看来，斯宾诺莎的几何学方法乃是综合的方法。综合法注重由概念到事实，由全体到部分，但是综合法的看法可能是独断的。因为根本的内容丰富的概念，不能轻易下界说。我们从界说无法求得知识所需要的必然性。界说往往有矛盾的可能。而且几何学方法所重的是证明，由几何学方法所证明的必然性乃是外在的必然性，不是内在的必然性。所谓内在的必然性即指“应当”而言。内在的必然性即是价值的必然性，也是意志的必然性。从外在的必然性过渡到内在的必然性便是从知识过渡到意志。要满足知识上必然性的要求，便必须统一分析与综合，而这种统一也不是依次互用，而是同时并用。在研究的过程中，同时分析，同时综合。辩证法便是统一了分析与综合的方法。所谓分析，是从直接的经过间接的而达到具体的共相。这整个历程不是接受对象，被动静观。反之，由总念的推论到具体的个体，表明总念自身的活动，表明总念的分化，便是综合的方法。同时辩证法是分析的，惟所分析的是矛盾，与普通分析成分者不同，分析的结果而发现自相矛盾，亦即由对立而分析出统一之处，这就是方法的综合方面了。这样分析综合出来的共相是一种有主动性的总念。其必然性是内在的，认识的过程也不复限于狭义的认识，而从认识过渡到意志了。

同时意志的对象也需要以意志的行为去把握，单纯的认识在这里已显得无能为力。这种用行为去把握对象的努力，实际上便是争取自由。但是在意志世界中有一个严重的矛盾，即主客对立的尖锐化。没有主客的对立，意志便无所施其技，有了主客的对立，意志便面对着一件永恒的工作。站在意志面前的对象，永不能征服，永不能完全改变。因为与意志作对的对象没有了，意志也就没有了。无穷的追求是意志课予意志自己的使命，这个假定在康德和费希特的系统中表示得很清楚。费希特之所谓我，即无穷地征服外界的主体。世界上热烈的野心家都是这种想法。他们觉得世界非由他们来改造不可。把主观的应当看得太重，忘记了在这个世界过程中已有理念在活动，也忘记了自己的目的是理念的自觉。应为的主体与应改的世界尖锐地对立起来。在黑格尔看来，此应为的世界正是理念的自觉，而应改的世界正是理念的表现。世界的改革是世界本身的要求，是理念在个人的自觉与世界的要求的合一。世界之待改革由于世界之自相矛盾，理念终究实现在世界中。这种看法已消除了主客的对立性，也就是理念自己反省到了自己，而达到了理念的最后阶段——绝对理念。

三十一、黑格尔论绝对理念

绝对理念是理念的最高发展。理念体认了其本身便是世界过程，世界过程便是理念本身的产物。理念不是死的，已经完成了的。理念不断地实现其自己。理念是“是”与“应是”之合一。理念永远是一个全体，一个包括部分的全体，一个统一的全体。所谓统一，指总念与现实，过程与结果，知与行，存在与应该的统一。所以绝对理念是：1. 一个全系统，也是一个全过程的发展，整个意义包括在全部活动中。任何东西离开全体便失掉其价值，失掉其真实性。同样一句话，如“人性本善”，在无知的人看来，意义很浅近，但在有哲学素养的人看来，却包含着孟子思想的全部精义。绝对理念往往表达在类似这样的一句话里。但如对全系统全部理论缺乏理解，则这句话对他只是一句空话。2. 绝对理念是矛盾进展的。绝对理念可以从内容和形式两方面来看。就形式方面看，即其正反合的矛盾进展的辩证法则。就内容方面看，即其整个逻辑系统。同时，绝对理念的形式与内容永不能互相分离。形式不是从外加上来的，理念的矛盾进展实是理念内容的灵魂或命脉。理念的形式贯穿于理念进展的各个时段和全部内容中。辩证发展是一个绝对的否定，是达到最后统一的力量。3. 绝对理念是思想之思想。所谓思想之思想是指理念以其自身为对象而言。在反思阶段，思想已经以思想自身为对象，但尚未达到最高的自觉。黑格尔的全部理则学可以认作是一部思想自觉史。4. 绝对理念是生命与知识的统一。绝对理念是生命经过知识的特殊化而回复到自己。5. 绝对是一知行合一体。这表示理念是意志与知识之统一，亦即是理论的理念与实践的理念的统一。宇宙不是一个没有满足的宇宙，也不是一个尚未完成的理想。客观世界本身便是理念的显现。在客观世界中，理念一方面是目的，但同时又是实现这目的的活动。客观世界的结构便是理念的法则。意志不复认目的为外在的追求的对象，而以目的为其自身的理性的表现。世界也不复是现象的世界而是理念本身的寄托。过程便是目的，目的实现在过程中。这种知行合一观，宇宙论的意义多，道德论的意义少，同宗教的思想也颇吻合。宗教认为上帝或天道主宰此世界。此世界“是如此”，也“应如此”。一个事物之“应如此”，基于其“曾如此”、“是如此”。从全体来看，“是”、“应”、“曾”是合一了的。是如此与应如此之合一，也可说是知行合一。不过黑格尔这里所说的知行合一是世界观，不是道德修养。易言之，黑格尔以为理想与现实是合一的。合理者真实，真实者合理，理念实现于事物中。表面上看来，在日常生活中“是如此”与“应如此”不能统一。不过这是有限的观点，从全体从无限的观点来看，则“是如此”与“应如此”永远是统一的。到了绝对理念，黑格尔的系统完成了。他从“有”开始，逐步进展，达到绝对理念，而绝对理念亦可说是“有”回复了它自己。

三十二、黑格尔逻辑范畴发展的总表

1. 有论（Die Lehre vom Sein）

A 质（Die Qualität）

(a) 有（Sein）

(b) 限有（Dasein）
(c) 自为之有（Fürsichsein）
B 量（Die Quantität）
(a) 纯量（Reine Quantität）
(b) 限量（Quantum）
(c) 级量（Grad）
C 尺度（Das mass）
2. 本质论（Die Lehre vom Wesen）
A 作为实存的根据之本质（Das Wesen als Grund der Existenz）
(a) 纯反思范畴（Die reine Reflexionsbestimmungen）
(1) 同（Identität）
(2) 异（Unterschied）
(3) 根据（Grund）
(b) 实存（Die Existenz）
(c) 事物（Das Ding）
B 现象（Die Erscheinung）
(a) 现象界（Die Welt der Erscheinung）
(b) 内容与形式（Inhalt und Form）
(c) 关系（Das Verhältnis）
C 现实（Die Wirklichkeit）
(a) 体用关系（Das Substantialitäts-Verhältnis）
(b) 因果关系（Das kausalitäts-Verhältnis）
(c) 相互作用（Die Wechselwirkung）
3. 总念论（Die Lehre vom Begriff）
A 主观总念（Der Subjektive Begriff）
(a) 总念本身（Der Begriff als solcher）
(b) 判断（Das Urteil）
(c) 推论（Der Schluss）
B 客观（Das Objekt）
(a) 机械性（Der Mechanismus）
(b) 化学性（Der Chemismus）
(c) 目的性（Die Teleologie）

C 理念（Die Idee）

（a）生命（Das Leben）

（b）认识（Das Erkennen）

（c）绝对理念（Die absolute Idee）

这个总表最足以表现黑格尔理则学整个系统的结构和逻辑范畴推演发展的次序。这个总表同时也就是《黑格尔理则学》一书的目录。但英译本没有将此表列出来，殊欠醒目。兹自拉松本《哲学全书》第二十八页，及 Glockner 之《黑格尔全集》第八册页 V 抄译过来，俾便参考。

（1943 年在昆明西南联大讲授，樊星南笔记。曾于 1948 年作为《国立北京大学五十周年纪念论文集》之一，以单行本发表过。兹加以修订，载入此册。笔记者樊星南曾译有鲁一士著《现代哲学的精神》两册，40 年代在商务印书馆出版。）

辩证法与辩证观*
(1944 年)

辩证法自身就是一个矛盾的统一。辩证法一方面是方法，是思想的方法，是把握实在的方法；辩证法一方面又不是方法，而是一种直观，对于人事的矛盾，宇宙的过程的一种看法或直观。真正作辩证的思考是异常之难的，比科学的实验、归纳、演释都较为困难。因为这需要天才的慧眼，逻辑的严密和纯思辩的训练. 在哲学史上真正善于应用辩证法的哲学家乃是不出世的天才。真正的由亲切的体验，活泼的识度，能够对于宇宙和人生提出一种辩证的看法，能够切实觑出宇宙间事物的内在的必然的矛盾，并见到其矛盾中的谐和，对立中的统一，也非有能静观宇宙的法则，置身于人世变迁的洪流中，而又能深察其变中之不变，不变中之变的轨则的慧眼不为功。大概讲来，哲学家，特别一元论的哲学家（一元论的一，乃统一之一，非单一之一，譬如，只重物不重心，或只重心不重物，都不是哲学上所谓唯心唯物的一元论。所谓一元系指对立的统一，复多的统一或辩证的全体言。非于众多事物之中，任意标出一项，而偏执的推导之，便可叫做一元论也），当他思想、辩难、析理时，大都难免不用辩证的思想方法，严格讲来，可称为“矛盾思辩法”。辩证法就是思辩法，也就是思辩哲学的根本方法。常见有人一方面在高谈辩证法，而一方面又反对思辩哲学。这显然是由于这些人既不知道什么是思辩哲学，又不知道什么是辩证法。譬如实验主义哲学家杜威，总可算得注重科学理论，经验事实，和注重行动以征服自然改变世界的哲学家了。但有人批评杜威，说他表面上虽倡导实验主义，而他实际上所用的思想方法乃是辩证法。杜威答道：“没有人可以著关于哲学的书而

---

* 本文选自《近代唯心论简释》(独立出版社，1944 年)。

不用辩证法的。”至于辩证观，严格讲来，可称为“矛盾统一观”，乃是出于生活的体验（特别精神生活的体验），理智的直观，每为大诗人、小说家、戏剧家、政治家、宗教家所同具，且每于无意中偶然得之。此种辩证的直观，既是出于亲切的体验，慧眼的识察，每每异常活泼有力（绝不是机械呆板的口号或公式）。足以给他们对于宇宙人生一个根本的看法，且足以指导他们的行为，扩大他们的度量。而哲学家的特点，就是不单是从精神生活或文化历史的体验中，达到了这种辩证的直观或识度，且能慎思明辨，用谨严的辩证方法，将此种辩证的直观，发挥成为贯通的系统。

我上面已约略指出，辩证法是哲学家公用的方法（只有精粗巧拙之别），而辩证观则每为哲学家与大诗人大政治家所共有，而有些陷于支离繁琐的哲学家，有时只知道用一点带诡辩意味的辩证法，倒反而失掉了与诗人政治家共有的健康远大的辩证观，辩证观之见于诗歌戏剧者以德国诗人的著作中最多。德国大诗人葛德的生活，即可以说是最美丽地表示出矛盾的谐和，辩证的统一。甚至有人说黑格尔的辩证逻辑就是葛德式的辩证的人格之逻辑的写照，在《浮士德》的“献词”里，葛德开首就以他个人当下的经验，表示出“远者近，近者远”的辩证观。他的意思说，当他写《浮士德》诗剧时，近在眼前的东西反觉疏远不相干，而那幽深渺远的事物，倒反而亲近活现于意识之前。同样“疏者疏，亲者亲”、“恩者仇，仇者恩”的辩证观，构成了席勒许多戏剧的题旨。譬如在《圣女约安》一剧中，他写约安女郎如何为举世不相识的人崇奉为神圣，但反而被她亲生的父亲控告为妖孽。又如他写许多哀怜求生的士兵，皆被约安杀死无赦，而有一忠贞求死的敌将，反而被约安释放，不惟释放，反而对他发生爱情。这都是在描写出“求生者反得死，求死者反得生”，或“死以求生”的辩证道理。这只能叫做辩证观，不能叫做辩证法。类似这种的辩证观，中国诗人中也一样的具有。譬如黄山谷挽司马君实的诗，有“惟深万物表，不令四时行”二句，即可以说是代表为司马温公的辩证式的人格写照辩证观。盖深与表对立，亦即内与外对立，不令与行对立，亦即静与动对立，今渊深而为的万物之表，不令而因时运行，即包含有内外动静之矛盾的谐和的辩证观。其实此两语已将老子“无为而无不为”、孔子“天何言哉，四时行，百物生”及诸葛“宁静所以致远”等语所包含的辩证观表示无余了。又如李太白《古风》五十九首中有“前水非后水，古今相续流；新人非旧人，年年桥上游”

等名句，亦即是辩证观很美的抒写。四句中，一三两句言变，二四两句言常，本旨实所以指出变中之常；一三两句言异，二四两句言同，本旨实所以指出异中之同。这都很足以代表对于宇宙人生的过程之伟大的根本的辩证的直观。

在上面我想我已充分说明了什么是辩证观或矛盾统一观了。我特地举出大诗人的辩证观作例子，以表示辩证观之普遍性，非哲学家所能包办。至于哲学史上如希腊的黑拉克里陀士，如中国的老子，都可以说是最早提出辩证观的哲学家，但不能说他们有辩证法。因为有辩证观的人，不一定用辩证法。而最初创用辩证法的人如希腊的芝诺，中国的别墨一批人，却又没有辩证观。我们已约略知道了辩证观的大旨，请进而讨论辩证法的性质。

第一，辩证法最原始的意义，即是以子之矛攻子之盾的辩难法。是在双方辩论的时候，盘诘对方，使对方陷于自相矛盾因而推翻对方的论据的辩论方法。大概在百家争鸣、辩士竞起的时代，这种以子之矛攻子之盾的方法，特别易于为多人采用。这个辩论〈方〉法的特点，是要藉对方的理论，反而赞助自己的说法，于辩论时占对方的便宜。以对方的理论作前提（即是不一定以真的理论作前提而辩论，乃是以对方所承认或所提出的理论作前提而辩论），加以无穷的诘问，使对方陷于矛盾不通之境。自批其颊，自毁其立场而后已。故这种辩难法有时又叫做穷诘至不可通或穷诘至不可能之法。这个方法诚是辩论的利器，而当为哲学家所采用，但每每只是以口舌取胜，不能令人心服，且只能提出疑难，而不能揭示客观的真理。换言之，这种是形式的、外表的、抽象理智的、消极的辩难法，此法一经滥用便会流为诡辩与怀疑。柏拉图在其《共和国》一书中，一方面发挥辩证法之真实妙用（详后），一方面亦指出误用或滥用辩证法有种种危险：第一，滥用辩证法，使人不守信义，不重法律。持辩证之理，妄谓善恶不分，荣辱无别。换言之，此法年青人习之，足以令其对道德法律怀疑。第二，青年人一尝得辩证法味道时，每每只知以口舌取乐，争胜取巧，而日以驳倒对方为能事，不相信任何东西，甚至不相信哲学。总之，希腊芝诺式的辩证法，中国别墨式的辩证法，皆有陷于诡辩与怀疑的趋势，乃历史所昭示的事实。故真正正统的哲学家，大都对于此种辩难之法引为诟病，而严加排斥。所以真正思辩哲学所采用的辩证法，与此种有诡辩怀疑意味的辩难法，实有苗莠朱紫之别。苏格拉底、柏拉图以及黑格尔的辩证法，乃是有具体内容的理性方法，而非抽象外表的智巧辩驳。是推究事理之内在矛盾的方法，而不是站在外面去寻疵抵隙的方法。是要积极地求客观真理的方法，而不是消极地怀疑辩难使人无所适从的方法。

第二，辩证法乃是教训道德的方法。这个意义的辩证法乃单指苏格拉底的辩证法而言。苏格拉底是一个教训青年的道德的大师，而他的妙处乃在于采用辩证法以教训青年的道德。辩证法到了苏格拉底手里不惟本质上有了盛大的发展，而且于技术上也得了异常平实而广大的妙用。据以专门研究苏格拉底著称的德国柏林大学迈尔教授说：苏氏的辩证法，目的在于领导人得到道德知识，唤醒人的道德意识，养成道德的人格。而当时的诡辩家的目的乃在于使人成为善于修辞之演说家，庶几在法庭上辩论，在政治上竞争，处处可以占便宜。而苏氏则注重与人有亲切的谈话，反复的盘诘，不在于使人善辩，而在于使人回思反省，成为有道德修养的人。他须与被盘诘的青年有亲密的接触，随个人的见地、兴趣、性格、倾向，而加以开导启发。他每遇到一个青年，必很耐心地层层追问，使得对方将他自己的生活和思想的过去与现在，毫无隐饰，全盘托出。然后苏氏方进而根据对方自己所说的话，揭穿其知识上的矛盾和态度上的虚伪与不诚。而苏氏自己本人自认为无知，自己毫无成见。不提出自己的道德信条，以强人从己。亦不持己之所知以与对方辩论，但虚心徐徐诘问对方，使其自己陷于前后矛盾，自己推翻或修正他自己的谬见。苏氏的辩证法的积极方面，即在于唤醒对方之自知。苏氏所谓自知，实即自知其无知之意。苏氏认为自知其无知，廓清成见，赤地新立，实为另作新人的初步，为回复真我，过新道德生活的开始，苏氏的辩证法不是消极地使人丧然若失，一无所可，无所适从。乃欲使人自己去寻求德性之知，且昭示人此种德性之知是可用辩证法的启发而寻得到的。据说这种用辩证法以教训道德的方法，须有学问德貌威望之人，而兼以虚怀若谷、和蔼诚挚的态度，方可收感动人、启发人、自悔前愆、改过迁善的效果。（按普通哲学史大都从理智方面认为苏氏的辩证法为诘问对方以达到道德概念之正确的界说的方法。至于注重体验与行为方面的意义，而确定苏氏的辩证法为教训道德的方法，则惟有黑格尔于其哲学史中，略有提示，而迈尔教授于其巨著《苏格拉底》一书中，方有较详明之发挥。此段所述则根据迈尔原书［Heinrich Maier：*Sokrates*，pp. 358—381］“论苏氏的辩证法”一章。）

其实，中国正宗哲学家中，最善于用辩证法以盘诘人，而且用得最平实的人，莫过于孟子。而孟子的辩证法，本质上毫无疑义的，即是教训道德的方法。最显著的，如在孟子见齐宣王一长篇对话里，最足以见出孟子用种种方法反复盘诘，以教训齐宣王的道德，以唤醒齐宣王潜伏着的仁心，而促其推行仁政。与苏格拉底启发式的辩证法，根本上实并无二致。孟子首先从齐宣王过去生活中以羊易牛的轶事，加以诘问，促其反省。使齐宣王自己莫名其妙，自觉陷于矛盾道："是诚何心哉？我非爱其牛，而易之以羊！"及他提醒了齐宣王这种不忍之心，就是可以王天下的仁心后，又进而指出以"兴甲兵，劳士民"的方法，而欲王天下，实无异于"缘木求鱼"。揭穿了齐宣士"所欲"与"所为"间的矛盾，亦即目的与手段间的矛盾，而促其体察反省，改弦更张。这就是孟子教训道德的最妙的、典型的辩证法。这种辩证法，骨子里虽仍包含着以子之矛攻子之盾的意思，但此法既基于对于对方生活性格的亲切体验，复加以教训道德的热忱，寻求真理的诚意。便与只求以口舌取胜的矛盾辩难根本不同，故孟子不承认他"好辩"。在我们看来，孟子与苏格拉底皆不能说是好辩，他们所用的辩证法与芝诺式的和诡辩家的辩证法均根本不同。他们不是"好辩"，他们乃是应用辩证法作明道显真，教训道德等不能自已的神圣工作。

第三，辩证法是求形而上学知识的方法。这是特别指柏拉图所谓辩证法而言。辩证法到了柏拉图手里，两人辩难和盘诘对方的意义已经绝少，而发展成为正当的求先天的哲学知识的纯思方法了。兹试分为三层略加说明：（一）辩证法是求对立的统一或复多的统一之法。所谓统一体，即形而上之理，即我篇首所谓一元的本体。在《斐都士篇》中，柏拉图所谓辩证法权衡双方而得"统一观点"，已隐约提出辩证法之为由矛盾中求统一，由调解正反的对立中而求合的意思了。在《辩士篇》和《菲利布士篇》中复谓辩证法为"多中见一，一中见多之艺术"，或为"用一概念，统贯万殊，由万殊中而抽出统一概念之方法"。这很明白地说，辩证法是观认万殊归为一理、一理统贯万殊的方法了。就此法之为多中见一言，可谓为格物（多）穷理（一）；就此法之为一中见多言，可谓为以理观物。（二）在《筵话篇》中，则注重辩证法是由地上到天上，由自然到神圣，由相对到绝对的精神历程，换言之，亦即是由形而下的现象界到形而上的真如界的历程。这个历程，非一跃可几及，乃是经过许多修养和坚苦磨炼的阶段，方可达到的。譬如，就达到纯真之美的历程言，就须经历下列种种阶段："由自然的美到美的形体，由美的形体到美的行为，由美的行为到美的灵魂，由美的灵魂到美的绝对理念。”这个意义下的辩证法也可以说是由用求体、弃俗归真的纯思方法，或精神生活的历程。在这里辩证法已兼含有求美求真的爱的仰慕，精神生活，与纯理的思考方法了。（三）在《共和国》一书中，柏拉图已不仅认辩证法为方法，而认之为一种很高深的学问，而为理想国中的哲王所必须研究的专门学问，他叫做辩证学。辩证学其实就是形而上学。他说：“辩证学用科学的假设为阶梯，为出发点，以达到第一原理，本性，而不求助于感官事物。辩证学为唯一不须假设，而自求坚实基础的科学。此门科学可以打开灵魂之眼，使向上望。”又语：“辩证学用纯理智以发现绝对，以达到对于绝对善之认识。”柏拉图所谓辩证学，我们参考他晚年的著作和许多柏拉图注家的解释，即是以理推理、以理释理，研究纯理念或纯范型间的有机关系，使成系统的理则学或形而上学。总结起来，我们可以说，柏拉图的辩证法比起芝诺式的辩难法和苏格拉底式的教训道德的方法，内容都最为丰富，最为深邃，但也最难理解，最难运用。为比较易于清晰了解起见，分开来说，我们可以说柏拉图的辩证法包含三层意思。第一，辩证法就是求形而上学知识的纯思方法，由可见的事物，加以反省，以求不可见之理，由对立的复多的事物，加以调解贯通，以求统一的谐和的根本原则。第二，辩证法是指追求或爱慕形而上的绝对善或美的理念的精神历程而言，亦即指超世俗脱形骸的精神生活而言。第三，辩证法即是辩证学，亦即形而上学，乃指专门研究众理念间的逻辑的有机的关系或理念界之系统性的学问而言。

还有一点须得说明的就是，柏拉图求形而上学知识的辩证法与苏格拉底教训道德的辩证法并非根本反对，亦非各不相干，而前者乃是后者的必然的发展。盖苏氏的辩证法偏重于“破执”，破除矛盾，使人自知其无知。而柏氏的辩证法，则注重由破执进而“显真”，显示矛盾的统一，绝对的真如。苏氏的辩证法究极仍在启发人心中本明之理，本善之性，以为道德修养作基础。今理与性皆属形而上者，是显然已启示求形而上学知识的辩证法的端倪了。至柏拉图的辩证法亦复包含有“以子之矛攻子之盾”的原始意义在内。不过芝诺与辩者用以矛攻盾的方法来与人辩难，驳倒对方，而柏拉图则用以矛攻盾的方法来破除有限事物之对立，片面思想之偏执罢了。因为破除矛盾，调解对立，仍是柏拉图辩证法的核心。盖现实界的矛盾，须从理想着眼以求调解，有限事物的矛盾，须从无限理则着眼以求调解，现象界的矛盾须从本体界着眼以求调解，部分间的矛盾须从全体大局着眼以求调解，末流支节有矛盾须从根本源泉着眼以求调解。这就说明了柏拉图辩证法所以成为求形而上学的知识的方法的根本原因了。所以他说："辩证法可以打开灵魂之眼，使向上望。"也就是说辩证法足以破执显真，使心眼开明，向着理想界，本体界，无限理则，根本源泉，或全体大局仰望，以超出形下事物之矛盾也。

第四，黑格尔的辩证法。辩证法到了黑格尔可以说是充实发展严密到了极峰。柏拉图可以说是奠定了辩证法的规模与基础，而黑格尔可以说是集辩证法之大成，尽辩证法之妙用。柏拉图的辩证法所包含的三层意义，黑格尔皆尽行承绍融汇而发挥光大之。黑格尔的辩证法与柏拉图的相同，亦是破除有限事物的矛盾以达到有机统一，绝对理念的方法。黑格尔的《精神现象学》一书，很详尽地、具体地证明或描述精神生活的历程是辩证的，是自求超脱矛盾进展的。黑格尔的逻辑科学或理则学，就是柏拉图所谓辩证学之别名，因为黑格尔的逻辑科学就是辩证逻辑，也就是形而上学。所以中国有许多人说黑格尔的辩证法与柏拉图的辩证法根本是两回事，乃是不明哲学思想发展的过程的说法。至于黑格尔的辩证法超过柏拉图的辩证法的地方，亦可分几方面说：（一）柏拉图尚未确立正反合三连的辩证格式，而正反合的架格几弥漫于黑格尔的系统中，成为黑氏系统的骨骼经脉。此层一方面使黑格尔的系统比柏拉图更严密，但一方面也使得黑氏系统更显得机械；至少不喜欢黑格尔的人难免会只见其令人生厌的正反合的公式。（二）柏拉图比较注重主观的超越矛盾，解脱现象世界之污浊偏阙。而黑格尔则认为矛盾即客观地存在于事物的本身，是之谓内在矛盾或自相矛盾，而且事物自身亦在不断地自己陷于矛盾，自己解除矛盾的动的过程中。换言之，自己否定自己的原则，乃是黑格尔辩证法中的新成分。（三）黑格尔异于柏拉图最主要之点，即为柏拉图的辩证法与文化历史无何关系，而黑格尔的辩证法乃是文化历史发展之命脉。柏拉图的辩证法注重超越经验中的矛盾。黑格尔的辩证法注重解释经验中的矛盾。柏拉图只求超出现实事物的矛盾偏阙，而投入缥渺［缈］的理想世界以求安息。黑格尔则力求分析考察现实事物所以陷于矛盾偏阙之原因，而指出其自己解除其矛盾之必然途径。换言之，柏拉图的辩证法是超越的，而黑格尔的辩证法则是亦超越〈的〉，亦内在的。柏拉图的辩证法是纯理性的，而黑格尔的辩证法则是亦理性的，亦经验的。

要了解黑格尔的辩证法，实非易事，要在短短的篇幅中加以深切的绍述，更是不可能。综合近几十年来各国新黑格尔学派以及最近德国的黑格尔复兴运动的哲学家的意思，对于黑格尔的辩证法，大约有两点主要的新认识：第一，大都认为黑格尔的辩证法是一种天才的直观，有艺术的创造性。第二，黑格尔的辩证法，不是抽象的形式的理智方法，而是忠于经验事实，体察精神生活，欣赏文化宝藏的理性的体验。

意大利的新黑格尔派哲学家克洛齐（Croce）于其所著《黑格尔哲学中之生的成分与死的成分》一书中，力言“应该把黑格尔当做诗人来读”，《从康德到黑格尔》的著者德国克洛那（Kroner）教授谓：“黑格尔是最大的非理性主义者或超理性主义者，也可以说，黑格尔是理性的神秘主义者。”此语颇博得现代许多黑格尔学专家的赞许。盖最近的趋势皆欲纠正前此认黑格尔为纯理性主义者或泛逻辑主义者的偏误也。至对于此点发挥得最透彻者，当推柏林大学哈特曼（N. Hartmann）教授。兹摘译哈氏名著《黑格尔》一书中数段，以见一般：

辩证法的天才，完全可与艺术家的天才相比较。此种天才是很少有的，且亦不可仿效的。辩证法的定律是没有确定的认识的，但又是具有律则性的，强迫的，不停息的，有必然性的。——一切皆如艺术家的创造。……辩证法决不能成为公共财产。它永远是天才者的权利。我们虽可研究它，但不能模仿它。（页十八）

无论在任何情形下，我们也不能否认辩证法中有暧昧不明处，神谜莫测处。此显系出于天才，虽可修养，但难于模仿。它实是一种特有的原始的内心洞观。而且是一种高远的洞观，能于事物之不同的方面看出其进展的矛盾的谐和，且于矛盾中又能见到其联系或统一。最显然的就是那辩证法大师自己也不能说明辩证法的秘密。他们常常妙用此法，但又不知其所以然。一如艺术家之创造艺术品而不自知其所据以创造的定律。我们如果要想说明辩证法，分析和理论实无济于事。即勉强说出几条概括的原则，亦决不会深入完备。但每当别的方法穷尽时，则辩证法方显得有神奇的功用。因此之故，辩证法不是一般的科学方法，其可教性亦有限度。（页一五九至一六二）

也许哈特曼有意将已成为口头禅的辩证法特别说得神奇艰深些，但这实是精研黑格尔哲学的人自知其无知的供状，至少可以促耳食两三条机械定律便自以为精通辩证法的人之反省。哈特曼此处虽然指出了辩证法是一种洞观或直观，所可惜的，他未曾将辩证观与辩证法分别清楚。

但无论获得辩证观也好，运用辩证法也好，都需要艺术式的创造天才，非可勉强袭取的。

至于注重黑格尔的辩证法之体验方面，认辩证法为把握或理解精神生活的方法也是重新解释黑格尔的显著趋势。美国新黑格尔主义者鲁一士（Royce）特别指出黑格尔精于对人类意识生活之客观的辩证的分析，且宣称辩证法为“感情的逻辑”，意谓人类感情生活（广义言之，意识生活或精神生活），皆有其矛盾发展的理则，而辩证法正由于对感情生活之深切体验，而用以解释此种生活的逻辑方式。英国新黑格尔主义者鲍桑葵（Bosanquet）亦称辩证法为“爱情的逻辑”，此盖指柏拉图意义的爱情而言，所谓爱是人之性灵所特有的功能，乃是指对于至美至真之仰慕，而力求与其所仰慕之对象合一的过程而言。而辩证法正是此种爱美或爱智的精神生活的理则之写照。重新校订《黑格尔全集》出版，德国近来黑格尔复兴运动的有力人物纳生氏（Georg Lasson）著有《历史哲学家之黑格尔》一书，力言黑格尔博涉世界历史，先为历史哲学家，后方进为纯粹哲学家，其意亦在指出黑氏之注重历史、文化方面之经验事实，与注重自然或抽象概念之哲学家不同。哈特曼教授亦充分表示出辩证法之体验意味。他说：“黑格尔的辩证法并不是一种演绎。……其目的乃在处理一种对于客观内容的亲切接触。”他又说：“辩证法是销融沉浸于对象的结构中，顺随着各分子的变化，以全体之力周遍运动于各部分。而破除分别与孤立的形而上的在先。”且进一步说：“从黑格尔的‘精神现象学’看来，辩证法很少是方法的问题，而其本质即在内容里面。黑格尔之所以成为辩证法的大师，并非基于其方法意识，而乃由于他之特别忠于客观事实，或沉浸于客观事实。由于忠于事实，而且即由事实自身所寻得的形式，就是辩证法。”（见上引哈氏所著《黑格尔》一书，页一七〇以下）

根据以上各种说法，我们可以明了辩证法之所以难于了解，即因辩证法自身即是一种矛盾的统一，辩证法一方面是求形而上学知识的思辩方法或理性方法，但一方面忠于客观事实的经验方法或体验方法，它是理性方法与精神生活的统一。盖黑格尔认为形而上学的理念，并非抽象缥渺［缈］的幻影，乃即是实际事物的核心、的命脉、的本性。因此愈能忠于经验，把握在实际事物的命脉，便愈能把捉住形而上的实理。

老实说，和上面所叙述的近来新黑格尔学派及黑格尔复兴运动对于黑氏辩证法的两点新认识。其实这也算不得新认识，因为他们只是破除一般人对于黑氏辩证法的误解，而揭示其本来面目罢了。同时我也并不是趋风气，只徒人云亦云地，采纳大多数的意见，因为只消细读黑格尔原书，便知他们所说的，并不新颖，不过比较更符合黑氏自己的说法罢了。兹试根据黑格尔自己的说法来看辩证法的性质。

辩证法是黑格尔全系统的钢骨铁筋，贯穿其全部思想，随处可见，但又不易捉摸。在《理则学》（见《哲学大全》，第八一及八二节）中，他对于辩证法有两段比较明白精要的说法，似乎偏重于本文所谓辩证观的发挥。他分理性的活动为，消极的理性与积极的理性两方面。他的主要意思是说，用消极的理性以观认宇宙，则见得宇宙万物，莫不自相矛盾，用积极的理性以观认宇宙，则见得宇宙万物又莫不是矛盾的谐和，对立的统一。兹分两方面来说：（一）物极必反观：这又叫做普遍否定的过程。在此阶段里，凡有限之物莫不过渡到它的反面（意即“物极必反”），亦即凡物莫不被否定，凡物莫不自相矛盾之意。此有限世界的一切事物，皆命中注定了要陷于矛盾。当我们这样说时，我们便有了对于矛盾进展的洞观（The vision of dialectic，注意此处用“洞观”二字，足见辩证法在某意义下，只是一种观，而非方法），能见到“矛盾”实为一普遍的不可抵抗的力量，无论如何稳定坚固的事物，均无法撑得住、逃得脱的。所谓辩证法的阶段，即是有限的、决定的部分，自己扬弃自己而过渡到其反面的历程。“无论何处，无论何时，只要有运动，只要有生命，只要有任何事物在这现实世界里实现着，则必有矛盾（dialectic）在那里活动着。矛盾进展是一切真正的科学知识（注意：黑格尔认哲学知识为真正的科学知识，故此处所谓真正的科学知识并非指普通所谓自然科学、数理科学或社会科学的知识而言）的灵魂。有限事物的限制或矛盾，并非仅是来自外界，而乃基于自己的本性，自己乃是扬弃自己的原因，由于自己的行为，自己过渡到自己的反面。”以上就是消极理性之所昭示。（二）相反相成观，在思想的阶段或积极理性的阶段，便可见到有限的或决定的事物之相反中的统一。也就是观认到事物之全体中所包含的肯定，变化中所包含的永常。换言之，凡由异中见同，由分中见合，变中见常，冲突中见谐合，皆积极理性之功能也。这种矛盾统一的真理（与抽象的或形式的真理不同），又叫做思辩的真理。黑格尔说：“思辩的真理在某意义下与宗教经验中所谓神契主义，颇有些相似的地方。就神契的之与思辩的为同义而言，皆是指知性的分别作用所认为孤立反对的概念之具体的统一而言，世界之所以可以称为神秘的或神契的，即因为非知性的分别作用的范畴所能把握也。”

以上所论可以说是基于理性，消极理性和积极理性的辩证观。他自己也说这是一种洞观，是一种有神秘意味的思辩的真理。但是所谓神秘的并不是反理性的，不过此种由物之正面而究极到其反面，由物之对立而洞观到其统一的直观，非一般形式的分别的理智作用所可了解罢了。但黑格尔所持的辩证观，却又不仅是安于诗的或宗教的直观，而乃是彻始彻终的具有严密的系统和辩证法的发挥的。所以辩证观与辩证法在黑格尔是合一而不可分的。我们且看他自己对于他所谓真正的哲学方法或辩证法的宣言。

黑格尔说：“方法不是别的，即是全体结构的纯型式。”全体结构是就整个对象的丰富内容言，纯型式是就此内容的内在法则或理则言。所谓辩证法或理则学不是别的，即是就这变动不居的丰富的全体内容中，去发现其本身特有的理则规范或纯型式。所以他说：“真理不是铸就的制钱，真理不是没有生命的公式，真理乃是依其内在性质而活动着的。”因此要把握实在，非公式化的形式主义所能为力。他力言抽象的理智只能给我们一些纲领节目，但不能供给真实的内容。他最反对“鸽洞式的求知方法”，因为这种方法只能划界、分类和规定抽象的格式。这种抽象的理智方法，只是从外面去观看事物，而不从当前实物之本然的内容中去寻途径，但欲求真哲学知识，“须放弃主观的或外观的观点，而投入对象之生命中，须把握住支配对象之内在的必然性，并须将此内在的必然性（即辩证的或矛盾进展的法则）表示出来。因为如能沉潜浸润于对象中，勿采取外表的概观，忘怀深入于当前之材料中，虚心随顺着此材料所取之途径，自然就可得到真知识，内容与型［形］式合一的，关于丰富活泼的全体的知议，自然就会揭示出来”。因此黑格尔总结起来说：“方法必须是理性的。而理性即是有机全体的节奏。”盖真实事物必是健动不息的。而在此健动不息之过程中，必有其动静、剥复、正反的节奏。此节奏即事物内在的理则。所谓理性的方法即所以把握此健动不息的事物之内在的节奏或理则。所以黑格尔指出哲学方法的性质，应分为两方面，一方面，方法与内容不可分，此即体验方面，即方法的体验，亦即实际生活。一方面，由内容的自身去决定此内容之发展过程的节奏。此即理性方面，亦即矛盾进展的理则。黑格尔又谓：“研究哲学须要忍受理性思考或辩证思考艰苦的工作。”所谓辩证思考即是由正而反，而合，步步做到，全部照顾到，不偏于一面，不执着部分的思考。

第一，不可用比拟的图画式的想象的观念，以扰乱纯理性思考的次序；第二，不可陷于形式的推理。因为前者只是一种物质化的思考，不能解脱当前的偶然的感觉闻见的束缚。而形式的推论，虽貌似客观，而实系陷于主观，不能把握真实内容。所以须放弃超出内容的自由，不可提出一武断原则以指导内容，须深入内容里面，贯穿内容全部，让此内容之本性指导其自己，而得其本来面目。研究一个对象，不可打断“辩证思想”（或思想之矛盾进展）之内在的节奏，亦不可武断地提出一些别处来的不相干的观念以扰乱之。譬如，同是否定或肯定，黑格尔指出有所谓形式的或外在的肯定与否定和辩证的或内在的肯定与否定之别。形式的否定，只是从外面去否定一个对象的内容。说此物不是这样，不是那样，形式的肯定亦只是从主观方面寻找一些固定的范畴，去肯定一个对象的内容，说此物是如此，是如彼。殊不知“在辩证式的思想里，否定亦属于对象内容之内，而且是此内容之肯定的实质和推动的原则。因为否定既是对于内容矛盾进展历程的一方面或一阶段，当然不是消极的虚无或缺陷，而有其积极与真实的内容”。

这就是黑格尔对于辩证法的自述。上面这一大段的材料完全采自黑氏《精神现象学》一书的序言里。此篇序言最关重要，据说是可以当作黑格尔全哲学系统的纲要宣言读。因为主要的地方均系让黑格尔自己说话，也许稍觉有费解处，但细玩辞旨，则黑氏辩证法的真正精神和本来面目，自不难于言外得之。至于黑格尔如何妙用其辩证法以分析意识生活，以处理历史事实，以推究哲学范畴，则只有望精读黑格尔原著的人自己去心领神会。总结起来，我们可以说，黑格尔的辩证法本身就是一个对立的统一：是形式与内容的统一；是天才的直观，［与］谨严的系统的统一；是生活体验与逻辑法则的统一；是理性方法与经验方法的统一。

第三编

严复的翻译*
（1925年）

此节乃拙著《翻译西籍小史》第四章中之一节。原书共分五章。除第一章绪论，论研究翻译史之旨趣及我国翻译外籍之起源外，其余四章分论翻译西籍史上的四个时期：一、翻译西籍时期——明末清初之翻译；二、翻译西籍复兴时期——江南制造厂及同文馆之翻译；三、林纾严复时期之翻译；四、新文化运动以来之翻译。全书尚未脱稿，兹先发表此节于此。（作者识）

严复字几道，又字又陵，生于咸丰三年（一八五三），卒于民国十年（一九二一），比林纾迟生一年，早死三年，享年六十九岁。他幼即聪慧，词采富逸，师事同里黄宗彝，治经有家法。十四岁时（一八六六）考上沈文肃葆桢所创设的船政学校。光绪二年（一八七六），派赴英国海军学校，肄战术及炮台诸学，每试辄冠其曹。最擅长数学，又治伦理学进化论，兼涉社会法律经济等学。这就是他在中国学术界和翻译界贡献的出发点。归国后，在北洋海军学堂当教授。庚子拳匪乱后，避居上海七年，他重要的译著，多半都成于这时期。民国初，曾任京师大学（即现在北京大学）校长。晚年似为老病纠缠，无甚建白。

他回国后，曾就当时桐城大师吴汝纶学古文，造就很深。陈宝琛作的《严复传》谓："君邃于文学，虽小诗短札皆精美，为世宝贵。而其战术炮台建筑诸学，反为文学掩矣。"（见《学衡》第十九期）他译的书所以能几与"晋隋唐明诸译书相颉颃"（柳诒徵语），所以"能与本国思想界发生影响者"（梁启超语），实基于此。

严复所译的重要的书，共有九种，如表：

* 本文原发表于《东方杂志》1925年第22卷第21期。

类别	中文名	西文名	原作者名	原出版国	原出版年	译者	译者资格	文体	出版处	出版年	出版次数	页数	备注
哲学	天演论	Evolution and Ethics and Other Essays	T. Henry Huxley	英		严复		文	商务印书馆	一九〇五	一九二一，二十版		有自序，有例言，有吴序木刻于一八九八
论理	穆勒名学	Sysetm of Logic	John Stuart Mill	英	一八四三	严复		同上	同上	一九〇二			只译了半部
社会学	群学肄言	Study of Sociology	H. Spencer	英	一八七三	严复		同上		一九〇二			四年方译成
哲学	群己权界论	On Liberty	John Stuart Mill	英	一八五九	严复		同上	商务印书馆	一八九九			原名《自由论》，一九〇三年改今名
经济	原富	Inquiry into the Nature and Cause of the Wealth of Nations	A. Smith	英		严复				一九〇二			
法律	法意	Spirit of Law	C. D. S. Montesquieu	法		严复		文	商务印书馆	一九〇二			
政治	社会通诠	History of Politics	E. Jenks	英		严复		同上		一九〇三			有序
论理	名学浅说	Logic	W. S. Jevons	英		严复		同上	商务印书馆	一九〇八			
教育	中国教育议		卫西琴 Dr. Alford Westharp	英		严复		同上	文明书局	一九一四			

严氏所译九种中，只有《原富》、《法意》、《群学肄言》、《社会通诠》四书是取原书全译的。《群己权界论》及《中国教育议》，都不过是较长篇的论文，不能算是整本的西书。《天演论》也只是《赫胥黎全集》（共十二册）第九册《进化与伦理》中的序论与本论两篇。至于《穆勒名学》尚不及原书之半。故严氏的译品，质的方面，很少有人訾议；量的方面，却嫌其太少。

严氏何以仅译有薄薄的八九种，近不足以比林纾，远不足以比隋唐的大师呢？第一，因为他慎重翻译，"一名之立，旬月踟躇［蹰］"，不似林纾"耳受手追，声已笔止"那样笔记式的对译属文之速。第二，柳诒徵所论似亦确当："隋唐评经，规模宏大，主译者外，襄助孔多。严氏则惟凭一人之力售稿于贾竖。作辍不恒，故所出者，亦至有限。"（见柳著《中国文化史》第五册，页一三七，东大讲义本）。但严氏究竟也译了八九种名著，比近来等着译稿费买米下锅，或者只是课余抽暇从事的翻译家的译品，质与量的方面，都强多了。

讲严复的翻译，最要的就是他选择原书的精审。兹分四层说明：

一、严复选择原书之卓识。他处在中学为体，西学为用的空气中，人人只知道西洋的声光电化船坚炮利；且他自己又是海军人才，他不介绍造船制炮的技术，和其他格致的书，乃能根本认定西洋各国之强盛，在于学术思想，认定中国当时之需要，也在学术思想。《天演论》序说："风气渐通，士知弇陋为耻，而学问之事，问途日多。然而亦有一二巨子，訑然谓彼之所精，不外象数形下之末；彼之所务，不外功利之间，逞臆为谈，不咨其实。讨论国闻，审敌自镜之道，又断断乎不如是也。"又如他《原强》一文谓："……其鸷悍长大，即胜我矣，而德慧知术，又为吾民所远不及。……其为事也，一一皆本诸学术；其于学术也，一一皆本于即物实测，层累阶级，以造于至精至大之途。……苟求其故，则彼以自由为体，以民治为用。"这是他对于西洋文化的观察，也是他所以要介绍西洋学术思想的卓识。

二、严氏选择原书，是认定先后缓急和时势之需要而翻译，故每译一书都含有极深远的用意。译斯氏《原富》例言，最足表明此点："计学以近代为精密，乃不佞独有取于是书，而以为先事者，盖温故知新之义，一也；其中所指斥当轴之迷谬，多吾国言财政者之所同然，所谓从其后而鞭之，二也；其书于欧亚二洲始通之情势，英法诸国，旧日所用之典章，多所纂引，足资考镜，三也；标一公理，则必有事实为之证喻，不若他书，勃窣理窟，洁净精微，不便浅学，四也。”又据蔡元培氏说，严氏译《天演论》时，本甚激进；常说“尊民叛君，尊今叛古”八个字的主义。后来，激进的多了，他乃反趋于保守。于民国纪元前九年，把四年前旧译穆勒的 *On Liberty*，特避去“自由”二字，改作《群己权界论》。又为表示不赞成汉人排满的主张，特译一部《社会通诠》，自序中说“中国社会犹然一宗法之民而已”。不管他译书的旨趋对不对，但总足见他每译一书必有一番深远的用意。这也是严译的一种特色。

三、严氏所选译的书都是他精心研究过的。凡与原书有关系的书，他都涉猎过的。不然，他作的案语，必不能旁征博引，解说详明，且有时加以纠正或批评了。此点，试一阅严书的序言、小注或案语便知，恕不具引。

四、严氏所选译的书，他均能了悉该书与中国固有文化的关系，和与中国古代学者思想的异同。如《天演论》序：“及观西人名学，则见其于格物致知之事，有内籀之术焉，有外籀之术焉。……乃推卷而起曰，有是哉，是固吾《易》、《春秋》之学也。迁所谓本隐知显者外籀也，所谓推见至隐者内籀也。”又说：“夫西学之最为切实，而执其例可以御繁变者名数质力四者之学是已。而吾《易》则名数以为经，质力以为纬。”又《群学肄言》序云：“窃谓其书（指《群学肄言》）实兼《大学》、《中庸》精义，而出之以翔实。以格致诚正为治平根本矣。”又《原富》例言：“谓计学创于斯密，此阿好之言也。……中国自三古以前，若《大学》，若《周官》，若《管子》、《孟子》，若《史记》之《平准书》、《货殖列传》，《汉书》之《食货志》，桓宽之《盐铁论》。降至唐之杜佑，宋之王安石，虽未立本干，循条发叶，不得谓于理财之义无所发明。”严氏类似此种之论调甚多，究竟有无附会之处，姑且勿论，但至少可知其并无数典忘祖之弊。一面介绍西学，一面仍不忘发挥国故。这也是严氏选译书的特点。

通观翻译史上，关于选择原书一层，处处顾到，如像严复的，实未之见。

严复在翻译史上第二个大影响，就是翻译标准的厘定。他于《天演论》例言里发表他的信雅达三条标准，原文谓：

> 译事三难，信、雅、达。求其信已大难矣，顾信矣不达，虽译犹不译也，则达尚焉。
>
> ……此在译者将全文神理，融会于心。则下笔抒词，自然互备。至

原文词理本深难于共喻，则当前后引衬，以显其意。凡此经营，皆以为达，为达即所以为信也。

《易》曰："修辞立诚。"子曰："辞达而已。"又曰："言之无文，行之不远"三者乃文章正轨，亦译事楷模，故信达而外，求其尔雅。……

他这三个标准，虽少有人办到。但影响却很大。在翻译西籍史上的意义，尤为重大。因为在他以前，翻译西书的人都没有讨论到这个问题。严复既首先提出三个标准，后来译书的人，总难免不受他这三个标准支配。

但是，严复自己的译品，究竟是不是信达雅兼备呢？他每译一书是否极忠实地遵守他自定的标准呢？我们且看后人对他的批评罢：

傅斯年说："严几道先生译的书中，《天演论》和《法意》最糟……这都是因为他不曾对于原作者负责任，他只对自己负责任。"又说："严先生那种达旨的办法，实在不可为训，势必至于改旨而后已。"（见《新潮》一卷三号，页五三二及五三九）

蔡元培说："……他（指严复）的译文，又很雅驯，给那时候的学者，都很读得下去。所以他所译的书在今日看起来或嫌稍旧，他的译笔也或者不是普通人所易解。"（见《五十年来中国之哲学》，页一）

傅氏责严译失之信，蔡氏说严译在当时雅而且达，但或非今日普通人所易解。

胡适说："严复的英文与古中文程度都很高，他又很用心不肯苟且……故能勉强做到一个达字。"

又说："严复的译书，有几种——《天演论》、《群己权界论》、《群学肄言》——在原文本有文学价值，他的译本，在古文学史也应该占一个很高的地位。"（《五十年来之中国文学》，页五六）

前段说严译达，后段说严译雅。

不过他们几位的批评，都失之笼统。比较有切实批评的是张君劢氏。张氏对阅严译后的批评谓严氏"以古今习用之说，译西方科学中之义理。故文学虽美，而义转歧"。又说："总之，严氏译文，好以中国旧观念，译西洋新思想，故失科学家字义明确之精神。"张氏还是称其文之美，而责其义之不信（见中报馆《最近之五十年》）。

至于说严译三善皆备者，也还是有人：

胡先骕说："严氏译文之佳处，在其殚思竭虑，一字不苟，'一名之立，旬月踟躇［蹰］'。故其译笔信雅达三善俱备。吾尝取《群己权界论》、《社会通诠》，与原文对观，见其义无不达，句无剩义。……要为从事翻译者永久之模范也。"

傅斯年和张君劢所指责的是《天演论》、《法意》、《穆勒名学》三书，而胡先骕所称赞的是《群己权界论》及《社会通诠》。他们三人的意见，其实并无冲突。

平心而论，严氏初期所译各书如《天演论》（一八九八）、《法意》（一九〇二）、《穆勒名学》（一九〇二）等书，一则因为他欲力求旧文人看懂，不能多造新名词，使人费解，故免不了用中国旧观念译西洋新科学名词的毛病；二则恐因他译术尚未成熟，且无意直译，只求达旨，故于信字，似略有亏。他中期各译品，实在可谓三善俱备：如《群学肄言》，虽成于壬寅（一九〇二）岁暮，但书凡三易稿。如《原富》几可算是直译，他于例言里说："虽于全节文理，不能不融会贯通为之，然于辞义之间，无所颠倒附益。"又如《群己权界论》虽于一八九九年译成，但于一九〇三年加以改削后才出版的。《社会通诠》亦成于一九〇三年。这四种都算是严复中期的译品，比前后两期的都译得好些。到了一九〇八年译《名学浅说》，他更自由意译了。序里说："中间义旨，则承用原书，而所引喻举例，则多用己意更易，盖吾成书取足喻人而已，谨合原文与否，所不论也。"他这种"引喻举例多用己意更易"的译法，实在为中国翻译界创一新方法。我们可称之曰"换例译法"。若能用得恰当，也是译外国书极适用的方法。近年如费培杰所译《辩论术之实习与理论》（一九二一，商务印书馆出版）、廖世承译的《教育之科学的研究》（一九二三，商务印书馆出版）都是采用这种更易例子的译法。至一九一四年所译之《中国教育议》，乃系用报章文字体，译得更为随便。此两种代表他末期的译品。

总结起来，我们可以下三个判断：

一、严复的译文很尔雅，有文学价值，是人人所公认无有异义的。

二、严译虽非今日普通人所易解，但能使旧文人看明了，合于达的标准，这也是无人否认的。严氏自己对于此点也很有自信心。他说："不佞此译，颇贻艰深文陋之讥，实则刻意求显，不过如是。"（《天演论》例言）又说："海内读吾译者，往往以不可猝解，訾其艰深，不知原书之难，且实过之。理本奥衍，与不佞文字固无涉也。"（《群己权界论》例言）而且他附加的案语、小注等，也可促读者对于原文的了解。

三、讲到信的方面，第一期的三种，似乎偏重意译，略亏于信。第二期的译品则略近直译，少可讥议。第三期所译《名学浅说》、《中国教育议》，不甚重要，且所用译法也与前两期不同，我们可以不必深究。

他在《天演论》例言里曾经声明过："词句之间，时有所颠倒附益，不斤斤于字比句次。"又承认他那种译法，不可为训，劝人勿学道："题曰达旨，不云笔译，取便发挥，实非正法。"这种真实态度，也值得称他一个"信"字。

以上讨论严译信雅达三方面，现在让我从他三期译品中各举出几条来作实例。

他第一期的译品当首推《天演论》，我觉得《天演论》中第一段最好：

赫胥黎独处一室之中，在英伦之南，背山而面野，槛外诸景，历历如在儿［几］下。乃悬想二千年前，当罗马大将凯彻未到时，此间有何景物。计惟有天造草昧，人工未施，其藉征人境者，不过几处荒坟，散见坡陀起伏间，而灌木业林，蒙茸山麓，未经删治如今日者，则无疑也。怒生之草，交加之藤，势如争长相雄，各据一坏［掊］壤土。夏与畏日争，冬与严霜争，四时之内飘风怒吹，或西发西洋，或东起北海，旁午交扇，无时而息。上有鸟兽之践啄，下有蚁蝝之啮伤。憔悴孤虚，旋生旋灭。菀枯顷刻，莫可究详。是离离者亦各尽天能，以自存种族而已。数亩之内，战事炽然，强者后亡，弱者先绝。年年岁岁，偏有遗留。未知始自何年，更不知止于何代。苟人事不施于其间，则莽莽榛榛，长此互相吞并，混逐蔓延而已，而诘之者谁耶？(《天演论》页一，英原本页一—二〇)

我们读此段，俨有读先秦子书的风味。(此段特别似庄子。)吴汝纶称其"骎骎与晚周诸子相上下"，实非阿好之言。

他的第二期的译品中，我们可以从《群学肄言》里抄两段来作代表。原书第四章"论群学之难"云：

何言乎所治之难耶？夫天学高矣，悠矣，久矣。顾其所揆候推算，如日星之躔，逐伏出入之变，皆目力所可以径加，有璇玑之察，有晷刻之纪。而群学之所揆候推算者不然；力学之所治者，统力电声光以为纬，分流凝动静以为经；质学之所治者，自金石之原行，逮动植之官品，号繁赜矣，然亦皆耳目所经治，程验所得用，其品可以类分，其量可以度别，而群学之品物权度，又不若是之易为；生学之理虽玄，然可得以微察也；心学之变虽隐，然可得以内照也。而群学所有事者，其为物互著，其为事间有。必汇其情景，而详审之，而并观之，其变象又一一焉皆繁而不简，散处于大宇长宙之间，势不可以遽集。故虽有至大之经例，至明之人理，若斯密《原富》所表而出之分功，皆迟之又久而后见。夫群进而民任职不同，此其通例，固易见也。顾如是之经纶，非天创，非人设，非帝王之所诏教，非黔首之所利图，皆出于自然，而莫为之所。故欲见其会通立之公例，必取无数之人事，而详审并观之，又必于群演浅深，得其精粗疏密之致，而后通例见焉。夫分功，理之易明，例之易立者耳，乃其事若此，知此则群学所治之难，可共喻矣。（译本页五九至六〇，原本页六五）

此段有两点可注意：第一，将原书说治群学之难之意，透澈译出，而无颠倒删削。第二，增加了许多原文所无之词句，不惟未变原意，且使原文更显明透达，译文更美丽流畅。

《群学肄言》第五章还有一段，说明目妄之理，吾人读之，觉其理甚达，而其文反较斯氏原文为美。译文如下：

望舒东睇，一碧无烟，独立湖塘，延赏水月，见自彼月之下，至于目前，一道光芒，荡漾闪烁，谛而察之，皆细浪沦漪，受月光映，是光景为实有物，故能相随，且亦有时以此自讶。不悟是光景者，从人而有，使无见者，则亦无光，更无光景，与人相逐。盖全湖水面受月映发，一切平等，特人目与水对待不同，明暗遂别。不得以所未见，即指为无。是故虽所见者为一道光芒，他所不尔。又人目易位，前之暗者，乃今更明。然此种种，无非妄见。以言其实，则由人目与月作二线入水，成角等者，皆当见光。其不等者，则全成暗。惟人之察群事也亦然，往往以见所及者为有，以所不及者为无。执见否以定有无，则其思之不贼者众矣。（译本页七三，原本页八三）

严氏最后所译卫西琴《中国教育议》（一九一四）中有一段云：

早稻田大学教员……尝著论告少年人曰："吾国之多数少年人，皆处可哀之境，大抵谓之学校奴隶可耳。……每年三百六十五日所昼夜矻矻者，以考试也。科目过繁，过其留驻力之所堪任，而心赏神会之力，则丝毫无所发展。不但其无所发展也，且重困之。是以学成如木鸡然，常识且丧，而推籀之心力全无。其为学既少优游之趣，自无自得之欣，黾勉何为，凡为考耳。问彼何为而伫苦停辛若此，无他，求毕业之文凭也。无此文凭，寒士一入人间，计且无从得食。……是以吾辈之论此事，宜悬两端于心目中，一是虚糜精力，一是将以谋生。但试问不必虚糜精力，而可以省费且资生者，夫岂无法?”此鄙人之所欲入后详发，以就正诸公者也。(《现代十大家文钞》第三册，页七，上海进步书局本)

一读此段，便知与前两期的译文大有区别。前两期所译的是学术文字，刻意求其工雅。而此篇不过是报章文字，故未经雕琢，取足喻人而已。

虽然，只举了上面几个例子，严氏各期译文的特色，已了如指掌。以上所引，都是散文，从《天演论》里，我们还可以找出严氏零星的译诗。兹抄在下面，以见一斑：

（一）译自赫胥黎所引朴伯（Pope）《原人篇》（*Essay on Man*）长诗中的几句：

元宰有秘机，斯人特未悟；
世事岂偶然，彼苍审措注；
乍疑乐律乖，庸知各得所；
虽有偏沴灾，终则其利溥；
寄语傲慢徒，慎勿轻毁沮；
一理今分明，道化原无过。

(《天演论》下卷，页十九，商务印书馆本)

附原文：

All nature is but art，unknown to thee；
All chance，direction which thou canst not see；
All discord，harmony not understood；
All partial evil，universal good；
In spite of pride，in erring season's spite，
One truth is clear：whatever is right.

（Huxley：Collected Essays，Vol. IX，p. 72）

（二）译自丁尼生*Ulyssess*长诗中的几句：

挂帆沧海，风波茫茫；
或沦无底，或达仙乡；
二者何择，将然未然；
时乎时乎，吾奋吾力；
不竦不戁，丈夫之心。

（《天演论》下卷，页二七）

附原文：

……Strong in will
To strive，to seek，to find，and not to yield，
It may be that the gulfs will wash us down，
It may be we shall touch the Happy Isles，
……But nothing ere the end，
Some work of noble note may yet be done.

（Huxley：*Colleted Essays*，Vol. IX，p. 86）

以上二首译诗，虽然是几句碎锦，但英国诗之被译为中文者，恐要以此为最早。

严复译品的各方面，都已略略说到了。兹试再进而研究严氏翻译西籍之副产。因为他的译品的本身固值得我们研究，而他的译品的副产也值得我们研究：他的翻译于中国学术思想有很大的影响，而他翻译的副产于中国学术思想也有很大的影响。兹分四层来说：

（一）附带介绍之学说。如达尔文之《物种原始论》、斯宾塞尔之《综合哲学》、马耳塞斯之《人口论》，均于《天演论》案语中撮出其大意；且上溯希腊各大哲如德黎（Thales）、苏格拉底、柏拉图、亚里斯多德、伊壁鸠鲁之学说，《天演论》案语中，亦有极简略之介绍。又如于译《民约平议》一文中，于卢梭《民约论》之利弊，及欧洲政治思想变迁之源流，亦均论之甚详。此外类似此样附带介绍之学说也很不少。

（二）旧史式的列传。如译《原富》，则并译《斯密亚丹传》；译《法意》，则并作《孟德斯鸠传》。这两篇传，都是仿《史记》的作法，起以“某某者某某地人也”，而以“译史氏曰……”一短论作结。简述二氏生平、而加以论评、感想，取材精审，文亦甚美。（胡君复所选之《当代八大家文钞》、上海进步书局出版之《现代十大家文钞》，均选有

此两篇。）惜严氏所作此类文字并不多。

（三）旧思想、习惯之攻击。关于此项材料，以《法意》案语中为最多。其斥中国人之无公德及国家观念云：“……而最病者，则通国之民，不知公德为底物，爱国为何语，遂使泰西诸邦，群呼支那为苦力国。何则？终身勤勤，其所恤者，舍一私而外，无余物也。”又攻击泥古之病，提倡自由思想云：“呜呼，不自用其思想，而徒则古称先，而以同于古人者为是非，抑异于古人者为是非，则不幸往往而妄，即幸而有时偶合而不妄，亦不足贵也。”又他对于旧婚姻制度和贞操观念，攻击最力，如云：“……己则不义，而责事己者以贞。己之媵妾，列屋闲居。而女子其夫既亡，虽恩不足恋，贫不足存，而其身犹不可以再嫁。夫曰，事夫不可以二固也，而幽居不答，终风且暴者，又岂理之平者哉？……独夫妇之际，以他人之制，为终身之偿，稍一违之，罪大恶极。呜呼，是亦可谓束于礼而失其和矣。……他如嫡庶姑妇，前子后母之间，则以类相从，为人道之至苦。过三十年而不大变者，虽抉吾眼，拔吾舌可也。”凡此所说，此时看来，虽觉平常，但在当时却系新奇过激之论，于改变旧思想、旧习惯，至为有力。

（四）对于政治社会的主张。他对于政治社会的主张，几尽可于译《法意》的案语里寻出。如他主张晚婚云：“……吾谓东方婚嫁太早之俗，必不可以不更。男子三十，女子二十，实至当之礼法，当以令复之。不独有以救前弊也，亦稍已过庶之祸。”他当时主张君主立宪甚力，曾反复鼓吹。如云：“立宪之国，最重造律之权。所有变更垂创，必经数十百人之详议，议定而后呈之国主，而准驳之。此其法之所以无苟且，而下令当如流水之源也。”又如：“……是以今世之国，以非立宪与立宪者角，既以大莅小，以众莅寡，将万万无胜理。”又如：“盖立宪之国，虽有朝进夕退之官吏，而亦有国存与存之主人，主人非他，民权是已。民权非他，即为此全局之画长久之计者耳。”此类言论，在当时颇耸人听闻，影响政治很大。以翻译的副产而影响及政治，则其翻译效力之大，也就可想见了。

末了我们试看一看严复的翻译事业在中国的功绩和影响：

梁启超说：“西洋留学生与本国思想界发生影响者，复其首也。”（见《清代学术概论》）

张嘉森说：“……侯官严复以我之古文家言，译西人哲理之书，名词句调皆出独创。译名如‘物竞’、‘天择’、‘名学’、‘逻辑’，已为我

国文字中不可离之部分。其于学术界有不刊之功，无俟深论。”(《最近之五十年》，张氏论文，页一)

蔡元培说：“五十年来介绍西洋哲学的，要推侯官严复为第一。”(见申报馆《最近之五十年》)

胡适说：“严复是介绍近世思想的第一人。”(同上)

言严复之功绩及影响较详者，当推日人稻叶君山所著之《清朝全史》一书。其论清朝之革命与革新一章云：

此时（指清革新时代）重要之著作，如康有为之《孔教论》，严复所译之《天演论》，当首屈一指。自曾国藩时代所创始之译书事业，虽有化学物理法律各种类，然不足以唤起当时之人心。至此二书出而思想界一变。《天演论》发挥适种生存，弱肉强食之说，四方读书之子，争购此新著。却当一八九六年中东战争之后，人人胸中，抱一眇者不忘视，跛者不忘履之观念。若以近代之革新，为起端于一八九五〈年〉之候，则《天演论》者，正溯此思潮之源头，而注以活水者也。(《清代全史》卷下，第四章，页三〇，中华书局本)

综上各说，则严复的翻译于中国学术思想之影响与功绩，不难概见了。

林纾、严复时期的翻译* (1926年)

林纾、严复这个时期的翻译可以说是起于一八九五年。因为林纾的《茶花女遗事》，即在这年出版，严复之《天演论》也于这年译成（不过《天演论》到一八九七年才出版）。而且一八九五年就是中日之战的后一年，戊戌政变的前三年，有的史家且认为此年是清代革新运动的起端。（日人稻叶君山作《清朝全史》谓中国近代之革新起端于一八九五年。）到了一九一九年新文化运动发生的时候，林严译书的方法和工具，渐有人加以非议。白话的直译盛行，翻译界风气为之一变。而且林纾、严复此时年老衰颓，也停止他们翻译的工作了。所以一九一九年算是此期翻译结束的一年。

自一八九五到一九一九这二十四年中，从事翻译事业的人虽多，但最主要而且贡献较大的人，自然第一是严复，第二是林纾。因为林纾比严复年长，且先严复而翻译，所以我把林纾列在前面。林纾本是桐城派的古文家，不通西文。每译一书，都是别人口译，他司笔述。这种两人对译的方法，与明末清初之译天文历算学及江南制造局之译声光电化书籍的办法丝毫无异。所以就方法而论，林纾的翻译应属于前一时期。但究竟因为他是第一个介绍西洋小说到中国来的人，而且他的翻译的质与量方面，均远过前期。所以我把他列在这一期的翻译史里。

严复在翻译史上的地位，有四要点：一、他是西洋留学生于翻译史上有贡献的第一人；二、他是介绍西洋哲学到中国的第一人；三、他是定出翻译西籍的信达雅三个标准的第一人；四、他所译的书于中国政治、社会、学术思想，都有很大的影响。

---

* 本文原发表于《清华周刊》1926年纪念号增刊。

除小说和哲学外，翻译西洋诗歌的第一人，恐怕要算梁启超。他在《新中国未来记》（一九〇二）里面首先用中国曲本体翻译拜轮的《哀希腊》及《渣阿亚》（*Giour*）二诗。虽然他不过摘译几首，未曾全译，但是于引起当时译西洋诗的兴趣，甚有关系。此后苏曼殊之专译拜轮诗，马君武之用七言古诗译《哀希腊》，胡适之用骚体译《哀希腊》，不能不说是梁氏翻译的滥觞。而且他“发心欲将中国曲本体翻译外国文豪诗集”的主张，也很随得后人注意（参看《新中国未来记》第四回之眉批及总批）。

此后翻译西洋诗歌的主要人物，便是苏曼殊。他是个浪漫派的文学家，所译拜轮诗虽喜用僻字，略有晦涩的地方，但大体尚能兼直译、意译之长，且他的译诗大半都是经章太炎修改过的，辟句甚为古奥典雅。辜鸿铭本以翻译中国书成西文著名，但他所译的《痴汉骑马歌》（W. Cowper，〈*The Diverting History of*〉*John Gilpin*）一首滑稽长诗，就是中国古诗里也很少见的。

马君武在一九一九年前，即先后译有卢梭《民约论》、达尔文《物种原始》、托尔斯泰的《心狱》，及拜轮的《哀希腊》等，可以说是兼译西洋哲学小说和诗歌的人。（近年来他又译了不少的关于实业的书。）不过他的《哀希腊》，目的在鼓吹民主革命，多窜改原意的地方，故胡适谓其失之讹，而《心狱》又把原文删节太多，都不能算是成功的译品。他最要的工作，还是在于翻译哲学书，马译各书均简洁明达，且近直译，但译文之美，较之林、严诸家，便远有逊色了。

除林译小说外，各书馆所出版的长篇小说，大都系侦探、冒险之类，无甚价值。且多未注明原作者及翻译者姓氏，无从考查。惟伍光建所译的大仲马的《侠隐记》（一九〇七）甚好，且系用语体文译出，可算得此期白话翻译品的代表。

开首翻译西洋短篇小说的，当推周作民兄弟所译的《域外小说集》，及周瘦鹃等所译的《西洋短篇小说集》。译文都在水平线上，《域外小说集》，尤有古文风味。惟在当时销行不广，影响甚微。一九一九年五四运动以后，翻译短篇小说的兴趣才被胡适他们提起来的。胡适虽然属于后一期翻译界的人物，但他最初所译的《最后一课》（一九一四）、《柏林之围》诸篇小说及《尝氏集》里所载的《哀希腊》（一九一四）、《墓门行》（一九一五）等诗都算是林纾、严复这一期的译品。

此外目的在介绍西洋学术，不以翻译见称，而于翻译史上亦不无贡献者，则有介绍德国叔本华哲学之王国维，及介绍西洋政治学说之章士钊。王氏一九〇五年出版之《静庵文集》中有所译之《叔本华遗传说》一篇，并著有《叔本华之哲学及教育学说》、《叔本华与尼采》及《书叔本华遗传说后》等篇，或节译叔氏原文，或略述原意，或加以批评，又王氏之《红楼梦评论》一篇，亦全据叔氏之立脚点而立论，所以我们不能不承认王先生为翻译或介绍叔本华哲学到中国的第一人。他的《新学语之输入》一文，力言创造新学语之必不可缓，且指斥严译不当之新名词，主张采用日本之新学语也，是翻译界里值得讨论的问题。一九一三年章士钊办《甲寅》杂志所节译征引之西洋政治学说，不下十数家，而于白芝浩（Walter Bagehot）、哈蒲浩（L. T. Hobhouse）、蒲徕士（Lord，Bryce）及莫烈（John Mortey）四人之学说，介绍尤多。不过他大半系零星节译引来以伸己说，而整篇的翻译仅有白芝浩《内阁论》及哈蒲浩《权利说》篇。章氏之译文虽偏重意译，但文体略带欧化，与有桐城派风味的严译殊科。章氏主张以音译学名术语，当时颇引起译界注意，如“逻辑”、“依康志密”、“康格雷”、“巴力门”、“萨威稜帖”等名词，虽不书创于章氏，但《甲寅》出世后才渐为国人所了解。

此时期中西洋人因得了中国人的帮助，对于翻译西籍史上亦有贡献的有李思（John Lambert Rees ）、李提摩太（Richard Timothy）及顾瑞其（Chauncey Goodsich）三人。李思于一九〇〇年至一九〇四年先后译《万国通史》三编共三十卷，译笔亦能达，且译者于每编之首均作有一序，并载有中西年表，于编中插有地图、名胜、都市图、及历史名人图像，于编末附录中西译名对照表，故此书实可算得当时翻译界很完备、精详的巨制。李提摩太曾将新旧约译成温州方言，又于一九〇五年译成《泰西新史揽要》(*Mackenyrrs History of Lgthcen tusg*)，颇简洁明达，当时甚为风行，商人私自翻印者不下五六版，某氏所作英文《李提摩太传》，谓此书销行有百万本之多，虽未免吹得太过，然亦足见此书介绍西洋历史经中国之普遍。顾瑞其氏于一八九〇年受美国传教部之命，作用白话重译耶教部旧约委员的主任（委员会十二人，中西各半），顾氏始终主持译事，精审推敲，不惜三四易稿。历二十五年之久，直至一九一四年，方始成书，书名《官话和新旧约全书》(*Thek evised mandasian Bible*)。三十几种新旧约译本中以此本为最精善。论者谓此书在中国之价值当与 King James 英译本圣经的价值相埒，其提倡白话，于中国文学之影响，亦将与 King James 的英译本对于英国文学相等，又谓此书于统一中国国语及定出国语标准上，均不无小补云（见一九二〇年五月份 *Literary Digest*，页五一）。又据英美圣经会的报告，一九二二年时，新旧约共推行了六百三十八万九千九百七十七部（见一九二三年五月份 *Chinese Recorder*，页二五〇），据此则白话新旧约对于中国中下级人民和耶教徒的影响也不难想见了。

我们有了此期翻译界的鸟瞰，且来分析此期翻译的特点：

一、此期的翻译的材料以文学哲学为主，与从前只是翻译声光电化等格致书不同。

二、从前书系两人对译，此期这种对译法，渐归淘汰。除林纾外，无有别人，采用此法。

三、此期的译品，大半都有文学价值，要在中国文学史里占位置的。

四、此期十分之九是以古文译西文，以古诗译西诗。

五、此期比较注重意译，以西文就中文，不以中文就西文。

六、此期译品里的人名、地名及重要名词，极少注出原文，其目的在供绝对不通西文的人读的。

总之，此期的翻译，在质的方面、量的方面，以及翻译的材料和方法比以前各期，都算是大进步。而且对于政治、社会、学术思想各方面，都有很大的影响。假如没有翻译的成分，我想我们中国自一八九五至一九一九年中间的政治史和学术史一定减色不少。所以我们觉得叙述这一时期翻译史特别有意义，特别有价值。

有一点，我们觉得很可惜的，就是这期的翻译事业，规模失之狭小，大都是个人单独从事。像同文馆、江南制造局那种大规模的翻译机关没有了，而又没有组织有何项新的翻译机关。不然，这时期翻译的成绩，决不止这样。

康德译名的商榷*
(1936年)

引言

我们知道中国哲学史上有几大柱石，如孔、孟、老、庄、程、朱、陆、王等，而同样西洋哲学史上，亦有其大柱石，亦有其孔、孟、老、庄、程、朱、陆、王。这些哲学史上的柱石便叫做经常的哲学家（classical philosophers）。所谓“经常的”哲学家，大概是指他们的著作不怕时间的淘汰，打破地域的阻隔，是比较有普遍性，不拘任何人在任何时、任何地翻开他们的著作来读，都可以有“深获我心”的感觉的。还有一层，“经常的”（classical）三字，有时又称为“古典的”，意谓这些经常哲学家或他们的著作，与古典或古董有类似的性质。古典每每源远而流长。而古董的特色就是流传的时间愈久地域愈远，而价值有时反愈高。譬如魏碑不如汉碑，唐碑不如魏碑，明版书籍不如宋版——这是说流传的时间愈久而价值愈高。又譬如，佛学在印度本地并无何势力，而流到中土，便大放光明，而中国的很多古玩字画，到了外国人手里，反愈显得价值——这是说流传的地域愈远而价值愈高。我上面这些例子也许失之呆板而并不十分确切，但至少可以表明，中国的古董哲学家，也许在西洋比在中国更流行更受欢迎，是可能的事；同时西洋的古董哲学家也许在中国比在西洋更流行更受欢迎，亦是可能的事。譬如，我们试放纵我们的幻想，假使我们中国人皆如吴稚晖所说，把所有的线装书尽

* 本文原发表于《东方杂志》1936年第33卷第17期。后将题目改为《康德名词的解释和学说的概要》，收入《哲学与哲学史论文集》（商务印书馆，1990年）。

行掷入厕所里，则我相信，英国的伦敦博物馆里，美国的国会图书馆里，仍然会有人在那里诵读中国书籍的。假如西洋果如斯宾格勒《西土沉沦》书中所预言，竟归沉沦，那么我相信柏拉图、亚里士多德、康德、黑格尔的精神火炬也会仍在东方燃烧的。这就足见得经常哲学家的真价值和不朽的所在。更足以见得研究哲学从研究经常哲学家着手，介绍西洋哲学从介绍西洋经常哲学家着手是极可推许的途径，是极值得努力的工作。三十年前，王静安先生四读康德而不得其解，竟至改变兴趣；梁任公先生作《西儒学案》，虽算走上正轨，惜甚简浅而未继续深造。设以二先生之魄力，而于当时即专志作西洋经常哲学家之翻译与介绍，则现在中国哲学界当必大为改观了。

现在据个人所知，中国各大学哲学系似已渐渐注意于西洋名哲的研究了。如柏拉图、亚里士多德、笛卡尔、斯宾诺莎、休谟、康德、黑格尔，北平清华大学和北京大学两校都曾开过专门研究的课程。这总可算是一好现象。出版界对于西洋名哲的翻译与介绍的著作，我们可以预言，一定是会日益加多的。不过讲到翻译介绍西洋名哲的名著，则对于译名一事却不可松松放过。在别的地方，我都很赞成经验派的荀子“名无固宜，约定成俗谓之名”的主张，譬如，我觉得“北京”一名，既已约定成俗，实无改为“北平”的必要。但在哲学的领域里，正是厉行“正名”主义的地方，最好对于译名的不苟，是采取严复“一名之立，旬月踟蹰”的态度。尤其中国现时之介绍西洋哲学，几可以说是草创时期，除了袭取日本名词外，几乎无“定约”无“成俗”可言，所以对于译名更非苦心审慎斟酌不可了。对于此点，我曾发表过意见如下：

……要想中国此后哲学思想的独立，要想把西洋哲学中国化，郑重订正译名实为首务之急。译名，第一，要有文字学基础。所谓有文字学基础，就是一方面须上溯西文原字在希腊文中或拉丁文中之原意，而一方面须寻得在中国文字学上（如《说文》、《尔雅》等）有来历之适当名词以翻译西字。第二，要有哲学史的基础，就是须细察某一名词在哲学史上历来哲学家对于该名词之用法，或某一哲学家于其所有各书内对于该名词之用法；同时又须在中国哲学史上如周秦诸子、宋明儒或佛经中寻适当之名词以翻译西名。第三，不得已时方可自铸新名以译西名，但须极审慎，且须详细说明其理由，诠释其意义。第四，对于日本名词，须取严格批评态度，不可随便采纳。这倒并不是在学术上来讲狭义的爱国反日，实因日本翻译家大都缺乏我上面所说的中国文字学与中国哲学史的工夫，其译名往往生硬笨拙，搬到中文里来，逐使中国旧哲学与西洋的哲学中无有连续贯通性，令人感到西洋哲学与中国哲学好像完全是两回事，无可融汇之点似的。当然，中国翻译家采用日本名词已甚多，且流行已久，不易爬除，且亦有一些很好的日本名词无须爬除。但我们要使西洋哲学中国化，要谋中国新哲学之建立，不能不采取严格批评态度，徐图从东洋名词里解放出来。（见拙译《黑格尔学述》序言，商务印书馆出版）

兹篇所欲提出商榷的一些康德译名，大半是我在八九年前初读康德时所拟定。经近几年来复读康德，或与友人谈论康德，或持与他人关于康德的译名相比较，愈使我自信我这些译名多少合于我上述的四条原则，有他们成立的理由，也许可以供治康德学的人的参考，并且增进对于康德哲学的理解。

康德哲学重要名词的翻译与解释

《纯理论衡》（*Kritik der reinon Vernunft*）
《行理论衡》（*Kritik der praktischen Vernunft*）
《品鉴论衡》（*Kritik der Urteilskraft*）

说明：关于康德三大名著的书名，最好要能够表示出下列的方式：

真——知——知——科学——《纯理论衡》的题材
善——意——行——道德——《行理论衡》的题材
美——情——审美——艺术——《品鉴论衡》的题材

使人可以从三大名著的书名里即可见得康德哲学的规模。“纯理论衡”实即“纯知理论衡”之省略。“行理论衡”实即“纯行理论衡”之省略。盖康德常以“纯知理”与“纯行理”相提并论。康德所著的道德形而上学有下面一段：“道德的形而上学，真正讲来，除了对‘纯行理’（Practical reason）的批评的考察外，实在没有别的基础；一如除了我已经出版的对于‘纯知理’（pure speculative reason）的批评的考察外，无法建立形而上学的基础。”（见 Abbott 译本《道德的形而上学》页八）又《行理论衡》序亦云：“本书的职务在于指出有纯行理的存在。”（见 Abbott 译本，页八七）

至于第三论衡的书名直译应作“判断力论衡”，并不含有审美之意，今意译作“品鉴论衡”而暗示对于美的欣赏作批评的研究之意，则因康德本有以“美的欣赏论衡”作为书名之意思也。按康德于一八八七年六月二十五日与 Schütze 教授信谓：“下星期内即将《理性论衡》付印，继此即将进行从事于《欣赏论衡》之基础之探讨矣（Alsbald zur Grundlage der Kritik des Gesmacks gehen)。”又一七八八年一月六日出版家 Hartknoch 与康德信中亦有“敬候‘美的欣赏论衡’（Kritik des schönen Geschmacks）之好音”之语。至康德后来何以不命名为“美的欣赏论衡”（Kritik des Gesmacks＝Critique of Taste）而改称“判断力论衡”，此处姑不具论。但吾人因判断力论衡意思不甚显豁，乃本康德原意译为“品鉴论衡”自甚的［得］当，且“品鉴”二字固含有审美的判断之意也。

《行理论衡》之“行”字即行为之行，德行之行。“行理论衡”即含有对于纯道德的理性或纯德行的原理作批评的研究之意。西文中 practical 一字与 moral 一字几乎同义可以互用，一如中文中之“行”字与“德行”字有时可以同义互用（可参看斯密士《康德纯理论衡注释》，页七三）。至于中文“实践”二字乃英文 put into practice 之意，似未能表示与“知”相对之“行”或“德行”的意思。

普通的批评叫做批评，系统的严重的批评便叫做“论衡”，康德的书名故以称为“论衡”为最适宜。余意“批评”二字在康德不可用，盖批评与怀疑相近，与下最后判断之独断相反。康德只可说是批而不判，或判而不断的批评主义或批导主义者。

批导哲学（critical philosophy）

批导方法（critical method）

批导主义，批评（criticism）

说明：这三个名词均很少见于康德本人原著中，所以我只注出英文而不注出德文。康德很少用 Kritisch 一字，大都喜用 transcendental 一字以代之。但一般讲康德哲学的人，特别英、美人中讲康德哲学的，多有称康德的哲学为批导哲学，称康德的哲学方法或态度为批导方法或批导态度（如 Edward Caird 关于康德哲学的两巨册即名为 *The Critical Philosophy of Kant*），自亦甚是。但此处所谓 critical，乃“加以批评的研究以领导到正的或负的结果”之意（a critical investigation leading to positive as well as negative results，见斯密士《康德纯理论衡注释》，第一页），故应译作批导，而不可泛泛译作批评，亦不可译作有独断意味的批判。盖就康德哲学与后康德派哲学比较言，则康德哲学为批导哲学，只是批评研究知识的能力、限度、前提、性质，为“未来的形而上学的导言”（康德的书名）奠立基础，以作先导，而自己不建立形而上学的系统；反之，后康德学派如黑格尔的哲学则为玄思哲学（speculative philosophy），大胆的循着康德的途径以建立玄学的系统。就康德哲学与前康德哲学比较言，则经验派之休谟为怀疑主义（Scepticism），认形而上学，先天知识，为不可能；理性派之莱布尼兹为独断主义（Dogmatism），不批评研究知识的能力和限度，率直凭理性去建立形而上学系统以证明上帝的存在、灵魂的不灭、意志的自由，而康德的哲学则为持中的批导主义（criticism）。但康德自己绝少称他的哲学为Kriticismus。他最喜用 Kritik 一字，英译本大都有时译 Kritik 为 Critique（论衡，如书名），有时译 Kritik 为 criticism（批评，如 das Zeitalter der Kritik 英译作 the age of criticism，在中文只可译为“批评的时代”，不可译为“批导主义的时代”）。

据我所知，国人治康德哲学者如张君劢先生、张真如先生，皆以“批导”二字代替“批判”。“批导”一语出自《庄子·养生主篇》：“依乎天理，批大郤，导大窾。”

先天（a priori）
先天（transcendental）
先天知识（Erkenntnis a priori）
先天知识或先天学知识（transcendentale Erkenntnis）
先天摄觉（transcendentale apperception）
先天哲学（Transcendental-Philosophie）

说明：上面这些译名的主要点，即在于将康德的原文 a priori 及 transcendental 两术语，统译成“先天”二字。而中国一般谈康德哲学的人，对于这两个术语的译名却又最纷歧不过了。但除译 transcendental 为“超越的”这些人，由于不明白 transcendent 和 transcendental 二字在康德哲学中的重要区别，陷于错误外，最普通的大都采纳日本人的译名，译 transcendental 为“先验”，译 a priori 为“先天”。但究竟“先验”与“先天”二名词在中文的字义上有何区别，谁也说不清楚。最奇怪的就是划分“先天”、“先验”的区别的人，日本翻译康德的名家天野贞祐，在他所译的《纯粹理性批判》（岩波文库本）里，有时译 transcendentale Doduktion 为“先验的演绎”，有时又译为“先天的演绎”（参看天野氏日文译本，页七及页一五八和一六四）。这种混淆不清，就更令人莫名其妙了。我的意思以为我们既无法在中文里去寻出两个意义不同的名词来翻译 transcendental 和 a priori 两个名词。即如日译本之勉强创造“先验”和“先天”两个不同的名词以翻之，结果亦难免混淆互用。因此我便觉得简单化，用一个名词“先天”以译西文 transcendental 和 a priori 两个不同的字的办法，值得我们尝试了。

我尝试的结果，觉得不唯并无困难，并且可以增加了解康德的方便。譬如康德的纯理论衡上有这样一句话：

I call all knowledge *transcendental* which is occupied not so much with objects, as with our *a priori* concepts of objects. A system of such concepts might be called Transcendental Philosophy (A. P. 12)

这段的大意可以译成这样：

凡是不涉及对象本身，而只是关于先天概念的知识，我便称为先天知识。关于这种（先天）概念的系统便可称为先天哲学。

照这样看来，关于先天概念的知识便称为先天知识或先天学知识，关于先天概念的系统便称为先天哲学，犹如说：关于社会状况的知识便称为社会知识，关于社会状况的系统知识便称为社会学，意思甚为明显。康德曾经有这样一句话：

Not every kind of knowledge *a priori* should be called transcendental. (A56)

从这句话看来，有两层意思：第一，a priori knowledge 与 transcendental knowledge 确有区别，不可混为一谈。第二，a priori knowledge 含义似较 transcendental knowledge 为广，前者可以包括后者，但又不能谓每一种 a priori knowledge 都是 transcendental knowledge，但如果我们将上面这句话译作这样：

不是每一种先天知识皆应叫做先天学知识。

则一切困难立即解除。a priori knowledge 与 transcendental knowledge 的区别，不是先天知识与先验知识的区别（因为先天与先验二名词的根本意义并无区别），而是先天知识与先天学知识的区别，犹如社会知识（social knowledge）与社会学知识（sociological knowledge）的区别。但虽不是每种“先天知识”皆可叫做“先天学知识”，却须知

“先天学知识”仍是一种“先天知识”。斯密士《康德纯理论衡注释》(页七四)有一段解释 transcendental 和 a priori 很重要的文字，兹写在下面：

> Transcendental knowledge is knowledge not of objects, but of the nature and conditions of our *a priori* cognition of them. In other words, *a priori* knowledge must not be asserted, simply because it is *a priori*, to be transcendental; this title applies only to such knowledge as constitutes *a theory* or *science* of the *a priori*. Transcendental knowledge and transcendental philosophy must therefore be taken as coinciding; and as coincident, they signify the science of the possibility, nature, and limits of *a priori* knowledge. The term similarly applies to the subdivisions of the Critique. The Aesthetic is transcendental in that it establishes the *a priori* character of the forms of sensibility; the Analytic in that it determines the *a priori* principles of understanding… the Dialectic in that it defines and limits the *a priori* Ideas of Reason…

斯密士这段话显然是根据上面所引的康德两句话（A12 及 A56）而来，兹试译其大意如下：

> 先天学的知识不是关于对象的知识，而是关于吾人对于对象之先天认识的性质与条件的知识。换言之，先天知识，必不可只因其为先天知识，即可谓先天学知识。“先天学”这个名目只适用于构成先天的学说或科学而言。故先天学的知识与先天哲学必须认为是同一之物——同是表示先天知识之可能、性质和限度的科学。这个名词同样适用于《纯理论衡》之各部门。先天观物学所以（直译应作“观物学”，之所以是先天学的，即因其目的在于……）树立感性形式之先天性质，先天分析论所以决定知性之先天原则，先天矛盾论在于规定并限制理性的先天理念。

总之，在康德的意思，凡有必然性（necessity）、普遍性（universality）、内发性（spontaneity）而非纯得自经验的外铄之知识（如数学的知识和一部分物理学的知识），均可称为先天知识（knowledge a priori），但不得即谓为“先天学知识”（transcendental knowledge），必定要研究数学何以可能，自然科学何以可能或先天综合判断何以可能所得的知识，质言之，就是他的先天哲学中（先天观物学、先天理则学）所昭示我们的知识方得称为“先天学知识”。康德的目的既在把哲学建筑在与数学有同等坚实的基础上，故关于先天哲学的知识亦应是与数学一样有必然性、普遍性、内发性的先天知识。故先天知识虽不尽是先天学知识，而先天学知识必是先天知识中之一种，则无可致［置］疑。再用普通一点的话来讲，康德不仅与中国的孟子相同，认为仁义礼智非外铄我，乃出于先天原则，而且认为科学知识、哲学知识，亦非外铄我，亦出于先天原则。至于发挥何以科学知识非外铄我的道理，阐明科学知识的先天原则的性质的学问，便是他所谓先天哲学。关于先天哲学的知识便是先天学知识。

所以严格分辨起来 a priori 与 transcendental 二字的区别实为“先天的”与“先天学的”区别，犹如“社会的”（social）与“社会学的”（sociological）的区别，我已详细说明于上。但《纯理论衡》全书中，对于 transcendental 一字的用法，在中文须译作“先天学的”以示有别于“先天的”的地方，恐怕至多也不过两三处，此外则所有的 transcendental 一字，几全可译作“先天”或“先天的”而不致混淆有误。譬如，在“此原始的先天的条件不是别的，即是我所谓先天摄觉”（That original and transcendental condition is nothing else but what I call transcendental apperception. A. P. 106）一句话中，前后两个 transcendental 字，虽可说是“先天哲学”中的术语，但只可译作“先天的”而不可译作“先天学的条件”或“先天学的摄觉”，而且此处两个 transcendental 字的含义，均系“有普遍性、必然性、内发性的”之意，与 a priori 之含义完全相同。至于从“这个纯粹的原始的不变的意识，我便称为先天摄觉”（This pure，original，and unchangeable Consciousness I shall call transcendental apperception. A. P. 107）一语中，更足以见得所谓先天摄觉是具有普遍性（纯粹的）、必然性（不变的）和内发性（原始的）的摄觉。此外，康德互用 a priori 及 transcendental 二字以表示同一意义的地方，更是不胜枚举。例如，使知识可能的先决条件，康德有时叫做 condition a priori，但有时又叫做 transcendental condition。又如先天逻辑中的十二范畴，他有时称为 concepts a priori of understanding，有时又称为 transcendental concepts of understanding。再如，上帝、自由、不朽等先天理念，康德虽大都称为 transcendental Ideas，但有时亦称为 Ideas a priori of pure reason。由此足见康德本人既然将两名词当作同义互用，我们翻译康德时，何不直捷了当只用一个最恰当的，有哲学史意义的中文名词去翻译它，以免强生分别呢？若能彻底分别开也好，但强生分别之后，结果仍不免于混淆互用，是未免劳而无功了。

我们试进而再看 a priori 和 transcendental 两字在西洋文字学上及哲学史上的意义：按 a priori 系拉丁字，原为“在先”之意。“在先”亦有逻辑的在先与时间的在先之别。在哲学中，a priori 大都是指逻辑的在先而言。在知识论中，所谓“在先”或“先天”自系指就理论言在经验之先之意。所谓逻辑的或理论的在先亦有二义：一为普遍义，如全体在部分之先，类（genus）在种（species）之先。一为原因义，即原因必在果之先。但所谓原因亦非指时间上在前之实物，而系指解释一物之理或原理。准此而言，则逻辑上在经验之先者，第一，即是普遍者，而经验为特殊者。第二，即是解释或构成经验之必然的理或原理。故由“理论的在先”而引申为普遍性与必然性的意思。又凡理论上在先之物，必非经验的产物，而乃出于理智的自动或内发（Spontaneity of intelligence）为构成经验之先决条件。故又具有内发性。因此，“在先”或“先天”实具有普遍性、必然性、内发性三特点。又所谓理论上在经验之先，在某种意义上，实即“超经验”之意。再换言之，凡是超经验的，凡是具有普遍性、必然性、内发性的东西，必是共相，而非殊相，必是形而上，而非形而下。康德的先天哲学就是要指出吾人的经验和知识之所以形成的先天的或超经验的形而上的基础。

至于 transcendental 一字则本系中古经院哲学的名词，原意为“超越”。形容词“transcendente”，“transcendentale”皆同为“超越的”意思，名词“transcendentia”与“transcendentalia”皆同为“超越物”的意思。中古神学家有所谓六大超越物，为“存在”、“物”、“任一”、“一”、“善”、“真”等。其所以称为超越物者，即以其最概括、最普遍、超越范畴、超越名言，而为最高范畴之意。故“普遍性”，“超越性”实 transcendental 与 transcendent 二字共有之含义。且超越性中即包括有普遍性在内。譬如，全体超越部分，是则全体较部分为普遍，类超越种则类便较种为普遍。我揣想康德之把此二字应用来讲知识论，实同赋予两字以“超经验”的意思，一如拉丁文的“在先”，在康德哲学中含有“在经验之先”之意，所以中古经院哲学名词“超越”，在康德哲学中即含有“超经验”之意。但虽则两字同含有“超经验”的意思，康德亦曾大加区别，transcendent 乃“超绝经验”之意，即离经验独立而绝对不可知。而 transcendental 乃“超越经验”而同时内蕴于经验之中，为构成经验或知识可能之先决条件。换句话说：transcendent 乃超越一切经验，故可译为“超绝”，而 transcendental 乃仅是超越任何经验，而并不超绝一切经验，故可译为“先天”，实与“在经验之先”的先天（a priori）名异实同。（按：“一切”与“任何”的区别，乃采自冯友兰先生“共相超越任何时空而不超越一切时空”之说。）若果再用 Watson 和 Stirling 的说法，则超绝（the transcendent ）乃超越（一切）经验的范围（transcends the scope of experience）之意，而先天（the transcendental）乃超越（任何特殊）感官的内容之意（transcends the sense content of experience）。（参看斯密士《纯理论衡注释》，页七五。括符内字乃我所擅加以求意思显豁。最奇怪的就是斯密士不赞成 Stirling 及 Watson 之说，而自己陷于谬误。因此斯密士也与许多别的康德注家一样，只知 transcendent 与 transcendental 意思不同，而不知其不同者何在，更不知其不同中之同；只知康德采取经院哲学名词，而加以新的用法，而不能说出其承袭旧意义者何在，其加入的新意义何在。）

总之，从这番分析字义的结果，我们发现 a priori 乃“先经验”或在经验之先之意，亦即有“超经验”意。而 transcendental 乃“超经验”或超越任何特殊经验或感官内容之意；亦即有“先经验”意。两个字原来含义既同，故可同用“先天”二字译之。（说到这里我又想起现在留学德国研究哲学的熊伟先生，前曾在《大公报》世界思潮周刊里发表《先验与超验》一文，主张译 a priori 为“先验”，译 transcendental 为“超验”，与我这里分析字义的结果，如合符节。不过他严格划分“先验”与“超验”的区别，而不知两名词实根本同义。且他拒绝用在中国及西洋哲学史上具深厚意义，占重大地位的“先天”一名词，尤非我所赞同。）从此又可见得“先经验”或“超经验”乃“先天”之本义。而普遍性、必然性、内发性乃从“超经验”（注意，非超绝经验）引申而来，盖凡超经验的必系有普遍性、必然性、内发性之共相或理则也。至于 transcendental 一字有时之具有“先天学”义，以示有别于单纯的“先天”（a priori），更是后起引申之义而是康德的特殊用法。

以上是从正面以表示 a priori 与 transcendental 二字同义，故同应译为先天，兹试更探究此二字反面的意思：a priori 之反而为 a posteriori（后天），而后天即系“经验的”之意（参看《纯理论衡》A. P. 1）。

今试细读康德原书，则知 transcendental 一字的反面乃亦是 empirical（经验的）一字。譬如 A. P. 97 认“经验的特性”（empirical character）为“先天的特性”（transcendental character）的反面，A. P. 107 指出经验的摄觉为先天的摄觉的反面。A. P. 591 持经验的途径（empirical path）以与先天的途径（transcendental path）对立，而 A. P. 660 又持经验的根据（empirical ground）以与先天的根据（transcendental ground）对立。诸如此类，均处处足以表示 transcendental 的反面与 a priori 的反面完全相同，愈足以反证此两字本来同义——其正面，同具有“超经验”之意，其反面同具有“经验的”之意。因此用一个相同的中文名词以翻译之，不会有误。

或者有人以为用“先天”二字来译康德的名词，无论别的方面如何适当，总免不了两层困难：一、是“先天”二字含有降生以前或生来如此之意，如普通常有“先天不足，后天亏损”之语，“先天知识”不免令人误会成生来即有或天赋的知识；二、是容易令人把康德的哲学与邵康节的先天八卦方位图及其道士《易》傅会，其实康德的批导哲学与康节的“先天之学”全不相似。我可以答道：第一，凡是稍有中国哲学史常识的人，便应知“先天”二字是出于《易经》上“先天而天弗违、后天而奉天时”之语，纯全是指哲学上有普遍性、永久性、必然性的法则，道，理或共相言。譬如读王维《送秘书晁监还日本国》诗序中“大道之行，先天布化”一语的人，当不难知道其意系谓宇宙的运行遵循一必然的、普遍的、内在的法则或道，而不会误会成“天赋布化”。又如北平故宫与北海间的牌坊上有一付“先天明境，太极仙林”富有哲学意味的八字对联，明眼人当可见得“先天明境”是指纯理的、共相的灵明境界而言，不会联想到生理的先天。所以我们应用中国哲学史上通用的名词以翻译康德哲学中主要的名词，决不会，亦不应，引起误会。第二，邵康节从数，从宇宙论上去讲普遍必然的先天法则，而康德则从逻辑，从知识论上去讲普遍必然的先天法则。康节从数的玄学的立脚点以建立宇宙之大经大法或先天原则，康德则批评的研究知识构成的大经大法或先天原则，异同所在，自甚明白，何得傅会？大体讲来，“先天”一词，有下列几种不同的用法：

一、为生物学的先天，注重遗传、先得的本能等。

一、为文学上的先天，注重天才的创造、灵感的启示、回复自然。美国爱默生（Emerson）等所代表之新英格兰先天主义（New England transcendentalism）即倡导此说。

一、为道德上的先天，注重良心、良知，认道德意识人所固有，非由外铄。以孟子为代表。

一、为形而上学的先天，注重支配宇宙之整个的永恒的范型或大经大法。

一、为逻辑的或知识论的先天，是即康德之所倡导发挥者。

由此足见“先天”二字含义甚富，用法甚多，亦各有所当，是在学者各自明辨而慎用之可也。大概讲来，在中国先天之学始于《周易》；道德的先天说，形而上学的先天说，均不乏有力的代表。在西洋则先天之说基于数学，而始于 Pythagoras，柏拉图集其大成。熔道德的先天（见 Meno 对话），艺术的先天（见 Symposium 及 Phaedrus 二对话），形而上学的先天（见 Timaeus 对话）及知识论的先天（见 Thaotetus 及 Parmenides 等对话）为一炉。至于康德则远承柏拉图之绪，特别注重知识论上之先天，而成其先天哲学之系统，但他的《行理论衡》注重良心和纯义务观念，以意志之先天的自立普遍法度自己遵守为准则，故亦兼重道德的先天说，而他的《品鉴论衡》，分上下二篇。上篇论审美判断，奠定审美之纯理基础，寻求审美之先天官能；下篇论目的判断，从先天观点，以指出自然万物之内在目的，亦足以见得他于艺术的先天说与玄学的先天说亦复兼顾无遗。至于黑格尔则直认知识的或思想的先天法则，即是宇宙的先天法则，便合逻辑的先天与形而上的先天为一体了。近来西洋哲学上有一种趋势（这个趋势已渐影响到中国），就是要使知识论与形而上学分家，更进一步再使逻辑与知识论分家，而专谈数理的逻辑的“先天”（a priori），换言之，离开康德所谓“先天哲学”而单从事于先天命题之分析。从某种意义看来，这也许是一种进步，但是与柏拉图、康德以来之“先天学”的正大路子，所隔就很远了。

现在我要略为说明我之所以不惮劳烦，费五六千字来解释“先天”一译名，实因为此名词在中国和西洋哲学史上均占有很重大的地位，含有很丰富的意义，而且我认为“先天”二字在康德本人的哲学里也居于主要的地位，至少比“批判”或“批导”的地位高的多。（具有“先经验”意思的“先天”（a priori）差不多在康德书中每页均可发现一二次，而具有“超经验”意思的“先天”（transcendental）在《纯理论衡》的内容目次表里便见了差不多三十次。）所以称康德哲学为先天哲学似远比称之为批导哲学较能道出康德哲学的本质。尤其紧要的就是，我认为德国哲学在由康德到黑格尔这个灿烂时期中，最根本、最主要的哲学概念只有两个。一为康德所谓“先天”，一为黑格尔所谓“太极”（das Absolute）。所以康德的哲学叫做“先天唯心论”，黑格尔的哲学叫做“绝对唯心论”（绝对即太极之别名），实非偶然。同时我又认为中国哲学史自周、程、张、邵到朱熹这个伟大的时期中，最根本、最主要的哲学概念也只有两个，一为周子的“太极”，一为邵子的“先天”，而朱子寓先天概念于太极之中，实集其大成。所以我们若是用“先天”二字以讲康德，用“太极”二字以讲黑格尔，我们不唯可以以中释西、以西释中，互相比较而增了解，而且于使西洋哲学中国化以收融汇贯通之效，亦不无小补。我前此既于拙译《黑格尔学述》（商务印书馆出版）的序言里费了五六千字解释何以应译黑格尔的 das Absolute 为（太极）的理由，所以我现在不能不藉此机会略说明我所以主张用先天二字翻译康德的 a priori 和 transcendental 的原因。

先天之义既明，兹更进而分别解释与先天连缀之名词如下：

先天唯心论（der transcendental Idealismus）

说明：邵康节有“先天之学心学也”之语，而“心者理也”，故心学即是理学。而唯心论骨子里即是理性主义。康德的先天哲学亦是一种“心学”或“唯心论”，而他的“先天唯心论”骨子里亦是理性主义。故决不可称康德哲学为“先天观念论”。

先天观物学或先天直观学（Die transcendental Ästhetik）

说明：按：Ästhetik 本义为“观”为“见”，后方引申为美学义。康德此处乃用原义，故决不可译为“先天审美学”。今拟译为“观物学”。邵康节著有《观物内篇》、《观物外篇》。亦可译为“直观学”，因注释康德者多称此篇所论为（Anschauungslehre ）直观学。康德的直观有两种，一为感觉的直观（sensuous intuition），一为理智的直观（intellectual intuition），此篇所论则仅限于感觉的直观。而邵氏之观物，乃注重以理观物，约相当于康德所谓理智的直观。今借用理智的直观之“观物学”以译感觉的直观之“观物学”，想不致混淆有误。余意 Asthetik 一字应译为“观物学”，而以“直观学”译 Änschauungslehre，日人译为“先验感性论”，其缺点有二：一、感性论不能表示原文“观”字义。二、在康德书中，先天观物学与先天理则学并列，若译前者为感性论，则应译后者为知性论，方可并列。

先天理则学或先天逻辑（Die transcendentale Logik）

说明：首先提出译Logic为“理则学”的人为孙中山先生，理由详见《孙文学说》第三章。我认为孙说甚是。研究语言的形式、规范、法则的学问可称为文法学或“文则学”。今研究思想或推理的形式，规范、法则的学问，故可称为“理则学”。譬如，我们常说某人说话不合逻辑，意思即是说某人说话不合理则——不合思想的规范、推理的法则。特别是康德的先天逻辑目的在研究思想的大经大法，知识可能的律令规则，故更可称为理则学。从严译作“逻辑”尚勉强可通，惟跟着日本人译作“论理学”实在毫无道理。

先天推演或先天演绎（transcendental Deduction）

说明：Deduction一字，在康德此处的用法，乃指范畴的推演，与三段论法的演绎或几何方法的演绎虽不无关系，但均有不同处。兹拟译为推演。“演”即“文王拘而演周易”之演。“推”字含有推理、推算、推步等“推”字之义。换言之，“推”字多少含有“悬知”或“预测”义。康德先天理则学里特别有一节讨论“感念的预测”（anticipations of perception）可资参证。故“推演”二字最为洽当，但从众仍称“演绎”亦无不可。

先天分析论（Die transcendentale Analytik）

先天矛盾论（Die transcendentale Dialektik）

说明：从康德先天理则学的纲目看来，便可知先天理则学内容分两大部门：一为先天分析论，一为先天矛盾论，前者属于知性的范围，可称“知性的逻辑”（Verstandeslogik），后者属于理性的范围，可称“理性的逻辑”（Vernunftslogik）。此二名词皆出于黑格尔。至于先天观物学乃讨论感官知识构成的条件。感官知识尚无理则性（logicality），故不属于逻辑的范围。

Analytik一字之应译为“分析”，中日相同，无有异议，可无须解释。至于Dialektik之应译为矛盾，则为我个人的见解，而与一般人异趋。兹分四层简单说明：（一）日译Dialektik为辩证之不可通。盖辩者不证，证者不辩。譬如，芝诺与苏格拉底用以子之矛攻子之盾的方法以辩难别人，驳倒对方，只是消极地击破别人的论据，而并不积极地用几何学方法或实验方法以证明己说。又如斯宾诺莎用几何方法以证明他的学说，论者谓用几何方法严格依序证明，建立己说，即可避免与旁人辩论驳难（参看Wolfson《斯宾诺莎哲学》第二章）。且“辩证”二字最初见于中国典籍者为朱熹著《楚辞辩证》一书之书名。此处“辩证”二字乃辨别原书字句之错误，证明何种版本的读法较正确之意。故“辩证”乃考证校勘之别名。由此看来，辩证法的原义应是汉学家的考证方法，而与哲学家的思辨方法恰好相反。足见日译之毫无是处。（二）细玩味 Dialektik 一字在康德本书的用法，适为“矛盾”义。康德于《纯理论衡》第一版序言的第一句，即指出理性本身有陷于自身矛盾的命运，而预示先天矛盾论即所以解除此种内在的矛盾。所谓理性的先天矛盾，即是一方面，理性要问一些必不可忽视的问题，因为这些问题实基源于理性的本性；他方面理性又无法解答这些问题，因为这些问题超出人类理性能力的限度。所以康德后来便解释“矛盾逻辑”为“幻觉的逻辑”（Logik des Scheins，按 Schein 一字有幻觉、幻象或似是而非之意，英译作 illusion）。所谓矛盾逻辑，即分析出或揭穿并解除理性的矛盾的理则学，而所谓幻觉的逻辑，亦系指揭穿并解除基于理性自身的矛盾，超越其理性的权限、能力，而引起的错误与幻象的理则学。故康德的先天矛盾论有两方面，消极方面限制理性的权限使勿超越使用，致陷于“似是而非的幻觉”（illusion），积极方面解除理性的矛盾，求得最高的综合，以达到“似非而是的真理”（paradox or dialectical truth）。康德先天矛盾论所注重的在消极方面居多，而黑格尔承康德而发挥的乃在积极方面居多（请参看斯密士《纯理论衡注释》，页四二六，及黑格尔《哲学大全》第八一及八二节）。（三）在西洋哲学史上，康德前康德后的哲学家特别黑格尔对于 Dialektik 一字的用法，皆多为“矛盾”义，此点我在《黑格尔学述》的序言里有长篇的说明，兹不赘述。请更参看下面论纯理的矛盾条。（四）康德的 transcendental dialectic 乃系指理性的先天的矛盾，即必然的普遍的内发的或内在的矛盾而言，不可依斯密士的说法译作或释作“超越的矛盾”（见斯氏《纯理论衡注释》，页七六）。斯氏认为此处乃讨论理性的超越使用而致矛盾，故应作“超越矛盾论”（the transcendent dialectic ）而不可作“先天矛盾论”，实在是大错特错。盖因斯氏不知理性的超越使用乃由于理性之先天的内在的矛盾，而非理性之矛盾起于理性超越的使用。第二，不明了继康德的先天矛盾论而加以发挥光大的黑格尔的“矛盾逻辑”乃亦是以分析、指破、调解人类意识的先天的矛盾——即普遍的必然的内发的或内在的自相矛盾为职务。因此我觉得斯氏《纯理论衡注释》一书，虽小节多有可供参考处，而大处往往解错。其所以致误之由即因他不能看出康德到黑格尔哲学问发展的关键，而仅加以支节的注释。

纯理的矛盾（Die Antinomie der reinen Vernunft）

说明：研究康德思想发展过程的人，当可知道“纯理矛盾”的问题占据康德思想最早（在《纯理论衡》出版十余年前，即在一七七〇年以前此问题即萦扰康德心中），启发康德最多（先天观物学的思想皆自此启发而出），且是“先天矛盾论”中最主要、最先写成的部分，其余部分皆是此部分补充与陪衬。据此事实，可以见得：第一，先天矛盾论所研究的主要问题，即是纯理矛盾，愈足以反证译 dialectic 为矛盾之切当。第二，足见意识的理性的矛盾问题不唯在黑格尔哲学中占中心地位，而在康德思想中亦占主要地位。但我们虽同用矛盾二字以译 Antinomie 及 dialektik 两个不同的字，而两字间本身却自有区别。理性的矛盾，是指理性矛盾的事实，指出于理性的对立的、相反的、冲突的理论双方不同的陈述而言。而先天的矛盾则是指研究、揭穿、调解此理性上矛盾的理论的逻辑学而言。简言之，Antinomie 乃指矛盾的事实与理论而言，而 Dialektik 则系指研究此矛盾的事实与理论之逻辑或方法而言。日本人译理性的矛盾为“二律背反”，不唯笨拙而且不通。盖既成“定律”必不会背反，既然二说互相背反，必尚未成定律。且就康德所对比排列的关于同一问题的正反矛盾的理论，亦没有一条理论可称为“律”（Gesetz）。中国人谈康德者，亦大都袭用“二律背反”一词，唯冯友兰先生对于此名词的翻译，不期与我暗合。他于所著《人生哲学》页七五，提及康德的 Antinomy of reason 时便译作“理性的矛盾”足证所见相同。

感性（Sinnlichkeit，sensibility）

知性（Verstand，understanding）

理性（Vernunft，reason）

感念（Wahrnehmung，percept）

概念（Begriff，concept）

理念（Idee，Idea）

说明：感性是接受表象，构成感念的能力。Percept 普通采日译作“知觉”，不妥当。盖 Percept 或 Perception 既出于“感性”，故宜译为“感念”；既非知性的产物，故不可译作“知觉”。譬如，康德有“感念而无概念则盲，概念而无感念则空”之名句，若试以“知觉”代替感念，不惟语气不好，且既已有了知觉，如何会盲呢？德文的 der Verstand，英文的 understanding 一字，日人译作“悟性”，中文译法最不一致，但亦以采日译作“悟性”者为多。按悟性在中文每与了悟、省悟、醒悟、回悟、觉悟等连缀成词，乃英文 recollect，awaken 之意，不能表示由认识的主体主动地去把握、去理解、去求知的意思，故以译为“知性”为较妥。知性乃把握对象，构成概念的能力，而悟性也许含有直觉意味，不一定是构成概念的能力。“理性”一名词最通行无异议。Idea 乃理性的产物，故应译作理念。理念乃真理或共相之自觉。黑格尔有“理念乃真理之在思想中”（Die Idee ist das Wahre in Gedanken）之悟，最足以表示此旨。

表象（Vorstellungen，representations）

现象（Erscheinungen，phenomena）

对象（der Gegenstand，object）

物如（das Ding an sich，the thing in itself）

说明：“现象”、“对象”的译名，已公认无问题。Das Ding an sich 译作“物如”最典雅切当，但从众译作“表象”而不可译作“概念”。“观念”（the idea）一字在康德、黑格尔哲学中均无地位。惟英国的经验派人所谓 ideas 以及德国叔本华的 die Vorstellungen 可以译作“观念”，因叔氏受洛克、巴克莱影响甚深故也。“‘表象’只是表示‘对象’的‘现象’而不是‘物如’，但也不是‘幻象’。”——从这句话里可以知道“表象”在康德哲学中的意义了。

范畴（die Kategorie）

范型或形式（die Form）

说明：“范畴”已是公认的康德名词，按此译名原于《书经》上的洪范九畴。本是道德方面，人事方面的名词，今借来应用于知识论上。form 一字最难得适当译名。我拟译为“范型”，取其规范、模型、型式之意。范畴、范型连缀在一起，可成姊妹名词，虽各有其特殊意义，但有时亦互可用。譬如，知性的十二范畴，有时亦可称为“知性的范型”（forms of understanding），又如时空本是感性观物的范型，但也有人称时间、空间为哲学上的范畴，又如柏拉图在《帕米里底斯》一对话里，上篇讨论“范型”的问题，下篇便讨论“范畴”的问题，足见这两名词互相关联，常常相提并论。

假设（hypothesis）

公设（postulate）

公则（axiom）

通则（maxim）

说明：这四个名词不纯是康德哲学特有的名词，在别家哲学里或别种科学里，均可常常碰见，但除“假设”二字比较通行外，其余均少一致的译名。“公设”与“假设”不同，假设乃是起于经验的假定，而“公设”乃有普遍性，有必然性，基于知识的主体或道德的当事者纯理的要求逻辑的分析而起的假设，故称为公设。“公则”乃公共的自明的法则，公则似较日译“公理”好，可避免与强权公理之公理混淆。且“则”与“理”亦有别，“则”是简明而列举的定律，“理”则指系统而有条理的原理也。Maxim 一字，有译为箴言或格言者，但在康德的道德哲学似以译为“通则”为较切当。“通则”即是设身处地人人皆应遵循，通行于四海而皆准，百世而不惑的道德律令或法则。通则是道德上的公则，公则是知识上的通则。

结语

以上这一套择要的康德译名可以认作了解康德的一种小小尝试。这些译名有一特点就是，它们是成套的，是一套比较整齐，彼此间互相关联照应的专门哲学名词。中国哲学界要想像自然科学家那样开一统一术语的会议，不唯不可能，而且无必需。我提出这些译名纯系供参考商榷的性质，决没有强人从己的意思。好得就中也有一些名词是采纳他人或因仍日译的，并非完全出自个人杜撰。译名的正确与否，与对于康德哲学本身的透彻了解与否相关。也许因为对于康德哲学各人的了解有不同，因而译名不同，也许因为对于康德哲学的了解有了错误因而译名陷于错误，总之，此文希望对康德哲学有兴趣的人的批评与指正。据说翻译康德成日文的人天野贞祐对于康德有二十多年的研究，又据说日本人对于康德的考证研究颇著劳绩，而新康德派哲学在日本的盛行，更超过在德国本国。而他们对于康德的译名，竟有这许多不能令我们满意，足以表示他们对于康德尚有隔膜的地方，这足见翻译康德之困难，又足见寻求正确康德译名之更非易事了。

论翻译*
（1940 年）

中国近二十年来的翻译界，可以说是芜滥沉寂到了极点了！最奇怪的就是二十年前的新文化运动，大声疾呼要吸收西洋的学术思想，要全盘接受西洋的近代文化，然而，自新文化运动以来，介绍西洋学术文化的基本工作——翻译事业，反而芜滥不堪，消沉已甚。离开认真负责，坚实严密的翻译事业，而侈谈移植西洋学术文化，恐怕我们永远不会有自主的新学术，西洋的真正文化也永远不会在中国生根。尝细考所以致此的原因，大约有三：一因上焉者自矜创造不屑翻译，故尔沉寂。一因下焉者学问语言之培植不够，率尔操觚，视翻译为易事，故尔芜滥。三则因缺乏严正的同情的翻译批评，以鼓励好的翻译，纠正坏的翻译，也足以长养这种芜滥和沉寂的局面。然而试就根本处着眼，我们不能不说，学术界多数人对于翻译的性质和意义，缺乏真正的了解。为中国近年来翻译事业之不振作的主要原因。

所以要讨论翻译问题，我们首先要进一步讨论翻译所包含的哲学意义。这就是说，我们要穷究翻译之理，要考查一下，在理论上翻译是否可能。大概带禅味或神秘主义的哲学家多认翻译在理论上为不可能。譬如有神秘主义趋向的柏格森，在他的《形而上学导言》一文中，便提到翻译之不可能。因为他说那直觉的神秘的生命之流或精神境界，是那样的丰富、活泼、变化无方，而理智的概念和语言文字等，又是那样的枯燥、呆板、机械。以呆板、机械、枯燥的概念符号语言文字，如何能表达或翻译那丰富、活泼、流动的生命和精神的内容？他的意思是说，自己尚无法用语言文字以表达自己自得的直觉的意思，他人更无法用他们

* 本文原发表于《今日评论》1940 年第 4 卷第 9 期，后收入《文化与人生》（商务印书馆，1947 年），题为《翻译与文化交融》，内容亦稍有改动。

的语言文字以传达或翻译自己的意思，换言之，“言不尽意”。意，神秘不可道，自己之言尚不能尽自己之意，他人之言，更无法尽自己之意。故翻译不可能。落于言诠已是下乘，言诠之言诠，语文之翻译，更是下乘之下乘。

这显然是误解“言意之辨”的不健康的思想。盖意属形而上，言属形而下；意一，言多；意是体，言是用，诚是意与言间的必然的逻辑关系，在某意义下，言不尽意，意非言所能尽，亦系事实，但须知言虽不能尽意，言却可以表意。文虽不能尽道，文却可以载道。盖言为心之声，亦即言为意之形。意思枯燥，言语亦随之枯燥。意思活泼，言语亦随之活泼。意思深邃，言语亦因而含蓄。未有心中真有意思而不能用语言文字传达者，凡绝对不能用语言文字或其他方式表达的意思，就是无意思。即有时无语言文字之方便以传达自己的意思，而果有真情真意蕴于中者，亦必有态度举止行为以形于外也。而从行为态度以表达意思，较之用语言文字以表示意思，反而更为具体有力。且就言不尽意而论，如意指如泉源之深意、真意、道意而言，则意乃是一个无尽藏的形而上之道，自非形而下之言文所能表达完尽。但就经验中的事实言，有时言实可尽意。有时言浮于意。有时他人之言，实完全可以表达自己之意。有时自己因用语言文字表达自己之意时，反而引出新意。有时因听见或看见他人用语言文字表达自己原有的意思时，亦可引起自己的新意。有时又因用语言文字去表达他人的意思，反而引起自己的新意思。最显著普遍的事实，就是有时他人表达自己的意思，反而比自己表达自己的意思更清楚，更详尽，更切当。（以上各条皆是列举心理事实，望读者各自从经验中去寻求实际的例证。）这种能表达他人固有的意思较他人自己尤表达得清楚详尽切当者，将叫做代言人。大政治家就是民意的代言人。大哲学家和大文学家，就是时代意思或民族意思的代言人。

现在我们慢慢就可明了翻译所包含的哲学原理了。因为意与言或道与文是体与用、一与多的关系。言所以宜意，文所以载道。意与言，道与文间是一种体用合一，而不可分的关系。故意之真妄，道之深浅，皆可于表达此意与道的语言文字中验之。一个人如能明贞恒之道，知他人之意，未有不能用相应之语言文字以传达之者。今翻译之职务，即在于由明道知意而用相应之语言文字以传达此意表示此道，故翻译是可能的。因道是可传，意是可宣的。再则，意与言、道与文既是一与多的关系，则可推知同一真理、同一意思，可用许多不同的语言文字或其他方式以表达之，譬如，我心中有一个意思或道理，我可用本乡的土话以向乡人表达之，用北平的官话以向国人表达之，用古文或白话文以向新旧的人士表达之。亦可用英文德文或法文以向外国人表达之。意思惟一，而表达此同一意思之语言文字可以多种。言之多，不妨害意之一。今学术上同一的客观真理，当然可以用多种语言文字以表达之，而不妨害其为同一之真理，今翻译的本质，即是用不同的语言文字，以表达同一的真理，故翻译是可能的。

从这一番关于翻译可能的哲学原理的讨论，我们可以䌷绎出下列两层道理：第一，翻译既是以多种的语言文字，去传达同一的意思或真理，故凡从事翻译者，应注重原书义理的了解，意思的把握。换言之，翻译应注重意译或义译。不通原书义理，不明著者意旨，而徒斤斤于语言文字的机械对译，这就根本算不得翻译。真切理解原文意旨与义理之后，然后下笔翻译，自可因应裕如，无有滞碍，而得到言与意文与理合一而平行的译文，而且可以因原书所包含的意与理之新颖独创，而获得一与之相应的新颖独创的译文。故由翻译而得到创造新语言、新术语、新文体的效果，唯有意译方可获致。不从意思与义理着力，徒呆板地去传译语文形式的末节，只能败坏语文，使语文生硬、晦涩、诡怪。第二，凡原书不能表达真切之意普遍之理，而只是该国家或民族的特殊文字语言之巧妙的玩弄，那便是不能翻译，不必翻译或不值得翻译的文字。如中国六朝的骈体文或西洋许多玩弄文字把戏的哲学著作，便是属于这类不能、不必、不值得翻译的文献。谈到这里就牵涉到诗之能否翻译问题。就诗之具有深切著明人所共喻的意思情绪真理言，则这一方面的诗应是可以用另一种文字表达或翻译的。就诗之音节形式之美，或纯全基于文字本身之美的一部分言，那大半是不能翻译的，要翻译时，恐须于深切领会到原诗意义情境之美后，更新创一相应的美的形式以翻译之。换言之，原诗是出于天才的创造、精神的感兴，译诗亦应是出于天才的创造、精神的感兴。原诗具有文字本身之美，译诗亦应具有文字本身之美。我揣想英诗人卡浦曼所译的荷马，大约是属于这一类的。所以我们一方面要承认诗是可以翻译的，一方面又要承认诗之可译性是有限的。译诗所需要的创造天才特别多，所以是特别困难的。但无论如何我们要拒绝诗是绝对不可翻译的谬说，因为那是出于神秘主义，那是懒人遮丑的伎俩，于文化的传播、于诗人所宣泄的伟大情意与真理的共喻和共赏是有阻碍的。总之，我们要把握住“人同此心，心同此理”的真义。心同理同的部分，才是人类的本性、文化的泉源，而此心同理同部分亦即是可以翻译的部分，可以用无很多的语言去发挥表达的部分。彼玩弄光景，沉醉于神奇奥妙的境界的神秘主义者，执着于当下赤裸，飘忽即游的感觉的感觉主义者，或拘滞于语言文字之形式或技巧之末节的形式主义者，皆是不明了体用合一，心同理同的心学或理学的人，故其立说不足以作翻译可能的理论基础。

此外还有一个关于理论方面的问题，就是关于翻译本身的意义与价值问题。这个问题又分两方面，一是译文绝对不如原文问题。因为一般人大都认为译文乃是改造品、仿造品、抄袭品，绝对的不如原文之真、之美、之善，译文与原文有似水与酒的关系。原文意味深厚，译文淡薄无味，所以译文都不值得有学术兴趣的人去读的。译文只是对不通原文的人说法。假如一个已懂英文的人，再去读中译的英文书，是可耻的，至少是无益的。这当然是经验中的事实，而现下国内出版界所流行的译品，也的确使人得到这种印象。但我们须知，这个事实只是一种不良的现象。须得改变、减少的现象，这并不能涉及译品的本质。我们不能说，凡译文绝对地、必然地、普遍地不如原文。事实上比原文更美或同样美的译文，就异常之多。譬如严复译的《天演论》、《群己权界论》及《群学肄言》等书，据许多人公认均比原文为更美。最有趣味值得注意的事实，就是一般人所读的宗教上的圣经，差不多完全是读的译文。德国人大都是读马丁·路得所译的新旧约，英、美人亦大都读英国詹姆士王朝时的英译本新旧约。只有极少数神学家或圣经版本专家才去读犹太文的旧约、希腊文的新约。而且无论就那方面，都很难说英、德文译本的新旧约不如犹太文和希腊文原文的新旧约。中国一般念佛经的人，更是念的翻译本，而这些翻译本也许有较原文更好的地方。而且据我所知，西洋的学者大都兼读或参读原文与译文。譬如，能读希腊文原文的柏拉图、亚理斯多德之著作的学者，亦没有不参读或兼读其本国文之译文的。所以我国现下通西文的人大都不读中文译本或不参读中文译本，乃是中国翻译工作尚未上轨道，许多重要典籍，均乏标准译本的偶然现象，并非永久的常态。就哲学典籍而论，如康德、黑格尔的著作，其原文之晦涩难读，乃人所共苦。则关于康德、黑格尔的著作的译文，比原书更畅达、更明确、更详尽（我的意思是说，译文须附加注释、导言等，故可更详尽），乃是很可能的事。可惜关于康德、黑格尔的主要著作的英译本，大都不甚佳，若我国有志译事的哲学者，能精心直接根据德文原书，译成中文，则将来中译本的康德、黑格尔的著作，无论就信达雅言，皆胜过现行的英译本，乃是极可能之事。盖译文与原文的关系，在某意义上，固然有似柏拉图所谓抄本与原型的关系。而在另一意义下，亦可说译文与原文皆是同一客观真理之抄本或表现也。就文字言，译本诚是原著之翻抄本，就义理言，译本与原著皆系同一客观真理之不同语文的表现。故译本表达同一真理之能力，诚多有不如原著处，但译本表达同一真理之能力，有时同于原著，甚或胜过原著亦未尝不可能也。

关于翻译工作本身价值问题的另一方面，就是说翻译只是传达他人的思想，为他人的学说作传声筒的机械工作。从事翻译者大都是没有坚强的个性，没有独创的思想学说的人。故翻译之事乃是创造天才所不愿为不屑为的工作。就表面上看，这显然是事实，而且的确是很普遍而无可否认的事实。但执着此种事实，认为是绝对无例外，且因而忽视翻译工作，那就会成为阻碍学术之进步与发展的浅妄之见。第一，翻译而能成有准确的传声筒，如良好的广播机或收音机然，那已是难能可贵，值得嘉奖鼓励的事。盖文化学术上的传声筒或广播机，实有其急切、普遍之需要，不可一日或缺，不可一地或缺。此不过单就翻译在文明社会中之实用价值而言。其次，就学术文化上之贡献言，翻译的意义与价值，在于华化西学，使西洋学问中国化，灌输文化上的新血液，使西学成为国学之一部分。吸收外来学术思想，移译并融化外来学术思想，使外来学术思想成为自己的一部分，这乃正是扩充自我、发展个性的努力，而决不是埋没个性的奴役。黑格尔盛称道马丁·路得之翻译新旧约成为德文，认为是一个伟大的革命。因为他说，直［只］要到我们对于一个东西能用自己的国语（Mother-tongue）表达时，这个东西才会成为我们的所有物。有权利用自己的语言来说话来思想，就是一种真实的自由。路得的翻译，使德国人感觉到基督教非外加的桎梏，乃自己内心中固有的财产。所以若无新旧约翻译的工作，他的宗教改革是绝不能完成的，这样看来，翻译外籍在某意义下，正是争取思想自由，增加精神财产，解除外加桎梏，内在化外来学术的努力。第三，谈到翻译与创造的关系，我们亦须勿囿于片面、浅妄的意见。我们须知有时译述他人之思想，即所以发挥或启发自己的思想。翻译为创造之始，创造为翻译之成。（模仿与创造的关系准此。）翻译中有创造，创造中有翻译。一如注释中有创造（如郭象之注《庄子》，朱子之注四书），创造中有注释（如

《庄子》书中多注释《老子》的地方，而周濂溪的《太极图》及《通书》，为宋儒最创新之著作，但其本意乃在注释《易经》中一些经文)。片面地提倡独自创造，而蔑弃古典思想之注释发挥，外来思想之介绍译述，恐难免走入浅薄、空疏、夸大之途。谁不愿意创造？但创造乃是不可欲速助长的。创造之发生每每是出于不自知觉的，是不期然而然的，是不能勉强的，不能自命的，故与其侈言创造，而产生空疏、浅薄、夸大、虚矫的流弊或习气，不如在学术界养成一种孔子之“述而不作”、朱子之“注而不作”、玄奘之“译而不作”的笃厚朴实好学的风气，庶几或可不期然而然地会有伟大的创造的时代的降临。

中国的新学术文化如要有坚实的基础，盛大的发展，无论学术界人士和教育负责的当局，似须对于西洋学术思想名著的翻译工作，予以认真的注意。如何审查流行的芜滥的译品，如何培植专门翻译的人材，如何予有志于从事翻译的学者以便利和鼓励，似乎都是教育当局所当考虑的工作。至于若有睿智、诚笃、好学的青年朋友，因本文的激励而能早下决心，培植浓厚的学问基础，以翻译西洋学术上的名著为终身志业，远效奘师，近迈又陵，更是本人所馨香祷祝的了。

贺麟年谱简编*

1902年　出生

贺麟，又名光瑞，字自昭，清光绪二十八年八月十九日（1902年9月20日）出生于四川省金堂县五凤乡杨柳沟村。父亲贺松云，晚清秀才，卒业于金堂正精书院，曾任金堂中学校长、县教育科长。

1909年　7岁

本年，按规矩入私塾读书，不久随姑太到镇上读小学。从小深受儒学熏陶，父亲常教他读《朱子语类》和《传习录》。先生曾自谓："从小深受儒家熏陶，特别感兴趣的是宋明理学"。

1914—1916年　12～14岁

先生13岁小学毕业，但因身材矮小、身体瘦弱，父母不放心他独自到外地读书，遂命他仍在小学进修。曾暗暗立下志愿，"要读世界上最好的书，以古人为友，领会最好的思想"。

1917—1918年　15～16岁

1917年，先生考入四川省立联中（后改为石室中学），主学宋明理学。先生普通科目成绩平平，但国文课锋芒大露，是"全校能把文章写

---

* 本年表由四川大学国际儒学研究院、古籍整理研究所彭华教授撰写，初稿题为《贺麟年谱简编》（《思想家》第一辑，巴蜀书社，2005年，第110～124页）；增订稿题名《贺麟年谱新编》（《淮阴师范学院学报》，2006年第1期，第78～91页；并收入《现当代学人年谱与著述编年》，三联书店，2007年，第302～332页）。本年表根据商务印书馆2011年出版的《近代唯心论简释》一书中所附的《贺麟先生学术年表》及其他材料新作了修订、增删。

通的两个人之一”（国文老师语）。

1919 年　17 岁

本年秋，以优秀成绩考入北京清华学堂（后更名为清华学校，清华大学的前身），属中等科二年级，开始接受历时七年的正规高等教育。清华期间，在思想上受到梁启超、梁漱溟、吴宓等人的影响。

9 月，所撰《新同学新校风》发表于《清华周刊》第 24 卷第 2 期，文章提倡忠孝、仁爱、信义、和平等“中国固有之美德”和孔孟“忠恕之道”。

1920 年　18 岁

本年，校内服务性的《平民周刊》选编辑，被选中。暑假，随学校组织的消夏团到北京西山卧佛寺开展集体活动。

1923 年　21 岁

听梁启超所开几门有关中国学术思想史的课程，对学术研究产生浓厚兴趣。在梁启超指导下，写成《戴东原研究指南》，发表于《晨报》副刊（1923 年 12 月 8—12 日）。另在《清华周刊》发表《博大精深的焦理堂》。

1924 年　22 岁

本年，梁漱溟应邀来清华短期讲学，先生数次拜访梁氏。梁氏推崇王阳明，曾对先生说：“只有王阳明的《传习录》与王心斋的书可读，别的都可不念。”

1925 年　23 岁

任《清华周刊》总编辑。

吴宓为高年级学生开设选修课“翻译”，讲授翻译的原理和技巧，并辅导翻译练习。贺麟、张荫麟、陈铨是班上最出众的三人，后被称为“吴门三杰”。在吴宓的悉心指导下，开始翻译英文诗歌和散文，阅读严复的译作。后撰成《严复的翻译》一文，发表于《东方杂志》第 22 卷第 21 期（1925 年 11 月）。在吴宓的影响下，打算“步吴宓先生介绍西方古典文学的后尘，以介绍和传播西方古典哲学为自己终身的‘志业’”。

本年，基督教大同盟在北平举行会议。先生代表《清华周刊》，在本刊发表《论研究宗教是反对外来宗教传播的正当方法》，表明他对外来宗教所持有的理性的同情态度。

被选为“沪案（五卅惨案）后援团”的两个宣讲人之一，于暑假公费到石家庄、太原、开封、洛阳、信阳等地宣传鼓动，宣传三民主义。

1926 年　24 岁

7 月，毕业于清华学校高等科，决定远涉重洋，赴美求学。8 月，乘一艘美国客轮离开祖国。9 月，插班进入俄亥俄州的奥柏林（Oberlin）大学哲学系三年级，学习拉丁文、心理学、哲学史、宗教哲学、伦理学以及圣经等课程。课外，听耶顿夫人（Mrs. Yeaton）讲解黑格尔和斯宾诺莎哲学。

在奥柏林大学学习期间，先后撰写了《神话的本质和理论》、《魔术》、《村社制度研究》、《结婚、离婚的历史和伦理》、《论述吉伍勒的伦理思想》等论文（后皆收入《哲学与哲学史论文集》）。认真阅读了美国系统哲学首创者、黑格尔哲学专家鲁一士的《近代哲学的精神》一书，并利用空余时间将其中的《黑格尔的为人及其学说概要》译成中文。又将鲁一士《近代唯心主义演讲集》中有关研究黑格尔的《精神现象学》的五章译成中文。这两部分译文后来汇集成册，于 1936 年由商务印书馆出版，书名为《黑格尔学述》。

本年，发表《林纾、严复时期的翻译》，载《清华周刊》1926 年纪念号增刊。

1927 年　25 岁

为纪念斯宾诺莎逝世 250 周年，耶顿夫人在家组办读书会，先生是该读书会的七位成员之一。曾谓：“由于她（耶顿夫人）的启发，奠定了我后来研究黑格尔和斯宾诺莎哲学的方向和基础，她是我永生难忘、终身受益的老师”。

暑假，加入设于芝加哥的“东方学生会”——泰勒沙龙（Taylor Hall）。北伐胜利挺进的消息传至美国，先生极其兴奋，在东方学生会举办的学术会议上宣读论文《中国革命的哲学基础》，该文后发表于《清华周刊》英文版。

10 月，发表《西洋机械人生观最近之论战》，载《东方杂志》第 24 卷第 19 期。

1928 年　26 岁

2 月，先生修满学分，以优异成绩提前半年从奥柏林大学毕业，获文学学士学位，学士论文题目是《斯宾诺莎哲学的宗教方面》。

3 月，转入芝加哥大学专攻哲学。在芝加哥大学，选习了米德教授讲授的“黑格尔精神现象学”、“柏格森生命哲学”课程，斯密士教授的“格林、布拉德雷、西吉微克、摩尔的伦理学”课程以及塔尔兹的“政治伦理”课程。十分推崇格林哲学，并开始接受新黑格尔主义思想，写成《托马斯·希尔·格林》一文。另外，在《芝加哥道德论坛》上发表《中国革命胜利的主导思想》。

1929 年　27 岁

9 月，因“不满于芝加哥大学偶尔碰见的那种在课上空谈经验的实用主义者”而转入哈佛大学，“目的在进一步学习古典哲学家的哲学”。在哈佛大学选习了霍金的“形而上学”，路易斯的“康德哲学”、“黑格尔哲学”，以及怀特海教授的“自然哲学”等课程，并参加了怀特海周末举行的可可茶会。在哈佛大学，曾听过英国著名哲学家罗素的学术演讲。另外，贺麟、沈有鼎、谢幼伟三人曾和怀特海交谈中国哲学问题。

本年，毕业于哈佛大学哲学系，获哲学硕士学位。完成两篇论文：《道德价值与美学价值》、《自然的目的论》。

1930 年　28 岁

担任东方学生会主席。

夏，为了真正掌握黑格尔哲学的精髓，谢绝了乌尔夫教授要他继续攻读博士学位的挽留，离开美国赴德国柏林大学专攻德国古典哲学。在柏林大学，选修了迈尔的“哲学史”和哈特曼的“黑格尔历史哲学”课程，研读了有关黑格尔生平及其学说的德文论著，如克朗纳的《从康德到黑格尔》、格罗克纳的《黑格尔》、哈特曼的《黑格尔》、狄尔泰的《青年黑格尔的历史》。其中，哈特曼对先生的影响最大，使他认识到辩证法在黑格尔哲学体系中的核心作用。

8 月，完成了其学说生涯中具有里程碑意义的论文《朱熹与黑格尔太极说之比较观》，标志着他从事中西哲学比较的开端。该文后发表于《大公报·文学副刊》第149期和《国闻周报》第7卷第49期，后又作为附录收入《黑格尔学述》一书。先生说："我是想从对勘比较朱熹的太极和黑格尔的绝对理念的异同，来阐发两家的学说。这篇文章表现了我的一个研究方向或特点，就是要走中西哲学比较参证、融会贯通的道路。"此外还撰写了多篇论文，包括《论一和多的问题》、《论自我》、《詹姆士和鲁一士哲学的比较》、《尝试与错误学习在教育问题上的应用》、《反射的意义》等。

1931年　29岁

结识了著名的斯宾诺莎专家犹太人格希哈特，被邀请到法兰克福附近的金溪村舍做客。由格希哈特介绍，加入了国际斯宾诺莎学会。

7月，为纪念黑格尔逝世100周年，撰写了《〈黑格尔学述〉译序》，后于1933年发表在《国风》半月刊第2卷第5、6号上。

8月，结束了五年的欧美求学生涯，自柏林出发经欧亚铁路回国，28日抵达北京。同路回国的，有先生在清华时的老师吴宓教授。

9月，由杨振宁的父亲、数学家杨武之教授推荐，受聘为北京大学哲学系讲师，主讲"西洋哲学史"、"现代西洋哲学"、"黑格尔哲学"等课程。另外，在吴宓陪同下，拜访了时任清华大学文学院院长兼哲学系主任的冯友兰教授。冯友兰邀请先生在清华大学开课，讲授"哲学概论"、"斯宾诺莎哲学"两门课程，每周四小时。

"九一八"事变后，接受《大公报·文学副刊》编辑吴宓的邀请，作长篇论文《德国三大伟人处国难时之态度》，分7期连载于《大公报》，宣传爱国主义，鼓舞抗战士气。

1932年　30岁

本年，被北京大学聘为副教授，兼清华大学讲师。应北京大学学生会邀请，作题为《论意志自由》的演讲。讲稿后以《我之意志自由观》为名，发表于《大公报》现代思潮专栏第36、38期。

夏，路过南京，与柳诒徵、郭斌龢、范存忠、缪培林、景昌极诸人餐饮，并由景昌极陪同，至支那内学院拜见欧阳竟无。

11月，为纪念斯宾诺莎诞生三百周年，《大公报·文学副刊》连载先生文《大哲学家斯宾诺莎逝世三百年纪念》，包括译文《斯宾诺莎与奥登堡论学书札二通》、《斯宾诺莎像赞》。

1933 年　31 岁

春，《华北日报》主编邀请先生担任该报“哲学副刊”编者，为其撰写了《〈华北日报〉哲学副刊发刊词》。

1 月，发表《斯宾诺莎的生平及其学说概要》，载《大公报·文学副刊》第 264 期，后曾作为 1943 年商务印书馆初版《致知篇》一书的译者导言。

3 月，发表《黑格尔之为人及其学说概要》，载《大陆》第 1 卷第 4 期。

7 月，译文鲁一士《黑格尔的精神现象学》发表于《哲学评论》第 5 卷第 1 期。

12 月，发表《道德进化问题》一文，载《清华学报》第 9 卷第 1 期。

1934 年　32 岁

2 月，译文《黑格尔印象记》发表于《清华周刊》第 41 卷第 5 期。

3 月，发表《近代唯心论简释》，载《大公报》现代思潮周刊。《近代唯心论简释》和其“哲学思想的宣言”，标志着贺麟草创“新心学”的开端。

7 月，根据张荫麟的建议，将“三大伟人”改为“三大哲人”，由大学出版社出版了《德国三大哲人处国难时之态度》单行本。

11 月，发表《从叔本华到尼采——评赵懋华著〈叔本华学派的伦理学〉》，载《大公报·文学副刊》第 305 期。

1935 年　33 岁

1 月，译文亨利希·迈尔《西洋最近五十年哲学史》发表于《新民》月刊第 1 卷第 1 期。发表《怎样研究逻辑?》，载《出版周刊》1935 年 163、164 期。撰写《经济与道德》，该文后于 1938 年发表于《国闻周报》。

4 月，汤用彤、冯友兰、金岳霖等哲学界同仁发起成立“中国哲学会”，并在北京大学举行第一届哲学年会。在第一届哲学年会上当选为理事兼秘书。

1936 年　34 岁

本年，升任北京大学教授。

1 月，发表《康德译名的商榷》，载《东方杂志》1936 年第 33 卷第 17 期，后收入《哲学与哲学史论文集》（商务印书馆，1990 年），题目改为《康德名词的解释和学说的概要》。

2 月，发表《宋儒的思想方法》，分别刊于《哲学评论》第 7 卷第 1 期和《东方杂志》第 33 卷第 2 期。

3 月，译著开尔德《黑格尔》由上海商务印书馆出版。

4 月，参加第二届哲学年会，当选为学会理事。

7 月，《评康宁汉〈哲学问题〉》一文作为温公颐编译的《哲学概论》一书的序言发表。

9 月，译著鲁一士《黑格尔学述》由上海商务印书馆出版，本书附有长篇译序和后记。

11 月 8 日，撰写《彭基相著〈谈真〉序》，该文后收入《哲学与哲学史论文集》。

12 月，发表《文化的类型》，载《哲学评论》第 7 卷第 3 期。

1937 年　35 岁

1 月，参加中国哲学会第三届年会，当选为学会常务理事，另外还兼任中国哲学会西洋哲学名著翻译委员会主任。

3 月，与金岳霖等发起组织逻辑学研究会。

7 月，抗日战争爆发。北京大学、清华大学、南开大学迁往长沙，组成“国立长沙临时大学”。先生于“双十节”后，与汤用彤、钱穆同行，在天津小住数日，后取海道至香港，经广州至长沙。因北京大学文学院已迁至南岳，遂又南下。

1938 年　36 岁

2 月，临时大学继续南迁，4 月到达昆明，改名“西南联合大学”。随文学院迁至云南蒙自（半年后，文学院迁至昆明）。同年 10 月，到国民党中央政治学校任教。一年后仍回西南联合大学。

5 月，发表《新道德的动向》，载《新动向》第 1 卷第 1 期；发表《抗战建国与学术建国》（载《云南日报》1938 年 5 月）。

与张荫麟通信辩论宋儒太极说之转变，后以《与友人辩宋儒太极说之转变》为题，发表于《新动向》第1卷第4期。

本年，代表贺麟知行观的重要文章《知行合一新论》，作为“北京大学四十周年纪念文集”之一，出版单行本。年内发表的文章还有《法治与德治》（载《云南日报》1938年8月）、《物质与思想》、《物质建设与培养工商业人才》。

1940年　38岁

本年，参加中国哲学会第四届年会，当选为学会常务理事。

经北京大学校长蒋梦麟同意，借调至中央政治学校讲学半年。

1月，发表《物质建设现代化与思想道德现代化》，载《今日评论》第3卷第1期。

4月，发表《文化的体与用》，载《今日评论》1940年第3卷第16期。

5月，发表《五伦观念的新检讨》，载《战国策》1940年第3期，开始提出“新心学”的基本思想。

9月，发表《论翻译》，载《今日评论》1940年第4卷第9期。

11月，发表《时空与超时空》，载《哲学评论》第7卷第4期。

1941年　39岁

中国哲学会西洋哲学名著翻译委员会在昆明成立，被推选为主任委员。从本年春天开始，着手翻译黑格尔《小逻辑》。

1月15日，贺麟如约飞至重庆，由陈布雷陪同在黄山别墅见到蒋介石。这是贺麟第一次面见蒋介石。张祥龙说：“贺对蒋讲到了他要介绍西方古典哲学、贯通中西思想、发扬孙中山三民主义精神的想法。”蒋则答应由政府出资，建立“外国哲学编译委员会”。

2月11日，蒋介石又约见贺麟，据蒋介石《事略稿本》所记：“与贺麟谈《三民主义辩证法大纲》，彼颇有见地。”“下午会客，校阅贺麟著《三民主义辩证法大纲》。”

7月，发表《自然与人生》，载《思想与时代》第5期；发表《英雄崇拜与人格教育》，载《战国策》第2卷第17期。

8月，代表先生“新儒学”思想的重要文章《儒家思想的新开展》，发表于《思想与时代》第1期。

9月，发表《爱智的意义》，载《思想与时代》第2期。

10 月，发表《论知难行易》，载《新认识》第 3 卷第 5 期。

本年发表的文章还有《对知难行易说诸批评的检讨》（载《三民主义周刊》第 2 卷第 11 期）、《知难行易说的绎理》（载《三民主义周刊》第 2 卷第 13 期）、《论假公济私》、《论人的使命》、《信仰与生活》、《理想与现实》、《乐观与悲观》等。

1942 年　40 岁

2 月，发表《宣传与教育》，载《思想与时代》第 7 期。

6 月，《近代唯心论简释》由重庆独立出版社出版，收录回国后所写的 16 篇重要文章。这是先生的第一本论文集，也是反映他“新心学”思想的代表作之一。

同月，《人文科学学报》创刊，由中国人文科学社出版。该社为纯学术团体，由西南联合大学、云南大学教授同一些研究所研究员组成，成员有雷海宗、贺麟等。该学报每年出版两期。

11 月，发表《现代思潮批判》一文，载《文化先锋》第 1 卷第 11 期。发表《知难行易说与知行合一说》，载《三民主义周刊》1942 年第 2 卷第 24 期。

12 月，蒋介石又约见贺麟。据贺麟回忆说：“我在昆明教书，蒋介石让秘书打电报要我回重庆。我与陈果夫一同去见蒋介石。蒋介石把我的书圈的圈，点的点，划的划，甚为认真”。当时联大哲学心理系教师被蒋介石电召赴渝讲学、见面者，只有冯友兰和贺麟两人。

1943 年　41 岁

本年，在西南联合大学讲授“黑格尔理则学”，所谓“理则学”，通常译作“逻辑学”，采用的是孙中山的译法。

1942 年 10 月，好友张荫麟在贵州遵义病逝。1943 年 3 月 1 日，先生的纪念文章《我所认识的荫麟》发表于《思想与时代》第 20 期。

4 月，发表《答谢幼伟兄批评三点》，对谢幼伟对《近代唯心论简释》一书所作的评论做了回答，载《思想与时代》第 23 期。

7 月，重庆独立出版社发行《近代唯心论简释》第二版，书末附录了《最近五十年来的西洋哲学》一文；发表《德国文学与哲学的交互影响》，载《思想与时代》第 24 期。

10 月，发表《论翻译的性质和意义》，载《思想与时代》第 27 期。

11 月，发表《费希特哲学简述》，载《哲学评论》第 8 卷第 4 期。

12 月，发表《基督教与政治》，载《思想与时代》第 29 期。

本年，《知难行易说与知行合一说》由重庆青年书店出版，书末附录先生《知行合一新论》一文。本年发表的文章还有《人心与风俗》(《中央日报》社论)、《观念与行动》、《读书方法与思想方法》、《诸葛亮与道家》等。

1944 年　42 岁

3 月，发表《谢林哲学简述》，载《哲学评论》第 8 卷第 6 期。

5 月，发表《宋儒的新评价》，载《思想与时代》第 34 期。

6 月，发表《论时空（答石峻书）》，载《思想与时代》第 35 期。

11 月，发表《功利主义的新评价》，载《思想与时代》第 37 期。

12 月，发表《杨墨的新评价》，载《建国导报》第 1 卷第 14 期。

此外，还有《战争与道德》(载《军事与政治》第 6 卷第 2、3 期)、《从看外国电影谈到文化异同》。

抗战时期的 40 年代初，唐君毅在重庆中央大学任教，与唐君毅多次会晤。

1945 年　43 岁

本年，西南联合大学“三民主义教学委员会”主席陈雪屏离校，代理其职务。

4 月，发表《陆王之学的新开展——介绍熊十力及马一浮二先生的思想》，载《建国导报》第 1 卷第 17 期。

本年，译著斯宾诺莎《致知篇》由商务印书馆出版。

在《五十年来的中国哲学》一文的基础上写成《当代中国哲学》一书，将《五十年来的中国哲学》作为第一章，题目改为《中国哲学的调整与发扬》，由胜利出版公司出版。还写有《陆象山与王安石》等文。

1946 年　44 岁

1 月，发表《〈当代中国哲学〉序言》，载《三民主义半月刊》第 8 卷第 1 期。

6 月，西南联合大学哲学心理学系主任汤用彤因公离校，暂行代理其职务。

7 月，闻一多在昆明被暗杀，西南联合大学成立“闻一多丧葬抚恤委员会”，先生被推选为委员。

西南联合大学战时的使命完成，北大、清华、南开三校决定迁回原址。三校联合迁移委员会成立，被推选为委员。9 月 2 日，离开昆明北上。10 月，返回北平，仍教授“西洋哲学史”、“黑格尔哲学”、“现代西洋哲学”等课程。

10 月，发表《王船山的历史哲学》，载《哲学评论》第 10 卷第 1 期。

11 月，反映战国策派思想的论文集《时代之波》由大东书局出版，该集收入了先生的《五伦新解》(原名《五伦观念的新检讨》)、《英雄崇拜与人格教育》两篇文章。

本年发表的论文还有《西洋近代人生哲学的趋势》（载《广播周报》第 3 期)、《认识西洋文化的两把钥匙》（载《智慧》第 13 期)、《树木与树人》、《学术与政治》、《政治与修养》、《文化、武化与工商化》等。

1947 年　45 岁

本年，担任北京大学训导处训导长，但未曾迎合上司迫害进步学生，樊弘等思想进步的教授也都因得到先生的掩护才躲过国民党警方的追捕。

1 月，发表《王安石的心学》，载《思想与时代》第 41 期；发表《民治论》，载《三民主义半月刊》第 9 卷第 1 期；发表《纳粹毁灭与德国文化》，载《远东》创刊号。

2 月，发表《认识西洋文化的新努力》，载《读书通讯》第 126 期。

3 月，发表《儒家的性善论》(贺麟讲、杜万荣记)，载《五华》第 3 期；发表《王安石的性论》，载《思想与时代》第 43 期（《王安石的心学》与《王安石的性论》后收入《文化与人生》时，合为一篇，题为《王安石的哲学思想》)。

7 月，发表《西洋近代人生哲学之趋势》，载《读书通讯》第 126 期。

10 月，发表《对黑格尔系统的看法》，载《思想与时代》第 48 期。

11 月，《文化与人生》由上海商务印书馆出版，此书是先生在西南联大任教时所著的论文，选择其中 40 余篇汇集而成。

下半年开始讲授“现代西洋哲学”课程，1948 年上半年课程结束。当时听课的学生肖辉楷作了详细笔记，他把这份记录稿整理好后交给先生，先生将其保存在匣筒中 30 余年。1984 年，作为《现代西洋哲学讲演集》的上篇，由上海人民出版社出版。

1948 年　46 岁

1 月，发表《天下一家与两个世界》，载《周论》创刊号。

2 月，发表《论党派退出学校》，载《周论》第 1 卷第 7 期。

3 月，发表《此时行宪应有的根本认识和重点所在》，载《周论》第 1 卷第 12 期。

6 月，发表《论反动》，载《周论》第 2 卷第 1 期；发表《自由主义与学术》，载《周论》第 2 卷第 4 期。

12 月，发表《论哲学纷无定论》（1946 年写就），载《周论》第 2 卷第 18 期。

拒绝胡适邀请去台湾的三封电报。

本年，根据樊星南所记录的 1943 年的“黑格尔理则学”课程笔记，整理成《黑格尔理则学简述》单行本，作为《国立北京大学五十周年纪念论文集》之一，由北京大学出版社出版。此外，重庆正中书局出版《儒家思想新论》，收入《儒家思想的新开展》一文。发表的论文还有《对黑格尔哲学系统的看法》（载《思想与时代》第 48 期）、《论向青年学习》（载《周论》第 2 卷第 11 期）。

1949 年　47 岁

北平解放前夕，汪子嵩代表中共地下党做先生的工作，希望他不要到台湾去；进步教授袁翰青也与先生谈了三次，宣传共产党的知识分子政策。在中共地下党有关人员的帮助下，先生明确了自己的选择。在围城期间，南京方面三次派飞机至北平接请先生，但都被拒绝，表示不再同国民党往来。

全部译完黑格尔《小逻辑》一书。先生自 1941 年春开始翻译此书，“但因外务纷扰、工作不集中”，直至北平解放时止，仅译了全书的一半，约十一二万字。直至 1949 年国庆，才将全书翻译完毕，以此“作为对新中国的诞生的献礼”。《小逻辑》中译本的问世，成为“新中国黑格尔哲学研究一代宗师的一个永放光芒的标志”。

1950 年　48 岁

1949—1950 学年，在北京大学讲授“黑格尔哲学研究”，上学期研读黑格尔的《小逻辑》，下学期研读列宁的《黑格尔〈逻辑学〉一书摘要》。班上同学有杨宪邦、张岂之、杨祖陶、陈世夫、梅得愚等，前来参加的还有王太庆、徐家昌。

10 月，所译黑格尔的《小逻辑》由上海商务印书馆出版。

年底，随北京大学土改团到陕西省长安县参加土改工作一个月。

1951 年　49 岁

1 月，在《光明日报》发表《讲授唯心主义课程的一些体会》；发表《答复庄本生先生》，载《新建设》第 3 卷第 4 期。

4 月，在《光明日报》发表《参加土改改变了我的思想——启发了我对辩证唯物论的新理解和对唯心论的批判》一文，哲学信仰开始转变。

从本年 10 月至次年春，到江西省泰和县参加土改半年。

全国院系调整后，仍留在北大哲学系任教。

1953 年　51 岁

本年，加入中国民主同盟。曾任民盟北京市委员，第一、二届民盟中央参议委员会常委，第四、五届民盟中央委员，第四、五、六届全国政协委员。

1954 年　52 岁

2 月，撰写《小逻辑・译者引言》。写成《我同意克列同志的说法的思想斗争过程》一文，未正式发表，后收入《哲学与哲学史论文集》。

7 月，译著黑格尔《小逻辑》由上海三联书店出版新版，为此专门撰写了长序。

1955 年　53 岁

1 月 29 日，在《人民日报》发表《两点批判，一点反省》一文，在社会上引起强烈反响。

3 月，发表《批判胡适的思想方法》，载《新建设》第 3 期。

7 月，发表《“百家争鸣”和哲学》，载《学习》第 7 期；发表《论反映——学习辩证唯物主义认识论的一些体会》，载《新建设》第6期。

8月，发表《批判梁漱溟的直觉主义》，载《新建设》第8期。

11月，译著马克思《黑格尔辩证法和哲学一般的批判》，由人民出版社出版。其后，又撰写《学习马克思的〈黑格尔辩证法和哲学一般的批判〉》（后收入《哲学与哲学史论文集》）。

本年，在中国科学院哲学社会科学部举行的胡适思想批判讨论会上发言，发言稿题目为《读艾思奇同志〈批判胡适的实用主义〉的一些启发和意见》，后收入《现代西洋哲学讲演集》。此外，在中国人民大学作了五次关于"黑格尔的自然哲学"的讲演，后收入《黑格尔哲学讲演集》时，改名为《运动是空间和时间的相互过渡》。

本年，由北京大学调至中国科学院哲学社会科学部哲学研究所（今中国社会科学院哲学研究所），任西洋哲学史组组长，研究室主任，一级研究员，直至去世。

1956年　54岁

2月，发表《知识分子怎样循着自己专业的途径走向社会主义?》，载《新建设》第2期。

2月，参加《文艺报》召开的小型座谈会，会后写成《朱光潜文艺思想的哲学根源》，后发表于《人民日报》（1956年7月9、10日）。

4月，与方书春、王太庆等合译的黑格尔《哲学史讲演录》（第一卷）由三联书店出版。

6月，以贺麟、陈修斋二人的名义在《哲学研究》第3期上发表《为什么要有宣传唯心主义的自由?》。陈修斋回忆说，该文"虽是我执笔，但主要观点是贺先生的；即使在我执笔撰写时加了一些自己的想法，也是贺先生看后同意的"。

8月，发表《黑格尔著〈哲学史〉评介》，载《哲学研究》第3期；发表《黑格尔关于辩证逻辑与形式逻辑的关系的理论》（署名贺麟、张世英），载《新建设》第8期，同年由上海人民出版社印行单行本。

12月，发表《温德尔班著〈哲学史教本〉及罗素著〈西洋哲学史〉简评》，载《新建设》第12期。

1956年秋到1957年春，在中国人民大学讲授黑格尔《小逻辑》，后收入《黑格尔哲学讲演集》一书的《黑格尔小逻辑讲演笔记》就是根据当年学生的听课笔记整理而成。

1957 年　55 岁

1 月，根据在中国人民大学讲授黑格尔唯心主义哲学的教学实践，写成《讲授唯心主义课程的一些体会》，发表于 1 月 4 日的《光明日报》。

1 月 22 日至 26 日，北京大学哲学系召开“中国哲学史座谈会”，100 多人与会，先生在会上作了题为《对于哲学史研究中两个争论问题的意见》的系统发言，1 月 24 日由《人民日报》刊发。其后，针对关锋的批评，又作了反批评，题为《关于哲学史上唯心主义的评价问题》。7 月，二文收入《中国哲学史问题讨论专辑》(《中国哲学》编辑部编，科学出版社，1957 年)。

同月，所撰《斯宾诺莎哲学简述》发表于《哲学研究》第 1 期。

2 月，随中国哲学代表团访问苏联。

4 月 11 日上午，毛泽东在中南海丰泽园接见了周谷城、胡绳、金岳霖、冯友兰、贺麟、郑昕、费孝通、王方名、黄顺基等人。

4 月 24 日，在《人民日报》上发表《必须集中反对教条主义》。先生曾说，《必须集中反对教条主义》是“按照我所了解的当时毛主席谈话的精神而写的一篇文章，但这篇文章在 1957 年 4 月 24 日《人民日报》发表后，遭到了不少人的反对”。

5 月 10 日至 14 日，中国科学院哲学研究所、北京大学中国哲学史教研室、中国人民大学哲学史教研室在北京大学临轩湖联合召开中国哲学史工作会议。会议就中国哲学史研究的方法论问题、中国哲学史目前进行研究的问题、中国哲学史资料问题展开讨论，先生在会上就唯物主义与唯心主义的关系发表了意见。有人评论说，自“反右”开始，“贺麟的学术重点放在翻译和‘客观介绍’上，学术锋芒逐渐消减”。

5 月，黑格尔《哲学史讲演录》(第二卷) 由三联书店出版。

1958 年　56 岁

9 月，作《伦理学·译后记》。同月，译著斯宾诺莎《伦理学》由北京商务印书馆出版。

本年，同中国科学院哲学研究所中国哲学史组、西洋哲学史组和逻辑组同志一起到河南七里营劳动、学习。

1959 年　57 岁

9 月，译著黑格尔《小逻辑》由商务印书馆再版；黑格尔《哲学史讲演录》（第三卷）由商务印书馆出版。

本年，所著《近代唯心论简释》收入中国科学院哲学研究所资料室编的《资产阶级学术思想批判参考资料》（第四集）由商务印书馆出版；所著《当代中国哲学》及多篇论文收入中国科学院哲学研究所资料室编的《资产阶级学术思想批判参考资料》（第五集）由商务印书馆出版。

1960 年　58 岁

1 月，发表《贯彻“厚今薄古”的方针是世界观的改造问题》，载《科学通报》第 1 期。

2 月，译著荷兰斯宾诺莎《知性改进论》（《致知篇》的新版）由商务印书馆出版。先生对原译著作了修订，保留了《译者序言》，并增加了《译后记》。

4、5 月，发表《批判黑格尔论思维与存在的统一》，载《哲学研究》第 4、5 期。

7 月，发表《新黑格尔主义批判》，载《新建设》第 7 期。

1961 年　59 岁

1 月，发表《论唯物主义和唯心主义的斗争与转化》，载《哲学研究》第 1 期；发表《加强对西方现代哲学的研究》，载《新建设》第 1 期。

5 月 5 日，在《文汇报》上发表《关于唯物主义与唯心主义斗争和转化的问题——答严北溟先生》。

11 月，所译马克思《博士论文》由人民出版社出版，后收入《马克思恩格斯全集》；本年，还写有《关于研究培根的几个问题》一文，收入《培根哲学思想——培根诞生四百周年纪念文集》（商务印书馆，1961 年）。

1962 年　60 岁

1 月，发表《关于黑格尔的〈精神现象学〉》，载《哲学研究》第 1 期。

在中国哲学学会北京分会于中国人民大学举行的大会上作题为《胡克反马克思主义的实用主义剖析》的演讲，后经整理收入《现代西洋哲学讲演集》。

本年，译著黑格尔《康德哲学论述》由商务印书馆出版。与王玖兴合译的黑格尔《精神现象学》由商务印书馆出版。

1963 年　61 岁

在中国科学院哲学社会科学部第三次学部委员扩大会议上作《关于黑格尔自然哲学的评价问题》的报告，后发表于《新建设》第 5 期。

1964 年　62 岁

当选为政协第四届全国委员会委员。后又连续当选为第五、六届全国政协委员。

1965 年　63 岁

参加全国政协参观团至江西丰城县参观、学习，还参观了南昌起义纪念馆及井冈山等地。路过上海时，去看望了姜丕之。

1966—1974 年　64～72 岁

“文化大革命”开始。先生被戴上“反动学术权威”、“反共老手”帽子，多次被批斗，抄家数次，游街数次，房屋被占，财产丢失，被关进“牛棚”一年多，甚至被诬为“特务”而惨遭毒打。后来，还被以“劳动锻炼”的名义遣送到河南农村干校改造两年。研究工作全部中断。

1973 年，台湾地平线出版社印行了《文化与人生》的新版。

1975 年　73 岁

国庆节前夕，尚未“解放”的先生接到周恩来总理签署的国宴请柬，参加了国务院国庆招待会。

1978 年　76 岁

在芜湖召开的“全国西洋哲学史讨论会”上，作了《黑格尔哲学体系与方法的一些问题》的讲话，后收入《黑格尔哲学讲演集》。

本年，贺麟、王太庆所译黑格尔《哲学史讲演录》（第四卷）由商务印书馆出版。

1979 年　77 岁

4 月，《精神现象学》（下卷）由商务印书馆出版。

6月，作为中国社会科学院访日代表团成员，访问了日本关西大学、京都大学、东京大学、金泽大学，两次对斯宾诺莎身心平行论思想做了择要讲述。论文《斯宾诺莎身心平行论的意义及其批评者》，后收入《哲学与哲学史论文集》。

9月，作为中国代表团的团长，率团参加在南斯拉夫贝尔格莱德大学举行的国际黑格尔协会第十三届年会，作了题为《黑格尔的同一、差别和矛盾诸逻辑范畴的辩证发展》的发言。发言稿后发表于《哲学研究》1979年第12期，并以英文载入1979年的《黑格尔年鉴》。

本年，发表《黑格尔与葛德、席勒》，载《哲学研究》1978年增刊。

1980年　78岁

1月，撰写《小逻辑·新版序言》。

3月，发表《康德黑格尔哲学东渐记》，收入《中国哲学》第2辑（三联书店，1980年）。该文后经修订，作为附录收入《五十年来的中国哲学》（辽宁教育出版社，1989年）一书。

6月，发表《实用主义是导致折衷主义和诡辩论的思想根源》，载《学术研究》第3期。

本年，所撰《布兰德·布兰夏尔德》收入《现代西方著名哲学家述评》（三联书店，1980年）。

1981年　79岁

3月，撰写《现代西洋哲学讲演集·自序》。

6月，中华全国外国哲学史学会正式成立，被选为名誉会长。该会召开第一届第一次理事会议，先生作了《我对哲学的态度》的讲话，讲话稿（王树人整理）后收入《哲学与哲学史论文集》。

8月，《黑格尔全集》编辑委员会成立，任名誉主任委员。

9月，在北京召开纪念康德《纯粹理性批判》出版200周年和黑格尔逝世150周年学术讨论会。在会上讲话，讲话稿《在纪念康德、黑格尔学术讨论会开幕式上的讲话》刊于《哲学研究》1981年第10期（题名《贺麟教授在纪念康德、黑格尔学术讨论会开幕式上的讲话（摘要）》），后收入《哲学与哲学史论文集》。

10月，国务院学位委员会下达第一批博士和硕士学位授权学科专业名单，为中国社会科学院研究生院外国哲学史专业博士生导师。

10 月，参加了在杭州召开的全国宋明理学讨论会并发言。

11 月，参加了在杭州召开的全国中外哲学史比较讨论会并发言。

1982 年　80 岁

6 月，发表《费希特的唯心主义和辩证法思想述评》，载《学术月刊》第 6 期。

10 月 11 日，在金岳霖从事教学和科研工作 56 周年大会上发言。乐逸鸥根据记录整理而成《金老的道德文章》(标题为整理者所拟)。

发表《黑格尔的艺术哲学》，载《中国社会科学院研究生院学报》第 5 期。

贺麟、王玖兴合译的《精神现象学》（上下卷）荣获中国社会科学院科研一等奖。

本年，已届耄耋之年的先生被批准加入中国共产党。

1983 年　81 岁

1 月，发表《黑格尔的〈法哲学原理〉》，载《福建论坛》第 1 期。

6 月 15 日，撰写《现代西洋哲学讲演集·作者后记》；发表《亨利·柏格森的哲学》，载《中国社会科学院研究生院学报》第 3 期。

9 月，发表《黑格尔的早期思想》，载《哲学研究》第 9 期。

10 月至 11 月，应香港中文大学新亚书院之邀，赴香港讲学一月。讲学内容包括黑格尔哲学、宋明理学，讲稿发表于《求索》1985 年第 1 期。在港讲学期间，唐君毅夫人谢廷光女士邀请先生前去府上瞻仰唐君毅的遗物，并在九龙设宴款待，由唐君毅的入室弟子李杜、唐端正、陈特及霍韬晦等作陪。返京后，撰写了《唐君毅先生早期哲学思想》，后收入《哲学与哲学史论文集》。

本年，为马克思逝世一百周年纪念，撰写《马克思的早期哲学思想》。该文后经修改补充，收入《哲学与哲学史论文集》。

1984 年　82 岁

3 月，被聘为《西方著名哲学家评传》学术顾问。所撰《黑格尔》被列入《西方著名哲学家评传》丛书第 6 卷。

8 月，《现代西洋哲学讲演集》由上海人民出版社出版，周谷城、姜丕之作序。全书分为上下篇，上篇收集新中国成立前先生在北京大学讲授“现代西洋哲学”课程的讲演 13 篇，下篇收集新中国成立后文章 15 篇。

同月，参加在山西太原召开的傅山学术讨论会。所提交论文《傅山哲学思想的主要倾向及开展傅山研究的重要性》于本年 12 月发表于《晋阳学刊》第 6 期。

12 月，出席在上海召开的全国东西方文化比较讨论会。

本年，为纪念费希特逝世 180 周年，完成《费希特的爱国主义和民主思想》一文，后收入《哲学与哲学史论文集》。此外，所译黑格尔《法哲学原理》由台湾新竹市仰哲出版社出版。

1985 年　83 岁

1 月，发表《关于知行合一问题——由朱熹、王阳明、王船山、孙中山到〈实践论〉》，载《求索》第 1 期。

4 月，回老家探亲期间，应邀至四川大学哲学系、西南师范学院、武汉大学哲学系讲学。

6 月，发表《黑格尔〈自然哲学〉提纲——特别强调其中的辩证法》，载《晋阳学刊》第 3 期。

本年，发表《黑格尔对“形而上学思想”的批评》，载《群言》第 5、6 期。

1986 年　84 岁

4 月，被聘为《康德与黑格尔研究》顾问。

同月，发表《论自然的目的论》、《斯宾诺莎哲学的宗教方面》，载《中国社会科学院研究生院学报》第 2 期。

7 月，论文集《黑格尔哲学讲演集》由上海人民出版社出版。

9 月，发表《〈马克思恩格斯论哲学史〉序言》，载《人文杂志》第 4 期。

10 月 10 日至 13 日，为纪念贺麟先生从事教学、研究工作 55 周年，中国社会科学院哲学研究所、北京大学哲学系等单位联合在北京举行了“贺麟学术思想讨论会”，国内外 300 余名专家、学者出席了开幕式。

1987 年　85 岁

3 月，作《文化与人生》之新版序言。

7 月，为马魁隆《论清初哲学之新潮》作序。该文后以《〈论清初哲学之新潮〉序》为题，发表于《哲学动态》1992 年第 1 期。

12 月，江苏省社会科学院、江苏省哲学史与科学史研究会等五单位在南京市召开纪念《精神现象学》出版 180 周年学术讨论会，先生本拟赴会作专题讲演，后因身体等多种原因不能出席会议，但他专程派自己的两位博士生将《我学习〈精神现象学〉的经过》一文带至会上交流，并向大会寄去了贺信。该文后刊于《甘肃社会科学》1989 年第 1 期和《学海》1992 年第 5 期。

1988 年　86 岁

1 月，发表《辩证法和哲学的理想性》，载《社会科学战线》第 1 期。

3 月，发表《对有关辩证法几个问题的新理解》，载《中国社会科学》第 2 期。

4 月，发表《哲学的理想性》，载《哲学动态》第 4 期。

7 月，《黑格尔全集》编译委员会在北京昌平爱智山庄召开《黑格尔全集》翻译出版讨论会。参加了讨论会并讲话。

8 月，《文化与人生》由商务印书馆再版，内容与文章题目均有变动。

同月，贺麟等著《马克思人类学笔记研究论文集》由商务印书馆出版。

12 月 21 日，西洋哲学名著研究编译会成立，任名誉会长。

12 月，发表《评吕世伦著〈黑格尔法律思想研究〉一书》，载《法律学习与研究》第 6 期。

同月，译著《黑格尔早期神学著作》由商务印书馆出版。

1989 年　87 岁

3 月，《五十年来的中国哲学》由辽宁教育出版社出版。此书系《当代中国哲学》之再版，“在不影响原书的体系及主要论点的前提下，作了适当的修改和补充”（《新版序》）。该书获“光明杯”优秀哲学社会科学著作荣誉奖。

7月，《德国三大哲人葛德、黑格尔、费希德的爱国主义》（原名《德国三大哲人处国难时之态度》）由商务印书馆出版。新版附作者近作《黑格尔评传》。

1990年　88岁

1月，《哲学与哲学史论文集》由商务印书馆出版。

12月，发表《谈儒家精神——致朱熹诞辰860周年学术研讨会》，载《哲学动态》第12期。此外，发表《谈谈翻译》，载《中国社会科学院研究生院学报》第3期。

本年，《文化与人生》作为“民国丛书”第二编第四十三册，由上海书店出版。

1991年　89岁

12月，发表《弘扬朱子思想的真精神》，收入《纪念朱熹诞辰860周年国际学术会议论文集》，由上海三联书店出版。

本年，《近代唯心论简释》、《当代中国哲学》作为“民国丛书”第三编第五册，由上海书店出版。

1992年　90岁

9月22—24日，为纪念贺麟诞辰90周年，中国社会科学院哲学所、中华全国西洋哲学史学会、民盟中央等单位在北京联合举行“贺麟学术思想讨论会”。与会专家、学者共200余人。

9月23日上午8时半，在北京医院逝世，享年90岁。

中国近代思想家文库

方东树、唐鉴卷	黄爱平、吴杰　编
包世臣卷	刘平、郑大华　主编
林则徐卷	杨国桢　编
姚莹卷	施立业　编
龚自珍卷	樊克政　编
魏源卷	夏剑钦　编
冯桂芬卷	熊月之　编
曾国藩卷	董丛林　编
左宗棠卷	杨东梁　编
洪秀全、洪仁玕卷	夏春涛　编
郭嵩焘卷	熊月之　编
李鸿章卷	翁飞　编
王韬卷	海青　编
张之洞卷	吴剑杰　编
杨仁山卷	何建明　编
薛福成卷	马忠文、任青　编
经元善卷	朱浒　编
沈家本卷	李欣荣　编
马相伯卷	李天纲　编
王先谦、叶德辉卷	王维江　编
郑观应卷	任智勇、戴圆　编
马建忠、邵作舟、陈虬卷	薛玉琴、徐子超、陆烨　编
黄遵宪卷	陈铮　编
皮锡瑞卷	吴仰湘　编
廖平卷	蒙默、蒙怀敬　编
严复卷	黄克武　编
夏震武卷	王波　编
陈炽卷	张登德　编

汤寿潜卷	汪林茂　编
辜鸿铭卷	黄兴涛　编
康有为卷	张荣华　编
宋育仁卷	王东杰　编
汪康年卷	汪林茂　编
宋恕卷	邱涛　编
夏曾佑卷	杨琥　编
谭嗣同卷	汤仁泽　编
吴稚晖卷	金以林、马思宇　编
孙中山卷	张磊、张苹　编
蔡元培卷	欧阳哲生　编
章太炎卷	姜义华　编
吴雷川卷	何建明　编
金天翮、吕碧城、秋瑾、何震卷	夏晓虹　编
欧阳竟无卷	何建明　编
杨毓麟、陈天华、邹容卷	严昌洪、何广　编
梁启超卷	汤志钧　编
杜亚泉卷	周月峰　编
吴虞卷	罗志田、赵妍杰　编
张尔田、柳诒徵卷	孙文阁、张笑川　编
杨度卷	左玉河　编
王国维卷	彭林　编
邓实卷	王波　编
黄炎培卷	余子侠　编
胡汉民卷	陈红民、方勇　编
陈独秀卷	萧延中　编
陈撄宁卷	郭武　编
鲁迅卷	孙郁　编
章士钊卷	郭双林　编
宋教仁卷	郭汉民　编
蒋百里、杨杰卷	皮明勇、侯昂好　编
江亢虎卷	汪佩伟　编
马一浮卷	吴光　编

师复卷	唐仕春　编
刘师培卷	李帆　编
朱执信卷	谷小水　编
周作人卷	孙郁　编
高一涵卷	郭双林　编
熊十力卷	郭齐勇　编
任鸿隽卷	樊洪业、潘涛、王勇忠　编
蒋梦麟卷	马勇、黄令坦　编
张东荪卷	左玉河　编
丁文江卷	宋广波　编
钱玄同卷	张荣华　编
张君劢卷	翁贺凯　编
赵紫宸卷	赵晓阳　编
李大钊卷	杨琥　编
太虚卷	何建明　编
李达卷	宋俭、宋镜明　编
张慰慈卷	黄兴涛、李源　编
晏阳初卷	宋恩荣　编
陶行知卷	余子侠　编
戴季陶卷	桑兵、朱凤林　编
胡适卷	耿云志　编
郭沫若卷	谢保成、魏红珊、潘素龙　编
卢作孚卷	王果　编
汤用彤卷	汤一介　编
吴耀宗卷	赵晓阳　编
顾颉刚卷	顾潮　编
张申府卷	雷颐　编
梁漱溟卷	梁培宽、王宗昱　编
恽代英卷	刘辉　编
金岳霖卷	王中江　编
冯友兰卷	李中华　编
刘咸炘卷	罗志田　编
傅斯年卷	欧阳哲生　编

罗家伦卷	张晓京　编
萧公权卷	张允起　编
常乃悳卷	查晓英　编
余家菊卷	余子侠、郑刚　编
瞿秋白卷	陈铁健　编
潘光旦卷	吕文浩　编
朱谦之卷	黄夏年　编
陶希圣卷	陈峰　编
钱端升卷	孙宏云　编
王亚南卷	夏明方、杨双利　编
黄文山卷	赵立彬　编
雷海宗、林同济卷	江沛、刘忠良　编
贺麟卷	高全喜　编
陈序经卷	田彤　编
徐复观卷	干春松　编
巨赞卷	黄夏年　编
唐君毅卷	单波　编
牟宗三卷	王兴国　编
费孝通卷	吕文浩　编

图书在版编目（CIP）数据

中国近代思想家文库．贺麟卷/高全喜编．—北京：中国人民大学出版社，2014.3
ISBN 978-7-300-18782-2

Ⅰ.①中… Ⅱ.①高… Ⅲ.①思想史-研究-中国-近代 ②贺麟（1902—1992）-思想评论 Ⅳ.①B250.5

中国版本图书馆CIP数据核字（2014）第014074号

中国近代思想家文库

贺麟卷

高全喜 编

Helin Juan

出版发行	中国人民大学出版社		
社　　址	北京中关村大街31号	**邮政编码**	100080
电　　话	010－62511242（总编室）		010－62511770（质管部）
	010－82501766（邮购部）		010－62514148（门市部）
	010－62515195（发行公司）		010－62515275（盗版举报）
网　　址	http://www.crup.com.cn		
经　　销	新华书店		
印　　刷	涿州市星河印刷有限公司		
开　　本	720 mm×1000 mm　1/16	**版　　次**	2014年11月第1版
印　　张	29　插页2	**印　　次**	2025年1月第3次印刷
字　　数	459 000	**定　　价**	99.00元